谨以此书纪念

中国人民解放军建军80周年暨

中国人民解放军国防大学建校80周年

培养军官——
最重要最艰巨的军事斗争准备

赵可铭军事教育文论集

■ 赵可铭◎著

人民出版社

责任编辑：侯　春

装帧设计：肖　辉

图书在版编目（CIP）数据

培养军官——最重要最艰巨的军事斗争准备/赵可铭著.
－北京：人民出版社，2007.7
ISBN 978－7－01－006296－9

Ⅰ. 培…　Ⅱ. 赵…　Ⅲ. 军事教育—文集　Ⅳ. E073－53

中国版本图书馆 CIP 数据核字（2007）第 092370 号

培养军官——最重要最艰巨的军事斗争准备

PEIYANG JUNGUAN——ZUIZHONGYAO ZUIJIANJU DE JUNSHI DOUZHENG ZHUNBEI

赵可铭军事教育文论集

赵可铭　著

人民出版社 出版发行

（100706　北京朝阳门内大街 166 号）

北京中文天地义化艺术有限公司排版

北京中科印刷有限公司印刷　新华书店经销

2007 年 7 月第 1 版　2007 年 7 月北京第 1 次印刷
开本：787 毫米×1092 毫米　1/16　印张：35　插页：12
字数：420 千字　印数：0,001－6,000 册

ISBN 978－7－01－006296－9　定价：99.00 元

邮购地址 100706　北京朝阳门内大街 166 号
人民东方图书销售中心　电话（010）65250042　65289539

赵可铭

2004年9月，作者在一次重要会议上与中央军委江泽民主席、胡锦涛主席，以及国防大学裴怀亮校长合影。（江志顺　摄）

2005年10月25日，作者陪同中央军委胡锦涛主席接见国防大学第四次党代表大会全体代表。（郑春龙　摄）

2004年6月30日，中央军委在中南海怀仁堂举行上将授衔仪式，中央军委江泽民主席为作者颁发上将军衔任命状并合影留念。（王建民　摄）

作者与中央军委郭伯雄副主席在一起。（翟贤军　摄）

作者与中央军委曹刚川副主席在一起。（翟贤军　摄）

2006年7月12日，作者陪同中央军委徐才厚副主席，在八一大楼会见土耳其联合军事学院院长巴巴奥卢空军上将率领的访华代表团一行。（翟贤军　摄）

作者与中共中央政治局原常委、中央军委原副主席刘华清在一起。（刘俊　摄）

作者与中央军委原副主席张震（中）及其夫人在一起。（翟贤军　摄）

作者与中央军委原副主席张万年在一起。（翟贤军　摄）

作者与中央军委原副主席迟浩田（中）、国防大学马晓天校长在一起。（翟贤军 摄）

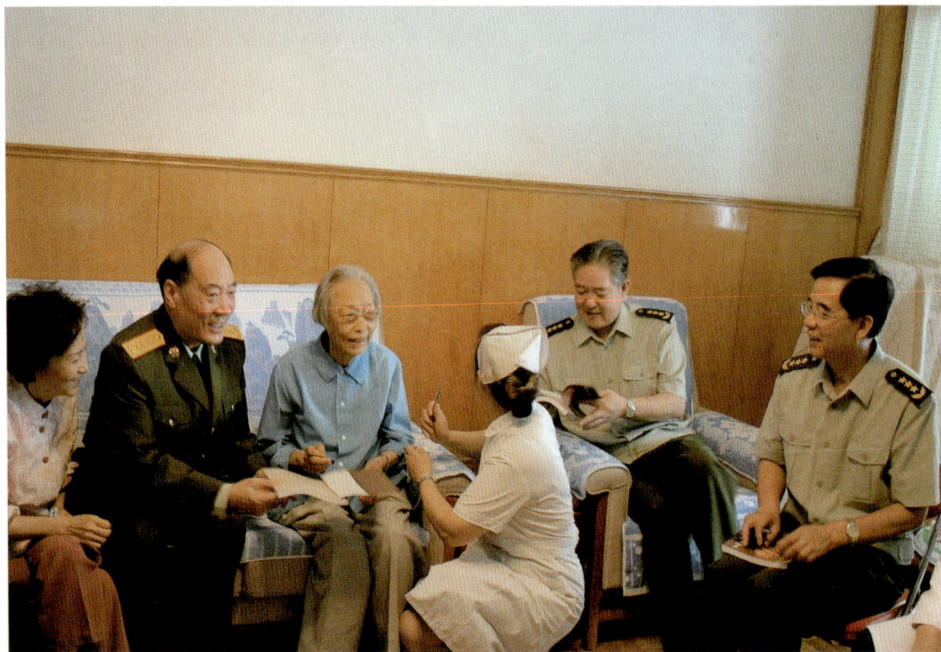

2007年7月14日，作者与总政治部李继耐主任（左二）、国防大学裴怀亮校长（左五）一起在解放军总医院为军事学院萧克老院长百岁华诞祝寿。这是与萧克的夫人蹇先佛（左三）交谈时的情景。（翟贤军 摄）

为祝贺军事学院萧克老院长百岁华诞，作者邀请著名画家耿建为萧克老院长画像。在画像上，作者为萧老题写了一首诗。这首诗的内容是：

百岁将军百战身，
显赫声名军史闻。
北伐军中百夫长，
长征指挥方面军。

一部罗霄传天下，
百卷通志百代存。
元勋群峰一高峰，
比肩还看后来人。

（翟贤军　摄）

作者与国防大学原校长朱敦法在一起。（刘敬栋 摄）

作者向国防大学原政委李文卿请教办学治校经验。（翟贤军 摄）

作者与国防大学原校长邢世忠在一起。（翟贤军　摄）

作者与国防大学原政委王茂润在一起。（刘敬栋　摄）

作者与国防大学原校长裴怀亮合影留念。两人曾一起搭班子共事三年多，结下深厚情谊。（翟贤军　摄）

作者向国防大学老领导、军事学院原副院长贾若瑜请教办学治校经验。（翟贤军　摄）

作者与国防大学马晓天校长参加一次重要会议时留影。（翟贤军　摄）

2006年，商务部部长薄熙来到国防大学讲课，课后作者向薄部长赠送纪念品。（邓宏怀　摄）

作者参加国防大学战略教研部党委民主生活会时与该教研部党委班子成员一起合影留念。左起依次为：杨毅副主任、范震江主任、作者、马平副主任、张伊宁副主任、金一南副主任。（刘敬栋 摄）

作者与国防大学研究生院院长刘春志（左）、政委于学肄（右）一起，研究推动国防大学研究生教育由培养学术研究型人才为主向培养指挥应用型人才为主转变的有关问题。（翟贤军 摄）

作者和国防大学参与有关课题研究的同志合影,从左至右依次为:郭竞炎、吴杰明、作者、任天佑。(刘敬栋 摄)

作者与国防大学章传家(左一)、卢利华(右二)、刘政(右一)研究学术问题。(刘敬栋 摄)

作者与国防大学马骏教授交流学术观点。（翟贤军　摄）

作者与国防大学孟宪生教授探讨学术问题。（翟贤军　摄）

2007年春，作者邀请中国当代著名书画家范曾先生为国防大学精武报国雕塑园题名。这是作者与范曾在精武报国雕塑园前合影留念。（赵新昌 摄）

作者与中国著名雕塑大师程允贤一起研究国防大学精武报国雕塑园总体设计。（范志明 摄）

2002年8月，作者在东南沿海地区观摩某部队军事演习。（刘俊 摄）

2003年10月，作者率国防大学学员到东南沿海地区现地教学，参观某集团军轻型武器装备。
（翟贤军 摄）

2005年5月，作者率国防大学将官班学员到上海中国浦东干部学院进行为期一周的衔接式教学。其间，作者与中共上海市委副书记、中国浦东干部学院常务副院长王安顺（左），常务副院长奚洁人（右）一起种下象征两校合作办学的友谊之树。（翟贤军　摄）

2005年8月，作者利用暑假休整时间到内蒙古边防部队调研。这是作者参观满洲里某边防连队时，在连队蔬菜大棚与官兵合影留念。（翟贤军　摄）

2005年5月，作者率国防大学战略班学员考察上海、武汉期间顺路回到家乡，受到父老乡亲们的热烈欢迎。（翟贤军　摄）

2002年3月23日，作者在国防大学防务学院为来华访问的刚果民主共和国总统约瑟夫·卡比拉补发毕业证书。卡比拉于1998年参加中国国防大学外训第16期高级进修班（法语班）学习，毕业前他因事回国。（李业茂　摄）

　　2006年12月5日，作者率中国人民解放军军事友好代表团赴古巴参加古巴军队建军50周年庆典。古巴共产党中央第二书记、国务委员会第一副主席、部长会议第一副主席、革命武装力量部部长劳尔大将会见了代表团一行。这是作者与劳尔的合影。（李春江 摄）

　　2002年9月9日，作者接待美国国防大学校长加福尼海军中将时，向客人赠送图书。（许斌 摄）

2006年4月12日，作者接待美国国防大学校长邓恩空军中将（中）、候任校长威尔逊海军陆战队少将（左）。（杨俊光　摄）

2005年6月16日，美国西点军校校长莱诺克斯中将来中国国防大学演讲后，作者和夫人汤坚在国防大学帅园宴请莱诺克斯夫妇。（翟贤军　摄）

2005年6月10日，日本防卫研究所所长小林诚一（第一排左三）率学员代表团访问中国国防大学。座谈后，作者与代表团一起合影留念。（许斌　摄）

2003年12月，作者率国防大学专家教授代表团访问意大利、匈牙利，在参观匈牙利国防大学时与米克洛什校长（左六）合影留念。（中国驻匈牙利大使馆武官处　提供）

2006年5月，作者访问土耳其时，与土耳其联合军事学院副院长雅尔琴中将（左）座谈后合影留念。（翟贤军　摄）

2006年6月，作者率国防大学专家教授代表团访问埃及，与埃军总参谋长萨米中将（右三）等人留影。（翟贤军　摄）

目　录

第三部分　办学思路

第四部分　思想政治建设

第五部分　教学改革

第六部分　科研创新

第七部分　教研队伍建设

第八部分　学员工作

第九部分　从严治校

第十部分 领导能力

前　言

　　在人类军事活动的历史舞台上，军事教育始终扮演着举足轻重的角色。人才是建军治军之本，也是战争制胜之本。以培育军事人才为基本功能的军事教育，对整个军队建设和军事斗争准备起着基础性和先导性作用。古往今来，凡是有志于赢得军事优势的政党或政治集团，有志于赢得战争胜利的军事战略家和指挥家，无不格外看重军事教育。

　　当今时代，随着世界新军事变革的迅猛发展，军事教育的地位和作用越来越重要。新军事变革的一个本质特征，在于使知识和技术日益成为军队战斗力的主导因素，使人才资源日益成为最具决定意义的军事资源。当代世界军事领域的竞争，说到底是人才的竞争。而以信息化为背景的军事斗争准备，最紧要的也是人才准备。谁赢得了人才优势，谁就占据了未来军事斗争的战略制高点。军事教育作为培养和造就军事人才的"主渠道"，越来越受到世界各国军队的重视。对我军来说，把军事教育摆在优先发展的重要位置，是实施人才兴军战略的必然选择。

　　国防大学是中国最高军事学府，担负着为我军现代化建设和军事斗争准备培养输送高级军事人才的历史使命，在中国特色军事教育中处于"领头羊"地位。刘伯承元帅说过："要建设一支现代化的军队，最难是干部的培养，而培养干部最难的又是高级干部的培养。"① 他还说："现代国防准备以培养将领为最费时，请注意。"②
他在另一次会议上再次强调："我们的国防准备，主要是兵员准备、武
器装备准备和军官准备，而军官准备正是古人所谓'树人'的工作，
则较为艰巨。"③ 造就新一代将才，是国防大学的崇高使命。我有幸在
国防大学领导岗位工作了 12 年。这种工作经历，让我更多地感知了当
年老一辈无产阶级革命家锐意开拓军事教育事业的光荣传统，更多地
感受了党中央、中央军委对繁荣发展军事教育的关切之情，也更多地
感触了世界新军事变革对我国军事教育提出的严峻挑战。在此过程中，
我注意结合切身感受，立足中国最高军事学府办学治校实践，对相关
理论和现实问题进行思考和探索，从而对当代中国军事教育的历史走
向和特点规律，有了一些认知和体悟。

　　当代中国军事教育必须注重前瞻性。着眼于赢得未来战争，是培
育军事人才的根本目的。按照明天战争的需要来搞好今天军事人才的
培养，是军事教育与生俱来的前瞻性特点。尤其在世界新军事变革突
飞猛进的时代背景下，我国军事教育更应瞄着未来信息化战争对人才
的需求，以前瞻思维推动和实现跨越式发展，否则就不仅无法摆脱滞
后状态，而且可能造成追悔莫及的时代差。每个在军队院校工作的领
导者，都要登高望远，观八面来风，察时代大势，善于把军事教育放
在世界军事发展的总体走向中加以思考，放在中国特色军事变革的历
史进程中加以谋划，放在建设信息化军队、打赢信息化战争的战略目
标中加以运筹，从全局上解决好军事人才培养与世界新军事变革发展
要求科学接轨的问题。只有这样，我国军事教育才能抢占先机，乘势

---

① 《刘伯承传》，当代中国出版社 1992 年版，第 548 页。
② 《刘伯承同志办院校纪事》，石家庄高级指挥学校出版，第 47 页。
③ 《刘伯承军事教育文选》，国防大学出版社 1994 年版，第 294 页。

而上，真正达到领时代之先的高境界。

当代中国军事教育必须增强系统性。军事是综合性极强的科学，军事人才应当是素质全面的复合型人才，而军事教育也理所当然是一个系统工程。《孙子兵法》强调军事指挥者要通晓"道、天、地、将、法"，认为"凡此五种，将莫不闻，知者胜之，不知者不胜"。① 随着现代军事的发展，军事人才的知识综合性和素质全面性的要求将越来越高。无论是多样化的军事任务，还是一体化的联合作战，都决定了我们不仅要努力打造陆、海、空、天、电门类齐全的军事人才方阵，而且要使军事人才具有复合的知识结构和综合能力，尤其要培养和造就通晓陆、海、空、天、电，善于实施联合作战指挥的高中级指挥军官和参谋军官队伍。毫无疑问，增强军事教育的系统性，势在必行。我们不仅要努力构建初、中、高级指挥员培养相衔接，专业技术院校与综合性院校相配套，学历教育与任职教育相结合的军事教育体系，而且要按照多元复合的人才素质要求，对相关院校的办学模式、培训方式、学科建设、课程设置等进行改革优化。

当代中国军事教育必须具备鲜明的政治性。军事既是政治的特殊表现形式，又是直接为政治服务的。当今世界军事斗争仍然是政治斗争的继续，而且更加复杂，对军事人才的政治考验也更加严峻。重视提高军事人才的政治素质，已成为现代军事教育的发展趋势之一。我军是中国共产党绝对领导下的人民军队，是执行党的政治任务的武装集团，政治素质始终是各级指挥员必备的核心素质。长期以来，我军能够无敌于天下，很重要的是因为各级指挥员在政治素质上高敌一筹。如今，面对复杂的国际国内环境，我军要解决好打得赢、不变质两个历史性课题，必须使各级指挥员的政治素质更加过硬。为此，军事教

---

① 《〈孙子兵法〉教本》，国防大学出版社 1995 年版，第 92 页。

育应当旗帜鲜明地坚持政治素质为先的人才培养目标。要把以中国化马克思主义特别是其最新成果为灵魂的政治要求，努力渗透到军事教育的各个方面、各个环节，确保培养的人才永远忠于党、忠于祖国、忠于人民、忠于社会主义，能够以超凡的政治品格增创人民军队所向无敌的政治优势。

当代中国军事教育必须富于创新性。"兵无常势，水无常形。"军事领域，历来是最忌思想僵化、最需开拓创新的领域。军事教育作为军事实践活动的"先行官"，更要率先高扬创新的旗帜。特别是在新的历史条件下，与战争形态和军队建设的历史性转型相联系，军事教育同样需要实现历史性转型。这种转型是革命性的变革，必须通过全面创新为其开辟具体实现的道路。离开了创新，军事教育就无法完成自身转型的历史任务，就不可能培育和锻造中国特色军事变革所必需的高素质新型军事人才，甚至还会拖军队现代化建设和军事斗争准备的后腿。所以，我们必须把开拓创新作为当代中国军事教育的巨大动力。要坚决打破传统的思维定式，以勇于超越自我、敢于突破前人的革命精神，全面创新军事教育的理念、内容、方法、手段和机制，为中国特色军事教育走在时代前列提供新的强大动力。

当代中国军事教育必须强化实践性。军事教育在一定意义上是注重实用的职业化教育，必须始终面向实践，着眼实战。在过去革命战争年代，军事教育是同战争实践融为一体的，本质上是依循"从战争中学习战争"的法则，通过理论与实践的现实互动培育军事人才，其实践性特点往往体现得比较充分。而在相对和平时期，军事教育通常无法依托直接的战争实践来展开，加之缺乏敌我战场殊死拼杀的现实压力，很容易陷入从书本到书本的"纸上谈兵"，因而特别需要强调实践性。由此出发，军事教育必须注重坚持理论联系实际原则。一方面，要强化问题意识，做到部队建设和军事斗争准备最需要什么，就教什么、学什么；什么问题是难题，就着力研究和回答什么。另一方面，要以部队近似实战的军事训练活动为基本依托，有目的地突出实践性教学环节，引导帮助教育对象提高解决实际问题的能力。同时，要大力开发近似实战的作战模拟系统，发展新的教学手段。

当代中国军事教育必须彰显开放性。军事教育作为社会教育的有机组成部分，从来不是封闭的，而是开放的，在改革开放时代尤其如此。坚持和扩大开放，是我国军事教育实现振兴的必要条件。事实上，任何一所军事院校的教育资源都是相对有限的，都难以完全满足其人才培养需求。在资源合理共享的信息时代，军事院校办学优势不只取决于直接占有的资源，更取决于把自身以外的资源利用好。国家的开放程度越高，军事教育就越要走开面向社会、面向世界借助资源求发展的路子。就面向社会而言，既要善于"搭台唱戏"，广泛延揽地方相关领域名师大家、党政部门主要领导作专题讲座和报告，充分发掘和利用社会上丰富的教育资源为培养军事人才服务；又要按照互利共赢原则，不断拓展军队院校之间、军队院校与地方院校之间联合办学的渠道。就面向世界而言，既要善于利用国外教育资源更好地培育军事人才，又要主动借鉴和吸收世界军事教育发展的各种有益成果。

军事教育作为一种实践活动，总是在一定的时代条件下展开的，对它的认知和感悟也必然带有时代的印记。我在国防大学工作的这12年，正赶上中国特色军事变革从酝酿到兴起的重要时期，也是学校建设开始步入转型轨道的重要时期。这个时期非同寻常的形势任务和工作历程，促使我和同事们从领导工作角度，对办学治校新的实践进行积极探索，同时也为这种探索提供了历史机遇和现实基础。本书收录的86篇文稿，客观地再现了我和同事们在激浪翻卷的历史转型时期，对军事教育特点规律进行探索的思维轨迹。

值得郑重提及的是，国防大学这些年的办学治校实践，是在校党委的直接领导下，依靠全校上下共同努力开拓新局的。本书是我们这个战斗集体锐意进取、探索思考、改革创新的实践纪实，是集体智慧和共同实践的产物。如果说书中有一些见地，有一些值得记取和引发读者深入思考的东西，那么它们就不仅仅是属于我个人的，更是属于国防大学党委和全体教职员工的。

在本书出版之际，我对所有给予过关爱、支持和帮助的领导和同志，致以诚挚的谢意！

学术报告厅

第一部分

理论探析

指导我军军事教育的科学依据

——学习党的三代领导核心军事教育思想的体会

军事教育是军队建设的重要战略支点,对于保证军队建设质量和赢得战争胜利具有决定性作用。我党我军历来重视军事教育,党的历代领导核心,始终把军事教育作为军队建设的一项重要战略任务来抓,形成了一整套关于军事教育的理论,先后产生了毛泽东军事教育思想、邓小平军事教育思想和江泽民军事教育思想这三大理论成果。这些理论,内容博大精深,相互之间既一脉相承,又与时俱进。它们是马克思主义关于教育的基本原理在我军军事教育领域的创造性运用与发展,是对我军军事教育长期实践经验的科学总结,在马克思主义军事教育史上占有重要地位。这三大理论成果所揭示的军事教育的基本规律,具有旺盛的生命力和长远的指导意义,是我党我军宝贵的精神财富。正是在这些理论的指导下,我军的军事教育才不断向前发展,取得了辉煌的成就。

新世纪新阶段,在党的坚强领导下,我们正加速推进中国特色军事变革,逐步实现军队建设的整体转型。与此相适应,军事训练包括院校教育也要实现从机械化条件下训练向信息化条件下训练的转变。人才战略工程、军事理论创新是军队现代化建设进程的两个重要战略支点。构筑这两个战略支点,全军院校担负着光荣而艰巨的使命。我们在院校工作的同志,要不辱使命,不负重托,提高办学水平,推进军事理论创新,为部队培养输送大批高素质新型军事人才,就必须紧密联系实际,认真学习和实践党的三代领导核心的军事教育思想,并与学习贯彻科学发展观和胡锦涛主席关于军事教育的一系列重要论述紧密结合起来。

一、坚持把军事教育摆在军队建设优先发展的战略位置

军队建设是一个宏大的系统工程,其任务林林总总,极其繁杂和艰巨。军事教育尤其是院校教育在其中处于何种地位,扮演什么角色,直接关系到军事教育功能的发挥,也直接影响并决定着军队建设和发展的质量。按照马克思主义的观点,人是战斗力诸要素中的决定性因素。人才是兴军之本,也是制胜之本。军事实力的较量,归根结底是高素质人才的较量。无论在何种军事斗争中,谁拥有了高素质的人才群体,谁就掌握了军事斗争的主动权。培养高素质新型军事人才,基础在教育,关键也在教育。因此,党的三代领导核心都高度重视军事教育,反复强调要把军事教育摆在军队建设优先发展的战略位置。

毛泽东同志作为党的第一代中央领导集体的核心,早在人民军队创建初期,就坚持把军校建设作为军队建设的基础性工程。他曾说:"新旧军阀很懂得有权必有军,有军必治校这个道理。蒋介石中央军的构成有几个系统,一是陈诚为头子的保定系,一是汤恩伯为头子的日本士官系,一是胡宗南为头子的黄埔系,还有其他各省的讲武堂毕业的讲武系。我们是人民的军队,为了战胜反动派,也要学会办校、治军,培养自己的建军人材。"①在这一思想指导下,毛泽东率领秋收起义部队到达井冈山不久,就在江西宁冈砻市的龙江书院创办了红军教导队,成为我军院校最早的"根"。随后,陆续创办了随营学校、红军学校和红军大学(以下简称红大)。抗日战争时期,又在红大的基础上创办了著名的中国人民抗

---

① 《毛泽东年谱(1893—1949)》上卷,人民出版社、中央文献出版社1993年版,第356页。

日军事政治大学(以下简称抗大)和所属的 14 所分校。毛泽东在抗大开学典礼会上指出,增强抗战力量的方法很多,然而其中最好最有效的方法是办好学校。他还特别强调:第一次大革命时期有一个黄埔军校,它的学生成为当时革命的主导力量,领导了北伐战争,但到现在它的革命任务还未完成。我们的红大要继承黄埔的精神,要完成黄埔未完成的任务,要在第二次大革命中也成为主导力量,即是要争取中华民族的独立解放。可见,毛泽东同志把通过办军校来为人民军队培养人才,看成是夺取战争胜利"最好最有效的方法"。新中国成立不久,党中央和毛泽东同志就决定将刘伯承同志从西南军政委员会主席的重要岗位上调出来,创办南京军事学院。后来,毛泽东和老一辈无产阶级革命家又陆续指导创办了一大批军队院校,陆、海、空军及其所属各个兵种都有了培养人才的相应院校。20 世纪 60 年代,根据军队建设发展的实际需要,专门为第二炮兵开办了院校。至此,我军初步形成了比较完备的军事教育体系和培训体制,使我军院校成为和平时期培养军事人才的主要基地。

"文化大革命"的浩劫,使我军院校教育遭受了严重挫折。1975 年邓小平同志复出主持中央军委工作后,高度重视军队的教育训练,明确提出在没有战争的条件下,要把教育训练提高到战略地位。1977 年,邓小平同志在中央军委一次会议上指出:"我们的军队过去是在长期的战争环境中锻炼成长的,那时提升干部主要靠战场上考验。现在不打仗,你根据什么来考验干部,用什么来提高干部,提高军队的素质,提高军队的战斗力? 还不是要从教育训练着手? 要把军委扩大会议上提出的把教育训练提高到战略地位这个方针具体化。要从两个方面去做。一个方面是部队本身要提倡苦学苦练。……另一方面是通过办学校来解决干部问题。"①他针对"文化大革命"期间军队院校遭到破坏的实际,明确

---

① 《邓小平军事文集》第三卷,军事科学出版社、中央文献出版社 2004 年版,第 55—57 页。

提出:"要把原有的学校,除个别的外,基本上恢复起来。把更多的干部放到学校去训练。"①在军队精简"消肿"的情况下,他坚定地强调,要保障军队院校这个战略重点,"宁肯少几个兵,少几个机关人员,也要把学校办好,让多一点人进学校"。②1977年8月,邓小平同志在中央军委一次重要会议上,系统地阐述了院校要起到"集体干部部"作用的思想。他指出,军队院校要"训练干部,选拔干部,推荐干部。用形象化的语言说,就是各级学校的本身要起到集体政治部的作用,或者说起到集体干部部的作用"。③邓小平同志的这些重要论述,高度概括了新时期军队院校在军队建设中的地位和作用,明确了提高干部素质和院校培训的关系,揭示了和平时期提高干部队伍素质的途径、规律和特点,赋予了军队院校培养高素质干部队伍的战略任务,指明了新时期军队院校的职能、任务和努力方向,对于我军院校的恢复和发展起到了重要的推动作用。

江泽民同志作为党的第三代中央领导集体的核心,在继承和发展毛泽东、邓小平军事教育思想方面,付出了极大的精力,作出了重要的贡献。1990年5月,江泽民同志在视察国防大学时指出,国防大学是我军的最高学府,担负着培养适应部队现代化建设和未来战争需要的高级军事人才的任务,任重而道远。1995年11月,他在同国防大学学员座谈时深刻指出,培养人才,一靠实践,二靠学校。学校是人才培养的重要基地。要培养高质量的人才,必须有高质量的院校,要高度重视院校建设。1999年4月,他在中央军委一次会议上再次强调:"实现科技强军,培养高素质的军事人才,必须把院校教育摆在优先发展的战略地位。"④"军

---

①　《邓小平军事文集》第三卷,军事科学出版社、中央文献出版社2004年版,第57页。
②　《邓小平军事文集》第三卷,军事科学出版社、中央文献出版社2004年版,第173页。
③　《邓小平军事文集》第三卷,军事科学出版社、中央文献出版社2004年版,第58页。
④　江泽民:《论国防和军队建设》,解放军出版社2003年版,第374页。

队院校教育,对军队现代化建设,具有基础性、全局性和先导性的重要作用。"①"没有高质量的院校教育作为基础,不断提供强有力的人才和智力支持,我军的现代化建设就难以推进。随着知识和科技逐步成为军队现代化建设的重要主导因素,院校教育越来越成为影响军队的综合实力和在国际军事竞争中的能力的关键因素。我军要跻身于世界强师劲旅之林,必须建设一批具有国际先进水平的军事院校。"②这些重要论述,言简意赅,精辟透彻,是对新形势下军队院校地位作用的高度概括。

　　进入新世纪新阶段,世界形势和我国我军所处的环境发生了深刻变化。各国之间综合国力的竞争,在很大程度上表现为高科技的竞争,关键是人才的竞争,教育的全局性和战略性地位日益凸显。世界各国无不把建设高质量的教育体系作为最基本的国策之一,各国军队也无不把院校教育作为赢得未来军事斗争主动权的战略制高点之一。而要培养高质量的人才,必须有高质量的院校。近年来世界上爆发的历次局部战争表明,现代战争从某种意义上讲,就是按照教室——实验室——训练场——战场这样"四点一线"的轨迹运行的。世界各主要国家依靠院校训练军官、选拔军官,实行逐级培训、先训后晋、晋训一致、不训不晋的经验和做法,也证明了通过院校培养高素质新型军事人才,是夺取战争胜利的必然要求。在以和平与发展为时代主题的当今世界,战争舞台提供给人们"从战争中学习战争"的机会明显减少了,院校培养人才的作用显得更加突出。可以说,院校培训已成为和平时期军事人才成长的主渠道。军事人才不通过院校的系统培养和训练,就难以具备打赢未来战争的全面素质和能力。党的三代领导核心关于军事教育重要地位作用的思想,对于今天的我军军事教育的发展和院校建设,仍然具有极其重要

---

① 江泽民:《论国防和军队建设》,解放军出版社2003年版,第376页。
② 江泽民:《论国防和军队建设》,解放军出版社2003年版,第376页。

的指导意义。有的同志对军校培养干部的地位作用表示异议,把实践锻炼与军校系统学习培训对立起来。这既表明他们对党的三代领导核心军事教育思想的无知,也表明对我军历史的无知。有些在院校从事教研工作的干部往往不安心,总想到部队任领导职务,原因是多方面的,其中主要的也是对院校的战略地位缺乏足够认识。早在延安时期,毛泽东同志就曾对要求去前线的抗大教员讲过:你去前线当个团长,也就指挥一个团,而在抗大当教员,可以培养一批团长。这话讲得很有意义、很有分量,今天我们听来依然感到十分亲切,备受鼓舞。

二、与时俱进地确立正确的教育方针

军事教育方针,是党和军队在一定历史阶段教育思想和政策的集中概括,也是办好军队院校的关键。早在红军随营学校和红军大学时期,毛泽东同志就根据当时的形势任务需要以及部队建设和作战的实际情况,确定了"随战随训"等教育指导思想和方针原则,为办好这些院校指明了正确方向。抗日战争时期,毛泽东同志又亲自为抗大制定了"坚定正确的政治方向,艰苦朴素的工作作风,灵活机动的战略战术"①的教育方针。这是我军院校历史上第一次明确提出的教育方针,它正确地反映了抗日战争客观形势的需要,反映了人民战争的本质要求,反映了人民军队的性质宗旨。在这一教育方针指导下,抗大共培养了十多万名军政兼优、德才兼备、既能治军又能治国的栋梁之才,为取得革命战争胜利和建设新中国奠定了坚实的组织基础。

由于抗大的教育方针具有普遍的指导意义,所以它不仅是我军院校在抗日战争时期的教育方针,而且是解放战争时期乃至新中国成立后很

---

① 《毛泽东军事文集》第二卷,军事科学出版社、中央文献出版社 1993 年版,第 461、462 页。

长一段时期我军院校的教育方针。南京军事学院创建初期,周恩来同志就明确指示:"军事学院的办校方针,仍然是抗大的方针"。① 随着形势的发展变化,党的军事教育方针不断充实完善。1951 年,中央军委要求军队院校要为建设正规化、现代化的国防军而奋斗。1953 年,毛泽东同志给总高级步兵学校颁发训词时又指出:"我们必须向苏联的军事科学学习,以便迅速把我军提高到足以在现代化的战争中取胜的水平。"②这些思想,不仅要求军队院校建设要保持坚定正确的政治方向,继承我军的优良传统,还包含了军队院校建设要面向现代化、面向世界的思想。

　　进入改革开放的历史时期后,邓小平同志继承和发展了毛泽东同志关于教育方针的重要思想,明确指出:"学校应该永远把坚定正确的政治方向放在第一位"③,"教育要面向现代化,面向世界,面向未来"。④ "三个面向"的思想,深刻反映了时代发展对院校建设的客观要求,因而成为新时期我军院校建设必须遵循的教育方针。军队院校只有坚持正确的政治方向,才能永远保持为人民军队服务的本色;只有按照现代化要求,全面加强自身建设,才能适应部队的现代化建设;只有放眼世界,了解世界,研究世界,积极吸收世界上先进的军事理论和军事科技成果,才能培养出能够占据世界军事制高点、从容应对各种挑战的高素质新型军事人才;同时,也只有着眼于未来,才能使培养的人才适应未来战争的需要。为适应国际形势发展和我军建设的需要,中央军委强调要把未来军事斗争准备的基点,放在打赢可能发生的现代技术特别是高技术条件下的局部战争上。在这一战略方针的指导下,1999 年,江泽民同志完整、准确地提出了我军跨世纪军事教育的指导方针,即:"坚持全面贯彻毛泽东同

① 《周恩来年谱(1949—1976)》,上卷,中央文献出版社 1997 年版,第 94 页。
② 《毛泽东军事文集》第六卷,军事科学出版社、中央文献出版社 1993 年版,第 337 页。
③ 《邓小平文选》第二卷,人民出版社 1994 年版,第 104 页。
④ 《邓小平文选》第三卷,人民出版社 1993 年版,第 35 页。

志和邓小平同志的军事教育思想,适应国防和军队建设的需要,适应打赢现代技术特别是高技术条件下局部战争的需要,努力培养大批高素质的新型军事人才,是我们继续推进院校教育改革和加强院校全面建设必须始终遵循的指导方针。"①这一教育方针,第一次对新时期我军军事教育方针作出了全面、系统、准确的阐述,既坚持了毛泽东、邓小平军事教育思想对我军军事教育的指导地位,又充分地体现了军事教育为我军现代化建设服务、院校教育以培养高素质人才为目的、院校以人才培养为中心任务的时代特点,同时明确规定了军事院校人才培养的目标和院校建设的途径。这一方针,对于我军院校始终保持军事教育的正确方向,理顺军事教育发展中的各种关系,不断推进军事教育的与时俱进,具有重大的理论和实践意义。

三、明确人才培养目标和质量标准

军事人才的培养目标和标准,对军事教育的改革具有牵引和导向作用,直接决定着军事教育的生命。培养目标和质量标准一经确定,军事教育的内容、模式、方法和手段也必然随之变化。党的三代领导核心在实践中,对军事教育的人才培养目标和质量标准作出了一系列重要论述,为我军军事教育指明了努力方向。

培养什么样的人,是军事教育首先必须解决的重大问题。毛泽东同志为抗大提出的"三句话、八个字"的教育方针,实际上也是军事人才培养的基本标准。新中国成立后,毛泽东同志又强调指出:"使受教育者在德育、智育、体育几方面都得到发展"。② 这一论述成为军队院校确定人

---

① 　江泽民:《论国防和军队建设》,解放军出版社 2003 年版,第 379 页。
② 　《毛泽东文集》第七卷,人民出版社 1999 年版,第 226 页。

才培养目标的基本依据。

邓小平同志深化了毛泽东同志关于人才培养目标的思想,明确提出要培养全面发展的新型人才。他强调要把政治合格放在人才素质的首位,同时强调院校培养的人才必须具备现代条件下联合作战指挥能力,要求全军干部"认真学习现代化战争知识,学习诸军兵种联合作战。不但高级干部要学,连排干部也要学,都要懂得现代化战争"。① 他还指出:"干部既学到现代战争知识,又学到现代科学知识和生产知识,还要学会做政治工作和管理工作。这样,我们的军队干部既能在军队建设中发挥作用,到地方上也能发挥作用,打起仗来,又可以在战争中发挥作用,就成为军队和地方都合用的干部。"②这些重要论述,从时代发展和国家、军队建设全局的高度,对军事人才培养的质量提出了新的要求。

江泽民同志十分注重人才的全面发展问题,特别关注高科技条件下人才的全面发展,强调面对世界新军事变革的新形势,军事人才必须具备全面素质、复合知识、综合能力、创新精神及创新能力。1993 年 6 月,他在同国防大学学员座谈时强调:"邓小平同志一九七七年就曾针对军队的状况明确指出,我们各级干部指挥现代化战争的能力不够,我们军队打现代化战争的能力不够。现在,这两个能力够不够? 我看还是不够。"③而且按照打赢现代技术特别是高技术条件下局部战争的要求来衡量,差距增大了。后来,在中央军委一次重要会议上,江泽民同志又对我军人才的培养目标作了高度概括,提出要培养既懂政治又懂军事、既懂指挥管理又懂专业技术的复合型人才,并将人才培养质量标准概括为:"要具备良好的全面素质……要具有复合的知识结构和综合能

---

① 《邓小平军事文集》第三卷,军事科学出版社、中央文献出版社 2004 年版,第 58 页。
② 《邓小平军事文集》第三卷,军事科学出版社、中央文献出版社 2004 年版,第 82 页。
③ 江泽民:《论国防和军队建设》,解放军出版社 2003 年版,第 92 页。

力……要具有创新精神和创新能力"①,即"高素质复合型人才"。这些重要论述,反映了时代发展对人才素质的新要求,指明了新形势下军事教育改革和发展的方向。

四、不断调整完善教育体制

军事教育体系是指为培养各种类型、各个层次的军事人才,而对军队院校和培训机构进行任务分工所构成的制度和机制。科学的军事教育体系,能够充分发挥军队院校和培训机构的功能,有效地培养和输送所需的各级各类人才。建立和完善军事教育体制,是军事教育的一项重要任务。

在战争年代,我军虽然开办了一些院校,但由于受到环境和条件的限制,难以形成一个完整的教育体系。新中国成立后,以毛泽东同志为核心的党的第一代中央领导集体十分重视军队院校教育体系的建设。当时主管军事教育工作的叶剑英同志,提出了"三级制"、"两股绳"的军官教育体制,这一体制后来成为我军院校教育体系的基础。所谓"三级制",是指士兵晋升尉官、尉官晋升校官、校官晋升将官必须进入相应的初、中、高三级军队院校接受一次完成培训;所谓"两股绳",是指把军官训练分为完成训练和速成训练,将普及和提高有机地结合起来。这一思想的提出和实行,适应了当时我军建设的需要,形成了比较完整的军官教育体系,使我军军官队伍的知识能力发生了飞跃性的变化。

进入新的历史时期后,邓小平同志在确立军事人才培养目标、规范教育内容的同时,根据军事人才的成长规律,提出了对不够合理的院校构成要加以调整、构设新的军事教育体系和教育机制的思想,主要包括

---

① 江泽民:《论国防和军队建设》,解放军出版社 2003 年版,第 372—373 页。

以下几个方面的内容：

一是着眼全军各类人才素质总体优化的需要，提出要大力办好各类院校。邓小平同志指出："要好好办学校，包括各总部、各军兵种、各级的学校，都要办好。"①这是因为，现代战争已经扩展到陆、海、空、天、电等多维空间，不论战争规模大小，都将是诸军兵种的联合作战。军事教育必须着眼军事人才总体优化的要求，用各类院校来培养急需人才。

二是着眼军事人才成长规律，提出开办各级各类院校，实施层次教育，进行全程培养。邓小平同志指出，学校有各级的：高级、中级、初级。高级的有军事学院、政治学院、后勤学院。……海军、空军也有高级的学校，各特种兵、技术兵种也有高级的学校；还有中级的、初级的。邓小平同志特别强调要办好"各军兵种的技术专业学校"。② 这是因为，军事人才掌握现代战争知识和现代军事技能，总是遵循由低到高、循序渐进的规律，尤其是现代军事人才需要掌握的知识多、层次高，更新周期长，需要各级院校接续培养才能完成。

三是着眼现代战争的需要，提出军事人才培养要正规化、制度化。邓小平同志强调："从排长起，各级军官都必须经过军官学校的训练。排连干部要初级步兵学校毕业。毕业后，一般的当排长，好的当连长。营团干部要进过中级军官学校。从排长、连长里选好的来学，经过一定时间学习才去当营长、团长。军和师的领导干部也要进过高级军官学校的才能当。这个要制度化。"③为什么各类各级军官都必须经过院校培养才能当呢？邓小平同志给予了明确的回答，他说："过去是在战争中训练，从战争中学习，而且那个学习是最过硬的。但是现在，即使有战争，

---

① 《邓小平文选》第二卷，人民出版社 1994 年版，第 21 页。

② 《邓小平文选》第二卷，人民出版社 1994 年版，第 62 页。

③ 《邓小平文选》第二卷，人民出版社 1994 年版，第 289 页。

不经过学校学习也不行,因为装备不同了,指挥现代化战争需要多方面的知识。"①根据邓小平同志的这一思想,1986年,中央军委颁布了《关于军队院校教育改革的决定》,并在教育体系上明确了以下问题:第一,确立了新时期各类军官的培训层次。即:指挥院校实行三级培训与进修相结合的培训体制,初级指挥军官按中专、大专、本科培训,专业技术军官按中、高两个等级培训。第二,提出试办一批综合型院校。实行军事、政治、后勤指挥军官合训,指挥、管理与技术军官合训。第三,提出稳步发展研究生教育,培养高层次的师资、科研和专业技术人员。第四,提出搞好军官的继续教育。一方面坚持轮训制度,并尽可能地同军官就任新职的训练结合起来;另一方面强调开展函授教育,为军官在职训练创造条件。在这个《决定》精神的指导下,我军对院校教育体制进行了较大规模的调整,形成了中专、大专、本科、硕士研究生、博士研究生五个培训层次,使我军院校教育体系发展到了一个新的水平。中央军委的这个《决定》使我军初步形成了现代军事教育体系,在我军院校发展史上具有重要地位。

进入20世纪90年代之后,随着世界新军事变革的兴起,带来了军事领域的深刻变化,同时也对我军军事教育的体制提出了一系列新的要求。自新中国成立以来,我军院校体制编制虽历经多次调整改革,但军队院校体系的类型结构模式始终没有大的突破,院校体制编制还不够合理,一些关系还未理顺,办学效益还不高,在一定程度上制约了军事教育的发展。1999年4月,中央军委专门召开扩大会议,专题研究院校建设与发展问题。在这次会议上,江泽民同志深刻指出,要适应形势和任务发展要求,调整改革教育体制,使规模、结构、质量、效益相统一。军队院校要调整改革院校体制编制,逐步建立新型的院校体系。遵照这一指示,同年6月召开的第十四次全军院校会议,启动了院校体制编制调整

---

① 《邓小平文选》第二卷,人民出版社1994年版,第289页。

工程,确定要改革初级指挥军官和生长干部组训方式,将全军院校调整为多科类综合院校、单科性专业院校、中高级指挥院校三类,加大合成训练和归口培训力度;拓宽干部培训补充渠道,走开生长干部由军队院校培养和依托地方高校培养并举的路子;优化资源配置,在一定程度上打破部门封闭、条块分割的办学格局,统一调整院校、训练机构和部分科研单位的设置等。这次会议的重大贡献之一,是在我军院校教育体系类型结构上取得了重大突破。这次会议所采取的各项举措,顺应了世界各国军事教育和军事教育体系的发展趋势,保持和发展了我军原有军事教育体系的优势,对于院校理顺关系、优化结构、突出重点、促进教育资源的合理配置、提高办学效益,起到了重要作用,产生了深刻影响。

时代在前进,特别是进入新世纪以来,世界新军事变革呈现加速发展的趋势,陆、海、空、天、电一体化联合作战成为现代战争的基本形态。因此,军队各级指挥员尤其是高中级指挥员必须具备"联合"的素质,成为联合作战指挥员。与此相适应,我军三级指挥院校的结构体系、任务分工与衔接、教学内容和方法,都必须向"联合"聚焦,都必须进行重大变革。我们要学习党的三代领导核心的军事教育思想,与时俱进、抓住机遇,不断在改革创新中使院校担负起培养大批联合作战指挥军官的重任,切实解决好胡锦涛主席所指出的联合作战指挥人才短缺这一"瓶颈"问题。

五、探索和把握办学治校的客观规律

早在战争年代,毛泽东同志就指出:"一个军事学校,最重要的问题,是选择校长教员和规定教育方针。"①邓小平同志在 1977 年恢复军队院

---

① 《毛泽东军事文集》第一卷,军事科学出版社、中央文献出版社 1993 年版,第 697 页。

校时强调:"要选好办学校的干部,包括教师,这个很重要。这些干部比现职干部还重要,要选最优秀的,特别是能深入实际、努力工作、艰苦奋斗、以身作则的干部。"①江泽民同志也指出:"办好院校最重要的是要有坚强的领导班子,有高质量、高水平的教员队伍,有优良的校风。"②这些重要的思想观点,是党的三代领导核心领导我军军事教育实践的总结,也是对办学治校规律的生动概括和深刻揭示。

"坚强的领导班子"是办学治校的关键。这是一条带有普遍性的规律。毛泽东同志之所以把选择校长视为办好军事学校最重要的问题,就是因为他认为只有领导班子坚强,才能办好院校,培养出人才。他主张用名将来办学治校,只要是院校建设需要,不惜抽调一些战斗在第一线的高级指挥员出任院校领导,有时他还亲自兼任院校领导职务。毛泽东同志曾先后推荐陈毅、彭德怀、朱德、刘伯承、叶剑英、林彪、陈赓等同志分别担任红军教导队、随营学校、红军大学、抗大的主要领导,他自己也曾在红大、抗大兼任过重要的领导职务。邓小平同志多次强调,要选最优秀的,特别是能深入实际、努力工作、艰苦奋斗、以身作则的干部,来办军事院校。江泽民同志对选拔优秀人才办学非常重视,他要求各级干部都要重视这个问题,抓好院校各级领导班子的配备,选拔那些政治上强、懂教育、会管理的干部去当院校领导。院校领导要发挥"领头雁"的作用,要根据院校工作的具体任务和特点统筹规划工作,突出教学科研重点,加强与完善教学管理体系和教学保障体系,依法治校,严格管理,真抓实干。

"高质量、高水平的教员队伍"是办学治校的支柱。这也是一条带有普遍性的规律。教师是院校建设的主体和根本,是人才培养和教学科研的具体实施者,在院校建设中具有关键性作用。纵观历史,党的三代

---

① 《邓小平文选》第二卷,人民出版社 1994 年版,第 63 页。
② 《新形势下军队院校教育改革和发展的根本指针》,《国防大学学报》1999 年第 1 期。

领导核心都突出强调了加强教师队伍建设的重要性。我军院校初创之际,毛泽东、周恩来、刘伯承等同志经常亲临教学第一线,登上讲台为学员讲授哲学、党的建设、游击战战略战术等重要课程。毛泽东同志在抗战时期指出:"为重视学校,保证学校的教育能力,使教育干部及学校工作干部,不致任意调散,以后关于抗大各分校干部的调遣与改换工作谨慎从事,以增强而不削弱学校教育能力为原则。"①当时为了解决抗大教员短缺的问题,党中央、毛泽东同志下决心从机关和部队中抽调了一批军政素质比较好的干部到抗大担任教员,并吸收大量知识分子进入教员队伍,大胆将其放到重要的教学岗位上。毛泽东同志还要求有关部门加强对教员的定期培养,要求政治教员具备较高的政治觉悟,并受过长期的党性锻炼;军事教员要有丰富的战争实践经验和一定的军事知识;文化教员须受过高等教育,有扎实的文化基础。毛泽东同志非常重视教员的自身建设和培养,一再强调先做学生,后做先生;教员要在政治上坚定,作风上过硬,业务上精通;办学校要有一支精通业务的高水平教学队伍。同时,还组织教员深入部队、深入实际,向火热的斗争生活学习,使他们不断更新知识,更新头脑。经过努力,抗大建立起一支具有较高文化程度和丰富军事、政治理论知识的教员队伍。也正是因为毛泽东同志尊师重教,尊重人才,才使得广大教员心情舒畅,勤奋耕耘在教学第一线,努力培育了大批适应战争需要的优秀人才。邓小平同志也十分重视教员队伍建设,他多次指出:"要选好办学校的干部,包括教师,这个很重要。……办学校的干部要精选,凡是适合办学校的干部,宁肯从现有工作岗位上调出来。"②他还提出,为加强学校的教师队伍,可以把科研系统的人调出来支援教育。此外,对教师要在政治上、物质上安排好,要在

---

① 《毛泽东年谱(1893—1949)》中卷,人民出版社、中央文献出版社1993年版,第238页。
② 《邓小平文选》第二卷,人民出版社1994年版,第63页。

全社会提倡尊师重教、尊重人才,使教师得到应有的政治地位和社会地位。江泽民同志在继承毛泽东、邓小平同志上述思想的同时,着重从国家、民族振兴的高度,深刻阐明了教师和教员队伍的重要作用。他明确指出:"振兴民族的希望在教育,振兴教育的希望在教师。"①他认为,教学质量是通过教员来实现的,教员队伍的素质直接影响着人才培养的质量。建设一支具有良好军政业务水平、结构合理、相对稳定的教员队伍是培养优秀人才的根本大计,拥有一支高质量高水平的教员队伍是办学治校的一根支柱。为使我军人才队伍适应高技术条件下的局部战争需要,他还对军校教员队伍的能力素质提出了许多新的要求。

"优良的校风"是办学治校的保证。这同样是一条带有普遍性的规律。校风就是院校的作风,主要由各级领导干部的作风、教员的教风和学员的学风三个方面构成。校风既是军校的精神风貌,又是教育训练、思想政治工作和行政管理工作的综合反映。良好的校风是一种无形的教育力量,也是办好高质量院校的保证。毛泽东同志为抗大提出的"三句话、八个字"的教育方针、校训,同时也是抗大的校风。1990 年 5 月,江泽民同志在视察国防大学时明确指出:"你们把抗大校风作为国防大学的校风,这很好,要继续把它发扬光大。"②1995 年 10 月,他在国防大学成立 10 周年前夕为国防大学题词:"弘扬抗大校风,培养合格人才"。1996 年 5 月,他在纪念抗大建校 60 周年大会上的讲话中,又全面、系统、深刻地论述了抗大校风的基本内容和科学内涵,为新形势下发扬抗大精神、加强校风建设,进一步指明了方向。近年来,全军院校按照抗大校风的要求,大兴求真务实、爱岗敬业、尊师重教、刻苦钻研、文明礼貌、团结一致、遵纪守法、雷厉风行、艰苦奋斗等风气,使抗大的校风在新形势下

---

① 《毛泽东、邓小平、江泽民论教育》,中央文献出版社 2002 年版,第 248 页。
② 《新形势下军队院校教育改革和发展的根本指针》,《国防大学学报》1999 年第 1 期。

得到了发扬光大,进一步提升了院校育人环境,实际上都是这一规律的反映和体现。

六、倡导和推进教育改革创新

教育有法,但法无定法。只有不断进行教育改革,创新适应时代特点、军队建设需要和部队实际条件的教育方法,才能取得预期的教育效果。党的三代领导核心都非常重视教育改革,将其作为适应军队形势和任务的变化、不断推进军事教育发展的重要途径,并为此进行了不懈的探索。

在红军时期,毛泽东同志十分重视部队的教育方法,努力探索部队教育的有效手段。他指出:"士兵政治训练"①必须采取"十大教授方法":①启发式(废止注入式);②由近及远;③由浅入深;④说话通俗化(新名词要释俗);⑤说话要明白;⑥说话要有趣味;⑦以姿势助说话;⑧后次复习前次的概念;⑨要提纲;⑩干部班要用讨论式。② 他要求红军学校要"从战争学习战争"③,后来又提出:"练兵方法,应开展官教兵、兵教官、兵教兵的群众练兵运动。"④他还为抗大制定了"少而精"、"理论联系实际"、"理论与实践并重,军事与政治并重"的教学原则和方法。这些原则和方法奠定了我军军事教育的基础。新中国成立后,我军进入新的历史发展时期。针对新的形势任务,彭德怀同志说:"现代化军队建设中长期的、经常的中心工作是训练部队。"⑤按照彭德怀同志的要求,

---

① 《毛泽东军事文集》第一卷,军事科学出版社、中央文献出版社 1993 年版,第 111 页。
② 《毛泽东军事文集》第一卷,军事科学出版社、中央文献出版社 1993 年版,第 113 页。
③ 《毛泽东选集》第一卷,人民出版社 1991 年版,第 181 页。
④ 《毛泽东军事文集》第三卷,军事科学出版社、中央文献出版社 1993 年版,第 146 页。
⑤ 《彭德怀军事文选》,中央文献出版社 1988 年版,第 499 页。

我军着眼提高教育训练效果,采取了一系列行之有效的训练方法。从制定训练大纲和计划、组织教学法集训、召开教学准备会到编写教案等,都逐步形成了一套比较正规的模式和程序,使教育训练走上了制度化的轨道。干部训练按照讲解、示范操练、检查、讲评的程序进行;战术训练实行按级任教,贯彻首长教部属、上级教下级、一级教一级的原则。这种教育训练方法,对于保证部队训练顺利实施、提高教育训练效果,起到了十分积极的作用。

进入新时期后,随着我军武器装备的不断改善和现代化程度的不断提高,邓小平同志明确指出:部队的训练,要着眼于提高在现代条件下的协调作战能力、快速反应能力、电子对抗能力、后勤保障能力和野战生存能力,逐步实现由重点抓士兵训练转为重点抓军官训练,由重点抓打步兵的训练转为重点抓打坦克、打飞机、打空降的训练,由重点抓单一兵种的训练转为重点抓诸军种、兵种合同战役、战术训练。[①] 这一重要思想,把练战术、练技术、练思想、练作风、练指挥紧密地结合起来,使我军军事教育训练更具有针对性和有效性。"教育一定要联系实际"[②],这是邓小平同志的一贯思想。一般教育如此,军事教育更是如此。因为战争从来没有也不会有固定的模式,未来战争的战场形势将更加千变万化,要求战略战术的运用必须灵活机动。为此,军事教育必须一切从战争实际出发,按照学用一致、训用一致的原则,锐意进行教学方法改革。在邓小平同志亲自主持下,我军院校进行了一系列行之有效的教学改革,部队进行了广泛深入的训练改革。比如,实行教学民主,提倡启发式教学,改革考试制度;加强实践性教学,定期派遣学员参加部队训练、战场勤务或前线指挥;重视考试的导向作用,认真研究、试验,不断改进考试的内容和

---

① 《以整党为巨大动力抓教育训练深入一步》,《解放军报》1983年11月21日。
② 《邓小平文选》第三卷,人民出版社1993年版,第144页。

形式;实行终身教育,让学员毕业后在部队工作几年,再将其中的优秀者不定期"回炉";强调建立部队与院校干部交流制度,院校干部和教员要经常深入部队,同时要挑选优秀干部到院校任职,大军区和所属部门的领导同志也可以到院校兼课,以利于训用一致;等等。这些措施凡被落实了的,都收到了很好的效果。但由于种种原因,也有一些措施未能很好地贯彻落实。

江泽民同志针对科学技术日新月异发展的趋势和在军事领域的广泛运用,深刻指出:未来局部战争将在高技术条件下进行,因此兵就要在高技术背景下练。要实施"科技强军"、"科技兴训",把学科学与科学练渗透到军事训练的方方面面。他认为:"教育创新与理论创新、制度创新、科技创新一样,是非常重要的"。① "教育在培育民族创新精神和培养创造性人才方面,肩负着特殊的使命。"②他要求全军院校按照"三个面向"的要求,进一步更新教育观念,不断深化教育改革,自觉推进教育创新。在1999 年中央军委一次重要会议上,他明确提出:要"自觉更新教育观念"③,"继续推进院校教育改革和加强院校全面建设"。④ 他还提出了更新教育观念的具体内容,即大力加强素质教育、创新教育、超前教育、开放教育和继续教育,使军事教育的改革创新进入了一个新的发展阶段。

七、注重加强院校的正规化建设

治军必先治典。军队院校作为我军干部的培养基地,院校正规化建设水平如何,直接决定着军事教育的水平,也决定着军队正规化建设的

① 《江泽民文选》第三卷,人民出版社 2006 年版,第 499 页。
② 《江泽民文选》第二卷,人民出版社 2006 年版,第 334 页。
③ 江泽民:《论国防和军队建设》,解放军出版社 2003 年版,第 382 页。
④ 江泽民:《论国防和军队建设》,解放军出版社 2003 年版,第 379 页。

水平。党的三代领导核心正是站在这样一个全局的高度,高度重视院校的正规化建设,并把它作为军事教育必须解决的一个现实课题。在这方面,他们有许多重要的论述,也有许多重大的建树。

1929 年,毛泽东同志就指出:"稍为进步一点的军队,就需要规律化,像红军本来这种'烂糟糟的'现象,我们只好认它是一种原始的游民的队伍的现象,要极力和这种现象斗争。"①可以说,毛泽东同志创建红军教导队、随营学校和红军学校,一个重要目的就在于解决这个问题,消除这种现象。1936 年,毛泽东同志在《中国革命战争的战略问题》一文中强调:"游击主义有两方面。一方面是非正规性,就是不集中、不统一、纪律不严、工作方法简单化等。这些东西是红军幼年时代本身带来的,有些在当时还正是需要的。然而到了红军的高级阶段,必须逐渐地自觉地去掉它们,使红军更集中些,更统一些,更有纪律些,工作更周密些,就是说使之更带正规性。"②1952 年 7 月 10 日,他又在《中央人民政府人民革命军事委员会主席训词》中指出:"与现代化装备相适应的,就是要求部队建设的正规化,就是要求实行统一的指挥、统一的制度、统一的编制、统一的纪律、统一的训练,就是要求实现诸兵种密切的协同动作。为此,就需要克服在过去时期曾经是正确的,而现在则是不正确的那种不集中、不统一、纪律不严、简单现象和游击习气等等,而必须加强整个工作上、指挥上,而首先又应该是从教育训练上来培养的那种组织性、计划性、准确性和纪律性。这是建设正规化、现代化的国防部队所不可缺少的重要的条件之一。"③这"五统"、"四性",为我军院校正规化建设奠定了重要的理论和法规基础。

---

① 《毛泽东军事文集》第一卷,军事科学出版社、中央文献出版社 1993 年版,第 76 页。
② 《毛泽东军事文集》第一卷,军事科学出版社、中央文献出版社 1993 年版,第 753 页。
③ 《毛泽东军事文集》第六卷,军事科学出版社、中央文献出版社 1993 年版,第 314 页。

邓小平同志在拨乱反正、整顿军队的工作中,十分强调恢复和建立正规化的规章制度。他在 1977 年 12 月的中央军委全体会议的讲话中指出:这次会议,对我们军队几乎所有的领域,所有的方面,都订出了章程。这些章程有些是过去有的,被林彪、"四人帮"破坏了,这次把它们恢复了;有些是新制订的。所有这些章程,都是整顿军队、准备打仗所必需的。有了这些章程,我们就有章可循,就能够统一认识,统一行动。在他的领导下,我军进行了以拨乱反正为特征的整顿,大大提高了全军包括军队院校在内的正规化程度,为军事教育的发展创造了有利条件。

强调依法治军,是江泽民同志一贯的治军思想。依法治教,是其依法治军思想的重要组成部分。抓紧教育立法、实行依法治教,是江泽民同志对新时期军队院校教育提出的明确要求。他多次指出:"健全的法律法规是现代教育管理的基础。……保证军事教育和院校建设规范有序地进行,巩固教育改革的成果,必须充分运用法律的形式。"[1]这是因为,军事教育的法律法规,可以有效地调整院校建设的各种关系,协调院校建设的各个环节,维护正常、规范的教学工作秩序。以法律、法规规范院校建设和院校教育,具有最高严肃性和强制性,又可有效地保证院校的地位、作用和相关制度的落实。新中国成立后我军院校曲折发展的历史证明,没有健全的法制,就没有军队院校教育健康、持续的发展。因此,江泽民同志要求院校建设和教育必须充分发挥法律的高效调节作用,保证制度、政策的真正落实和教育、教学关系畅通,"要尽快制定军事教育的基本法,并在这一基础上制定系统配套的法规和规章"。[2] 为此,2000 年 2 月 29 日,中央军委颁发了《中国人民解放军院

---

① 江泽民:《论国防和军队建设》,解放军出版社 2003 年版,第 383 页。
② 江泽民:《论国防和军队建设》,解放军出版社 2003 年版,第 383—384 页。

校教育条例》。这是我军院校教育发展史上的又一件大事,标志着我军院校教育进一步被纳入法制化管理轨道。总部近几年新制定的一系列教育法规文件,如《军队院校教育改革的发展纲要》、《面向 21 世纪军队院校教学改革计划》等,都体现了依法治教的思想,对于加强我军院校革命化、现代化、正规化建设,保证院校教育事业健康发展,起到了重要作用。

党的三代领导核心的军事教育思想是一个丰富的理论宝库。其共同特点是:实事求是,理论联系实际;既强调科学性、继承性,又强调独创性、实践性,体现了历史与时代的统一、继承与创新的统一、整体与重点的统一、理论与实践的统一;是充满辩证法的军事教育学说体系,也是我们搞好军事教育的行动指南。我们要把党的三代领导核心的军事教育思想,作为一个科学的理论体系来领会、把握和运用。在新的形势下,我们要紧密联系当代世界军事教育发展的新趋势,紧密联系中国特色军事变革和军事斗争准备对人才培养提出的新要求,立足办学治校的生动实践,深入贯彻党的三代领导核心的军事教育思想,以及胡主席关于军事教育的一系列重要论述,以科学发展观为统领,在新的更高起点上大力推进我军军事教育理论与实践的创新发展,不断开拓中国特色军事教育事业的新局面和新境界。

新世纪新阶段办学治校的行动指南

—— 学习胡锦涛主席关于军事教育重要论述的体会

胡锦涛主席主持中央军委工作以来，一直十分重视军事教育。他站在时代和战略的高度，着眼于有效履行新世纪新阶段我军历史使命，深刻阐明了新世纪新阶段加强军事教育的战略意义，揭示了军事教育的基本规律，丰富和发展了毛泽东、邓小平、江泽民军事教育思想，是科学发展观在军队教育领域的重要体现和具体展开，具有鲜明的时代性、系统的理论性和科学的指导性，为新世纪新阶段我军军事教育的创新发展指明了方向。认真学习领会胡主席关于军事教育的重要论述，对于我们进一步统一思想，把握时代要求，增强责任意识，在新的起点和更高层次上推进军事教育的创新发展，具有十分重要的现实意义。

一、充分发挥院校培养人才的主渠道作用，
落实院校教育优先发展战略

胡主席指出，院校教育是军事训练的重要组成部分，是人才培养的主渠道，要落实院校教育优先发展战略。胡主席的这一重要论述，充分反映了新形势新使命对军事教育的新要求，进一步明确了军事教育在军事训练中的地位，是毛泽东、邓小平、江泽民军事教育思想在新世纪新阶

段的继承和发展。胡主席在会见国防大学第四次党代会全体代表时还特别强调:"近年来,国防大学积极推进军事教育改革和军事理论创新,着力培养高素质新型高级军事人才,切实加强学校的全面建设,各项工作都取得了新的成绩,为我军的革命化、现代化、正规化建设做出了重要贡献。"①这既是对国防大学的鞭策和鼓励,实际上也是对全军院校地位作用的充分肯定。我们必须认真贯彻胡主席关于军事教育地位作用的重要指示,充分认识加速发展军事教育的重要性,以高度的责任感、使命感和紧迫感,推进军事教育又好又快地发展。

强军必先兴训,治军必先治校。这是古今中外军队建设的基本规律,也是我军的光荣传统。党的三代领导核心在建军治军的长期实践中,都高度重视军事教育工作,始终把军事教育作为军队建设的一项战略性任务来抓,强调发挥院校在军队现代化建设中基础性、全局性和先导性的重要作用,把院校教育摆在优先发展的战略地位。早在井冈山时期,毛泽东同志就创办了红军教导队,成为我军院校最早的"根"。从革命战争年代到和平建设时期,我军军事教育伴随着人民军队的成长壮大不断完善和发展,培养了一批又一批治军打仗的卓越人才,对提高部队战斗力、促进部队全面建设、完成不同时期的军事任务,发挥了极为重要的作用。

新世纪新阶段,我国安全形势发生了深刻的变化,军队担负的使命任务更加艰巨;台海形势复杂严峻,军事斗争准备处于关键时期;世界新军事变革加速推进,中国特色军事变革逐步深化;我国经济社会发展进入崭新阶段,全面建设小康社会进程不断推进。新的形势和任务,对军队人才培养特别是高素质新型军事人才培养提出了

---

① 胡锦涛:《在会见国防大学第四次党代表大会全体代表时的讲话》,《人民日报》2005年10月26日。

新的更高的要求。正是在这种形势下,胡主席向全军发出了大抓军事训练的号召,强调院校教育是军事训练的重要组成部分,是人才培养的主渠道。推进新世纪新阶段军事训练创新发展,培养一大批适应信息化战争需要的高素质人才,加强院校教育至关重要。我们一定要坚决落实胡主席关于院校教育优先发展的战略思想,充分认识到院校教育在推进新世纪新阶段军事训练创新发展中的地位作用,努力推动院校建设和军事教育训练的创新发展,真正做到胡主席所要求的:"更好地担负起培养输送高素质新型军事人才、创新发展军事理论的光荣任务,为切实履行新世纪新阶段军队的历史使命提供有力的智力支持和人才保证。"①

近年来,在"三个代表"重要思想和科学发展观的指导下,我军院校建设和军事教育取得了长足发展。体制编制调整取得阶段性成果,初步建立起新型院校体系,教育观念发生新的飞跃,教学改革迈出重大步伐,取得一批高质量教学科研成果。作为军队院校的"老大哥"、"领头雁",国防大学的全面建设也进入了一个新的发展阶段。但我们也必须清醒地看到,当前军队院校建设和军事教育的发展现状,还不能完全适应我军历史使命的新要求和军事训练创新发展的新形势;一些同志对院校重要性的认识,也还有待于进一步提高。我们必须从履行新使命、适应新形势的高度,把思想统一到胡主席的指示精神上来,切实增强推进军事教育和院校发展的责任感和紧迫感,在新的起点和更高层次上,不断开创军事教育和院校建设的新局面。要认真贯彻胡主席关于落实训用一致原则的重要指示,严格执行不经院校培训不能提升使用的有关规定,确实把那些德才兼备、具有发展潜力的后备干部和预提对象选送到院校

① 胡锦涛:《在会见国防大学第四次党代表大会全体代表时的讲话》,《人民日报》2005年10月26日。

培养深造,形成选拔、培训、使用合一的新机制,使院校的先导性、基础性作用充分有效地发挥出来。

二、适应培养信息化战争时代高素质新型军事人才要求,加紧完善新型院校体系

胡主席指出,要加紧完善新型院校体系。胡主席的这一指示,抓住了决定军事教育和院校发展全局的关键问题,顺应了当前世界军事教育发展的潮流,体现了培养高素质新型军事人才对军事教育体制的总体要求,是对我军院校建设和军事教育历史经验的科学总结。

院校体系是党和军队为培养各种类型、各个层次的军事人才,在军队各院校总体规模、层次结构、专业区分等方面形成的制度和机制。科学的院校体系,能够充分发挥军队院校和培训机构的功能,有效地培养和输送国防和军队建设所需的各级各类人才。在我军建设和发展的历史上,我们党总是根据形势和任务的要求,不断调整军队院校体系。早在抗日战争时期,党中央、毛泽东同志就根据抗战全局和根据地建设的需要,在办好延安抗日军政大学的同时,分别在各抗日根据地建立了 14 所抗大分校。新中国成立后,经过不断探索,我军逐步确立了三级院校培训体制,创办了一大批综合型院校和单科性专业院校,形成了具有我军特色的院校体系。这些做法满足了我军各个历史时期对军事人才的需要,提高了军事教育的效益,对当前和今后我军院校体系的创新发展,具有重要的指导和借鉴意义。

当前,随着世界范围内新军事变革的深入发展,世界军事教育发生了极为深刻的变化,突出的特点是:把现代军事教育建立在国家普通高等教育的基础上。发达国家军官的学历教育大部分是在地方高校完成的,军队院校主要进行岗位任职教育。在世界军事教育变革潮流中,我军院校体系必须进行适当调整,才能适应时代的发展。胡主席之所以提

出要加紧完善新型院校体系,就是要求我们积极适应世界军事教育的发展趋势,从整体上推进院校人才培养体系的创新和转型,更好地为加速推进军事斗争准备和中国特色军事变革服务。我们一定要站在时代和全局的高度,深刻理解胡主席这一指示的重大意义,着眼有效履行我军历史使命,学习借鉴世界军事教育的先进经验,加紧完善并形成既具有我军特色、又符合世界军事教育发展潮流的新型院校体系。这是关系到我军军事教育和院校发展全局的战略性任务。

近年来,经过几次调整完善,我军院校体系日趋合理。2003 年,我们提出了军队院校教育要由学历教育为主向任职教育为主的方向转变,强调要建立和完善以岗位任职教育院校为主体、岗位任职教育与生长干部学历教育相对分离、军事特色鲜明的新型院校体系,并按照学历教育规模化、任职教育集约化的要求,进行了院校体制编制调整。国防大学根据中央军委文件,顺利实施了近二十年以来最大规模的一次体制编制调整,为学校发展提供了体制保障。但是,从全军院校体制的总体情况看,一些深层次的结构性矛盾和问题仍未得到根本解决,突出表现在:军地通用性强的院校和承担学历教育任务的院校偏多;岗位任职教育规模较小,不适应大力培养联合作战指挥人才的需要。胡主席提出加紧完善新型院校体系,就是要求我们加紧解决这些问题,实现初、中、高级指挥员培养相衔接,各类专业技术院校、综合性院校相配套,学历教育与任职教育相结合的战略布局。我们必须把思想统一到胡主席的重要指示上来,自觉树立大局意识,突破传统的条条块块的束缚,坚决贯彻军委、总部关于建立新型院校体系的决策部署,努力使我军院校体系更加合理完善。要按照胡主席关于重视联合作战指挥人才培养的重要指示,在构建新型院校体系中,着眼培养联合作战指挥人才的现实需要,不失时机地论证组建一些专门培训机构,形成专门培训、及早培训、全程培训的新机制。

三、不断深化院校教育改革，提高人才培养质量

胡主席指出："要坚持理论联系实际的方针，密切跟踪世界军事发展趋势，与时俱进、开拓创新，不断提高人才培养的质量和科研成果的质量，努力适应国防和军队建设的需要、适应军事斗争准备的需要。"[①]胡主席的这一重要指示，科学总结了我军院校人才培养的基本经验，抓住了院校人才培养的关键环节，为新形势下推进院校教育改革指明了方向。我们必须深刻理解这一指示的重大意义，不断深化院校教学改革，努力把我军人才培养质量提高到一个新水平。

百年大计，育人为本。院校教育是一个大系统，在这个系统中，教学是最基础、最经常、最主要的实践活动，处于中心地位。教学的质量决定人才的质量。在我军军事教育发展史上，历来重视教育改革，并为此进行了不懈的探索。在这一历史过程中，逐步形成了理论联系实际，理论与实践并重、军事与政治并重，实行教学民主、提倡启发式教学，加强素质教育、创新教育、超前教育、开放教育和继续教育等院校教学的基本原则和方法。这些原则和方法，体现了人民军队军事教育的基本规律，对于提高教学质量、满足各个时期军队建设和军事斗争对人才的需求，发挥了极为重要的作用。可以说，我军军事教育发展的历史，就是一部教育理念、教学内容、教学模式不断创新的历史。

当前，打赢未来信息化战争对我军官兵的素质提出了不同于机械化条件下战争的新要求，这必然会引起军事教育理念、内容、方法和手段的深刻变革。在这种形势下，胡主席提出，要推进我军军事训练向信息化

---

① 胡锦涛：《在会见国防大学第四次党代表大会全体代表时的讲话》，《人民日报》2005 年 10 月 26 日。

条件下军事训练转变,并且强调要不断深化院校教育改革,提高人才培养质量,就是要求我们自觉地把军事教育放到信息化条件下军事训练的大背景下,来思考和解决院校教育改革这一重大问题。我们一定要坚决落实胡主席的这一重要指示,把部队训练与院校教育统筹起来,从整体上设计院校教育与部队训练的内容体系、方式方法,以院校教育发展推动部队训练创新,促进院校教育与部队训练的协调发展。

近年来,全军院校为适应形势发展的客观要求,加快推进现代化教学,对教学观念、内容、方法、手段等进行了一系列改革创新,并取得了一批有价值的成果。国防大学主动适应军队建设和军事斗争准备的需要,科学规划培训任务,精心搞好各年度、各班次课程设置和教学方法的顶层设计,教学改革不断深化,受到了学员和部队的欢迎。但是,从全军院校的总体情况看,教学改革还存在着一定差距。比如,在教学内容方面,联合训练、高科技知识、实际操作的比例还不够高;在教学方法上,"教为主导、学为主体"的教学理念还没有完全确立起来,学员参与教学科研活动的主体性、积极性和创造性发挥得还不够;在考核方式上,考评学员综合素质的科学体系和有效方式还有待于进一步完善;等等。我们一定要坚决落实胡主席关于深化院校教育改革、提高人才培养质量的指示,进一步解放思想、实事求是、与时俱进,打破传统思维定式,大胆借鉴国内外教育改革的有益做法,不断探索院校教育的新模式。当前,要紧紧围绕培养联合作战指挥人才这一重点,科学设置和不断调整充实教学内容,努力探索有效方法,努力培养出更多的能够适应信息化战争要求的联合作战指挥人才。

四、搞好师资队伍建设,全面提高办学水平

胡主席指出:要"深化教学改革,搞好师资队伍建设,全面提高办学

水平"。① 胡主席这一重要论述,抓住了院校教育的关键环节,是对我党我军办学治校经验的科学总结,也为新形势下全面提高办学水平指明了方向。我们一定要坚决落实胡主席的这一重要指示,把加强师资队伍建设作为提高办学治校水平的关键环节,下大力提高师资队伍的能力素质。

高质量、高水平的师资队伍,是办学治校的支柱。教员是院校建设的主体和根本,是人才培养和科学研究的具体实施者,在院校建设中具有关键性作用。在我军军事教育历史上,党和军队的领导者历来高度重视教员队伍建设,在不同的历史时期,都专门采取措施,把一批又一批军政素质好的人才充实到教员队伍中去。毛泽东、周恩来、刘伯承等同志经常亲临教学第一线,登上讲台为学员讲授哲学、党的建设、游击战的战略战术等重要课程。实践证明,始终保持一支高素质的教员队伍,是我军军事教育不断创新发展、人才培养质量不断提高的重要保证。

打赢信息化战争和我军军事训练向信息时代转变的新形势,对培养高素质新型军事人才提出了新的要求。军事人才素质转型,首先要求院校教员的能力素质要转型。因此,胡主席提出搞好师资队伍建设、全面提高办学水平,抓住了人才培养的关键。从军队院校教员队伍的现状看,这几年,我们大抓教员队伍建设,已经取得了显著成效,初步形成了一支结构合理、素质较高的教员队伍。国防大学大力实施"名师工程",优化教员成长机制,拓宽教员培养渠道,积极选调军兵种优秀人才,教员队伍的结构和素质明显改善。但是,师资队伍的能力素质与新的形势和任务的要求,仍有很大差距,突出表现在:整体素质还不够高,特别是信息化素质偏低,在全国和全军有影响的名师、大家还不够多;教员经历单一,缺乏部队实践经验,能力素质不够全面的问题还比较突出;另外,在

---

① 胡锦涛:《在会见国防大学第四次党代表大会全体代表时的讲话》,《人民日报》2005 年 10 月 26 日。

培训和竞争机制方面也存在一些问题。特别是胡主席所强调指出的指挥院校教员经历单一的问题,已经成为影响和制约学校整体教学水平提高的一个"瓶颈",必须引起我们的高度重视,并采取有效措施加以解决。要解决这些问题,各级党委和机关必须着眼新的形势,从优化结构、提高素质、完善机制、改善环境等方面,有计划、有步骤地提高院校教员的教学水平和能力,努力建设一支立志献身党的军事教育事业、适应信息化时代要求、具有超前眼光和深厚学术造诣的师资队伍。当前,首要的是建立院校教员素质模型、任职资格与考核标准制度,实行以任职经历和教研能力为主的业务考评,解决职称评定"能上不能下"的问题。其次,要建立院校与部队干部交流的制度,通过代职、任职和交流轮岗等办法丰富院校教员的经历,下大力解决院校教员经历比较单一、脱离部队领导岗位时间过长、部队实践经验缺乏等问题。第三,要制定相应政策,增强教员职业的吸引力,切实把军队最优秀的人才,特别是那些懂联合、善指挥、会管理的优秀军兵种人才,选拔充实到教员队伍中来。最后,就是要关心教员,既要关心教员的生活,更要关心他们的思想,关心他们的成长进步,为他们创造治学立业的良好条件。

五、大力发扬我党我军的光荣传统,
努力培养优良的学风和校风

胡主席指出:"要大力发扬我党我军的光荣传统,努力培养优良的学风和校风"。① 胡主席这一重要指示,是对党的三代领导核心军事教育思想的继承和发展,为新世纪新阶段军队院校发扬抗大精神,加强学风、校

---

① 胡锦涛:《在会见国防大学第四次党代表大会全体代表时的讲话》,《人民日报》2005 年 10 月 26 日。

风建设,提出了新的要求。我们一定要坚决落实胡主席的重要指示,不断探索弘扬优良传统的新途径,把军队院校优良的学风和校风一代一代传下去。

优良的学风和校风是一种无形的教育力量,也是办好高质量院校的保证。所谓优良的学风,就是指理论联系实际的学风。军事科学是一门实践性很强的学问,最忌"闭门造车"、"纸上谈兵"。所谓优良的校风,就是指抗日战争时期毛泽东同志为抗大提出的"三句话、八个字"的教育方针、校训,它同时也是抗大的校风。早在延安时期,毛泽东同志就指出,学风问题是第一个重要的问题。邓小平同志要求培养一种好的学风,形成生动活泼的局面。江泽民同志多次强调学风的重要性,他指出:"学风问题也是党风问题,是关系党的兴衰和事业成败的一个重大政治问题。"①学风端正,事业兴旺;学风不正,事业受损。江泽民同志在视察我军院校时,多次强调要继承发扬抗大校风。1995年10月,他为国防大学题词:"弘扬抗大校风,培养合格人才"。1996年5月,他在纪念抗大建校60周年大会上的讲话中,全面、系统、深刻地论述了抗大校风的基本内容和科学内涵,为新形势下发扬抗大精神、加强校风建设指明了方向。

新世纪新阶段,我军院校办学治校的国际国内环境发生了深刻变化。但是,我党我军在长期的革命和建设中形成的优良传统,包括军队院校长期培养起来的优良学风和校风是永不过时的,而是随着时代的发展、环境和条件的变化不断被赋予新的内涵。胡主席强调大力发扬我党我军的光荣传统,努力培养优良的学风和校风,就是要求我们在新的历史条件下,坚持理论联系实际的方针和抗大"三句话、八个字"的校风,不断提高人才培养质量和科研成果质量,把军队院校办成符合时代要

---

① 《江泽民论有中国特色社会主义》(专题摘编),中央文献出版社2002年版,第626页。

求、具有世界先进水平和我军特色的,培养人、激励人和造就人的大学校。

　　培养优良的学风和校风,就是要求全体教研人员、学员和教职员工,深刻领会和坚决落实胡主席的重要指示,大兴理论联系实际之风,大力弘扬求真务实、爱岗敬业、尊师重教、刻苦钻研、文明礼貌、团结一致、遵纪守法、雷厉风行、艰苦奋斗等优良风气,使抗大的校风在新形势下得到发扬光大。要进一步优化院校育人环境,有针对性地开展专题教育,大力宣扬具有时代精神的先进典型,广泛开展健康向上的文化体育活动,充分发挥典型引导、环境熏陶和制度规范的作用。各级党委和领导干部要率先垂范,做好样子,加强党内生活的原则性、战斗性,坚决抵制极端个人主义和自由主义,坚决纠正各种歪风邪气和不负责任的随便议论、拨弄是非、传播"小道"消息等不良现象,形成爱惜人才、尊师重教,友好竞争、见贤思齐,坦诚待人、团结和谐,鼓励创新、积极向上的良好局面。

六、努力掌握新的历史条件下院校
建设和军事教育的特点与规律

　　胡主席指出:"要努力掌握新的历史条件下院校建设和军事教育的特点和规律"。① 这一重要指示,是对我军院校建设和军事教育历史经验的科学总结,充分体现了新形势新任务对院校各级党组织的崭新要求。我们一定要坚决落实胡主席的重要指示,不断研究新情况,解决新问题,探索新规律,把院校建设和军事教育提高到一个新水平。

---

　　① 胡锦涛:《在会见国防大学第四次党代表大会全体代表时的讲话》,《人民日报》2005 年 10 月 26 日。

院校建设和军事教育作为军队建设全局的重要组成部分,既体现了我军建设发展的一般特点和规律,又有着不同于其他军事领域的特点和规律。只有深入探索和深刻把握这些规律和特点,才能够自觉地把党关于军队建设的各项指示和要求,贯彻到院校建设和军事教育之中去,才能够提高办学的质量和效益。党的三代领导核心历来重视对院校建设和军事教育特点和规律的探索。早在战争年代,毛泽东同志就指出:"一个军事学校,最重要的问题,是选择校长教员和规定教育方针。"①邓小平同志在1977年恢复军队院校时强调:"要选好办学校的干部,包括教师,这个很重要。这些干部比现职干部还重要,要选最优秀的,特别是能深入实际、努力工作、艰苦奋斗、以身作则的干部。"②江泽民同志也指出,办好院校最重要的是要有坚强的领导班子,有高质量、高水平的教员队伍,有优良的校风。这些重要的思想观点,是党的三代领导核心领导我军军事教育实践的总结,也是对办学治校规律的生动概括和深刻揭示。

新世纪新阶段,军队院校建设和军事教育所处的历史环境发生了深刻变化,院校建设和军事教育既面临着严峻的挑战,也面临着难得的发展机遇。胡主席提出掌握新的历史条件下院校建设和军事教育的特点和规律,就是要求我们院校各级党委和领导干部必须坚持以科学发展观为指导,深入研究新形势下院校建设和军事教育面临的形势、任务、挑战和机遇,不断总结办学治校的特点和规律,进一步理清院校改革和建设的思路,努力提高科学管理、从严治校的能力。

近年来,在"三个代表"重要思想和科学发展观指导下,各级院校在探索院校建设和军事教育的特点和规律上下了很大功夫,取得明显成效,但仍存在许多亟待解决的问题。比如,在院校新体制编制运行以后,

---

① 《毛泽东军事文集》第一卷,军事科学出版社、中央文献出版社1993年版,第697页。
② 《邓小平文选》第二卷,人民出版社1994年版,第63页。

如何尽快发挥新体制编制的优势？如何加强院校各级党组织先进性建设,把各级领导班子建设成为懂教学、会管理、善保障的坚强领导集体？如何根据院校工作的具体任务和特点统筹规划工作,处理好教学科研与管理保障的关系？如何在新的形势下大力发扬我党我军的光荣传统,努力培养优良的学风和校风？等等,都需要我们进行深入探索才能得到回答和解决。因此,我们必须坚决贯彻胡主席的重要指示,坚持以科学发展观为指导,积极适应新的形势和任务的要求,牢牢把握办学治校的正确方向,更新思想观念,理清职能任务,转变工作方式,探索特点规律,用创新的思路和改革的办法,充分调动各方面的积极因素,形成办学治校的合力,不断开创院校建设和军事教育的新局面。

论红大、抗大在我军建设中的
历史地位作用

——对我军军事教育发展史的几点思考

　　红军大学、中国人民抗日军事政治大学（以下简称红大、抗大），是我党我军在土地革命战争时期和抗日战争时期创建的著名军校，曾经为我党我军的发展壮大作出过巨大贡献。国防大学是红大、抗大的直接传承单位，学习研究红大、抗大的发展历史，总结这两所院校办学治校的成功经验，充分认识其在我军建设中的历史地位作用，对于继承和发扬我军院校的优良传统，探索现代军事教育的特点和规律，提高新形势下办学治校的本领，具有十分重要的现实意义。

一、服从服务于革命战争需要，培养和
造就了一大批治军作战骨干

　　1931年，随着中央苏区第三次反"围剿"斗争的胜利，革命根据地和红军部队迅速扩大，培养干部的任务更为紧迫。党中央和中革军委决定在原有教导队和随营学校基础上创办红军学校，称为中央军事政治学校（简称红校）。红校成立后的两年间，共举办6期，为红军、地方武装和各级党政组织培训了一万多名骨干，在根据地发展和红军建设中发挥了

重要的人才基地作用。1933 年 10 月，中央红军发展到八万多人，武器装备状况越来越多样化和复杂化。为适应第五次反"围剿"斗争的需要，以红校的"高级军事班"和"上级干部队"为基础，成立了我军建军史上最早的一所大学——红军大学。作为红军初、中、高级干部培训体制的最高层次，红大招收的学员为任职 2 年以上的连以上干部，主要培养营以上指挥员和机关部门领导，先后培养干部一千多人，被党中央、红军部队和根据地人民群众赞誉为"培养红军干部的熔炉"、"红色指战员所仰慕的、广大工农群众所拱望的一颗红星"。红军长征到达陕北后，"为适应抗日民族革命战争之开展，供给各个抗日战线上的领导人材，……以培养和造就大批军事政治的民族抗日干部，领导民族革命战争，争取中国民族独立自由与彻底解放"①，党中央在 1935 年 12 月的《中央关于军事战略问题的决议》中提出，1936 年要猛烈扩大红军，全国主力红军应有 20 万人；并要求红军学校培养 500 名连长、300 名政治指导员、50 名营长、350 名游击队干部。据此，1936 年 2 月，我党我军成立了西北抗日红军大学，并于 1936 年 6 月 1 日改称"中国人民抗日红军大学"（1937年 1 月又更名为"中国人民抗日军事政治大学"）。毛泽东同志在西北抗日红军大学开学典礼上发表重要讲话，深刻阐明了创办红军大学的重要意义。他指出，我党创办红军大学，是为迎接抗日民族解放战争的到来。为了适应新形势、解决新问题，需要培训干部，提高干部素质。因此，我们的干部需要重新学习，重新训练，以便将来出校后能够独当一面地去工作。在九年多残酷的战争条件下，抗大总校先后举办 8 期，与各分校共计培养十多万优秀的军政干部，为我党我军的发展壮大，为夺取抗日战争的胜利，也为全国解放战争的胜利和新中国成立后社会主义革命和建设事业的发展，奠定了极为重要的组织基础。对此，江泽民同志

---

① 《毛泽东年谱(1893—1949)》上卷，人民出版社、中央文献出版社 1993 年版，第 517 页。

在纪念抗大建校 60 周年大会上的讲话中充满深情地指出："在我们党和军队的历史上,抗大写下了具有特殊意义的光辉篇章,它的伟大业绩将永远留存在党和人民的事业中。"①

二、兼收并蓄、推陈出新,奠定了我军
军事教育的理论基础

我军军事教育理论的发展,经历了从无到有、从零散到系统,并且最终形成了以党的三代领导核心军事教育思想为指导的科学的军事教育理论体系,这与红大和抗大的历史作用是密不可分的。

早在创办红军教导队时期,毛泽东同志就十分注重从政治、军事、文化等方面去全面培养人才。他反复强调要坚持人民军队的办学方向,倡导探索创新和培养理论联系实际的学风,批判地吸取和运用黄埔军校、日本士官学校、云南陆军讲武堂等教学训练方法,继承广州、武汉农民运动讲习所的教学经验,不断创新适应游击作战的训练内容。红校成立时,毛泽东同志指出,红军学校要直接为战斗服务,要理论联系实际,要在战争中学习战争。先后担任红校校长的刘伯承、叶剑英同志,对此都有深刻论述和亲身实践。刘伯承同志强调,学校的训练要紧密联系战斗实际,不能以本本主义的态度全套应用苏联红军的战斗条令和军事课程,更不能简单地套用反动军队的典范和教程。叶剑英同志在教学上提倡精讲多练,强调形象直观教学,主张少课堂多野外、课堂和野外相结合的教学方法,以野外演习和操场训练为主、课堂讲解为辅;同时注重启发式和问答式教学,提倡示范与沙盘作业、讲解与实习结合,较好地解决了理论联系实际的问题。刘伯承同志还在总结红军反"围剿"作战经验的

---

① 江泽民:《论国防和军队建设》,解放军出版社 2003 年版,第 217 页。

基础上,充分吸取苏联红军的建军与作战经验,参考苏军的合同战术、日军的《战斗纲要》、法军的《步兵野外勤务教范》、德军的《步兵操典》和国民党军队的军事教材等,主持制定了适合红军特点的战斗条令,形成了一套与部队作战、训练紧密结合的军事理论教材,并用于教学之中。

这一时期,红大作为当时红军的最高军事学府,适应新的形势和任务要求,在培养目标、教学原则、教学内容及教学方法等方面,都有了很大提高。红大在红校"随战随训"教育指导思想和"理论联系实际"教学原则的基础上,确立了新的教育方针,即:着重于阶级教育与党性锻炼;在教学中贯穿理论联系实际、理论与实际并重的原则,并使前方与后方相结合;在学习外军经验的同时,着重总结红军自己的经验。红大特别注意加强与部队联系,使教学更加符合战争实际。学校经常派人去前方参与作战指挥,并把实战经验带回学校,充实教学内容,使教学更加贴近部队、贴近战场、贴近实际,教学内容也更加生动和丰富。红大提倡发挥学员的主动性,实行讨论式、启发式教学方法。红大明确规定:教学时间安排上,应以集体讨论和实习演练为主,无论任何科目,讲演都不能超过课时的10%。对于学员提出的疑难问题,教员应逐渐启发学员自己解答,而不是简单地随问随答,以求养成学员自己分析解决实际问题的能力。

抗大时期,毛泽东同志亲自担任抗大教育委员会主席,为抗大制定了"坚定正确的政治方向,艰苦朴素的工作作风,灵活机动的战略战术"①的教育方针和"团结、紧张、严肃、活泼"②的校风,为抗大在抗日战争烽火中迅猛发展指明了方向,并成为我军院校长期坚持的教育方针和优良作风。抗大坚持革新教育思想,根据战争和军队建设的实际情况,

① 《毛泽东军事文集》第二卷,军事科学出版社、中央文献出版社1993年版,第461、462页。
② 《毛泽东军事文集》第二卷,军事科学出版社、中央文献出版社1993年版,第462页。

探索和实行了"少而精"、"理论联系实际"、"教育与生产劳动相结合"等教学原则,采取"启发式"、"研究式"、"实验式"、"教学相长"等教学方法。抗大的教育方针、教学原则与教学方法,如坚持党对军队院校的绝对领导、高度重视军队院校培养干部的基地作用、确保教学工作的中心地位、注重教员队伍建设、倡导教书育人并举、从严治校严肃法纪、坚持勤俭办学和开放办学等,为我军军事教育理论奠定了坚实的基础,成为我军军事教育理论最为重要的内容。从这个意义上讲,红大和抗大同它们培养的大批优秀军、政栋梁一样,是功耀千秋的。

三、与时俱进、勇于实践,积累了丰厚的办学治校经验

红大和抗大虽然处于我军建设的不同历史时期,办学治校的环境和条件也有很大不同,但其优良传统是一脉相承的。其办学治校的共同经验主要有如下几点:

一是治校先治本,坚持正确的办学方向,把政治建设放在首位。办好军队院校,首要的问题是端正办学思想。坚持办学的正确政治方向,始终把提高人的政治素质放在首位,确保学校为部队输送政治合格的人才,是办学思想的根本问题所在,这是由我军院校教育的性质所决定的。红大建校初期,十分注重学校的党组织建设、学员入学的政治标准和对学员的思想政治教育,努力克服各种非无产阶级思想,着力培养政治坚定的优秀红军中高级指挥员。在教学课程上,将军队政治工作列为必修的共同科目,上级政治队还专门开设社会发展史、党的建设等课程,注重对学员进行阶级觉悟教育、党的领导教育、阶级关系教育、红军宗旨教育、纪律与艰苦奋斗教育、革命理想教育、群众工作教育、革命性质教育等。抗大的教育内容虽然根据各个阶段的中心任务和学员成分的不同而有所变化,根据军事队和政治队的学习重点不同而比例各异,但把马

克思主义哲学、社会发展史、中国革命运动史、政治经济学等马克思列宁主义基础理论课程作为政治教育共同的基本内容的做法始终没有改变。为把学员培养成为八路军、新四军的模范干部,抗大自始至终都把党的政策教育列为重要课程,既有课堂讲授的《中国革命问题》,又有每周一次的经常性时事教育,并经常请毛泽东、朱德、周恩来等党和军队的领导同志来校讲演,使学员深刻理解党的抗日民族统一战线政策策略,树立坚持持久抗战必胜的信念和在党领导下抗战到底的决心。抗大还十分注重强化学员思想意识的修养锻炼,将党性与思想意识的修养锻炼作为学校政治工作的基本任务之一,常抓不懈。通过这些工作,确保了在极其艰难困苦的战争条件下,始终保持了学校坚定正确的办学政治方向。

二是坚持理论联系实际的人才培养道路。理论联系实际,既是我党的重要思想方法和工作方法,也是红大和抗大始终坚持的军事教育原则。红大的学员大都具有丰富的斗争阅历,其中既有成功的经验,也有受挫的教训。因此,红大十分注重引导学员系统总结自己的经验教训,提高学员的理论分析能力。红大第二期曾举行过一次战术讲演比赛会,由朱德总司令亲自拟定"论敌人的堡垒战术"和"积极防御的实质是什么"等题目,由学员自己准备并上台讲演。朱德同志当场做了总结。他指出:"论敌人的堡垒战术"这个命题,研究得不够深入,不够实际。其实,敌人的战术是在不断改进的。应该根据敌人战术的发展情况来探索他们的战术思想,然后考虑新的有效对策。"积极防御的实质是什么",这个问题分析得正确,但要注意不能死啃理论。理论当然要系统地理解,更重要的却是如何在实际情况面前灵活地运用它。这仅仅是红大理论联系实际教学的一个缩影,但它给学员们留下了终身难忘的深刻印象。抗大办学,叫得最响的一句话就是:"一切为了抗战,一切为了前线。"为此,学校专门设置了游击战课程,学习和研究了许多灵活机动的战法。抗大的讲坛是毛泽东同志当年批判党内一度盛行的教条主义学风,大力宣传辩证唯物主义的重要阵地。抗大坚持把毛泽东同志一贯倡导的理论联系实际的作风作为最重要的教育原则,并根据抗日战争的形势变化和任务要求,采取切实可行的教育制度、教育内容和方法,为我军军事教育事业树立了光辉典范。毛泽东同志和其他中央领导同志每逢到抗大讲课和作报告,都紧扣形势和任务要求、教职学员的思想实际,运用马克思主义的立场、观点和方法,以简明的语言和生动的事例来阐述深刻的理论问题。在他们的言传身教下,抗大教学注重战争理论与实际的结合,引导学员培养独立思考、分析和解决具体问题的能力,使毕业学员能够很快担负起工作重任。

三是重视办学治校人才的培养和使用。毛泽东同志在兴办军事院校的过程中,十分强调办学治校必须抓住关键问题,明确指出:"一个军事学校,最重要的问题,是选择校长教员和规定教育方针。"①他在培养和使用办学治校人才问题上,总是给予高度重视。首先,表现在对军校主要领导的配备上,他坚持荐贤聘能,舍得用才。毛泽东同志把主办教育和指挥打仗看得同等重要,只要办学治校需要,不惜抽调前线高级将领出任军校领导。他曾经先后推荐陈毅、彭德怀、朱德、刘伯承、叶剑英、徐向前、何长工、林彪、罗瑞卿等著名高级将领,分别担任红军教导队、随营学校、红校、红大和抗大的领导。他还亲自兼任过随营学校、军官分校、抗大的党代表、政治委员和教育委员会主席。这些高级将领以其优良的军政素质、丰富的战争实践经验、先进的治军办学理念,影响和带动了红大、抗大的发展与建设。其次,表现在对军校教员队伍的建设上,他坚持严格选拔、精心培养。毛泽东同志认为:"教员是教育干部的干部"②,素质要好,要慎重挑选,注意培养。在红军时期,为解决师资短缺

---

① 《毛泽东军事文集》第一卷,军事科学出版社、中央文献出版社1993年版,第697页。
② 《毛泽东年谱(1893—1949)》中卷,人民出版社、中央文献出版社1993年版,第71页。

问题,毛泽东同志主张从受过中外良好教育的领导干部和投笔从戎的旧知识分子以及被改造好的旧军队教官中广揽师资人才,同时有计划地挑选优秀学员留校任教。他还要求军校对教员定期培训,并在各方面给予优待。在抗大,他亲自抓教员队伍建设,要求政治教员必须具备较高的阶级觉悟并受过长期的党性锻炼;军事教员要有丰富的战争经验和一定的军事常识;文化教员必须经过高等教育,有较高的文化基础。他还经常组织教员学习,相互交流经验,不断拓展知识面,提高教学能力。他在百忙之中,多次抽出时间亲自为学员授课,并影响、带动其他中央领导同志和军队高级将领成为抗大的"编外教员"。毛泽东同志和其他中央领导同志经常与教员谈心,问寒问暖,征求意见,做细致的思想工作。他教育抗大教员:办学校是组织和增大抗日力量的有效方法,要下决心在抗大做教学工作。他在一次为抗大全体教职员所作的报告中,把教员比作发展抗日革命力量的"老母鸡",鼓励教员安心教育工作,树立"死在延安,埋在清凉山"①的决心,使教员深受教益、深受鼓舞。1937 年,毛泽东同志又亲自为抗大教员题词:"忠诚党的教育事业",勉励教员为党的教育事业奋斗终身。在物质条件十分艰苦的战争年代,抗大十分注意关心教员的生活,只要条件允许,总是给予教员适当照顾。1937 年,根据地粮食非常困难,学校每月额外给每位教员补助 2 斤大米、1 斤鸡蛋和几斤面粉。1938 年,根据地的生活稍有好转,学校开始按月发放津贴费,教员的津贴费数额优于学校军政干部。一般教员每月 4 元,同团级军政干部一样待遇;主任教员 4 元 5 角,仅比校长少 5 角钱。在尊师重教的同时,抗大还组织教员深入部队、深入实际,向火热的斗争生活学习,使他们不断更新知识。由于采取了这些有效措施,抗大建设了一支思想过硬、学识精湛的教员队伍,并使教员安心从教,焕发出极大的积极性和创

---

① 《刘伯承传》,当代中国出版社 1992 年版,第 611 页。

造性,高质量地完成了教学任务。

四是从严治校,树立优良的校风。从严治校,是中外军事院校办学的一条基本规律,也是培养军事人才的必然要求。优良的校风是军校之魂,是一种巨大的教育力量,对于军事人才的成长起着规范、熏陶、激励和促进作用。红大和抗大在办学治校实践中,对校风建设十分重视。红大时期,学制为6个月,实行日常生活军事化。学员不论职务高低,都过着同战士一样的生活。红大要求学员做遵守纪律的模范,严格按照作息制度学习和生活,学员的内务标准比红军部队要求还高。尽管当时学习、生活条件十分艰苦,但红大的军事、政治训练和生活作风,始终贯彻从严从难训练的方针,养成了勇敢顽强、令行禁止、严肃认真的作风。1937年4月,毛泽东同志为抗大制定了"团结、紧张、严肃、活泼"的校训,为抗大继承和发扬红大的优良传统规范了具体内容,成为抗大革命性、进步性的鲜明标志。抗大以此为指导,在加强军事教育、政治教育的同时,严肃政治纪律、军事纪律和生活纪律,特别是注重良好的作风养成。抗大建校之初就明确提出:教职学员不论职务多高、资历多老、历史贡献多大,都必须严格执行学校的各项规章制度,遵守学校的纪律。学员在校学习,要严格遵守政治纪律、军事纪律和生活纪律,决不姑息破坏纪律的现象存在。特别是1937年10月处理抗大学员队长黄克功逼婚杀人事件过程中,充分体现了抗大执行纪律的严肃性。在公审大会上,审判长雷经天同志宣读了毛泽东同志的亲笔信。信中指出:黄克功过去斗争历史是光荣的,但他犯了不容赦免的大罪。如为赦免,便无以教育党,无以教育红军,无以教育革命者,并无以教育做一个普通的人。他之处死,是他的自己行为决定的。一切共产党员,一切红军指战员,一切革命分子,都要以黄克功为前车之鉴。① 抗大时期,突出了以艰苦奋斗为

---

① 参见《毛泽东文集》第二卷,人民出版社1993年版,第39页。

核心内容的校风建设。在极富创造性的办学实践中，各级领导率先垂范，政治工作加强教育，严格制定和落实规章制度，形成了崭新的学风和校风。

五是开拓创新，不断深化教学内容和教学方法改革。教学内容和教学方法是影响人才培养质量的重要因素。红大建校初始，在继承红校教学传统和经验的同时，十分重视根据战争形势和教学任务的发展变化，不断改进教学内容和教学方法。红大设有高级军事科、上级军事科、上级政治科、上级参谋科和防空科，以及测绘队。其中，高级科负责培养师首长及师机关部门首长；上级科负责培养营、团首长，师机关二级部和团机关部门首长。根据不同培训对象的任务要求，红大重新制定了教学大纲。高级军事科开设了战略学、战术学、参谋工作、军队训练、地形学、工程学，上级军事科开设了战术学、射击学、参谋工作、军队教育、军队训练等课程。红大还注重"随教随战"、"随战随教"，将教学内容与战争实践和部队建设紧密结合起来。在教学方法上，红大倡导和实行讨论式、启发式教学方法，发挥学员学习的主动性和创造性。此外，红大还注重组织学员参加野外大型实兵对抗演习，在演练中提高学员的组织指挥能力。红大的这些做法，不仅提高了学员培养质量，而且对于其他红军学校始终发挥着引导和示范作用。

抗大更是军事教育创新实践的模范。在教学内容上，无论是红军时期的军政教材、苏联的军事理论，还是国民党军队、日本军队、德国军队的条令教范，都拿来作为参考，显示出海纳百川的博大气度。抗大根据形势任务的发展变化，及时总结和积累我军作战的经验教训，不断更新教学内容。比如，根据战争实际情况，抗大不断改进游击战、运动战、统一战线等相关军政教学内容。在教学方法上，抗大要求教员在教学过程中，针对学员特点，区分不同情况，灵活运用具体的教学方法。对于斗争经验丰富但文化水平低、理论基础薄弱的工农出身的学员，采取以启发式和问答式为主、演讲式为辅的教学方法,少讲多做,启发他们积极思维,培养他们思考问题的习惯,提高他们分析问题的能力。对于缺乏实践经验但文化水平高、理解能力强的知识青年学员,采取以演讲式和启发式为主、问答式为辅的教学方法。对于军、师级领导干部学员,则以自学为主,着重采用研究式的教学方法。这些做法,很好地体现了实事求是的精神和理论联系实际的教育原则,受到了学员的广泛称赞,对提高教学效果发挥了重要作用。

红大和抗大分别建立于战争年代我军历史性战略转变的重要时期,对于我军全面建设的历史贡献是多方面的,这里仅从院校建设的角度进行一些初步研究。今天,我军正处在全面转型和军事斗争准备的关键时期,军队院校在我军建设中的基础性、长期性、战略性、先导性作用更为突出。我们学习红大和抗大的历史传统和经验,就是要更加清醒地认识军队院校的地位作用、使命与任务,更加自觉地以党的三代领导核心的军事教育思想和胡主席关于军事教育的一系列重要论述为指导,坚持服从、服务于军队建设和军事斗争准备需要,不断推进军事教育改革与创新,高标准地完成好输送高素质新型军事人才和创新军事理论的历史重任。

大力弘扬抗大优良传统 *

　　这次会议虽然时间很短,但意义重大,内容丰富,成效明显。会议的主要收获是:对抗大这所无产阶级新型学校有了更深刻的认识,对抗大的巨大历史功绩有了更深刻的认识,对抗大的教育经验有了更深刻的认识,特别是对抗大的优良传统有了更深刻的认识。

　　大家认识到,抗大以其卓有成效的办学实践锻造了抗大精神,主要包括共产主义与爱国主义相统一的精神,以天下为己任、救亡图存的精神,艰苦奋斗、坚韧不拔的精神,无私无畏、英勇献身的精神等;其显著特征,是高扬了民族精神和当时的时代精神。"三句话、八个字",理论联系实际既是抗大的教育方针、校训和教学原则,又是抗大师生所形成的优良作风。这些革命精神和优良作风,构成抗大优良传统的主要内容。它们是以毛泽东等同志为代表的中国共产党人把马克思列宁主义基本原理同中国革命具体实践相结合的光辉结晶,是我们党的本质的体现,是党的革命精神和优良作风的重要组成部分,也是中国共产党人战胜困难、战胜敌人的锐利武器。这些优良传统,不是什么地域性、阶段性的概念,永远不会过时。在新的历史时期,我们要自觉地弘扬抗大的优良传统,使之成为激励我们前进的强大精神力量。

　　回顾抗大的历史,给了我们许多十分重要的启示:

---

　　* 本文是作者在国防大学纪念抗大建校 60 周年大会暨学术报告会上讲话的摘录(1996 年 5 月 16 日)。

启示之一：要像抗大那样肩负起时代的重任，大力为新时代培养大批高级优秀军事人才。在抗日战争的年代，抗大坚持"为抗战服务"、"为长期战争服务"的总方针，把培养优秀干部作为重要战略任务，成为增加抗日力量的"最有效的办法"和"联络全国最要紧的东西"。如今，我们国防大学担负着为把我军建设成为强大的现代化正规化革命军队而培养跨世纪高级指挥军官、高级参谋军官、高级理论研究人才的重大使命。我们一定要以抗大为榜样，牢记邓小平同志关于在新的历史条件下人才培养是第一位的任务、是个战略问题和江泽民同志关于加强培养和努力选拔优秀人才是我们党、国家和军队建设的一项紧迫任务的重要指示，始终不渝地贯彻国务院、中央军委有关文件和军委、总部一系列重要指示，培养和造就一大批优秀的高级军事人才。

启示之二：要像抗大那样始终坚持坚定正确的政治方向，把思想政治建设摆在首位。抗大建校之初，毛泽东同志就把"坚定正确的政治方向"作为抗大教育方针的第一条；之后，又反复强调应该把坚定正确的政治方向放在第一位。在新的历史条件下，邓小平同志强调指出："学校应该永远把坚定正确的政治方向放在第一位。"①江泽民同志也指出："在教育的改革和发展中，要始终把坚定正确的政治方向放在首位。"②他最近又强调："我们的高级干部……一定要讲政治。我这里所说的政治，包括政治方向、政治立场、政治观点、政治纪律、政治鉴别力、政治敏锐性。"③这些重要指示，抓住了当前我们党和军队建设带全局性、根本性、战略性的问题。我们国防大学是培养高级军事人才的，

---

① 《邓小平论教育工作》，北京师范大学出版社 1998 年版，第 39 页。
② 江泽民：《论国防和军队建设》，解放军出版社 2003 年版，第 384 页。
③ 《江泽民文选》第一卷，人民出版社 2006 年版，第 457 页。

应当以更高的标准、更严的要求、更扎实的行动、更好的表率作用,来贯彻落实江泽民同志的重要指示,坚持用邓小平理论武装全校同志的头脑。进一步提高全校同志把思想政治建设摆在首位的意识,更加增强维护党中央、中央军委权威的自觉性,坚决服从党中央、中央军委的命令和指挥,做到在任何时候、任何情况下都毫不动摇地坚持党对军队的绝对领导,坚决执行党的路线、方针、政策。要认真搞好思想政治教育,引导全校同志牢记全心全意为人民服务的宗旨,树立正确的世界观、人生观、价值观,自觉抵制腐朽思想文化的侵蚀和"酒绿灯红"的影响,坚定理想信念,增强党性观念,永葆共产党人的政治本色。我校培养的高级干部,不仅在军事上要有战略眼光、战略头脑,更重要的是政治上要非常坚强,有清醒的政治头脑、坚定的政治立场、很高的政治素养。

启示之三:要像抗大那样始终坚持以教学为中心工作,推动各项建设全面发展。坚持以教学为中心工作是抗大的一条重要经验。抗大成立后,尽管形势复杂多变,环境异常恶劣,办学条件非常艰苦,但始终扭住教学这一中心工作不动摇,各项工作都服务于它,样样工作都做得好。抗大不愧为培养人才的大学校,加强思想改造的大熔炉,宣传革命道理的大阵地,友爱温暖的革命大家庭。半个多世纪过去了,形势发生了很大变化,我们要适应新时代新要求,认真学习和发扬抗大优良的办学传统,贯彻落实国务院、中央军委有关文件提出的教学指导思想和办校方针、原则。为此,要深化教学科研改革,进一步提高教学科研质量,为培养军队跨世纪的人才作出贡献;要建设一支政治强、业务精、作风硬的教学科研队伍;要大力加强教学科研中的思想政治工作,充分调动教研人员的积极性;要大力加强校风建设,坚持从严治校,使全校人员始终保持良好的精神状态;各级领导和机关要不断改进工作作风和方法,在提高工作质量和效率上下功夫,齐心协力抓好学校的全面建设。

　　我们国防大学作为抗大的传人,抗大这面红旗要永远高举,抗大精神、抗大传统、抗大校风要永远发场。我们要不辜负党的重托,不辜负老一辈无产阶级革命家和抗大老前辈、老同志的殷切期望,以一流的工作标准、一流的工作姿态、一流的工作质量,为把国防大学办成江泽民同志要求的全军"三化"楷模而努力奋斗。

学习刘伯承军事教育理论与实践，努力提高办学治校水平

——纪念刘伯承元帅诞辰110周年有感

刘伯承元帅是无产阶级革命家、军事家，著名的马克思主义军事理论家，也是著名的军事教育家和我军院校建设的奠基人之一。在几十年的军旅生涯中，他曾多次领导军事院校建设，卓有成效地进行了各种军事教育活动，积累了极其丰富的军事教育实践经验，形成了具有鲜明特色的办学治校的军事教育理论。认真学习和深入研究刘伯承同志的军事教育理论与实践经验，对于我们更好地认识和把握新世纪新阶段办学治校的基本规律，提高办学治校水平，推进国防大学各项建设又好又快地发展，具有十分重要的现实意义。

一、倾心投入，执著追求

刘伯承元帅身经百战、名震中外，精通中国古代兵法，熟晓现代战争理论，对于外军也有深入研究。他深知古今中外军队"治军必先治校"的规律，始终不渝地对军事教育事业具有强烈的责任感和使命意识。早在革命战争年代，刘伯承同志对我军办学治校就具有超前的战略眼光。1931年7月，中国工农红军在江西瑞金成立了中央红军学校，刘伯承同

志担任校长兼政治委员。为把红军学校办好,他在教材编写和人才培养方面尽心竭力地做了大量开创性的工作。在艰苦卓绝的长征途中,刘伯承同志身为中央红军总参谋长,还先后担任过红四方面军和红二方面军红军大学的校长,"随战随训"的办学思想仍然十分坚定。他先后领导的红军学校和红军大学,为我军培养了一大批中高级指挥员、参谋人员和政治干部。抗日战争时期,刘伯承同志曾担任抗日军政大学的副校长。解放战争时期,他任第二野战军司令员时,又亲自兼任二野军政大学的校长。全国解放后,我军建设进入新的历史发展阶段,通过系统的教育训练,培养大批能够驾驭现代化军队建设和指挥现代化战争的优秀人才,成为军队建设的重大课题。1950 年 7 月,党中央和中央军委决定创办陆军大学。刘伯承同志听到这个消息后兴奋不已,立即给中央写信,恳请辞去西南军政委员会主席、第二野战军司令员等要职,自告奋勇去办院校。1951 年 1 月 15 日,在刘伯承同志的精心筹划下,南京军事学院正式开学。这是我军第一所培养中高级指挥员、军事科学研究人员和军事教育人才的高级院校,刘伯承同志任院长兼政治委员。从 1950 年年底至 1957 年 9 月,刘伯承同志主持南京军事学院工作近七年之久。他励精图治、辛勤耕耘,以勇于探索的革命精神,为建设我军现代化、正规化的军事指挥院校作出了不朽的贡献,使南京军事学院成为蜚声中外的我军中高级指挥人才培养和军事学术研究的中心。

刘伯承元帅严格治校,严谨笃学,严于律己。他常说:"己身正,不令而行;己身不正,有令不行。"①他要求干部、学员做到的,自己首先做到,体现出很强的表率风范。他非常重视教材的地位作用,将其称之为院校建设的"重工业"。他反复强调:编写教材一定要贯彻少而精的原则,要

---

① 陈石平:《中国元帅刘伯承》,中共中央党校出版社 1992 年版,第 501 页。

言简意赅、通俗易懂、内容准确、用语科学、提法得当、标点无误。因此,南京军事学院凡编写、翻译和出版重要的教材、讲义,他都亲自参与组织、审订、校对、出版等各个环节。即使在左眼视力下降的情况下,刘伯承元帅还拿着放大镜,将上百万字的外军译著和大量自编教材反复进行校订和审订。对一些重要课程,他亲自备课,亲自任教。1952 年 5 月,他承担了给南京军事学院高级系学员讲授"集团军进攻战役"课程的任务。为了讲好这堂难度很大的新课,刘伯承同志查阅了大量资料,写下了近四万字的讲课提纲,还广泛征求了教授们的意见。后来,这堂课讲得非常成功。有一个教员特意向他请教讲课的诀窍,刘伯承同志说,这是几番心血一堂课,18 天准备,6 小时讲完。如果说有什么诀窍的话,那就是四个字:"昼夜不息"。刘伯承元帅十分重视理论与实践相结合的问题,他曾深刻指出:"不以实践为基础,不同实践结合的理论,是空理论;不以理论作指导,不和理论相结合的实践,是瞎实践"[1],"实战战场上的胜败即是测验我们教育工作成绩好坏的试金石"。[2] 因此,刘伯承同志主张,南京军事学院的一切教育训练工作都必须从实际出发,既要克服经验主义,也要克服教条主义。为提高学员的组织指挥能力,刘伯承同志非常重视野外现地作业和实兵演练。他认为,对于军事指挥员来说,野外是一个大课堂,身临其境不仅有利于练思想作风,更有利于练战术技术、练组织指挥,从而使学员得到全面锻炼和提高。南京军事学院时期,学院先后组织的 35 次实兵演习和 12 次大的现地作业,刘伯承同志几乎每次都要亲自审定计划并亲临现场指导。1951 年盛夏,刘伯承同志亲临淮河现场组织指挥强渡江河战斗实兵演习。他不顾酷暑炎热、年高体弱,自觉遵守演习纪律,衣冠整齐,风纪端正。他身边一位同志担

---

① 《刘伯承同志办院校纪事》,石家庄高级指挥学校出版,第 9 页。
② 《刘伯承军事文选》,解放军出版社 1992 年版,第 475 页。

心老院长会累坏身体,就把一顶草帽戴在刘伯承同志头上。他当即摘下草帽,严肃地说:"曾、胡治兵语录中都讲'夏不张伞、冬不着裘',你不知道吗?……我们自己不做榜样,鬼才相信你讲的那一套呢!"①他以自己的模范行动教育了全院师生。1957年,刘伯承同志离开南京军事学院领导岗位后,仍然十分眷恋和关心军队院校的建设和发展。1971年1月,刘伯承同志将珍藏的两千多册军事书籍和教材,赠送给当时的军政大学。他语重心长地说:"我现在年纪大了,眼睛也不行了。这些教材和书籍留给你们吧。希望你们把学校办好!"②刘伯承同志这种矢志不渝、情系国防教育事业的精神和风范,永远值得我们敬重和学习。

新世纪新阶段,随着知识和科技对提高战斗力作用的增大,我军院校教育优先发展的战略地位更加突出。没有高质量的院校提供的人才和智力支持,就难以实现我军现代化建设的跨越式发展。今天,在军队院校工作的每一个同志,都要学习刘伯承同志那种不计个人名利、不恋官位的思想境界,挚爱军事教育事业。国防大学是我国最高军事学府,担负着培养高素质新型军事人才和创新军事理论的重任。在努力创建具有我军特色的综合性联合指挥大学的事业中,特别需要我们以刘伯承同志当年建校办学的强烈使命感、责任感和紧迫感,全身心地投入以培养人才为中心任务的各项工作中去,开拓前进,不辱使命。

二、以人为本,人才至上

在办学治校实践中,刘伯承同志十分重视发挥教员队伍的"主力军"作用。他曾说过,搞剧团要有梅兰芳那样的名演员,开医院要有手到

---

① 陈石平:《中国元帅刘伯承》,中共中央党校出版社1992年版,第501页。
② 《刘伯承传》,当代中国出版社1992年版,第681页。

病除的高明医生,办学校则要有名师、大师。百年大计,教育为本;教育大计,教师为本。"如学校无坚强的教育干部,是无法实现教育计划的。"①因此,刘伯承同志向来重视教员的选拔、培训和提高,始终把努力培养造就又红又专的教员队伍,作为院校建设的重要任务来抓。南京军事学院创办伊始,为解决师资力量薄弱问题,刘伯承同志以伯乐之心,四处奔波求贤,动员有关方面调出优秀人才,补充师资力量。几乎每次选调教员,他都亲自过问,从政治素质和业务能力上严把质量关。

不拘一格选人才。刘伯承同志以超凡的胆略气魄,毅然从起义、投诚和被解放过来的原国民党军官中,挑选了 200 名有较高军事学术素养和专业知识的人来学院当教员,并视他们为"宝贝疙瘩"。当时,南京军事学院的学员大都是我军战功卓著的高级指挥员,许多同志对刘伯承同志的这一做法感到不理解。对此,他积极引导学员:"切不可摆'胜利之师'的架子。要老老实实学习科学技术。尊重知识分子,要团结合作,协助他们搞好教学"②,使大家逐渐端正了态度。他还组织教员集训,并亲自给教员授课,提高教员的业务能力。针对战争年代过来的一些同志不愿当教员的情况,刘伯承同志要求在全院叫响"尊师重教"的口号,并身体力行。他曾作过一个形象、深刻的比喻,将知识分子教员比作"电灯泡",说他们发出的"光"和"热",将为我军现代化增添能量,照亮前进的方向。刘伯承为了在学院创造"尊师、重师"的氛围,专门为全院知识分子教员过节,名为"学习节"。这在我军历史上是第一次。为了形成尊重知识、尊重人才的良好风气,刘伯承同志号召大家特别是老同志努力学习科学文化。他说,学文化,对老同志来说,尤为重要。文化不提高,不掌握这个工具,别的怎么提高呢? 老同志学文化,入学要学,在职也要

---

① 《刘伯承军事文选》,解放军出版社 1992 年版,第 181 页。

② 陈石平:《中国元帅刘伯承》,中共中央党校出版社 1992 年版,第 465 页。

学,有人说没有时间,我看现在每天抽出一个小时的时间,天下不会大乱吧。他还说:"要上下一致共同奋勉,努力学习,把我军建设成为一支现代化的革命军队。"①刘伯承同志还经常强调,行政干部、政工干部、教研干部同是党的干部,但教员的工作是最辛苦的。这些话语,使知识分子教员受到很大的鼓舞。刘伯承同志对教员生活非常关心,想方设法解除他们的后顾之忧。为使教员把全部精力用在教学上,刘伯承亲自抓伙食、办食堂,做到知识分子教员一家一桌就餐,随到随吃,十分方便。在办学经费困难的情况下,学院试行了"教员补贴费"制度,每月发给教员一些钱,让他们购买书籍、杂志等。这种信任和关怀,极大地激发出了教员们对教育事业的热爱。在院党委和刘伯承同志的亲切关怀和帮助下,南京军事学院的教员队伍迅速成长起来,许多人还成为后来我军各级指挥院校办学治校的中坚骨干,为我军院校教育发展发挥了重要作用。今天,科技发展日新月异,军事变革加速推进,我们正处在一个比以往任何时候都更需要知识、更需要人才的时代。党的十六大强调指出,必须尊重劳动、尊重知识、尊重人才、尊重创造。院校作为培养人才的基地、军事理论创新基地,更要坚持"以人为本"的原则,把"尊重劳动、尊重知识、尊重人才、尊重创造"贯穿于一切活动之中。刘伯承同志曾指出,军官的准备是战争准备中最为重要的准备。我们要以尊师重教、"爱才如命"的刘伯承同志为楷模,学习、继承和发展刘伯承同志"以人为本、人才至上"的先进理念。要建立科学的选才、用才机制和公开、公正、合理的人才考评机制,更好地吸引和凝聚人才;要更多地为教员进修深造、学术交流、外出讲学、出国考察创造条件,使他们开阔眼界,更新知识,更新观念,提高素质;要进一步改进和完善科研奖励制度,表彰和重奖那些有突出贡献的教研人员,为优秀人才创造特殊的、良好的教学科研条件;要

---

① 《刘伯承军事文选》,解放军出版社 1992 年版,第 552 页。

使广大教研人员认清使命,爱岗敬业,拼搏奉献,求实创新,用自己的全部知识和才智报效祖国,服务军队,为国防教育事业建功立业;要努力建设一支素质优良、结构合理、充满活力的教员队伍,不断提高人才培养质量和理论创新水平。

三、世界眼光,创新意识

刘伯承同志创办南京军事学院时期,正值我军建设由战争年代进入相对和平时期,建设现代化、正规化、革命化军队的历史性任务,对军校建设提出了许多新的要求。如何适应科学技术的发展、战争形态的变化和军队建设的新任务、新要求,是办学治校的重大现实课题。刘伯承同志以其远见卓识、执著精神,对此进行了不懈的探索,为我们留下了许多宝贵的经验。其中,刘伯承同志的世界眼光和创新意识显得十分突出,主要表现在以下几个方面:

一是放眼世界、面向现代化办学。对于具有光辉历史的我军来说,"怎样对待传统与现代化",是办学建校首先遇到的重大问题。刘伯承同志曾指出:我们的步兵历史最久,在世界上名列头等,但是,中国人民革命已进入了新的阶段,我们革命军人也就担负起了新的使命——为建设正规化、现代化的国防军而奋斗。我们担负了这个任务,就不能不在自己的工作上来考虑,不能不在建军传统与军事思想上来考虑。我们要重视这个历史性的伟大转变,把我们的军队,顺利地转变为正规化、现代化的国防军。1951 年 1 月 15 日,刘伯承同志在南京军事学院成立典礼上所作的题为《中国人民解放军军事学院的任务》的讲话中,明确提出:"一定要依据马列主义的军事科学、斯大林军事学说,依据毛泽东的建军传统、军事思想,以及我军百战百胜的丰富经验,针对美帝国主义为首的侵略集团,精细研究敌人,研究战胜敌人的有效方法。"①刘伯承同志十分重视学习外军的先进军事理论和经验。南京军事学院刚组建,刘伯承就指示,要迅速成立学术研究室,把苏联先进的军事科学有组织、有系统地介绍过来。刘伯承同志强调指出,我军有30年的建军和作战经验,在相当困难的条件下以劣势装备战胜了优势装备的敌人,这些经验是十分丰富的,但"不能以此满足,故步自封,而不虚心学习外国的经验,我们要牢牢记住毛主席的指示,必须把苏军的一切先进经验都学到手"。② 他还指出:我们必须科学地总结一切有益的经验,以作为今后行动的指导。

二是高度重视科学技术的作用。刘伯承同志早在战争年代就非常重视军事技术。他多次讲,技术决定战术。在办学治校过程中,刘伯承同志曾提出,要以战术为经、技术为纬,构建现代军事理论。在军事学院第二次党代表大会的总结发言中,刘伯承同志明确指出:"我们将来要接近世界先进水平,究竟世界水平每年到了何种高度呢? 望军事科学研究部把这类材料经常用报告、展览告诉大家"。③ 1956 年 11 月,刘伯承同志在上海住院期间,专门给学院党委写信,指示将几本关于原子化学战略研究的外军资料迅速、准确地译出,并要亲自校正。随后,他又指出:"培养科学教师的质和量以及科学研究工作十分重要"④,"应使他们在教授中能获有一定时间去专修相关学术,精通相关学术"⑤,"公式就是学习——教授——再学习,或者说是收入——支出——再收入。如此循环,如此积累,必能精通所学"。⑥

---

① 《刘伯承军事文选》,解放军出版社 1992 年版,第 624—625 页。
② 《刘伯承军事文选》,解放军出版社 1992 年版,第 551 页。
③ 《刘伯承军事文选》,解放军出版社 1992 年版,第 534 页。
④ 《刘伯承军事文选》,解放军出版社 1992 年版,第 546 页。
⑤ 《刘伯承军事文选》,解放军出版社 1992 年版,第 546 页。
⑥ 《刘伯承军事文选》,解放军出版社 1992 年版,第 546 页。

　　三是注重联合作战、协同行动的教学。刘伯承同志是我军最早提出"合成"、"协同"、"联合"概念的人。早在我军初创时期,刘伯承同志就翻译了苏联三十多万字的《合同战术》一书。南京军事学院成立时,刘伯承同志就说,人民革命军事委员会给我们学院的任务,就是在人民解放军现有素质及军事思想的基础上,训练培养指挥现代化各技术兵种、组织与指挥协同动作的将领。时隔不久,在华东军区高干会议上的报告中,他又明确提出:"军事学院的任务,就是训练与培养善于组织与指挥现代化的诸兵种协同动作的指挥员"①,"学会组织与指挥现代诸兵种合成军队的战斗"。② 因此,"今天我们军事建设的内容就是:建设新兵种及其学术"。③ 在领导教学与科研过程中,刘伯承同志始终把掌握和提高现代战争条件下诸军兵种合成军队作战的指挥艺术作为工作的重点。他曾风趣地对学员讲:我们四川过去两个人抬轿子,前面的人看见轿子的上方有树枝,妨碍轿子通过,就喊"照高",后面的人就喊"闪腰"。"照高"就是给后面的人打招呼,要一齐猫下腰来;"闪腰"就是回答前面的人,已经把腰猫下来了。两个人抬轿子都必须有一致协同动作的约定,更不用说现代战争条件下诸军兵种协同作战了,不学好怎么行呢? 根据刘伯承同志的建议,经中央军委批准,南京军事院校开办不久就增设了海军、空军、炮兵、装甲兵等兵种系。刘伯承同志十分重视总结抗美援朝战争的实践经验,分期分批地派学员到朝鲜战场轮战并组织人员进行专门研究,取得了十分宝贵的经验。

　　四是大刀阔斧地进行学院内部的体制改革。南京军事学院刚组建时,体制编制是从苏军搬来的。后来,南京军事学院逐步变得机构庞大,

---

① 《刘伯承军事文选》,解放军出版社1992年版,第484页。
② 《刘伯承军事文选》,解放军出版社1992年版,第474页。
③ 《刘伯承军事文选》,解放军出版社1992年版,第483页。

层次繁多起来;机关分一级部和二级部,部下设处,处下设科,科下设股,股下设组,机关干部多于教研人员。刘伯承同志很快觉察到这个问题,他提出"执事者各职其事"①,果断地进行体制编制改革。他指出:"院校不能搞得头重脚轻,上大下小"②,"扎根不牢,要摔跤的"。③ 他力主压缩机关编制,减少层次和非教学人员,实施了"横宽纵短、单刀直入、减少层次、提高效率"④的改革措施,建立了"统一集中领导,单刀深入基层,集中领导,分工负责"⑤的工作原则。改革后,学院机关层次减少了,教员队伍充实了,上下沟通快了,办事效率高了。这不仅仅是作风的改进,更是刘伯承同志创新学院体制编制的重要实践。

正因为有这样的世界眼光和超前意识,南京军事学院培养出了一大批具有现代素质的指挥员。正如邓小平同志所评价的那样:刘伯承同志是"面对新形势下的作战特点,最早重视汲取各国现代军事科学成果,最早把教育训练提到我军建设战略位置的领导人之一"⑥,"他在军事学院的许多建树,对我军现代化、正规化建设至今仍有重大作用"⑦,"完全可以说,伯承是我军现代化、正规化建设的奠基人之一。他在这方面的重大贡献,永远值得我们珍视"。⑧

新世纪新阶段,世界新科技革命以更加迅猛的势头蓬勃发展,世界新军事变革加速推进,战争形态正由机械化半机械化条件下的战争向信息化战争转变,我军建设和军事斗争准备的任务更加艰巨。当今世界主

---

① 《刘伯承军事文选》,解放军出版社1992年版,第500页。
② 《刘伯承同志办院校纪事》,石家庄高级指挥学校出版,第15页。
③ 《刘伯承同志办院校纪事》,石家庄高级指挥学校出版,第15页。
④ 《刘伯承同志办院校纪事》,石家庄高级指挥学校出版,第14页。
⑤ 《刘伯承军事文选》,解放军出版社1992年版,第499页。
⑥ 《邓小平军事文集》第三卷,军事科学出版社、中央文献出版社2004年版,第284页。
⑦ 《邓小平军事文集》第三卷,军事科学出版社、中央文献出版社2004年版,第284页。
⑧ 《邓小平军事文集》第三卷,军事科学出版社、中央文献出版社2004年版,第284页。

要军事强国纷纷调整军事战略,以谋求新世纪的战略主动权。而加强军事院校建设就是其重要举措之一。许多新的战略思想、军事理论、作战模拟结果等,都是在军事院校产生的。可以说,军事院校的办学水平,直接影响着军队干部队伍的素质,影响着军队建设的未来,甚至关系着未来战争的结局。面对新的形势和任务,我们必须有广阔的世界眼光和与时俱进的创新意识,以科学发展观为指导,进一步解放思想,更新观念,与时俱进,勇于创新,在新的起点上大力推进军队院校特别是指挥院校的教育改革和全面建设。作为国防大学,在这方面一定要努力走在全军院校的前列,努力实现胡主席提出的建设符合时代要求、具有世界先进水平和我军特色的综合性联合指挥大学的奋斗目标。

开拓建伟业,倾心育将才

——张震同志办学治校思想与实践探析

  张震同志是我们熟悉的、深受全校师生员工爱戴的老校长,也是在三大学院基础上组建国防大学的第一任校长。新中国成立后,他长期在军委、总部担任领导职务。20世纪50年代初,他曾在刘伯承元帅任院长兼政治委员的南京军事学院战役系学习两年半,以优异的成绩毕业,中央军委决定他留校担任副院长。改革开放后,他又受命组建了国防大学。张震同志在长期的军事生涯中,一直十分重视军事教育,并在办学实践中积累了丰富的经验,特别是在他担任国防大学校长期间,紧密结合实际认真贯彻毛泽东、邓小平、江泽民军事教育思想,形成了特色鲜明的办学治校理念,为新时期国防大学和我军院校建设发展作出了开拓性的历史贡献。在国防大学现职岗位工作的各级领导和全校同志,以及在其他院校工作的同志们,深入研究张震同志办学治校的理念与实践,继承和发扬老校长的好思想、好作风、好经验,对于把新世纪新阶段的国防大学不断推向前进,把全军院校的办学水平提升到一个新境界,无疑具有十分重要的现实意义。

一、特色办学:倡导"一个目标、
三个坚持"的教学指导思想

  在相对和平时期,军队院校是培养我军人才的主渠道。培养什么样

的人才？怎样培养人才？既是办学治校的核心理念问题，也是极其重要的实践问题。早在受命筹组国防大学时，张震同志就一直在思考这些问题。他认为，要把学校办成"符合我国国情、具有我军特色、部队欢迎、干部向往、学员自豪、地方赞赏、国际知名的合同指挥大学"①，就必须坚持毛泽东军事思想，坚持我军优良传统，全面贯彻邓小平同志提出的"三个面向"的教育方针，解放思想、实事求是、改革创新，闯出自己的办学道路。关于教学改革的必要性、改革的重点、改革的途径等，他曾经作过许多重要论述。他认为：第一，部队的技术装备和作战特点、作战样式变了，历史条件变了，教学指导思想要随之变动。我们的教学要与我军现有的技术装备水平和近期可能的发展以及现代战争的要求相适应，并要适当走在前头，不能再搞那些陈旧过时的东西。要着重学习研究现代战争条件下的战略问题和我军战役组织指挥问题。第二，学校的培养对象变了，教学内容要变。水涨船高，学员起点高了，教学内容自然也必须进行相应的调整和提高。第三，我军所处的环境变了，学校教育的地位作用要变。战争年代，我们主要是在战争中学习战争。相对和平时期，没有大仗可打，提高部队作战能力的主要办法是训练，提高干部指挥能力的主要办法是在职学习、训练与学校教育，并且后者是重点。所以，搞好学校教育的改革，十分重要和紧迫。第四，党中央、中央军委对教育训练的要求高了，我们办校要有高标准。我们决不能有负众望，决不能凑合，不仅要研究 20 世纪怎么办，还要考虑到 21 世纪怎么办。我们要赶上世界先进水平，办成世界第一流的军事学府。只有树立这样的雄心壮志，才符合党中央、国务院、中央军委的要求，才能不辜负全军的期望。

为了突出国防大学的办学特色，他结合在总参谋部分管全军教育训练工作时对院校体制和办学情况的了解，认真学习毛泽东、邓小平同志

---

① 《张震回忆录》(下册)，解放军出版社 2003 年版，第 281—282 页。

关于军队院校建设的论述,学习我军院校建设的优良传统和历史经验,学习借鉴世界发达国家军队办院校的先进经验。此外,他还深入机关、院校和部队,广泛听取各方面的意见和建议,形成了《国防大学筹建期间关于教学改革的意见》。他指出:"新的形势和任务,要求国防大学的教学工作有一个新的发展和突破。要解放思想,敢于创新,走符合我军特点的道路。要从教学思想、内容、方法、管理等各个方面进行改革,使之适应新时期军队建设的需要,办出自己的特色。"①他认为:"国防大学培训的是高级指挥员,他们都应是懂得军事、政治、后勤的通才。我军高级指挥员的培养方向,应该既是军事家,又是政治家、外交家和经济家,而不单单是会打仗。国防大学培养出来的学员,应当具有高级指挥员所必备的良好的军政素质和作风,很强的能力和坚强的党性。"②他十分重视学员政治素质的培养,特别强调:政治方向问题对于国防大学来讲尤为重要。因为国防大学培养的学员,都是我军未来的骨干,很多人将担负军以上的重要领导职务。他们的政治素质如何,直接关系到枪杆子掌握在什么人手里,关系到党对军队的绝对领导,关系到我军"三化"建设的发展和未来反侵略战争的胜败。说到底,关系到党和国家的前途、命运。国防大学培养的学员,就是要永远忠于党、忠于人民、忠于社会主义祖国,能够经得起任何政治风浪和各种复杂环境的考验,永葆人民军队的政治本色。他始终把教学内容改革作为教学改革的核心,予以高度重视。他主张:"国防大学的教学内容要高一些、宽一些、深一些、新一些"③,并强调国防大学的学员应着重学习战略、战役课程,国防大学应着眼于培养有战略头脑的战役指挥员。学员的知识面要宽,既要懂军

---

① 《张震军事文选》(下卷),解放军出版社 2005 年版,第 323 页。
② 《张震军事文选》(下卷),解放军出版社 2005 年版,第 323 页。
③ 《张震军事文选》(下卷),解放军出版社 2005 年版,第 324 页。

事、政治、后勤，还要懂经济、外交、管理;既要学习研究历史，也要研究现实，还要研究未来。学员所学内容要有深度。他还指出:"国防大学的教学方法要活"。① 他曾讲过一个比喻:"豆腐渣喂老母猪，是可以催肥的，但喂多了也是可以涨死老母猪的"②，要想在有限时间内把什么都"灌"给学员是不现实的，必然事与愿违、适得其反。要把功夫用在引导学员"挖井"上，使学员得到源源不断的"活水"。我们不仅要帮助学员掌握所学的知识，更重要的是使学员学会研究问题的方法，能够触类旁通，把学到的知识灵活地运用到今后的实际工作中去。国防大学是培养高级干部的基地，教学方法应是在教员指导下，以自学研究为主，让学员自己多看书，研究问题。要改革"满堂灌"式的教学方法，教员在教学中应起引导作用。要压缩讲授时间，增加自学时间，鼓励学员大胆质疑和创新。要搞好对国内开放和对国外开放，把信息渠道搞通，等等。这些富有创新性的重要思想理念，实际上构成了 1985 年国务院、中央军委相关文件的基础，并在指导国防大学教学实践中，逐步形成了"一个目标、三个坚持"的教学指导思想。即:以培养政治上合格的、适应国防现代化建设和未来战争要求的高级人才为目标。坚持培养"通才";坚持"高、新、宽、深"的教学内容;坚持自学为主，实行研究式、启发式的教学方法。其中，"一个目标"是国防大学教学工作的总任务、总要求，"三个坚持"是实现"一个目标"的基本途径。两者是互相联系、不可分割的整体，充分体现了国防大学高层次、综合性和成人教育的特殊规律，是"三个面向"方针在国防大学的落实和具体化，也是国防大学教学实践经验的结晶。

　　以此为指导，在教学实践中，张震老校长积极推动了一系列教学改革。一是提出了一系列新的教学理念和原则。如，以培养"通才"为目

---

① 《张震军事文选》(下卷)，解放军出版社 2005 年版，第 328 页。
② 《国防大学文件选编》，国防大学办公室 1987 年 3 月出版，第 379 页。

标,坚持"就高不就低"的原则;坚持"高、新、宽、深"的教学内容,立足现实,着眼未来,把现职训练与必要的超前研究结合起来;坚持自学为主,实行研究式、启发式的教学方法,科学地处理好教与学的关系;坚持院校教育与部队训练相结合以及为部队建设服务的方向,根据部队建设的需要及时调整班次和教学内容;坚持开放办学的方针,拓展实践教学的途径;等等。二是根据培养"通才"的需要和高级指挥员应具备的知识结构,改革了课程设置。把整个课程分为必修课、选修课、讲座课三部分,政治理论教学实现了由学习一般原理向运用原理、研究解决现实问题的转变,军事教学实现了由以战术训练为主向以战略、战役训练为主的转变。三是改革了教学内容。注意与中级指挥院校的教学内容相衔接,避免重复;注意各个学科、各门课程之间在内容上互相照应,形成一个完整体系;各门课程本身的内容要刻意求新、求深,坚持少而精,不搞多而全;想定教材克服了公式化、模式化,设想了多种方案、多种打法,力求体现战役想定的综合性。四是改革了教材体系和编写方法。按学科教材与专题教材相结合的原则规划教材建设,建立由学科理论、专题理论、讲义、参考资料相配套,理论教材、想定教材、声像教材相配套的教材体系。五是改革了教学方法。根据高级指挥人员、高级参谋人员和高级理论研究人员的学习特点,坚持以自学为主,实行研究式、启发式、开放式的教学方法,努力开发学员智力,培养学员能力。扩大教员自主权和学员自主权,改革讲课辅导方法,贯彻教学相长、能者为师的原则,让学员参与教学活动,与教员同台讲解,达到教和学互相启迪的目的;减少课堂讲授时间,增加自学研究和讨论的时间;建立免修制度,学员已学过的课程并经考试合格的可以免修。六是实行了开放办学。一方面,加强教学实践环节,把教学辅导与邀请党政军领导同志和有关专家学者来校作报告、讲学紧密结合起来,把校内课堂教学与现地研究战例、想定作业、勘察战场、社会考察和参观见学紧密结合起来,促进了理论同实际的结合,增强了教学的活力。另一方面,面向世界,走出国门。就在国防大学组建之初,张震校长与李德生政委一起把各国驻华武官请到学校,举行招待酒会,宣传国防大学对外开放办学的方针。他想方设法请来多位外军领导人到学校演讲。同时,他做了大量艰苦的协调工作,使国防研究系每期学员都能走出国门,到国外访问、考察,对开阔学员眼界、促进观念更新起到显著作用。可以说,张震老校长开了我军院校学员出国访问之先河。今天,我们已有多个班次、每年几百人出访,足迹遍布五大洲,每年还有近百批外军人员来访,这使提高办学水平受益良多。这条路子是张震老校长走出来的,这在当时是十分不容易的。七是大力开发研制和运用现代化的教学手段,运用计算机辅助教学,充分发挥和加强图书馆作为"第二课堂"的作用,重视编辑制作录像片和复式幻灯片,增强教学效果。

以上这些改革使国防大学的教学工作在较短的时间内理顺了关系,增强了活力,提高了质量,为圆满完成军委、总部赋予我校的教育训练任务提供了可靠保障。在《张震回忆录》中谈到办学治校体会时,张震老校长深情地说:"多年的院校工作实践,使我深深地感到,只要始终坚持改革的思想,紧紧跟上时代前进的步伐,牢牢地把握正确的教学指导思想,不断提高教学、科研工作的质量,就会使学校建设再上一个新台阶。"①

我在国防大学工作已经 12 年了,在实践中学习领会张震老校长的办学思想与实践,使我受益很深。特别是他提出的"一个目标、三个坚持"和教学内容的"高、新、宽、深",在今天仍然具有鲜活的生命力。我们今天根据新的形势要求,采取的各项教学改革的新举措,提出的一些新的教育理念,实际上都是对张震老校长上述办学思想的继续和深化。

---

① 《张震回忆录》(下册),解放军出版社 2003 年版,第 319 页。

二、把握枢纽：以教学科研为中心
促进学校建设全面协调发展

学校的中心工作如何定位，是办学治校的一个关键问题。长期以来，我军院校都是把教学作为中心工作。张震老校长在筹办国防大学时感到，国防大学既应是教学中心，也应是科研中心。学校的职能任务不仅要培养中高级干部，还要"从事有关战略和国防现代化建设问题的研究，为军委、总部决策起咨询作用"。① 因此，他明确提出：学校工作要以教学科研为中心，教学和科研是互相促进的关系，科研与教学要紧密配合。只有加强科研才能把教学工作做好，也只有通过教学实践才能提高科研学术水平。"科研要走在现行教学工作的前头……国防大学要成为给军委、总部起咨询作用的有力机构。"②在国防大学成立大会上的讲话中，他指出："科研与教学要紧密结合，互相促进，并走在教学的前头。要坚持对国内、国外开放，积极扩大学术交流，充分吸收和引进国内外的科学技术，尤其是军事科学的最新成果，努力学习、继承和发展毛泽东军事思想，使我们的教学和科研站到现代军事科学的前沿，使国防大学真正成为既是教学中心、又是科研中心，既出合格人才，又出科研成果的高等军事学府。"③为树立教学科研的中心地位，他说：战争年代，有个很响亮的口号："一切为了前线的胜利。"现在，我们要发扬战争年代的这种精神，提倡一切为教学科研服务。全校人员都要为教学科研这个中心服务，保证快出人才、出好人才。他在 1986 年国防大学训练工作会议上

---

① 《张震回忆录》（下册），解放军出版社 2003 年版，第 284—285 页。
② 《张震军事文选》（上卷），解放军出版社 2005 年版，第 329 页。
③ 《张震军事文选》（下卷），解放军出版社 2005 年版，第 341 页。

讲：对于学校来说，科研与教学一样，都是不可缺少的、不容忽视的。院校是培养人才的基地，首先应当把教学搞好。但是，要提高教学质量，就必须加强科学研究。

为促进教学与科研的有机结合，在办学治校实践中，他主张正确发挥教研室的职能作用，将其作为教学和科研互相促进的学术组织，既要组织好教学，又要结合教学加强学术研究。他倡导全校树立搞科研的"大科研观"，提倡学术研究实行百家争鸣，鼓励大胆探索和自由争论，努力营造一个民主、宽松、和谐的学术研究环境。他非常重视学术研究成果的利用和向实践转化，强调凡是有价值的最新科研成果，都要及时充实到教学内容和教材中，为教学服务。他还身体力行，研究海军战略发展问题，研究我军战役理论发展变化，研究海湾战争问题，研究高技术条件下人民战争问题，研究三军联勤问题等，并提出了许多军事理论创新思想和观点。比如，早在 1985 年，张震老校长就富有远见地提出培养跨世纪干部的问题，主张选调优秀年轻干部到院校进行超前培训，为实现我军干部队伍新老交替、适应军队现代化发展的新要求及早准备指挥人才；再比如，他敏锐地注意到现代高科技对军队建设和未来战争的深刻影响，早在 1986 年就提出未来战争必将是陆、海、空、天、电的立体战争，指示学校有关教研部门加强研究；又比如，在战役基本思想方面，他根据我军武器装备情况和可能的作战对手，早在 1987 年就明确提出"整体作战，重点打击"的概念，并对这一思想作了清晰的阐明和表述，反映了当时在这方面前沿性的认识，对统一全军干部的认识起到了重要的作用。

坚持以教学科研为中心促进学校建设全面协调发展，是张震老校长办学治校的一个重要理念。他曾指出：坚持以教学科研为中心，统筹全盘，着眼发展，这一思想必须十分明确。离开了教学科研这个中心，各项工作就失去了应有的意义。因此，以教学科研为中心的思想，什么时候都不能动摇,各项工作要在为教学科研服务上多想些办法,多作些贡献。但是,教学科研工作同政治工作、校务工作又是相互联系、紧密结合的。只有树立统筹全盘、抓住重点、兼顾一般的观念,加强党的建设、党的领导和思想政治工作,搞好教学管理和各项保障工作,才能充分调动全校同志的积极性与创造性,完成好教学科研这一中心工作。他强调:要根据新的形势和任务,进一步加强思想政治工作,把学校办成忠于党、忠于人民事业的革命大熔炉。以教学科研为中心做好思想政治工作,体现了政治和军事、政治和业务相结合的原则,是院校政治工作的正确方向。各级党委、政治机关和政治干部,要根据新形势、新特点,改进思想政治工作,努力提高思想政治工作的针对性和有效性,确保学校建设的正确方向,确保教学科研任务的完成。他还要求各级领导机关、校务保障单位,都要牢固树立为教学科研服务的意识,努力创造良好的教学和科研条件;要深入教学、科研第一线,现场办公,研究和解决问题,把为教学科研服务真正落在实处。他还明确提出,在学校全面建设中,要正确认识和处理全局与局部、当前工作与长远建设的关系,防止和克服临时观念、短期行为;在努力做好当前工作的同时,为学校建设的长远发展打牢基础。这应当成为学校各项工作的着眼点和立足点,要认真坚持下去,保证学校建设全面协调、持续稳步地发展。根据张震老校长教学科研并重的思想,国防大学在组建时,专门设立了与训练部、政治部同一个职别的科研部;同时,他明确提出并强调国防大学既是教学中心,也是科研中心,把教学科研共同作为学校的中心工作,这是完全符合现代教育理念的。

　　这些年我们在学校工作中深深体会到,张震老校长的这一先进办学理念,是使国防大学紧跟时代步伐、不断发展进步的根本性重要因素。因为任何一所真正意义上的大学,都是研究型大学。国防大学的教学,从本质上讲主要不是对原有知识的传承,而是对未知领域的探索;只有科研的高水平,才有教学的高质量。新形势下,学校工作纷繁复杂,要做的工作很多,但必须始终扭住教学科研这个枢纽不放;必须立足于军队现代化建设和军事斗争准备的大局,不断研究新情况、解决新问题,大力培育创新精神和创新能力,才能不断提高教学质量,不断提高理论研究水平。这些年学校办学水平有新的提高,一个重要原因,就是我们始终坚持继承国防大学组建以来教学科研的成功经验和先进理念,并努力结合新的实际加以运用,在继承中争取有所前进、有所发展。

三、人才兴校:注重建设"又红又专"的师资队伍

张震同志十分重视师资队伍建设。他认为,教研人员是我军干部队伍的重要组成部分,是办好院校的主力军,要重视对他们的培养、使用,充分发挥他们的作用。他始终把加强教员队伍建设,作为办好院校、提高教学质量的根本性措施。他曾讲过:在南京军事学院工作时,刘帅多次说过:"办学校关键是要有人,有学识渊博的人,忠诚于党的教育事业的人。有了这样的人,才能编好教材,教好学生。"①继承刘帅的办学治校传统,张震老校长为国防大学师资队伍建设倾注了大量心血。他提出,师资队伍建设,"要重政治素质,重真才实学和实际能力,不拘一格选贤任能"。②"逐步把我们的教学、科研队伍建设成知识和年龄结构合理,学科门类齐全,既能适应当前需要、又有发展潜力的人才群体。"③

为此,他从完善师资队伍结构和提高师资队伍军政素质两个方面入手,做了大量的工作。一是着眼学校长远发展,开办师资培训班。他根

---

① 《国防大学文件选编》,国防大学办公室 1987 年 3 月出版,第 355 页。
② 《张震军事文选》(下卷),解放军出版社 2005 年版,第 341 页。
③ 《张震军事文选》(下卷),解放军出版社 2005 年版,第 341 页。

据国防大学当时师资队伍年龄老化、学历偏低、知识结构不合理的状况，下决心从全军高等军事工程技术院校选拔一些军政素质优良、愿意献身国防教育事业且外语好的应届大学本科优秀毕业生，通过开办师资班培养师资后备力量。他曾说，之所以这样做，就是因为看准了一条：现代战争的发展，科学技术的作用越来越重要，没有较高的科学技术知识，就难以胜任未来战争的需要。国防大学培养的是"三高"人才，其教员队伍必须首先解决好这个问题。从某种意义上说，这是国防大学的"希望工程"。他还亲自规划了国防大学第一期师资培训班的培养方式，即：首先经过我军三级指挥院校的系统培训，然后到部队进行必要的代职实践锻炼，再经过老教员的传、帮、带，用十年左右的时间，使师资班的学员成为一代具有新型知识结构的军事教官和研究人员。将近二十年后的今天，当年经过精心培育的三期师资班的同志，现在已经成长为学校各学科教学科研的中坚力量，并有一些拔尖人才崭露头角。这使我们深感老校长的远见卓识。二是明确提出了教研人员的思想和行为规范。他指出：对教员和科研人员来说，要有高度的事业心，学而不厌，诲人不倦，精益求精；为了教学和研究，要发扬"三更灯火五更鸡"的精神，坚持实事求是，理论联系实际，教学相长；在思想作风养成方面，要以身作则，为人师表，做党性锻炼和执行纪律的模范。三是确立了"博、精、短、活"的业务标准。1988年，他根据国防大学教学任务的发展变化，明确提出：教员要努力做到"博、精、短、活"。他认为，所谓"博"，就是教员要博学多才。要求学员成为通才，首先教员自己应该是通才。教员的知识面一定要广博，一定要从过去传统的、分工过细的"章节教员"里面解放出来。所谓"精"，就是学科要精。只有精通本学科，你才能胜任教学工作。过去提倡"一专多能"，如果讲"通"才是"多能"的话，那么"精"这个方面主要是讲"专"。所谓"短"，具体讲就是出成果、学术研究的周期要短；要适应科学技术发展、知识更新频率变化和学校学制短的情况，加快知识结构更新，努力多出和快出研究成果，直接地或间接地为教学服务。所谓"活"，就是教学方法要灵活。假如我们教的学员不能举一反三、触类旁通，你的教育就是失败的；要从事物的发展辩证地分析问题，形成实事求是、百家争鸣的学风；要根据不同的教学对象，采取有针对性的教学方法。四是重视教研人员学习进修和交流代职，提高师资队伍素质。他主张每年从教研单位选调45岁以下有培养前途的教员进入基本系学习，以提高教研能力；为弥补教员的部队实践能力不足，每年安排部分教研人员去部队代职锻炼；鼓励教研人员参加国内外学术交流活动。他还提出教研单位在条件成熟时，可以对教员进行"三线配备"，即一部分教员在教学第一线备课、授课；一部分教员进行科学研究，为教学进行学术准备；一部分教员进行轮训，以充实和更新知识。现在，我们从自身办学实践中也深刻体会到，张震老校长提出的教研人员"三线配置"的构想，是符合教研人员工作和成长规律的，也反映了高等军事学府办学的规律。可是，由于各种原因，这一条始终未能完全做到。今天，学校由于历经几次精简，人员已大为减少了，而教学科研任务大量增加。一些教研骨干长年超负荷运转，没有时间"充电"。对此，我们应当实事求是面对并采取各种措施解决或缓解师资力量不足的问题。从长远来讲，还要努力争取教研人员"三线配置"。就师资人才队伍建设来说，我们循着张震老校长的思路，针对新的实际，采取了若干重要举措，使广大教研干部实现了有序的新老合作与交替，一大批高素质的年轻优秀人才正在涌现出来。干部队伍中来自陆、海、空、二炮部队的比例也正在发生积极变化，队伍结构逐步优化。

四、抓住关键：大力加强各级党委和领导班子能力建设

在办学治校实践中，张震老校长十分重视各级领导班子的能力建设。他认为，领导班子是办好院校的关键。我们要按照革命化、年轻化、

知识化、专业化的要求,全面加强各级领导班子的能力建设。

在各级领导班子配备与建设方面,他强调:首先,要突出学校工作自身的特点。学校是培养训练我军高级人才的基地,对领导干部有着特殊的要求。在军、师级领导班子配备和建设上,对干部个人素质要注意四个方面:一是要求他们忠诚于国防教育事业,熟悉和掌握现代军事教育的基本理论与办校规律。二是要求他们具有较高的政治理论修养和军事理论水平,坚持四项基本原则,掌握党的路线方针政策和中央军委关于院校建设的指示。三是要求他们具有较高的文化程度,熟悉我校的主要学科、专业,具有较高的组织、领导、保障教学和进行科学研究的能力。四是要求他们年富力强,身体健康,能坚持第一线工作。其次,要注重领导班子的整体结构,按"四化"要求配备和建设,把革命化放在首位。在年龄结构上,注意恰当的老、中、青比例,既防止领导班子老化,又使领导班子工作有一定的继承性。师以上领导班子中,既要有带兵治校经验丰富的指挥员,也要有多年从事教学科研工作、较好地掌握现代军事教育规律的专家;既要有军事、政治工作者,又要有长期从事后勤保障工作的人才,形成比较合理的年龄和知识结构。再次,在进行组织调整交流的同时,要狠抓新班子的建设。要从学校实际出发,注重理论学习必须联系实际;要讲党性,顾大局,守纪律;要清正廉洁,联系群众;要求真务实,改进作风。从而使新班子一组成,就有一个良好的开端。

在加强党委自身建设方面,他强调:党委的团结是全校团结的基础和前提。党委一班人中,每个人的特点、作风、生活习惯各有不同,要互相尊重、支持和谅解,通过实际工作加强团结。要认真执行毛泽东同志为党中央起草的《关于健全党委制》和《党委会的工作方法》所规定的基本原则,使党委真正成为团结和谐、坚强有力的战斗指挥部。党委要议大事,要把贯彻落实"三个面向"的教育方针、中央军委的训练方针和国防大学的办学指导思想,作为经常性的工作重点,从实际出发搞好国防大学的建设。要坚持党领导军队的一系列根本制度,尤其要遵守政治纪律,强调个人服从组织、少数服从多数、下级服从上级、全党服从中央的原则,保证党的路线方针政策在各单位落实。要认真贯彻党的民主集中制,发扬党的优良传统,健全党的组织生活,坚持党建理论学习制度,坚持党务工作汇报、检查、考核制度,坚持民主生活会制度和党日活动制度。要把"议教议研"作为党委的一项经常性工作制度,始终坚持下去。要发挥好党组织的领导核心作用和战斗堡垒作用,在扎扎实实解决思想问题上下功夫。要切实加强党内监督,正确开展批评和自我批评,敢抓敢管各种错误思想和不良倾向。在干部使用上,要按党性原则办事,任人唯贤,坚持公道、正派的作风,要敢于破格使用人才。在领导方法上,要实行基层党委的工作方式,要面向基层,面向教研室、科研所、学员班,"单刀直入",一竿子插到底,实行面对面的领导。他还强调:"对领导来说,要不专权。大事要请示,摸着石头过河;小事不干扰,敢于负责。"①党委成员要刻苦学习马克思主义理论,学习现代科技知识和领导科学、管理科学知识,努力提高自己的思想水平和领导能力,争取做一名称职的领导者。

五、从严治校:整顿作风纪律做正规化建设的楷模

从严治校,既是院校建设的普遍规律,也是张震老校长办学治校始终坚持的一个重要思想。他认为,院校作为培育人才的基地,必须突出一个"严"字。只有做到从严治校,才能形成好的教风、学风和考风,才能培养和造就合格的人才。从严治校,关键是要树立良好校风。校风建设既是学校建设的重要内容,又是学校全面建设的综合反映。他主张要

---

① 《张震军事文选》(下卷),解放军出版社 2005 年版,第 337 页。

在全校人员中深入进行传统教育,继承和发扬抗大"坚定正确的政治方向,艰苦朴素的工作作风,灵活机动的战略战术"和"团结、紧张、严肃、活泼"的优良传统,使学校真正成为培养高级人才的革命熔炉。从他领导院校建设的实践来看,坚持从严治校,就是要严格贯彻执行军委、总部的指示要求和各项法规制度;就是要硬着头皮去解决那些棘手的"老大难"问题;就是要严格形成按规章办事、按职责办事、按程序办事的正规化教学、科研和生活秩序;等等。在办学治校过程中,他针对一段时间内存在的不同形式的分散主义、各行其是、报喜藏忧、弄虚作假、有令不行、有禁不止等不良风气,从整顿作风纪律入手,组织全校认真进行条例条令教育、反腐蚀教育和法制教育,增强条令意识和法纪观念,建立和健全各项规章制度,加强综合治理,特别是加强对"小而散"的单位和零散人员的教育管理,使学校树立了良好的风气,确保了学校的集中统一和思想稳定。他十分强调各级领导要做从严治校的模范。他指出:从严治校,改进领导作风,要把治"浮"和治"假"作为重点。领导干部和领导机关不能浮在上面,必须深入基层,深入实际,到教学第一线去,到群众中去,直接听取群众的呼声和意见,扎扎实实地帮助基层解决实际问题。领导机关不得轻易向下级要书面材料,而应当亲自下去了解情况,共商解决办法。各级领导都要放下架子,脚踏实地地做好工作。他在国防大学工作期间,不仅毫不含糊地坚持贯彻从严治校的方针,而且处处以身作则、率先垂范,要求全校人员做到的,自己带头做到;要求全校人员不做的,自己首先不做。这种坚持从严治校的气魄和作风,非常值得我们学习和效仿。

张震老校长非常重视学校的正规化建设,早在他任副总参谋长时就曾深刻指出:正规化建设,是我军建设的重要组成部分。军队要搞现代化,就必须搞正规化。部队现代化建设程度越高,武器装备越先进,就越需要加强正规化建设。院校是培养干部的基地,要加强部队的正规化建设,首先就必须搞好院校的正规化建设。要切实加强"五统"、"四性"教育,使院校在正规化建设上走在部队前面,起到示范、带头作用。他在国防大学办学治校期间多次强调:要搞好教育训练的正规化,坚决贯彻办校的方针、原则,坚持以教学为中心,统筹安排各项工作。要根据训练任务和培养目标的需要,制订出科学的、完善的教学大纲和教学计划,编写出统一的、高质量的教材。要有一套科学的教学方法。各种教学规章制度要健全,教学的组织计划工作由训练部门统一负责,做到周密实施、有条不紊。要有完善的教学设施、训练场所和教学保障措施。各部门要职责分明,各类人员要实行岗位责任制,充分发挥教研室的职能和教员在教学中的主导作用。他还指出,搞好院校的正规化建设,关键在领导。要充分认清正规化建设的重要意义,划清正规化与形式主义、教条主义的界限,澄清模糊认识。要坚持高标准、严要求,既要敢于大胆管理,赏罚严明,又要耐心做好细致的思想政治工作。各级领导干部要以身作则,言传身教,以自己的模范行动影响部属,成为正规化建设的带头人。搞好正规化建设贵在坚持,一定要持之以恒,常抓不懈,督促检查,狠抓落实。在他的指导和督促下,国防大学正规化建设的基础不断得到巩固和提高。

张震同志的军事教育思想和实践,内容十分丰富。以上所述,只是我个人在学校工作中边学边干所体会到的一些主要方面。我深深感到,张震同志之所以在军事教育、办学治校方面取得很高的成就,固然与他非凡、丰富的经历有关,更与他既是军事教育家,又是军事家、政治家的全面素质有关。而所有这些,又都取决于他那种长期的不懈学习,善于学习,善于接受新事物、研究新问题的思想特质。大家都知道"张震日记"的事,无论是在战斗频繁、充满艰辛和风险的年代,还是在相对和平时期,他都坚持每天记日记。我想那不仅是记事,更是学习体会的积累。这样的学习精神和韧劲是一般人做不到的。他身边的工作人员曾对我说过一件事,对我触动很大。那是在张震同志被免去副总参谋长之后、筹组国防大学之前,他竟对数学发生兴趣,拿一本数学书反复研读。工作人员不解地问他为什么看这种书。他说,有一个关于电子战方面的公式看不懂,研究现代化战争,要学的东西很多啦!当时,张震同志已是71岁高龄,而且已经被免职,这是何等的境界!张震老校长的品格风范和终身学习的态度,是我们每个人学习的榜样。

欲知大道,必先为史。一个领导干部,只有善于从历史经验中汲取丰富营养,才有可能成为合格的领导者;一所军队院校,只有善于从历史经验中去获取规律性认识,才有可能紧跟时代步伐,始终保持和不断发展自身的优势。从这个意义上讲,张震老校长的办学治校思想与实践是我们必须格外珍惜的精神财富。

新世纪新阶段,国防大学作为中国最高军事学府,在为建设信息化军队、打赢信息化战争提供人才保证和理论支持上,处于重要的战略地位,肩负着艰巨的历史使命。我们一定要保持和发扬张震老校长领导组建国防大学时和在办学治校期间的那样一种坚定的理想信念与政治热情,那样一种锐意改革创新、与时俱进的思想品质,那样一种刻苦学习、善于学习、终身学习的科学态度,那样一种率先垂范、严于律己的人格力量,那样一种脚踏实地、务求实效的优良作风。我们一定要始终把坚定正确的政治方向摆在首位,把培养高素质新型军事人才和创新发展军事理论作为一切工作的着眼点,把改革创新作为学校建设的发展动力和永恒追求,团结和带领全校人员,努力谋求办学治校的更高水准、更高质量和更高境界,加速把国防大学办成符合时代要求、具有世界先进水平和我军特色的综合性联合指挥大学。

对新世纪新阶段我军军事教育理论若干问题的思考*

新世纪新阶段,加速推进中国特色军事变革,提高我军信息化建设水平和作战能力,对军事理论创新和人才培养提出了新的更高的要求。中央军委胡主席明确要求国防大学,要"树立和落实科学发展观,在新的起点上谋划和推进学校的改革和建设,更好地担负起培养输送高素质新型军事人才、创新发展军事理论的光荣任务,为切实履行新世纪新阶段军队的历史使命提供有力的智力支持和人才保证"。[①]对军事教育工作者来说,要提高新形势下办学治校的能力,完成好胡主席和党中央赋予的任务,一个十分重要的方面,就是要认真、系统地学习和掌握现代军事教育理论,深入地思考和研究解决我军军事教育的重大问题,以此来自觉、科学地指导军事教育的实践。

一、关于军事教育的地位作用

如何看待军事教育的地位作用,是军事教育理论研究的一个基础理

---

* 本文主要内容刊载于 2007 年 1 月 20 日《光明日报》。
① 胡锦涛:《在会见国防大学第四次党代表大会全体代表时的讲话》,《人民日报》2005 年 10 月 26 日。

论问题,同时是一个重大现实问题。从总体上说,我军军事教育在军队建设中处于优先发展的战略地位,对军队建设发挥着基础性、全局性和先导性的重要作用。对此,可从以下两个方面来认识:

一是,军事教育是建军治军的重要基础。军队建设的关键是人才,基础在教育。古往今来,军队建设水平总是和军事教育水平紧密联系在一起的。不教无以成军,治军必先治校,练兵必先练官。总结我军 80 年的建设与发展历史经验,可以得出一个基本结论,就是要建设强大的军队,必须高度重视军事教育。我军之所以能从小到大、从弱到强、从胜利走向胜利,一个重要原因,就是党和军队不管环境如何艰难困苦,条件如何变化,都始终坚持办好学校,发展军事教育,培养了一大批优秀的军事人才。早在井冈山斗争时期,毛泽东同志就指出,解决干部问题,最好、最有效的办法就是办学校。北伐时期有个黄埔,我们现在要办一个"红埔"。新、旧军阀很懂得有权必有军、有军必治校这个道理。我们是人民的军队,虽有人民的支持和参加,但为战胜敌人,也需要办校、治军,学习战略战术,培养自己的建军人才。他亲自创办了红四军教导队、井冈山红军学校。在此基础上,中革军委先后创办了中国工农红军中央军事政治学校、中国人民抗日红军大学。1936 年,红军大学改为中国人民抗日军政大学,同时还创办了许多专业技术学校。解放战争时期,我军先后建立了 7 所军政大学和 22 所分校。这些学校成为培养军事人才的基地,为中国革命培养了千千万万干部,为夺取和巩固政权提供了坚强的人才保证。新中国成立以后,我党我军继承和发扬优良传统,把办军校作为加快我军现代化建设的重要途径。从刘伯承元帅亲自挂帅创办的南京军事学院,到现在专业门类齐全、高中初三级配套、形式多样的院校教育和各类培训基地,为我军的建设和发展培养了大批高素质新型军事人才,为我军现代化建设提供了急需的人才资源和智力支持。

二是,军事教育在推进中国特色军事变革中居于先导地位。如果将世界新军事变革、包括我军"中国特色的军事变革"与前几次军事变革进行比较,我们可以发现,以往的军事变革是按照装备——体制——理论的顺序进行的,而新军事变革则是装备、体制、理论的变革同时展开,走的是理论构想——实验实证——立法规范的路子。在这个过程中,人才素质的高低,是新军事变革成败的决定性因素。没有人才素质的先行变革,新军事变革就不可能取得成功。这样,承载培养高素质新型军事人才重大历史使命的军事教育,在新军事变革中必然处于重要的先导地位。只有军事教育先行,才能培养出高素质新型军事人才。正因如此,世界发达国家在迎接新军事变革时,不约而同地把发展军事教育、大力培养高素质人才作为抢占新军事变革制高点的战略举措。比如,在军队规模普遍缩小的情况下,各国军队院校仍保持相当数量;在军费有限的情况下,军事教育的投入比重却相对加大;普遍重视培养信息化战争急需的联合作战指挥人才、信息作战人才;不断拓展院校的职能作用,不仅着眼培养人才,而且力求成为思想库和作战理论创新基地,甚至作为战争设计与实验论证场所;空前扩大国际军事教育交流与合作,不断提升军事教育水平;等等。从我军实际情况看,由于我军建设正处于机械化建设尚未完成,信息化建设刚刚起步,初步摆脱军费投入欠账,开始步入与国家经济建设协调发展的阶段,深化军事斗争准备和实现军队建设跨越式发展的任务十分艰巨,特别是联合作战指挥人才相对短缺,已成为推进中国特色军事变革的"瓶颈"。我们要想抓住新军事变革的历史机遇,实现跨越式发展目标,就必须真正贯彻邓小平同志关于"要把教育训练提高到战略地位"、江泽民同志关于"把教育摆到优先发展的战略地位"和胡锦涛同志关于"切实把军事训练摆在战略地位"的重要思想,大力发展军事教育,使之真正发挥出基础性、全局性和先导性作用。

在军队院校工作的同志,要充分认清军事教育的地位作用,增强搞好军事教育的使命感、责任感和荣誉感,尽心竭力地推进军事教育的改革创新,更好地担负起军事教育新的历史使命。

二、关于军事教育的主要特点

军事教育作为国民教育的一个重要领域,具有社会教育的一般属性;作为军队教育训练领域的一个重要组成部分,又具有其自身的特殊属性。如何从军事教育同其他教育的联系和区别中认识与把握其特点,是军事教育理论研究不容忽视和必须回答的重要问题。总起来看,军事教育具有以下显著特点:

首先,军事教育是政治性特别突出的教育。军队是执行一定阶级、政党赋予的政治任务,实现国家意志的武装集团。这就决定了军事教育的首要职能是培养适应政治需要、能实现政党和国家意志的军事人才。能不能培养出政治上合格的人才,直接影响政权的安危和国家利益的实现。因而,无论哪个国家、哪个统治阶级,都高度注重控制军事教育,确保枪杆子掌握在自己手中。这是军事教育区别于地方一般教育最为鲜明的特点。我军是中国共产党创建和绝对领导下的人民军队,是体现党的政治优势的重要力量。这一性质,决定了我军军事教育的政治性比地方高等教育的政治性要更强、更鲜明。正因如此,我军的军事教育历来强调政治素质为先的人才培养目标,始终坚持坚定正确的办学治校方向,以打得赢、不变质作为人才培养的基本标准,大力加强马克思主义理论教育、理想信念教育、党对军队绝对领导的军魂教育、思想道德教育、我国近现代史教育,努力提高学员的思想政治素质,使他们成为忠诚于党、忠诚于祖国、忠诚于人民的政治合格的军事人才。

其次,军事教育是具有鲜明军事特色的职业化教育。军队职能的特殊性决定了军事教育必然是具有鲜明军事特色的职业化教育。一方面,从现代战争和军队建设的要求看,现代军事人才必须具有复合知识结构和综合素质。军事教育只有开展以军事指挥应用能力为核心,政治、军事、科技、管理、人文相结合的全面素质教育,才能使培养的人才能够掌握打赢未来战争的新理论、新技术、新装备、新战法,具备必要的人文素质、高科技知识和很强的管理能力。另一方面,从人才培养规律和军人职业发展要求看,现代军事人才必须具有很强的岗位任职能力和创新能力。军事教育只有围绕任职能力和创新能力培养,开展学历教育与继续教育,通才与专才、岗位任职与前瞻发展、指技结合的综合教育,才能使培养的人才具有很强的适应岗位转换的能力和深厚的职业发展潜力。

第三,**军事教育是面向社会和世界的开放性教育**。军事教育是高等教育的有机组成部分,与地方高等教育具有一定的兼容性。因此,军事教育本质上是一种开放性教育。当前,我军军事教育需要进一步扩大开放性,一方面,要吸收和融合当代教育的各种先进的教育理论,形成具有军队特色的现代军事教育观念,包括素质教育、创新教育、开放教育和超前教育等多个方面。另一方面,要逐步走开军校培养和依托国民教育培养并举的路子。军队所需要军地通用型人才和生长指挥军官的本科以下学历教育,主要以地方大学培养为主;军队院校以军官任职教育和继续教育为主,广泛借助外部教育环境和资源,从更大范围选拔和培养高素质新型军事人才,不断增强军事教育的生机和活力。

第四,**军事教育是与时俱进的信息化教育**。当今时代是信息技术被广泛运用的时代,未来战争是信息化战争,信息化程度已经成为战争和军队建设的核心指标。在这一背景下,军事教育必须也必然要突出信息化。在内容上,必须突出信息素质和对信息化战场环境的适应能力的培养,使培养的军事人才具有很强的信息获取、加工、传输和运用能力。在方法和手段上,必须积极运用现代教育技术,广泛开展多媒体教学、网络教学、计算机模拟教学和兵棋推演,加速数字化图书馆、数据库和网上模拟对抗训练平台建设,提高学员在复杂电磁环境下指挥作战的能力。

三、关于当代军事教育的转型发展

主动适应社会发展、军队建设和战争需要,既是军事教育的基本规律,也是军事教育的立身之本。新世纪新阶段,我们正处在时代、战争形态和军队建设三个方面同时转型的关键时期,迫切要求军事教育进行相应转型,以更好地适应社会发展、军事斗争准备和军队建设需要。推进军事教育转型发展,是一个复杂的系统工程,只有认清军事教育转型的主要特征,才能把握军事教育改革发展的正确方向。

一是军事教育的职能和任务要进一步向培养高素质新型军事人才聚焦。培养什么样的人才,历来是军事教育必须解决的首要问题。新世纪新阶段,我军"三个提供、一个发挥"的历史使命,对军事人才的素质提出了新的要求,要求军队必须具有信息作战的能力,维护国家海洋利益、电磁空间利益、太空利益的能力,应对危机和处置突发事件的能力,遏制战争、打赢战争、维护世界和平的能力等。军事教育必须适应这种新的要求,把职能和任务进一步聚焦到培养具有履行我军历史使命能力的高素质新型军事人才上来,最为突出的是,要聚焦到培养建设信息化军队、打赢信息化战争的一体化联合作战指挥人才上来。

二是军事教育的体系结构要进一步优化。军事教育的体系结构,是发展军事教育、培养高素质新型军事人才的组织保证。不断优化军事教育体系结构,有利于充分发挥军事教育的功能,不断提高军事教育的水平。从总体上说,优化军事教育的体系结构,应遵循军事人才培养规律,从世界军事教育发展趋势和我军军事教育实际出发,必须紧紧围绕培养联合作战指挥人才、参谋人才和高科技人才,着力构建初、中、高级指挥教育紧密衔接、全程培训,学历教育与继续教育、基础教育与任职教育有机结合,院校教育与部队训练整体协调的新型军事教育体系结构。

三是军事教育的育人机制要进一步转变。长期以来,我军军事教育主要采取院校和部队分类培养人才的育人机制,曾发挥了积极作用。但是,这种机制也存在着条块分割、机械拼接、教育内容重复等突出问题,没有形成分工明确、相互衔接的有机统一整体。新世纪新阶段,军事教育应根据高素质新型军事人才的素质要求,对培养目标、教育内容进行整体规划和设计,根据不同层次的教育对象,确立不同的教育目标,科学设置相应的课程体系和教育内容,明确各级各类军事教育资源的培养目标和任务,构建既分工又协作、既分层又衔接、知识和能力培养接力递进的完整人才培养链条,形成以院校为基础、院校教育与部队训练紧密结合的合力育人的新机制。

四是军事教育要更加突出创新。军事领域历来是最富有创造性的领域,特别是现代信息化战争更是充满着创新活力的对抗。历史反复证明,创新是军队进步的灵魂,一支没有创新能力的军队,难以立于不败之地。当前,建设信息化军队、打赢信息化战争,是我军面临的全新事业,需要军事理论创新、军事科技创新和谋略战法创新。这就要求我军军事教育必须突出军事人才创新素质的培养。一方面,要改变传统的以传授系统性、结论性知识为主的教育,大力创新教学内容,按照"宽口径、厚基础、重能力、会应用、善创新"的要求,紧紧围绕培养创新能力这一主线,融传授知识、培养能力、提高素质为一体,把学科前沿知识、科学方法论和信息科学技术课程等作为教学的重要内容。另一方面,要不断创新军事教育的方法手段,改变传统的重教有余而重学不足、灌输有余而启发不足、共性有余而个性不足、复制有余而创新不足的教育方法,大力开展启发式、研式教育,推行自主性学习,发挥学员的主体作用。要大力开发和运用多媒体技术、网络技术、模拟训练、虚拟现实等信息化教育技术和手段,创设信息化的教育环境。通过教育内容和教育方法的创新,着力培养军事指挥人才强烈的创新意识、科学的思维方法、敏锐的应变能力,以及善于发现问题、准确地捕捉问题、正确地分析问题和创造性地解决问题的能力。

四、关于深化军事教育理论的研究

理论是实践的指南。军事教育理论是对军事实践的科学总结和规律性认识,同时又在军事实践中不断丰富和发展。深化军事教育理论研究具有深远的意义。一是适应军队建设的需要。深化军事教育理论研究,有利于按照军事教育规律办事,减少盲目性,增强自觉性,发挥创造性,促进军队建设的跨越式发展。二是适应办学治校的需要。院校教育是军事教育的主体,也是培养人才的主渠道。如何适应新世纪新阶段我军历史使命的要求,为军队建设和军事斗争准备多出人才、快出人才、出好人才,这是院校教育急需解决的关键问题。只有加强军事教育理论研究,才能正确理解和全面贯彻中央军委关于教育训练的指导思想,正确分析和解决深化军事教育改革中遇到的新情况、新问题,提高办学治校的本领,使院校教育步入全面、协调、可持续发展的科学轨道。三是提高军校教研干部素质的需要。教研干部是院校的主力军。一个合格的教研干部,既要有渊博的本专业知识,又要有深厚的教育理论素养。尤其是在当今军事教育转型快速发展的情况下,推进教学改革,更加需要提高教研干部的军事教育理论素养。

军事教育理论是军事学、教育学、社会学、心理学、哲学等学科的综合性理论体系。要深入研究军事教育理论,必须掌握科学的研究方法。从现有的研究成果看,这方面的研究尚有很大的改进空间。总的看,低层次的研究比较多,高层次的研究比较少;就事论事的研究比较多,逐本求源的研究比较少。这些，都与缺乏系统、科学的军事教育理论研究方法有很大关系。为此，一是要把研究军事教育理论与学习我们党三代领导核心的军事教育理论、胡锦涛主席的一系列重要指示结合起来。注意运用科学的立场、观点和方法去研究军事教育问题，把握军事教育理论研究的正确方向。二是要把研究军事教育理论与探索教育改革的实际问题结合起来。新世纪新阶段，军事教育面临新的情况和问题，迫切需要在弄清军事教育理论的基础上，着重研究和解决重大现实问题，用理论指导实践，以实践检验理论并促进理论的创新发展。三是要把研究军事教育理论与学习借鉴外军的先进理念和先进经验结合起来。在比较中鉴别，在比较中研究，博采众长，为我所用，这既是一种海纳百川的开阔胸怀，也是推进军事教育理论创新发展的有效途径。四是要把研究军事教育理论和总结我军教育训练经验结合起来。我军教育训练有很多成功做法，是我们的宝贵财富，应当结合新的形势任务认真进行学习、思考、研究，把感性认识上升为理性认识，促进军事教育理论的创新发展，提高军事教育工作者的理论水平和办学治校能力。

第二部分

宏观谋划

应当采取超常措施培养
高中级指挥军官[*]

人才是建军兴军之本。我党我军每逢建设和发展的关键时期,都要及早进行人才准备。抗日战争初期、解放战争后期,我军都采取了许多超常措施,进行人才准备,为赢得战争胜利,为战后迅速转入建设赢得了战略主动。江泽民同志非常重视人才培养,强调培养人才是一项刻不容缓的战略任务,要当做"第一要务"来抓。现在的问题在于,必须采取更加得力的具体措施,加大培养复合型高素质指挥军官的力度。

我作过一个分析,目前我军高中级指挥干部主体是"三茬人":第一茬,主要是 20 世纪 50 年代末 60 年代初入伍的,60 岁上下,大部分在军以上领导岗位。这茬人上学时正值三年自然灾害时期,多数没有受过高等教育。第二茬,主要是 60 年代末 70 年代初入伍的,50 岁左右,大部分在军、师领导岗位。这茬人上学时正值"文化大革命"和上山下乡,大多也没有受过正规的高等教育。第三茬,主要是 80 年代以后入伍的,大部分处在团、营领导岗位,虽然多数有大专以上学历,但主要是以学军事为主,学理工科的不多。总的看,我军高中级指挥干部的优势是政治坚定、事业心强、工作经验丰富,但相当一部分人知识结构不合理,主要是高科技知识缺乏、军兵种知识和指挥现代战争的知识能力缺乏。许多干部的

---

[*] 本文是作者在一次座谈会上的发言提纲(2002 年 8 月 31 日)。

经历比较单一,真正复合型人才比较少。要尽快补上这种带有基础性的素质缺陷,我有以下五点想法:

1. 必须从生长干部的起点抓起

西方发达国家,包括许多发展中国家,都有严格的制度挑选最优秀的高中毕业生进入军队初级指挥院校。学员在校4年期间,要学完四十多门文化课程,占全部学分课程的70%以上,理工科知识的学习很扎实。我军复合型高中级指挥人才的培养,一定要从起点抓起。要有吸引最优秀青年进入军营、进入军校的政策机制;要坚持以大学本科教育为主,教学内容以文化课程为主,突出理工课程;要对学员实行全程淘汰制。这样,才能打牢高层次指挥人才的根基。

2. 必须增加干部在校学习时间和培训次数

我军干部从一个学生兵成长为将军,按常规一般要经过初、中、高三级指挥院校培训,加起来共五六年时间。何况现在的高中级干部,许多人还没有严格经过三级培训。而世界上一些主要国家的军官,每提一次职务都要进一次学校,在进入将军行列前一般经过10年以上培训,入校5至6次。在当今知识爆炸时代,在校学习时间和培训次数,直接关系到干部对新知识的掌握和更新的程度。这就需要改进培训方式,严格执行不经过相应培训不得晋升的制度。同时,还应通过各种形式的在职教育、短期轮训等,加强干部的继续教育、终身教育。

3. 必须走开干部跨大区、跨军兵种交流任职的路子

多岗位、多领域的锻炼和实践,是培养复合型高中级指挥人才的一个不可替代的环节。现在,我军干部的任职经历存在着"三个条块分割":一个是军事、政治、后勤、装备干部条块分割,一个是陆军、海军、空军、二炮干部条块分割,再一个是院校、部队、机关干部条块分割。由于许多干部长期在一个部队、一个部门、一个专业领域工作,干部岗位经历单一,相应地造成干部素质单一。据对我校学员抽样调查,有大部分学员没有跨军兵种、跨大单位任职的经历；相当一部分干部从当排长起就没有离开过所在军的单位。对于改变这种状况，许多同志都有共识，现在需要拿出决心，拿出具体的政策措施。做到这一点，关键是要切实打破干部"单位所有、部门所有"的落后观念，克服干部队伍地域化倾向，还要把经历过多种岗位实践锻炼作为干部晋升的必备条件。

4. 必须把培养急需的联合作战指挥人才作为重点

新中国成立初期，我军曾举办文化速成班，让一大批久经战争考验的中高级干部离职学习文化，收到了良好效果。当时刘帅曾想把一批高级将领培养成具备大学文化程度，可惜未能实现。20 世纪 80 年代初，全军也举办过不同类型的文化补习学校，使许多过去文化程度较低的干部达到高中文化水平。今天我们面临的形势，比以往任何时候都更迫切地需要提高干部的科学文化素质。建议选拔一批年富力强的高中级干部，依托全军各级院校，分期分批地脱产学习高科技知识，学习现代化条件下联合作战指挥专业，每期一年左右。在全军选拔一批三十多岁、受过全日制大学教育的指挥干部和有一定领导素质的技术军官，按照复合型指挥人才的目标，通过各种形式强化培养，尽快从他们当中真正产生出我军新一代的联合作战指挥人才。

5. 院校要扩大规模，减少数量，压缩人员，提高办学效益

要下决心合并一批规模小、需求少的院校，合并一些教学科研机构，形成规模化办学；撤销和移交一批培养军地通用人才的院校。积极借鉴发达国家有益的办学方法，创造新型办学模式，试办"三军合一"、"指技合一"、"教研合一"的综合院校，提高人才培养的质量和效益。

积极适应世界新军事变革的挑战，
抓好加速培养高素质新型军事
人才这个强军之本*

推进军队现代化建设跨越式发展，一个关键问题，是要积极适应当今世界新军事变革的挑战，抓好加速培养高素质新型军事人才这个强军之本。

一、真正把培养高素质新型军事指挥人才
作为一件刻不容缓的大事来抓

在我军历史上，每当重大转折时期都高度重视干部的培养选拔问题，把它作为实现历史性转变的重中之重来抓。20 世纪 50 年代初期，为了实现我军由单一军种向诸军兵种合成军队的转变，党中央、毛主席把办院校、学文化、搞培训提上了重要日程，摆在了十分突出的位置。当时彭总提出，我军第一位的任务就是培养干部。刘伯承元帅亲自出任南京军事学院院长。全军掀起了学文化、学军事、学技术的高潮，大批既经过战争考验、文化程度又相对较高的干部经过培训后被选拔到各级领导

---

* 本文是作者在一次会议上的发言摘录（2002 年 12 月 18 日）。

岗位,使我军快速完成了这一历史性转折,出现了一个"大转变的火红年代"。党的十一届三中全会后,随着全党工作重心的转移,我军建设和发展进入了一个新的历史时期。为了适应军队建设指导思想的战略性转变,把教育训练提高到战略地位,中央军委首先关注的就是干部培养和选拔问题。全军很快恢复和重建了一大批院校,建立了干部三级培训体制,各级开办了干部培训班,补习文化,学习军事,同时,中央军委果断地作出决策,采取超常措施,把一批年轻、优秀的同志破格提拔到军以上重要领导岗位,推进了军队的现代化建设。20世纪90年代以来特别是进入新世纪后,在世界军事革命迅猛发展和经济全球化、信息化、高科技浪潮的冲击下,我军面临着又一次重大的历史性转变。这次转变比前两次转变更为深刻、更为广泛,我军在实现由数量规模型向质量效能型、由人力密集型向科技密集型转变的同时,将要完成机械化和信息化的双重历史任务,实现现代化建设的跨越式发展。面对这种挑战和考验,要肩负起我们这代军人庄严的历史使命,毫无疑问,应把培养干部作为一项刻不容缓的战略任务,抓紧培养和造就大批高素质新型军事指挥人才。

江泽民同志作为党的第三代中央领导集体的核心,在领导我军现代化建设进程中,高度重视新型军事人才的培养问题。几乎每次召开重要会议,每次下部队视察,他都反复强调适应世界新军事变革、加速培养高素质新型军事人才问题。我认真学习了下发的《江泽民论国防和军队建设》一书,书中收集的79篇文章中,就有19篇是比较集中和直接论述新军事变革和人才培养问题的。我多次聆听江泽民同志的讲话,深感江泽民同志对军事变革和军事人才培养问题的高度关注、忧患心情和远见卓识。我们作为军队高级干部一定要深刻领会江泽民同志关于军事人才队伍建设的思想,真正把新型军事指挥人才的选拔培养装在心里,作为一件刻不容缓的大事来抓。这几年,在军委、总部领导下,我军干部队伍建设取得了很大成绩。调整完善了干部的培训体制,加强了在职干部的培训,选送了一批优秀干部到国外军事院校留学,扩大了研究生等高学历人才的培训规模,逐步走开了依托国民教育培养军事人才、到边远艰苦地区任职代职的路子,等等。就我们国防大学来讲,人才培养工作也迈出了可喜的步伐。无论培训规模还是培养量都发生了重大变化,如新开办了战略班,优秀师团职领导干部培训班,师团职研究生班,军事学专业硕士研究生班,军地领导干部交叉培训班等,人才培养的质量有了一定的提高,在部队建设中发挥了重要作用。但是,由于历史的原因,我军干部队伍的整体素质与形势任务和新军事变革的要求相比,差距还很大。江泽民同志指出的我军指挥干部"两个欠缺"、"两个不够"的问题,还没有从根本上得到解决。我们对近3年国防大学培训班学员们的情况进行了分析,看到存在的问题相当突出。一是科学文化基础比较薄弱。这种科学文化基础的"先天"不足,对他们指挥高科技条件下的作战造成很大制约。二是年龄偏大。军事领域是一个充满风险和挑战的领域。军队干部应该相对于地方同级干部更年轻一些,更富有朝气与活力一些,但目前在这方面反而落后于地方,这应当引起足够重视。三是工作经历比较单一。存在着单一军兵种经历的多、单一专业的多、单一任职多的现象。军队指挥干部经历单一在很大程度上造成了素质单一,经验型、管理型干部多,复合型人才少。四是三级培训、训用一致的规定和要求落实不够。指挥员培训班的学员中,初、中两级院校都培训过的相当少,有的人甚至未经过初级院校培训。中央军委有关文件规定的先训后用原则未能得到有效落实。部分干部"用的不训、训的不用",造成了有限教育资源的浪费。

　　存在以上问题,原因是多方面的:有的是历史原因,比如文化程度低和知识结构不合理;有的是体制及政策、制度方面的原因,比如任职交流难;有的是落实军委、总部规定不严格,比如训用不一致。从我们学校工作来讲,教学质量有待进一步提高,有些问题主动研究、提出建议不够。这些都需要我们从多方面努力加以解决。

二、采取超常措施,加快培训高素质 新型军事指挥人才的步伐

党的十六大明确提出要推进国防和军队建设的各项改革。改革是我军建设和发展的强大动力,也是解决目前干部培养选拔工作中诸多矛盾的根本办法。这些年,军队各方面的改革成效显著,干部制度改革也取得了可喜成就。但与形势任务的要求相比,与信息化条件下作战的需求相比,与全军广大官兵的愿望相比,还需要加大改革的步伐。这里的关键,是有些同志思想观念落后,论资排辈、求全责备、吃大锅饭、干部归单位所有、平衡照顾等陈旧观念根深蒂固,这是影响干部培养选拔的最大障碍。贯彻党的十六大精神,要紧紧围绕政治强、军事精、懂科技、会打仗的新型军事人才素质要求,破除各种旧观念的束缚,大胆采取一些超常措施,以加快推进高素质新型军事指挥人才培养步伐。为此,我们提出以下几点想法。

第一,加快推进干部年轻化。 解决这个问题,目前有两个环节要下决心抓住:一个是原来规定的师以上领导干部任现职满10年不能提升的应免职,现在看时间还是太长了,压住了两茬人,建议时间再缩短一些。再一个是军官最高任职年限,也可针对不同情况作些适当修改。特别是作战部队军以上干部的最高任职年限,可适当下调。按照这样的年龄规定,被免下来的干部可以分别在地方人大、政协和军队院校、研究机构、省军区系统作适当安排。现在,有些省军区的干部比作战部队的都年轻,这不合适。

第二,加大干部任职交流的力度。 这几年全军已逐步走开了干部交

流的路子,但这种交流的力度还很不够,真正跨军兵种、跨大军区交流的干部为数甚少。常常为了一个干部协商过来、协商过去,最后还是落实不了。在干部的交流使用上,一定要坚决维护军委、总部的权威性。中央军委要作出明确规定,师以上干部每年要有一定比例在全军范围内交流任职,并逐渐形成制度。可否试行把中高级院校作为干部交流的一个中转环节,干部一入学,就与原部队、原单位脱钩,档案、关系等全部放在院校,开始进入全军交流系统,毕业后由军委、总部根据需要交流到合适的岗位任职。

第三,要以法规制度的形式明确规定干部的任职资格。外军军官从士兵到将军,一般都要具有作战部队、指挥机关、院校任职和两个以上军兵种多个岗位的轮换。这种做法值得我们借鉴。建议对我军干部任职的经历作出硬性规定:任师级主官必须有连、团级主官任职经历,以及军以上机关或院校工作经历;任军级主官必须有师或团级主官任职或两个师级单位工作经历,并在大军区以上机关任职或院校任教,在两个大单位工作过。不具备这些经历的人不得提升。这样就把干部跨区交流、岗位轮换、入校学习和任教的积极性都调动起来了,有利于提高高级干部的综合素质和指挥能力。

第四,采取有效措施吸引地方优秀大学生入伍。有两个办法值得考虑:首先要进一步扩大从地方优秀大学生招生的数量,以更大面积地提高军队干部生长的起点;再就是试行地方应届大学毕业生先入伍当兵,再提干任用的制度。现在,地方大学生毕业数量逐年增加,军队可从中招收大批理工科应届毕业生入伍,先当兵服役 1 年,素质较好、适合在部队干的,一部分提干并送军队初级指挥院校学习 1 年,而后充实到部队指挥岗位;一部分可直接充实到军兵种部队技术性比较强的士官岗位,签订长期服役合同;还有一部分不适合在部队干的,可同国家有关部门商定,优先安排他们进入国家公务员队伍,或者从经济上为其就业提供优惠政策。这样,既有利于满足部队的人才需求,又有利于提高国家公务员队伍的整体素质,也满足了大学生就业的要求。

第五,**增加团以上干部入校培训的次数和时间**。世界上主要发达国家的军官,进入将军行列都要经过 10 年左右的在校培训。而按我军现行培训体制,从军校学生成长为军职干部,经过初、中、高三级院校培训,加起来也不过 6 年左右。而实际上大多数人还达不到这个时间。应制定和完善有关制度,适应创建学习型社会的要求,除了三级培训外,严格落实干部每晋升一级职务、入院校学习一次的制度,保证指挥干部晋升到军级岗位时,在院校培训时间达到 8 年以上。

第六,**制定、完善和严格执行学员送学条件**。应在充分调查论证的基础上,制定选送国防大学指挥员培训班正师职学员的具体条件和标准,尤其是在年龄、学历、任职年限、岗位类型、身体素质等方面制定硬性标准,以法规性文件的形式下发全军执行,作为推荐送学的基本依据。比如,未经过中级培训不能入国防大学指挥员培训班等。要进一步规范学员入学程序,先由各大单位按照选送标准和条件初选,把初选结果报总部并抄送国防大学,国防大学进行资格初步审定后,把初审结果报总部,最后经总部终审后,把确定的培训对象通知国防大学和各大单位。对入学学员发现条件不合格的,国防大学有权作出退学处理。

第七,**在国防大学开办中青年优秀指挥干部培训班**。要解决当前我军复合型高素质新型指挥人才严重不足的问题,加速人才队伍的转型,如果按部就班、论资排辈,就有可能贻误时机。当前在职的许多大军区级以上的领导同志,就是在 20 世纪 80 年代初、中期,中央军委采取超常措施,不拘一格选拔优秀人才、培训年轻优秀干部,进入军、师以上领导班子的。现在有必要精选一批 20 世纪 80 年代初期入伍、具有全日制本科以上学历的大学生,以及虽然没有本科学历但长期在高科技部门或院校工作的、科技素质较高的中青年师、团职干部,送高级指挥院校,按联合作战指挥员的培训目标要求,集中培训2年。毕业后逐步提拔到军、师级以上重要领导岗位。这些人经过部队二十来年的摔打磨炼,大多在38岁上下,师、团职领导岗位上,创新意识强,发展潜力大。对这部分人采取超常培训后,可采取小步快跑等办法,尽快让他们走上军、师级领导岗位。

第八,积极推进国防大学教学体制和内容的改革。培养大批高素质新型军事指挥人才,国防大学担负着十分重要的任务。应当说,目前在指挥人才培养上存在的不少问题,与我们学校教学体制与内容的滞后是有关系的。我们决心进一步解放思想,更新观念,与时俱进,开拓创新,大胆学习借鉴外军反映现代化军队建设客观规律的先进做法和经验,研究适应新军事革命要求的高级军事指挥人才的素质模型,大力推进我校的教育创新,包括体制创新、制度创新和教学内容创新,加大改革力度,尽快建立起有利于培养高素质新型军事指挥人才的现代教育体系。

积极推进中国特色军事变革[*]

    "三个代表"重要思想作为马克思主义中国化的崭新理论成果,是加强和改进党的建设、推进我国社会主义自我完善和发展的强大理论武器,也是我们在新世纪新阶段积极推进中国特色军事变革、加速军队现代化建设的科学指南。当前,摆在我军面前的重大现实任务,就是以"三个代表"重要思想为指导,从中国的现实国情和军情出发,适应世界新军事变革的发展趋势,积极推进中国特色军事变革,努力完成机械化和信息化建设双重历史任务,最终使我军成为一支与发达国家军队同步发展的信息化军队。

一、积极推进中国特色军事变革是"三个代表"
重要思想在军事领域的必然要求

    党的十六大把"三个代表"重要思想写在党的旗帜上,正式确立为我们党必须长期坚持的指导思想。我军是中国共产党绝对领导下的人民军队,党的旗帜就是军队的旗帜。作为体现党和国家政治优势的重要力量,我军必须把"三个代表"重要思想作为指导思想的"魂"和统领各项工作的"纲"。军队学习贯彻"三个代表"重要思想,最根本的就是按

---

  * 本文是作者在全国"三个代表"重要思想理论研讨会上的大会发言,原载于 2003 年 7 月 11 日《人民日报》。

照"三个代表"重要思想的要求,积极推进中国特色军事变革,实现我军现代化建设的跨越式发展,不断提高我军在信息化条件下的"打得赢"能力,为中国先进生产力的发展、中国先进文化的繁荣、中国最广大人民根本利益的实现,提供强有力的安全保证。这是我军实践"三个代表"重要思想的一个基本出发点和归宿点。

当代世界,以信息技术为核心的高新技术迅猛发展,人类文明逐步由工业时代向信息时代转变,军事领域也随之发生了一场以信息化为本质特征的深刻变革,我军建设面临着新的更为严峻的挑战。历史上西方列强以洋枪洋炮对亚非拉国家大刀长矛的军事技术优势,正在演变为发达国家以信息化军事对发展中国家机械化半机械化军事的新的军事技术优势,世界军事力量对比出现了新的严重失衡。当前,世界各主要国家纷纷调整军事安全战略,加紧争夺信息化军事的质量优势,推动世界新军事变革进入一个新的质变阶段。

改革开放以来,我军革命化、现代化、正规化建设取得了举世瞩目的成就。但是,面对这场广泛而深刻的世界新军事变革,我军在许多方面与现代信息化战争要求不相适应的矛盾还相当突出,特别是武器装备与西方军事大国存在巨大差距。如果我们不以强烈的使命感和紧迫感,牢牢抓住世界新军事变革的历史机遇,及早拿出应对之策,那么,我们在军事力量的发展上就可能错过整整一个时代。能否完成这一伟大变革,关系到我们党能否按照"三个代表"重要思想的要求巩固执政地位、履行执政使命、铸造执政辉煌的战略全局,关系到能否有效维护国家统一和领土、主权完整,关系到国家的长治久安和中华民族的复兴伟业。正是在这个意义上,积极推进中国特色军事变革,集中反映了"三个代表"重要思想对当代中国军事领域的根本要求。军队贯彻"三个代表"重要思想的成效,必须体现在推进中国特色军事变革的伟大实践中,也必须由这一伟大实践来检验。

二、按照先进性要求准确把握中国
特色军事变革的时代任务

中国特色军事变革,本质上是党的先进性在军事领域的反映。根据江泽民同志的一系列重要论述,我们理解,积极推进中国特色军事变革,特别要把握好以下四个基本环节:

要以军事理论创新为先导。先进的军事理论,历来是军事实践发展和变革的先导,也是战争的重要制胜因素。"兵无常势,水无常形"。军事对抗是最为激烈的对抗,战场竞争是最为残酷的竞争,军事理论是一门要求不断创新的理论。当代军事领域的深刻变革,迫切要求我们丰富和发展毛泽东军事思想和邓小平新时期军队建设思想,努力创建中国特色信息化军队建设和信息化战争理论,特别要着眼我军面临的军事斗争现实任务,重点在信息化条件下联合作战理论、非对称和非接触作战理论,以及情报战、电子战、火力战、心理战、特种作战等战法理论上大胆创新,为中国特色军事变革提供强有力的理论支撑。

要以武器装备建设为重点。我们党的三代中央领导集体核心一贯重视武器装备建设。20世纪90年代以来,通过自主创新研制和引进消化国外先进装备,我们的国防科技和武器装备建设取得了长足进步。但由于综合国力等方面的原因,我军武器装备总体上仍处于机械化半机械化水平。面对这样的形势,我们必须采取超常措施,走跨越式发展道路。要坚持以信息化为主导,以机械化为基础,以信息化带动、提升机械化,以机械化促进信息化,走机械化和信息化复合发展的路子。要充分发挥后发优势,在高起点上利用高新技术,跨越机械化、信息化发展的某些阶段,实现我军现代化的跨越式发展。要坚持有所为、有所不为,有所赶、有所不赶,加快发展有自主知识产权的核心技术,拿出让敌人害怕的"杀手锏",争取以局部优势对敌形成必要的战略威慑能力。

要以体制编制调整改革为突破口。体制编制是实现人与武器有机结合及高效指挥的基本环节,科学的体制编制是军队战斗力的倍增器。必须把体制编制调整改革作为突破口,按照提高战斗力的标准和要求,立足我国国情、军情,吸收和借鉴西方发达国家信息化军队和职业化军队建设的先进经验,进一步压缩规模、减少数量、提高质量、优化结构、理顺关系,逐步完善具有我军特色的体制编制。

要以高素质新型军事人才培养为根本。人才是兴军强军之本,也是变革成功之本。必须坚决按照江泽民同志的要求,加大人才超前培养的力度,争取经过一二十年的努力,培养和造就一支具有战略眼光,能够把握世界军事发展趋势,懂得信息化战争指挥和信息化军队建设的指挥军官队伍;一支具有较高科学文化素养和全面军事素质,善于对军队建设和作战问题出谋划策的参谋队伍;一支能够站在科学前沿,组织谋划武器装备创新发展和关键技术攻关的科学家队伍;一支精通高新武器装备性能,能够迅速排除各种故障、解决复杂难题的技术专家队伍;一支具备专业技术基础,能够熟练掌握手中武器装备的士官队伍。要适应市场经济条件下的人才流动规律和国防与军队建设的特殊需要,从政策、制度等源头上突破制约人才队伍建设的"瓶颈"问题,从而吸引和凝聚更多的优秀人才献身国防事业。

三、以时不我待的紧迫感加快推进中国特色军事变革的历史进程

要坚持解放思想,确立与中国特色军事变革相适应的新观念。思想的先进是本质的先进,观念的落后是根本的落后。要尊重战斗力生成规律和战争实践规律,积极吸收和借鉴世界先进军事文明成果,以

未来军事斗争需求为牵引,坚决从对传统军事理论的教条化理解中解放出来,从机械化战争背景下形成的作战观念中解放出来,树立新型安全观和新型战争观,树立信息主导和系统集成的观念,树立科技先行和自主创新的观念,为推进中国特色军事变革奠定坚实的思想基础。

要大力弘扬"两弹一星"精神,以昂扬进取的精神状态投身于新的创业实践。当年,为了打破大国的核讹诈与核垄断,老一辈国防科技工作者克服常人难以想象的艰难困苦,以自己的聪明才智和生命之光,熔铸了光耀千秋的"两弹一星"精神。今天,我们推进中国特色军事变革,仍然要大力弘扬这种精神。要看到,我们的军费开支仅相当于美国的5.3%,不到日本的一半;还要看到,西方主要军事大国出于战略制衡的考虑,在军事技术上对我严密封锁。因此,必须始终坚持和发扬艰苦奋斗、自力更生,不畏艰辛、发愤图强,依靠科学、自主创新的"两弹一星"精神,通过执著追求、不懈奋斗,把武器装备搞上去。

要紧紧依靠党的坚强领导和全国人民的大力支持,形成推进中国特色军事变革的强大合力。中国特色军事变革,是一项要素多、周期长、投入大的宏伟工程,也是全党、全军、全国人民的共同使命。必须树立信息时代的大国防观,在服从和服务于国家经济建设大局的前提下,动员和利用社会资源,为军队建设与改革营造良好环境。要把军事变革纳入整个国家建设与发展的大系统中,做到经济资源与国防资源合理配置,民用科技与国防科技相互兼容,地方设施与军事设施功能协调,国民教育与军事教育互为补充,真正形成军事变革与国家社会变革、国防建设与国家经济建设协调发展的机制。

国防大学作为中国最高军事学府,担负着为全军培养高级指挥人才、高级参谋人才、高级理论研究人才和努力创新军事理论的神圣使命。我们将按照推进中国特色军事变革对人才培养的要求,积极推进军事教育的改革创新,努力在构建人才素质模型和优化教学体系上有新突破,在军事理论创新上有新突破,在改进教学方法和教学手段上有新突破,积极谋取军事人才质量优势,造就一大批能够担当打赢未来信息化战争重任、经得起各种风浪考验的高素质新型军事人才,为推进中国特色军事变革作出新的贡献。

推进国防大学改革与发展的
基本构想[*]

进入新世纪新阶段,我们深切地感到,在中华民族走向伟大复兴、中国作为世界大国迅速崛起的进程中,随着国家战略利益日益拓展,国防的内涵也不断丰富,对全民族的国防观念特别是领导干部的国防素质提出了非常现实、紧迫的新要求。推进中国特色军事变革,对新型军事人才的素质提出了新的标准。江泽民同志为反映我校建设面貌的电视片亲切题词"中国最高军事学府——国防大学",对我们寄予了殷切厚望。我们必须在新世纪新阶段更好地肩负起培养高级军事人才和创新军事理论的历史使命。为此,我们结合 2003 年上半年开展的"解放思想、实事求是、与时俱进"教育讨论,围绕"信息时代需要一个什么样的国防大学,怎样建设新型国防大学"这一主题,进行了深入研究和反复论证,同时走访了中共中央党校和其他地方著名高校,研究了外军有关院校情况。在此基础上,形成了一些初步想法。

一、充实办学思想

中央军委要求我校把坚定正确的政治方向放在首位,强调要通过

---

* 本文是作者在一次座谈会上的汇报提纲(2003 年 11 月 28 日)。

多种途径,采取多种措施,保证枪杆子永远掌握在忠于党的人的手里。落实好中央军委的这些指示,最根本的是牢固确立"三个代表"重要思想对学校建设的指导地位,坚持办学思想的与时俱进,坚定不移地用"三个代表"重要思想培育人才。在我们党的历史上,用毛泽东思想哺育起来的那一代人,实现了国家独立和民族解放;用邓小平理论培养起来的一代人,走出了中国特色社会主义道路;中国历史发展到今天,只有用"三个代表"重要思想武装起来的一代新人,才能确保党的执政地位和国家的长治久安,才能肩负起实现中华民族伟大复兴的历史使命。为此,我们对学校在新世纪新阶段的办学思想,做了这样的概括:

高举邓小平理论和"三个代表"重要思想伟大旗帜,全面贯彻江泽民国防和军队建设思想,以军事战略方针为统揽,以培养高素质新型军事人才为根本任务,以教学科研为中心工作,面向现代化、面向世界、面向未来,坚持质量建校、人才兴校、创新立校、科技强校、从严治校,坚持以研究解决军事变革和军事斗争准备面临的重大现实问题为牵引,坚持研究式、启发式、开放式的教学方法,积极推进中国特色军事变革,努力实现国防大学的整体转型,为建设信息化军队、打赢信息化战争提供有力的人才保证和理论支持。

确立这样一个办学思想,根本目的是突出"三个代表"重要思想这一中国化马克思主义的崭新理论成果,作为学校建设的"灵魂"、"主课"和"主线"的地位与作用,确保办学治校和人才培养的正确政治方向。

二、优化办学目标

根据江泽民同志关于培养高素质新型军事人才和建设高水平军事

院校的重要思想,我们围绕"培养什么人才"、"履行什么职能"、"建设什么学校",进一步优化办学目标,具体设想是:

——**在学员培养目标上**,适应国家总体发展战略和中国特色军事变革的要求,我校必须紧紧围绕打得赢、不变质这两个历史性课题,培养具有坚定政治信仰、具有世界眼光和战略思维、具有复合型知识结构、具有领导建设信息化军队和指挥信息化战争能力的高素质新型高级指挥人才、高级参谋人才、高级理论研究人才、高级军事教育人才和地方高级国防建设人才。

——**在学校职能作用上**,充分发挥我校作为国防和军队建设人才培养基地,理论创新基地,军委、总部决策咨询基地,国防教育基地,中外军事交流基地的职能作用。

——**在学校建设目标上**,努力把国防大学办成符合时代要求、具有世界先进水平和我军特色的综合性联合指挥大学。

把我校的培养对象确定为"五高"人才,是根据军委、总部赋予的任务和我校的办学实践概括出来的。"五高"人才中,重中之重是高级指挥人才。把我校的职能作用概括为"五个基地",是根据江泽民同志和中央军委首长对国防大学的指示和要求,以及国防大学应该做、现在正在做的实际情况提出来的。对学校建设目标的定位,主要是着眼于把学校建设和发展的基点,逐步由建设工业时代的国防大学转到建设信息时代的国防大学,由建设"合同指挥大学"转到建设"联合指挥大学"上来,由此推进学校的跨越式发展,逐步实现学校的整体转型。

三、加大优秀中青年指挥干部培训力度

加大力度培养造就大批优秀中青年干部,是江泽民同志和中央军委其他领导的一贯思想。目前,我们党委一班人的思想十分明确,就是要

把培养优秀中青年干部作为国防大学人才培养的突出重点,作为重大的政治任务来抓。依据培养目标的要求,科学制订教学计划,组织精兵强将,采取超常措施,提高中青年干部培养质量。我们有决心、有信心通过培训,基本上解决高中级干部"两个欠缺"的问题,确保培养的人才在政治上忠诚可靠,具有战略眼光,指技合一,成为懂得信息化战争指挥和信息化军队建设的复合型联合作战指挥人才和参谋人才,努力使我军高中级干部队伍的整体素质在不很长的时期内有一个大的明显提高。

四、创新办学模式

办学模式,是办学思想和培训任务的实现方式。根据这几年的实践和军事教育发展趋势,我校创新办学模式,主要体现在以下五个方面:

一是综合性。就是着眼高级军事教育的系统集成,进一步实现由目前一定程度上的"陆战型"为主的合同指挥教育,向陆、海、空、二炮,军、政、后、装,军事、政治、经济、科技、外交、人文等融合一体的综合性联合指挥教育模式转变。

二是开放性。就是进一步走开与军内外、国内外著名大学及科研院所合作办学和学术交流的路子,博采众长,最大限度地开发利用部队、社会和外军的教育资源,特别是利用首都的人才优势,不求所有,但求所用。

三是实践性。就是按照江泽民同志关于"在军事教学上要增加实践环节"[1]的指示,着眼任职教育重在提高实际能力的要求,强化现地教学、模拟训练和对重大现实问题的研究,多参加全军各部队组织的演习和演练,更加注重以提高实际能力为主导的研究式教学和实践性教学。

四是前瞻性。"根据明天的需要筹划今天的教育"的新理论,对于

----

[1]　《新形势下军队院校教育改革和发展的根本指针》,《国防大学学报》1999 年第 1 期。

军事教育尤为重要。必须善于预见军事变革趋势,瞄准军事科技和战争发展前沿,坚持超前、超常培养优秀中青年干部,使学员的指挥才能与时俱进,既有面向未来的远见卓识,又有立足现有武器装备领导部队打胜仗的本领。

五是灵活性。就是从部队建设和军事斗争准备的需要出发,灵活调整训练任务,灵活设置教学内容,灵活选择组训方式和方法,灵活配置教育资源,适时组建能承担新学科教学科研任务的新的教研机构,增强院校教育对中国特色军事变革的适应能力和反应能力。

五、构建新型学科体系

学科建设是人才培养的基础。根据江泽民同志和中央军委领导的一系列重要指示,我们将对学校的学科体系进行系统整合,形成由六个"学科群"组成的新型学科体系。

一是政治理论学科群。以"三个代表"重要思想为核心内容,对马克思主义理论与思想政治教育、国防经济、军事哲学等学科进行系统整合,继续保持我校政治理论学科建设的领先水平。

二是战略理论学科群。以毛泽东军事思想、邓小平新时期军队建设思想、江泽民同志的战略思想为指导,对国际战略学、军事战略学、军事思想和军事历史等学科进行系统整合,创建危机管理学等新兴学科,进一步丰富和完善战略理论学科体系。

三是作战理论学科群。以江泽民同志关于信息化战争和联合作战思想为指导,立足打赢信息化战争,对联合战役学、军种战役学、作战指挥学、军事后勤学等学科进行整合,并创建舆论战、心理战、法律战等新学科。

四是国防和军队建设理论学科群。以江泽民国防和军队建设思想为指导,对军队政治工作学、战争动员学、军事法学、军队管理学等学科进行系统整合,创建军队建设学、军队领导科学等学科。

五是现代军事科学技术学科群。以江泽民科技强军思想为指导,对军事装备学、军事运筹学等学科进行整合,增设以信息技术为核心的军事高新技术学科,使其尽快成为学校的一个强势学科群。

六是军队院校教育理论学科群。根据党的三代领导核心关于军队院校建设思想,适应军事教育变革趋势,开设军事人才学、军队院校课程学、军队院校建设学等学科,为院校教育奠定坚实的理论基础。

通过建设以上学科群,融合现有学科,发展新兴学科,突出优势学科,形成规模效应,更好地体现我校的学术特色和优势,牵引人才培养和教研队伍建设,提升学校的办学实力和整体学术水平。

六、深化教学改革

为落实江泽民同志关于"提高教学质量,深化教学改革"[①]的指示,我们将从以下三个方面推进教学改革:

一是改革课程设置和教学内容。建立以马克思主义及其在当代中国的新发展、中国特色军事变革、国家安全和军事战略、联合作战四门主干课,加综合演练课、加辅助课、加选修课组成的新型课程体系。突出"三个代表"重要思想的教学,突出联合作战指挥能力的培养,突出军事高科技和外语的学习,突出战略思维能力、创新能力与应急反应能力的提高。

二是改革教学方法手段。坚持以重大现实问题研究为中心,以讨论研究和自学为主,综合运用课堂教学、参观见习、小班研讨、案例分析等多种方法,广泛采用网络、多媒体、模拟演练等现代化教学手段。提倡和鼓励教员讲授风格的多样性和学员学习方式的个性化,提倡和鼓励学员

---

① 《江泽民国防和军队建设思想学习纲要》,解放军出版社2003年版,第63页。

登台讲课或举办学术讲座。

三是改革考试考核方式。根据课程和学员特点,坚持考教分离的原则,逐步实行不搞标准答案的考试;经常组织不做定论的讨论,建立起有利于培育学员首创精神、有利于考察学员实际能力和综合素质、有利于开发学员内在潜能的考试考核机制。

七、推进理论创新

落实江泽民同志关于大力推进军事理论创新的指示精神,最近,我校召开了作战理论创新座谈会,专题研究了进一步加大理论创新力度的措施。我们的基本思路是:紧跟世界新军事变革和国家安全形势的发展变化,瞄准国家和军队的重大战略需求,着力回答并解决中国特色军事变革和军事斗争准备的重点、难点问题,在"求精品、求原创、求管用"上下功夫,为军委、总部提供决策咨询,为部队建设提供理论支持,为教学注入活力。目前,我们正研究筹划学校理论创新的总体规划,对政治理论、战略理论、作战理论、国防和军队建设理论、军事教育理论等方面的创新内容进行系统筹划;特别是把作战理论的创新作为重中之重,突出联合作战理论的创新,以编写新一代战役教材为突破口,形成符合信息化战争要求、具有我军特色的联合作战理论体系。

为推进理论创新,我们着手研究建立和完善理论创新的课题规划、协作交流、鉴定评估、竞争激励、成果转化等方面的机制,形成具有国防大学特色的理论创新体系。在创新力量上,充分开掘和发挥教研人员、高中级干部学员和研究生的创新潜能,形成创新合力;在创新渠道上,构建多种形式的学术联系,实行强强合作,在保密的前提下,形成军内外密切沟通的科研网络;在创新成果运用上,加大转化力度,缩短转化周期,提高指导部队建设实践的效益,使我校真正成为理论创新的重要基地。

八、建设高素质新型教研队伍

我们准备从三个方面推动这项工作。

一是继续推进"名师工程"。通过系统培训、在职学习、跨学科交流、到部队和高级机关代职任职、出国深造讲学等渠道,加强对优秀中青年教研干部的超常培养,造就杰出人才。进一步完善竞争和激励机制,通过实行专业技术职务任期制等办法,增强教研队伍的生机与活力。

二是拓展"三位一体"的教研干部队伍。合理配置、内引外联,充分发挥我校教授学术造诣深、专业基础厚实的优势,充分发挥教官的部队领导实践经验丰富的优势,充分发挥外聘专家信息量大、权威性强的优势,使其优势互补,相得益彰。

三是积极引进拔尖人才。进一步完善从地方和部队引才的政策、制度,重点引进那些能够对学科建设起"引领"作用、对教研队伍水平起"提升"作用的优秀人才。力求在一两年内,使每个学科都有几名科技人才,特别是重点学科必须有堪称名师的人才。

推进学校的改革和发展,把思想政治建设摆在首位是根本问题,加强和改进党的建设是关键环节。为此,我们决心把学习贯彻"三个代表"重要思想新高潮不断引向深入,铸牢坚决听党指挥的军魂意识,坚决抵制各种错误思潮的侵蚀,确保"解放思想搞创新,政治坚定无杂音",使全校同志始终与党中央、中央军委保持高度一致。全面加强学校党的思想、组织、作风和制度建设,不断提高党组织的创造力、凝聚力和战斗力。进一步端正工作指导思想,改进工作作风,一切工作着眼于提高人才培养质量和理论创新质量,决不搞"图名挂号"等形式主义、官僚主义的东西。按照江泽民同志提出的院校领导要成为教育家的要求,深入学习党的三代领导核心的军事教育思想,在实践中掌握军事教育和院校建设的特点和规律,努力成为办学治校的内行和专家。

九、适度扩大培训地方高中级干部的规模

江泽民同志在 1995 年指出,一些地方高级干部抽出一定的时间,到国防大学国防研究系学习,是很有必要的。这几年,到国防大学培训的地方高中级干部有所增加,但我们感到,数量还是少了一点。西方一些发达国家的最高军事学府,地方学员占了四分之一到三分之一。美国国防大学的国家军事学院、武装部队工业学院、信息资源管理学院、国家安全行政教育学院等,都担负着培训政府官员和企业高级管理人员的任务。根据国防建设和军事斗争准备的需要,我们建议适度扩大培训地方高中级干部的规模。培训对象可由政府官员,扩大到大中型企业、新闻媒体和地方高等院校主要领导等。还可考虑每年在我校举办为期一周的省委书记、省长、部长轮训班,学习研究江泽民国防和军队建设思想、国家安全形势、军事变革进展、军事斗争准备、高技术条件下的人民战争等。

十、进一步加大我校干部与部队干部交流力度

加强干部交流,是江泽民同志的一贯思想。美国国防大学校长介绍,他们的军事教员一般是 3 年就和部队交流,最多不超过 5 年。他们听说我们学校的教员一干就是十几年甚至几十年,感到不理解。我校多年来干部交流难的问题十分突出。我们曾向军委、总部提出了与部队交流干部的建议,得到了总部首长和机关的支持。进一步走开交流的路子,不仅对学校有好处,也对培养、提高部队干部有益。

积极探索具有国防大学
特色的先进教育理念*

开展"更新教育理念、推进教研创新"教育讨论,是我校深化保持共产党员先进性教育活动的一个实际步骤,是前些年"解放思想、实事求是、与时俱进"教育讨论的继续和深化,也是全面贯彻中央军委文件精神、加速推进国防大学整体转型的一项重要举措。开展这一活动,对于在全校上下进一步激活思想、形成共识、启迪智慧、凝聚力量,把学校改革发展全面引向深入,将会起到有力的促进作用。

一、准确把握国防大学教育所处的时代背景,
增强更新教育理念的责任感、紧迫感

新世纪新阶段,适应世界新军事变革的蓬勃发展和国家安全战略形势的要求,我军现代化建设和军事斗争准备,进入了加速推进的关键时期。在 2004 年年底的中央军委一次重要会议上,胡主席创造性地提出了我军"三个提供、一个发挥"的历史使命,为军队建设和军事斗争准备提供了科学指南。所有这些,对我校人才培养和全面建设提出了全方位的新要求。近年来,校党委着眼全局,紧跟大势,在全校开展了以"建设

---

* 本文是作者关于开展"更新教育理念、推进教研创新"教育讨论的谈话(2005 年 7 月 15 日)。

什么样的国防大学、怎样建设国防大学"、"培养什么样的人才,怎样培养人才"为主题的大讨论,集中了大家的智慧,形成了学校改革与发展的总体构想,进一步明确了国防大学的办学思想、奋斗目标和方针原则。中央军委以文件的形式向全军转发,对全校产生了极大的激励和推动作用,学校进入了整体转型的新的发展阶段。但是,如何按照科学发展观的要求,紧紧围绕履行我军历史使命,把中央军委文件确定的顶层设计变为具体的行动,如何解决好我校面临的诸多矛盾和深层次问题,进一步提高办学质量,更好地肩负起人才培养和理论创新的重任,这是大家普遍关心的问题。一段时间以来,许多同志都在思考,校领导和机关也在思考。综合各方面的意见,我们认为,最关键、最根本的,还是要牢牢抓住解放思想这个法宝,在更新教育理念上下功夫、求突破。

(一)更新教育理念是适应时代发展变革的必然选择

教育理念,是人们对教育活动的理性认识、理想追求以及所持的思想观念,是对教育特点和规律的提炼与升华。教育理念是办学治校的灵魂,是教育变革的先导。理念的落后是最根本的落后。古今中外,凡是一流的院校,都是先进教育理念的实践者,也是先进教育理念的创造者。

教育理念是随着时代发展而发展的。孔子处在贵族教育时代,他率先提出"有教无类"的思想,这在当时是非常先进的。近代以来,适应大工业发展的要求,以知识传承为主的教育理念逐步占据了主导地位。到了 20 世纪初,逐渐分化成"以教为中心"和"以学为中心"两大流派。前者是以课堂为中心、以书本为中心、以老师为中心,强调的是教,后者强调的则是学。随着信息时代的到来,创新教育、素质教育、终身教育等理念应运而生。1996 年,国际 21 世纪教育委员会在《学习——内在的财富》的报告中提出:教育要围绕"学会认知、学会做事、学会共同生活、学会生存"这四大支柱进行重新设计,进一步推动了人们对教育目的、教育内容、教育方法等方面的重新认识,进而引发了一场全球性的教育和学习革命。这些年,无论地方院校还是军队院校,都把更新教育理念作为教育改革的发动机和推进器,掀起了一浪高过一浪的教育理念更新热潮。前不久举办的全军院校长集训,核心问题也是以更新军事教育理念为牵引,全面提升人才培养质量和办学水平。我校作为中国最高军事学府,面对着全军院校发展的新形势,要有很强的忧患意识、危机意识,努力确立先进的教育理念,这样才能适应军事教育发展的新要求。

(二)更新教育理念是继承弘扬我校优良传统的时代要求

保持教育理念的先进性,从而保持教育的先进性,是我校的优良传统。历史上,国防大学的每一次重大发展,都是与党和军队的使命任务相适应,有先进的教育理念为先导。毛主席办红大、抗大,教育思想是很先进的。他亲自为抗大制定了"三句话"、"八个字"的教育方针和校训,并特别强调理论联系实际。抗大办学就是打仗需要什么样的人才就培养什么样的人才,需要培养多少就办多大的规模,需要教什么内容就设置什么课程,并且让学得好的同志到前方去打仗,打了胜仗再回来任教讲课,实现了课堂与战场的对接。刘帅办南京军事学院,提出要尊师重教、教书育人、为用而学、从严治校等思想,强调要把教材编写作为"重工业建设"来抓。前一段时间,大家观看的话剧《虎踞钟山》,就艺术地再现了那段历史。国防大学组建初期,张震、李德生等老首长就强调要坚持培养通才,坚持"高、新、宽、深"的教学内容,坚持研究式、启发式、开放式的教学方法。以后历届校党委班子,在办学治校方面也提出了不少好的理念和思路。比如,要唱好打赢高技术局部战争这台戏,坚持以军事斗争准备为龙头,着力抓好"四项基础性工程"等等。这些理念和思路,在今天仍然有现实意义。近年来,校党委以党的创新理论为指导,着眼建设信息化军队、打赢信息化战争的新要求,在总结经验的基础上,又提出了办学治校的一些新的理念、新的思路和新的举措,使我校的教育理念做到了与时俱进,学校的办学水平才有了新的进步,出现了更好的局面。由此可以看出,我校的历史就是一部教育理念与时俱进、教育实践创新发展的历史。我们只有积极适应新形势新使命的要求,继承和弘扬优良传统,不断更新教育理念,才能开辟新境界,铸造新辉煌。

（三）更新教育理念是学校深化改革、进一步提高办学水平的关键所在

近几年,全校同志的思想观念、精神面貌发生了可喜的变化,办好国防大学的责任感、使命感明显增强,各项工作取得了新的进展,学校的影响力、辐射力也越来越强,这是应当充分肯定的。但是,用发展的眼光来审视,按照新使命的要求来衡量,还有不小的差距。比如,我们虽然在编制体制上整合了教学资源,但教研合一的优势还不能说得到了充分发挥。再如,我们强调问题意识,推进问题前导式教学、小班研讨,取得了一些经验,但迈出的步子还不是很大。又如,在干部人才队伍建设上,这几年我们下的功夫最大,采取了一系列措施,但顶尖人才群体还没有形成,干部交流的路子还没有走开,优胜劣汰的机制也没有完全建立起来。还有,随着办学规模的扩大和短期培训班次的增加,师资力量相对不足的问题突出起来。学员管理上也存在一些薄弱环节。这些问题,有的是深层次矛盾的逐步显露,有的是深化改革中新出现的,有的是任务增加带来的,也有一些是由于工作不到位造成的,说到底是学校发展中的问题、转型中的问题。解决这些问题,如果囿于陈旧、落后的理念,是不可能有根本出路的。必须把更新教育理念作为一项重大而紧迫的任务,提到我们每个同志的面前,在全校上下来一次新的思想解放。

二、认真研究我校教育发展的特点规律,逐步确立 具有国防大学特色的教育理念体系

教育理念是历史的、具体的。更新教育理念,既要与时代发展要求相适应,又必须与学校实际相结合。最近,我看了一些世界著名大学教育理念的材料,又看了这次外国军事教育专家来我校演讲的材料和录像,感到他们的教育理念既有鲜明的时代特色,又有各自的独特之处。我们国防大学要确立什么样的教育理念,不能完全照搬照套别人,首要的是要把握好现阶段学校所具有的特殊性。我感到,一个是学校地位的特殊性,就是我们是中国最高军事学府;一个是培养对象的特殊性,就是我们培养的是新型高素质高级军事人才,是将才;再一个是发展阶段的特殊性,就是学校正处在整体转型时期,我们要建设符合时代要求、具有世界先进水平和中国特色的综合性联合指挥大学。着眼学校特点和今后发展,尤其是解决当前教学科研和人才培养中的矛盾和问题,我们要进一步树立哪些新理念? 我初步理了几条,供大家思考、讨论。

(一)要树立"需求牵引、积极适应"的理念

人才培养必须适应军队建设和军事斗争准备的需求,这是军队院校教育的一条基本规律。院校的办学规模有多大、培养什么样的人才、设置哪些班次和课程,衡量的标准,不是看已有的办学条件,也不是凭我们能做什么、想做什么,而是看部队对人才的需求。最近,我查看了抗大办学的资料,很有感触。1936 年 6 月,抗大招收的第一期学员是 1065 人,到了 1938 年,第四期学员就达到了 5562 人。抗大办学规模发展这么快,就是抗日战争形势任务发展的紧迫需求所决定的。

随着加速推进中国特色军事变革和军事斗争准备,我军进入了大规

模培训干部、大幅度提高干部队伍素质的重要时期,院校的培训任务普遍增加。这几年,我校的培训规模也逐年有所扩大。对此,有的同志认为,现在办学规模偏大,办的班太多、太杂,大家忙于应付,担心会影响培训质量。这些意见都是好意,听起来似乎也有道理。但是,任何事情都有两重性,我们究竟应该对这些问题怎么看? 我感到,关键还是用什么标准来衡量、以什么样的姿态来对待。要看到,我们这几年新开的班次,都是军队建设和军事斗争准备所急需的,不仅要把上级交代的任务无条件接下来,而且要高标准完成好。同时还要着眼明天、着眼未来军事斗争需要,积极主动地向军委、总部提出建议,开办一些超前班、急需班。这决不是主动"找事",而是国防大学的职责所系、使命所在。这几年,我校的地位作用和影响力不断上升,一个很重要的原因,就是适应了军队对人才不断增大的需求,勇于接受新任务、大任务,包括开办了多种高层次培训班,以及扩大了对地方党政领导干部、外军高级军官的培训数量。实践证明,我们适当扩大办学规模不但没有降低教学质量,反而锻炼了队伍,提高了质量,展示了中国最高军事学府的实力和形象。当然,由于培训任务的增加,也确实遇到了一些新的矛盾和困难,但这并非一定要以牺牲教学质量为代价。发展中遇到的问题,需要用发展的办法来解决;改革中遇到的矛盾,必须从深化改革中找出路。比如,住房紧张,我们可以想办法盖;师资力量相对不足,也可以用新办法来解决。在这方面,目前我们做得还是很有成效的。总之,要树立新的观念,进一步统一认识。还是那句话:先有作为,后有地位;先承担任务,后争取保障。

(二)要树立"着眼使命、造就将才"的理念

胡主席提出的我军"三个提供、一个发挥"的历史使命,对新世纪新阶段军队建设和军事斗争准备,提出了新的更高要求,同时赋予了军事人才培养以新的时代标准和内涵,从最高层面上规定了军事人才培养的

目标和方向。着眼履行我军历史使命,是军队院校人才培养的出发点和落脚点。不同历史时期,军队的历史使命有所不同,对培养人才的目标、标准和要求也不同。国防大学在新世纪新阶段培养高级军事人才的目标和标准是什么? 就是按照胡主席的要求,培养和造就能够履行新使命的高素质新一代将才。这样的新一代将才,就是要能够面向两个战场、具备两个重要的特质:一个是在不流血的战场上,能够带领部队经受住任何政治风浪的考验;一个是在流血的战场上,能够带领部队打赢未来信息化战争。也就是江泽民同志所说的打得赢、不变质。前两年,我们已经论证建立了高级指挥人才的素质模型。下一步,要按照胡主席关于我军新使命的重要思想,对这个素质模型进一步充实完善。

在人才培养的具体工作中,如何落实好着眼使命、造就将才的理念,我看要把握好四个重要方面。一是铸造忠诚。特别是当前我国处在矛盾凸显期,面对敌对势力西化、分化的政治攻势,面对美国推行"颜色革命"的现实威胁,就是要确保我们培养出的每个高级干部,对党、对国家、对社会主义忠贞不渝,是真正的共产党人,是党巩固执政地位的中流砥柱。二是启迪智慧。就是我们培养的人,必须具有很高的战略素质、科技素质、谋略水平和作战指挥能力,特别是联合作战指挥能力,能够带领部队遏制危机、控制战局、打赢战争。三是砥砺意志。克劳塞维茨在《战争论》中讲道:"一个达到相当高造诣和境界的优秀军事人才,必须具有智力和感情综合的特殊禀赋,这种禀赋主要表现在勇气、刚毅、坚韧、镇定和丰富想象力等方面。"①战场是英雄的舞台,也是马革裹尸的地方。我们培养的将才,应当是民族的英雄、人民的英雄,必须具有英雄的基因、英雄的气质,做到富贵不能淫、贫贱不能移、威武不能屈。四是锤炼作风。就是要使我们培养的高级军事人才始终坚持求真务实、真抓实

---

① [德]卡尔·冯·克劳塞维茨:《战争论》,商务印书馆 1978 年版,第 66 页。

干,雷厉风行、敢作敢为,真正能为民族、为国家、为军队干一番实事、大事。我们必须把这些要求,贯穿到整个教学设计中去,贯穿到所有课程中去,贯穿到每个教员讲课的情感中去。革命的激情是非常可贵的,我们培养的将才要有这样的激情,培养将才的教员也要有这样的激情。金一南同志[①]的课之所以能有那么大的震撼力和感染力,一个重要原因,就是他的课充满了渴望祖国富强、中国崛起的激情,也充满了渴望学员成就事业的激情。

(三)要树立"运筹资源、扩大开放"的理念

教育资源是院校生存发展和人才培养的基本条件。目前,适应社会对人才培养的需求,办学规模扩大、培训任务增多与教育资源短缺的矛盾,成为院校发展普遍面临的难题。在今天这样一个信息时代,任何一所院校的教育资源都是相对有限的,都不可能以自己的资源完全满足学员掌握新知识、新信息、新技能的要求。这种情况下,院校人才培养的优势,不只取决于直接占有的资源,更取决于面向社会运筹和利用各种资源。

近年来,我们把运筹和利用各方面教育资源,作为办学治校的一个重要举措,采取了"不求所有、但求所用"、学会"搭台唱戏"等思路,取得了一些经验。比如,这两年围绕军事斗争准备举办的重要班次,我们主要负责教学内容设计和组织教学,我们只讲有优势的课,大部分课聘请外部人员来讲,既缓解了师资相对不足的矛盾,又开阔了我们的视野,取得了各方面的支持,促进了教学质量的提高。从国内外其他院校的情况看,有的步子迈得更大。据我所知,日本防务研究所75%以上的大课,都是由校外人员承担的。中共中央党校这两年举办的省部级主要领导研讨班,他们自己只讲了两课,其他的课都是请国家部委领导和社会知

---

　① 金一南,国防大学战略教研部副主任,教授,博士生导师,少将军衔。

名专家讲的。2005年5月,我到中国浦东干部学院,感受到一种全新的办学模式,他们基本上没有专职教员,所有课都由校外人员承担。应当说,国防大学是块金字招牌,不少人把登上国防大学讲坛看成是一种荣誉,许多单位也把支持我校建设看成是展示形象的机会。这表明,在运筹和利用校外资源方面,我们不仅有优势,而且有很大潜力和广阔空间,关键是要发挥主观能动性。要不断拓展视野,扩大运筹资源的广度和深度。不仅要用好部队和社会的资源,而且要把学员作为重要资源。我校每年有上千名高中级干部学员,这些同志有着丰富的实践经验、比较厚实的理论功底,这是我们办学的一大笔财富。特别要加强与军委、总部的联系,与国家有关部委的联系,多汇报,多沟通,争取政策和办学条件的支持。这方面,首先要从我们校领导做起,机关各部门,各个系院、教研部都要动脑子、想办法,都来积极主动地做工作,形成利用各方资源办好国防大学的生动局面。

(四)要树立"问题前导、整体设计"的理念

马克思说过:"问题是时代的格言,是表现时代自己内心状态的最实际的呼声。"①以实际问题为中心,是马克思主义理论联系实际学风的根本点,也是院校教学科研必须遵循的根本原则。尤其是像我校这样以任职教育为主、以培养应用型高级军事指挥人才为主的院校,更要坚持以实际问题为中心来组织教学。强调问题前导、整体设计,就是紧贴部队实践需求,军委、总部决策需求和学员需求,以问题为中心,构建教学内容,改进教学方法,整合教学力量,通过教学实践,最终达到提高学员研究问题、解决问题能力的目的。是以实际问题为中心,还是以学科知识逻辑为中心,是需要什么教什么,还是有什么就教什么,是我们教学科研

---

① 《马克思恩格斯全集》第1卷,人民出版社1995年版,第203页。

最核心的问题,关系到人才培养的方向和质量。还要看到,我们学校教学科研的计划性很强,通常年底前就把下一个年度的工作设计好了,一旦运行起来,即使发现问题,也难以很好地调整过来。这种情况下,搞好以实际问题为中心的整体设计,显得尤为重要。

这几年,我校反复强调要强化问题意识,推进问题前导式教学,并且按照这一思路和要求,连续两年结合年度教学工作总结部署,由校领导带队,逐个教研单位听取汇报、研究把关,使我校的教学整体设计推进了一大步。但从目前的情况看,在一定程度上还存在"两个不够":一个是教学设计上以围绕问题、突出问题为中心不够,往往习惯于有什么课安排什么课,根据问题需要来设置课程的意识还不强、力度还不大。另一个是对教学设计从总体上关注不够。这些年,我们对讲好单个大课很重视,这是对的,但如果总体设计把握不好,不仅容易造成内容交叉重复,而且影响整体效果,也是一种资源浪费。目前一些兄弟院校在这方面下的功夫很大,成效也比较明显。比如,有的院校已经在推动"学科课程"向"问题中心课程"的转变,并且按照新的要求进行谋划设计,包括跨专业梳理综合问题、跨学科重组教学内容、跨系室组织教学队伍、多角度引导研究与互动等等。因此,我们必须进一步加大力度。首先,校领导和机关要高度重视,加强具体指导,拿出推动这项工作的具体措施。各教研部和室、所(中心)领导,要进一步强化问题意识,强化整体设计意识,结合教学任务,下功夫搞好自身的整体设计。不仅短期班教学要坚持以问题为中心,长期班也要贯彻这个要求,把掌握知识的系统性与解决问题的现实针对性有机统一起来。

(五)要树立"以学为主、教学互动"的理念

信息时代的到来,不仅引发社会各个领域的变革,也带来了学习上的革命。胡主席指出,我们现在已经进入了自主学习的时代、终身学习的时

代。这就要求人们在学习上，必须由被动的接受式学习，向主动的自主式学习转变；要求老师由过去的传授式教学，向引导式、互动式教学转变。如果学习理念滞后，习惯于传统的学习方式，满足于记记结论、背背答案，那是很难适应时代发展要求的。正是从这个意义上讲，学会学习比学习本身更重要。树立什么样的学习观问题，越来越为人们所重视。

国防大学的教学主要是问题前导式教学。学员到国防大学来学习，主要不是要从教员那里获得现成答案，而是要把着眼点放在学会学习上，放在提高研究解决问题的实际能力上。我们强调，学员要"三带来"，就是带着问题、带着情况、带着新经验来学习。如果只是带着耳朵听，伸着手要，拿着袋子装，而不用脑子深入思考，能力素质是不会有实质性提高的。要看到，来国防大学学习的学员，大都是我军高中级领导干部，大家研究思考问题的能力比较强。在自主学习的问题上，我们的优势要比初、中级院校大得多。从学校来讲，我们不仅要重视"如何教"的问题，也要重视"如何学"的问题。要树立与时代发展相适应的正确学习观，彻底改变那种灌输式的教学方式，根据学员的特点和需要，确定教学的内容和方法，突出学员的主体地位，强化学员的主动意识，广泛开展教员与学员、学员与学员之间的交流研讨，充分调动教与学两方面的积极性，形成教学相长、学学相长、互动共赢的局面。作为学员，要主动适应这种教学模式，学会自主设计学习，学会带着问题进行研究性学习、创新性学习。假如说，学员在国防大学没有学到东西，这既是批评学校，也是批评学员自己。坚持以学为主、教学互动，对教员的要求不是降低了，而是更高了。教员不但要成为知识的传授者，还必须成为教学活动的组织者、学员学习的引导者，把教的重点放在启迪学员智慧、提高学员研究解决问题的能力上。同时，我们要积极创建学员自主学习的平台、研究问题的平台、交流互动的平台，激活教员和学员两方面的潜能。

（六）要树立"综合育才、全程教育"的理念

人才的成长，是综合因素相互作用的结果，既要有理性认识、智力因素作基础，也需要各个方面非智力因素的良好熏陶。这是人才成长的一个带普遍性的规律。我们国防大学作为中国最高军事学府，更要自觉地把握和运用这一规律，不仅要让学员掌握系统的理论和知识，而且要通过严格的管理、良好的风气、健康的文化、优美的环境，使他们受到全方位、全过程的教育和熏陶。我们多次讲过，风气好比一个"场"，它的影响力无处不在、无时不有。好的风气就是一所无形的学校，能够使每个人都受到好的熏陶和影响。我们的学员来自全军部队，我校实际上就是各种信息的交汇地。如果大家相互传递好的思想、信息、经验，就有利于营造出一种健康向上的好风气。相反，如果都讲那些不良的东西，甚至渲染夸大，学校就会在不知不觉中成为各种不良信息的集散地，就会侵蚀我们的好风气。

近年来，我们坚持把从严治校作为学校建设的一件大事来抓，特别是狠抓了风气建设，大力弘扬正气，坚决抵制各种歪风邪气，这对我们学员和工作人员的健康成长起到了很好的作用。但是，个别人不负责任地乱议论等自由主义现象，还在一定程度上存在，这既影响人才的培养，也影响学校的声誉。在这方面，我们必须常抓不懈。我们的机关、教研人员和系院队干部，人人都要为人师表、严谨治学、严于律己，对学员起到潜移默化的教育熏陶作用。我们稍作一点分析，学员在校学习期间，上课时间不到四分之一，绝大部分时间是在学员队活动，平时接触最多、时间最长的是系院队干部。如果系院队干部和学员骨干能把这些时间利用得更充分、更好，可以大大提高学员的学习质量。因此，我们的系院队干部，要由行政管理型向教育管理型转变，在参与教学、服务学习、培养学员成才上发挥更大作用。要坚持对学员的严格教育、严格管理，尤其

要大力倡导崇武尚武、带兵打仗的风气,崇尚英雄、建功立业的风气,崇尚创新、探索求知的风气,坦诚实在、求真务实的风气,崇尚一流、追求卓越的风气,等等。树立起这样的好风气,将会使每一个同志终身受益。我们还要不断改善学校的文化环境和生活环境,强化其育人功能,努力形成综合育人、全程教育的氛围,使学员的能力素质得到全面提高。

(七)要树立"专家治学、名师立校"的理念

我们常讲,人才兴校。但我感到,还要进一步说,名师立校。这里说的名师,不单指一个人,而是一个群体。这样的名师群体是学校的支柱,也是学校的实力所在。我国知名教育家、清华大学原校长梅贻琦有句名言:"所谓大学者,非谓有大楼之谓也,有大师之谓也。"[1]一流大学,必有一流大师。当年,北京大学所以能在短时间内成为国内一流大学,一个重要原因,就是云集了像陈独秀、李大钊、鲁迅、朱自清、王国维、胡适等这样一批名师大家。哈军工也是如此。有句话说得好,"校因师而名,师以校而尊。"我们国防大学培养的是"治军的栋梁、打赢的战将",必须有一批师德高尚、学贯中西、关注实践、善于创新的名师。这是我们长期办学经验的总结,更是我们作为中国最高军事学府履行职能使命的迫切要求。

近年来,学校非常重视人才队伍建设,特别是实施"名师工程"以来,在长期建设的基础上,涌现出一批享誉军内外的知名专家教授,对提高教学科研水平、提高人才培养质量,产生了积极影响。但从总体上看,我们的名师还不是很多,名师群体尚在形成过程中。可以设想,如果我校有一批像许志功[2]、金一南等同志这样的杰出教授,那么国防大学的

---

[1] 《梅贻琦与清华大学》,山西教育出版社1995年版,第24页。
[2] 许志功,国防大学副校长,教授,博士生导师,中将军衔。

教育水平将会有一个大的跨越。我们每个教研干部,都要像毛主席当年在抗大要求的那样,下定决心,不懈努力,争当专家,争做大师。各级领导要探索名师名家成长的规律,采取更有力的措施,加大培育名师力度,力争使各个学科包括重要的二级学科,都有军内外甚至国内外知名的专家教授。要像培养后备领导干部那样,加强对名师名家后备队伍的培养,对那些有潜力的优秀年轻教研骨干,要列入培训规划,采取超常措施,为他们早日成名成家创造有利条件。我们学校不仅自己要造就名师,还要想方设法地吸引名师、招揽名师。我们外聘的兼职教授,大都是各个领域中的权威和专家,也是名师。我们的教官队伍中,也有一批水平很高的同志。总之,要把我们国防大学建设成为名师名家荟萃之地。校党委曾经提出,学校各级领导尤其是校党委成员,都要用马克思主义政治家、教育家的标准来要求自己,深入学习我们党的三代领导核心的军事教育理论和教育思想,研究和把握军事教育规律,努力成为专家型领导或领导型专家。要进一步发挥专家教授的决策咨询作用,完善决策咨询制度,对涉及学校和各单位建设发展的重大问题,要组织专家教授搞好研究论证,听取他们的意见建议,切实增强决策的科学性,防止决策失误。

(八)要树立"科研先行、创新强校"的理念

江泽民同志说过:"创新是一个民族进步的灵魂,是一个国家兴旺发达的不竭动力"。[①] 创新对国防大学更具有特殊意义。我校作为最高军事学府,地位重要,使命光荣,责任重大。这就决定了我们国防大学教育的本质,主要不在于对原有知识的传承和传授,而在于对未知领域的探索,在于创造知识、创新知识。离开了创新,就没有教学的高质量,就没

---

① 《江泽民文选》第三卷,人民出版社 2006 年版,第 537 页。

有学校发展的生机与活力,从根本上讲,也就没有强校之基、兴校之源。从现代教育发展的趋势看,一流大学都是研究型大学,都是靠雄厚的科研实力、卓著的创新成果,来赢得领先地位的。

国防大学教育的创新是全方位的,包括教学内容、教学方法、办班模式的创新,科研创新,思想政治工作创新,服务保障创新,政策制度创新等。这些我们都必须抓好,但对人才培养质量起基础性、先导性作用的,还是科研创新。只有科研创新搞好了,理论创新上去了,才能为教学和各项工作提供理论支持。我们对科研创新一直很重视,这次体制编制调整改革,不仅实现了教研合一,而且增加了研究所、研究中心的数量,科研力量大为增强,为创新强校提供了良好条件。我们必须进一步强化科研先行的意识,切实把推动科研创新作为强校的重中之重,力求抓出更大成效。要努力营造宽松的创新氛围,在坚持大的政治原则这个前提下,鼓励和支持大家进一步解放思想,敢为人先,敢于冒尖,敢于超越学术权威、超越自己。要通过倡导严谨治学、科学求实的精神,使大家自觉防止和克服浮躁情绪,把创新作为一种人生境界来追求,作为自己的毕生事业来追求。

(九)要树立"以人为本、完善服务"的理念

这些年,校党委大力倡导"四个尊重"的风尚,注重关心每个教员、每个学员,鼓励大家干事业,支持大家干成事业,服务保障方面也有很大的进步。但按照以人为本的要求,有些方面还有很大的改进空间。比如在坚持尊师重教的同时,要强化学员至上的意识,做到处处想到学员,一切为了学员,竭尽全力为学员服务。学校对学员要有无限的关怀,尽无限的责任。我们学校只有把学员挂在心上,学员才会把母校放在心里。这两年,我们提出要跟踪学员的发展,就是想继续关心毕业的学员,为他们的成长进步鼓劲喝彩。对那些确有才能、有发展潜力的学员,要尽可

能给他们提供帮助。当他们在发展中遇到困难的时候,要为他们鼓与呼,尽可能地帮他们一把。我们必须有一种强烈的意识:学校要以学员的成就为成就,以学员的光荣为光荣。检验学校的成就,最终还是要看学员的成就,要看学员在战场上的表现,在军队现代化建设中的表现,在抵御西化、分化等现实政治斗争中的表现,在抵御"酒绿灯红"等腐朽文化侵蚀中的表现。学校的各项工作,包括思想教育、干部工作、行政管理、服务保障,都要贯彻以人为本的原则,一切着眼于教育人、发展人、完善人、成就人。各级党组织和领导,对全校每一个同志都要充满关爱之情,不仅要在生活上关心他们,为他们解决实际困难,更要为他们全面发展创造条件、搭建舞台。尤其在人才成长问题上,我们要为每个人施展才华、成名成家、办成实事,多想些好点子、好办法,各项政策制度和经费投向,都应当向这方面倾斜。要把人文关怀体现在为教学科研服务的方方面面,体现在为全校同志排忧解难的细微之处,体现在建设和谐校园的各个环节。

更新教育理念、推进教研创新,是我们学校一次新的思想解放,是教育观念上的一次深刻变革,也是深化学校改革与发展的重要举措。全校同志必须深入解放思想,打破旧的教育理念的束缚,在更新观念中拓宽视野,在相互碰撞中形成共识,切实把新的教育理念立起来、立牢靠。要发扬求真务实的科学精神和作风,把新的教育理念变为推进教学科研的新举措和新办法,努力谱写国防大学改革与发展的新篇章。

加大国防大学培训地方
领导干部的力度*

　　实现"十一五"规划确定的目标和任务,关键靠人才。"十一五"规划明确提出,要树立人才资源是第一资源的观念,实施人才培养工程,深入实施科教兴国战略和人才兴国战略。人才强国,不仅要强经济、强科技、强文化,也必须强国防。人才强国战略的实施,不仅要靠一大批党政、经济、科技、管理、专业技术等方面的人才,还要有一批具有世界眼光、战略思维和创新能力的国防和军队建设人才。国防和军队建设人才既包括穿军装的现役军人,也包括没有穿军装的与国防建设密切相关的地方高中级领导干部。

　　加大对地方干部的培训力度,是新形势下应对国家安全新情况的迫切需要。从现实情况看,新形势下,国家安全已经不是单纯的军事安全,而是集军事安全、政治安全、经济安全、科技安全、社会安全、文化安全为一体的新安全观。现代国防也不仅仅是军队的国防,而是全民的、社会的国防,国防力量的深厚根源存在于社会之中。尤其是随着非传统安全因素对国家和社会安全威胁的增多,在处理这些危及国家安全和一方平安的突发事件中,地方高级干部往往比军队更先介入情况,包括反恐怖、维护社会稳定等,在判断情况、迅速决策、控制局势、协调行动等方面发

---

　　* 本文是作者在一次会议上的发言摘录(2005年12月18日)。

挥非常关键的作用。美国"9·11"事件最初的危机处置,就是纽约地方官员组织实施的。即使在原来的传统安全领域,地方高中级干部的地位作用也十分突出。比如在军事斗争准备中,在战场建设、战争动员、设施征用、一些与国家战争能力密切相关的企业安全等方面,地方政府的大力支持和保障对战争胜负起着极为重要的作用。这说明,在未来维护国家安全斗争中,地方各级党委、政府,包括企业的地位作用越来越突出。加强国防和军队建设,维护国家安全,为经济社会发展创造一个良好环境,是军队和地方的共同责任。从这个意义上讲,加大国防建设人才培养力度,是实施人才强国战略的重要内容。

高等军事院校培训地方高中级领导干部,是世界上许多国家的共同做法。我校每年组织学员出国考察,发现不少国家包括一些发达国家,政府的许多高级官员都有在军队院校学习培训的经历。像美国国防大学、泰国国防学院、瑞典国防学院、印尼国防学院和尼日利亚国防大学,每年不仅招收高级军官,而且吸收一定数量的政府高级官员和企业家,共商国防、战略等大计方针,对促进经济建设和国防建设协调发展发挥了积极作用,值得我们借鉴。

国防大学培训地方高中级领导干部,是发扬我党我军优良传统,为国家长治久安提供保证的必要举措。早在新中国成立不久,毛泽东同志就明确指出:人民解放军是"一个巨大的学校"①,不仅要为战争胜利培养千百万治军作战的军事人才,而且要为解放区的建设和发展输送大批优秀干部和骨干。延安时的抗日军政大学,既从地方招收学员,又从部队招收学员,混合编班共同学习。学员毕业后一部分分到主力部队及地方军团,一部分到地方工作。抗大为各个抗日根据地培养造就了十多万军政兼优的干部,对战争的胜利和根据地的建设与发展起了巨大作用。

---

① 《毛泽东军事文集》第六卷,军事科学出版社、中央文献出版社1993年版,第86页。

新中国成立后一段时间里,军队高级指挥院校没有承担培训地方干部的任务,或者培训很少,因为当时党、国家和地方高中级领导干部大多是从战争年代走过来的,本身就有军队工作经历。随着时间的推移,党所培养的这些既懂政治又懂军事、既有带兵打仗经验又会搞经济建设的老同志,都陆续从工作岗位上退了下来,接替他们的同志大都缺国防这一课。特别是随着我国走向世界步伐的加快,随着国家利益的拓展,往往是政治、经济、军事等诸多因素交织在一起,经济建设与国家安全、国防安全和国家战略利益紧紧地联系在一起,任何一项经济活动、军事活动,都不能仅从经济或军事的单一领域思考和处理问题。我国安全形势的变化,对领导干部素质提出了越来越高的要求,要求地方领导干部在处理经济建设问题时,必须具有国防观念、国家安全意识和军事头脑,善于从战略和全局上,站在国家利益的高度,分析判断形势和处理问题,这样才更合格、更优秀。

培训地方高中级领导干部,是军委、总部赋予国防大学的重要职能和使命。国防大学在成立时,按照国务院、中央军委有关文件的规定,就肩负着培训军队和地方高级干部的双重任务。从 1986 年开始,我校开办国防研究班,培训军队军级以上和地方省区市、国家有关部门司局级以上领导干部,研究国防建设的重大战略问题。特别是江泽民同志在 1995 年作出关于今后要多选调一些地方省部级领导干部到中国人民解放军国防大学学习的指示后,军委、总部和中组部十分关心,给予有力指导,使培训地方领导干部的数量和质量明显提高。近几年,我们根据形势任务需要,开办人防干部班、国防动员班、国防经济研究班、交通战备研讨班等班次。凡在国防大学学习过的地方领导同志普遍认为:在这里补了紧缺的一课;并感到提高了战略意识和全局观念,完善了知识结构,增强了国防观念,增进了军地干部之间的了解和友谊,密切了军地关系。他们还为国务院和中央军委提供了一批有重要价值的咨询报告和建议,其中不少进入决策。

目前,我校培训地方高中级干部的数量和规模与新形势发展的要求比,存在着较大差距。从现在的情况看,国防大学每年招收地方省部级领导干部名额太少,按照目前这个培训人数,几十年后省部级和地厅级干部也轮训不了一遍。中央军委要求我们,适应国防建设和军事斗争准备的需要,适当增加地方高中级干部的培训数量,形成依托国防大学对地方高中级干部进行国防教育和培训的机制。应当在现有的基础上,适当扩大我校对地方领导干部的培训规模。

1. 适当增加省部级领导干部培训数量

依托开办国防研究班,地方省部级学员数量应比现在有较大幅度的增加,学制由原来的每期两个半月缩短到一个半月左右,每年搞 3 期。教学内容主要是学习研究国家安全、国防建设与经济建设、军事斗争准备等重大战略问题。招生对象主要是:中央和国家机关部级单位中与国防有较多联系的部门领导,各省、自治区和直辖市分管国防、安全及军地联系的领导。

2. 在国防大学开办短期专题研讨班

这两年,我们着眼为军事斗争准备培养急需的人才,解决迫切需要解决的课题,举办专题研讨班,吸收部队中从事作战研究和指挥的领导同志来学习研究,学完后回去再应用于军事斗争准备的实践,收到很好的效果。参照这个做法,我校也可举办有关地方领导同志参加的专题研讨班。可分三个类型:(1)根据军事斗争准备和有关部门的需要,专题研究诸如军事交通战备、人防建设、国民经济动员、舆论战、兵役动员、反恐怖和维护稳定等问题。这些班次,除招收少量军队学员外,学员的主体是地方交通、人防、公安、发改委、财政等部门的地厅级领导干部。(2)大型企业领导研讨班。国有大型企业对国家战争能力有着极为重大的影响,与国家经济发展和安全息息相关。增强企业领导的国防观念、国家安危意识、企业安全意识非常重要,直接作用于军事斗争准备。我校每年可招收一期大型企业领导研讨班,时间不超过20天。(3)省部级主要领导干部研讨班。这几年,我校围绕深入贯彻"三个代表"重要思想、履行我军历史使命,先后举办了多期军队大单位主要领导研讨班,效果很好。2005年中共中央党校省部级主要领导专题研讨班的部分课程让国防大学承担,大家反映很好。根据形势任务的需要,也可考虑举办省部级党政一把手参加的短期专题研讨班,同中共中央党校一起实施、交叉培训。

3. 与地方院校实施衔接培训

比如,中共中央党校和全国三所干部学院的后备干部培训班有关国家安全、国防教育和军队建设的课程,可被纳入我校教学体系实施衔接培训,有些课就到国防大学来上。我校战略班、指挥员班有关经济建设和国家发展内容的课程,可被纳入中共中央党校和全国三所干部学院课程体系实施衔接培训。这样做,实现了教学资源共享,体现了优势互补,有利于提高人才培养质量。2005年我校与中国浦东、井冈山、延安干部学院的衔接教学,效果非常好。

关于部队人才队伍建设
几个关键性问题的思考*

围绕人才队伍建设这一关系军队建设的关键性问题,对"十一五"期间军队建设发展规划的问题,谈几点意见、建议。

一、关于指挥干部的生长问题

近几年以来,军队依托地方高校培养军队的生长干部,对于提高人才培养的起点、严把生长干部的质量关起到了非常重要的作用。但也有一个问题值得引起我们高度关注,那就是指挥干部的来源与培养问题,这是一个事关全局的根本性问题。现在大部分指挥干部的来源走的是在地方大学学习4年文化,同时进行少量有限的军事基本技能训练,而后在军队初级指挥院校学习1年军事,然后担当初级军事指挥干部重任的路子,即"4+1"。这个办法的明显优势是文化基础比较扎实,但也存在一些问题,那就是他们的思想基础、作风基础和军事技能基础明显不够。就是西方发达国家包括美国,他们也十分注重指挥军官生长源头的培养。美国西点军校既强调要有鲜明的高等教育特色,又要有独特的军事职业特色,实行文化教育、军事教育、体育教育三位一体的综合教育计

＊ 本文是作者在一次会议分组讨论时的发言提纲(2005 年 12 月 20 日)。

划,其中军事训练近乎残酷,给我们以许多启示。特别是,我们的军队与其他国家军队的情况大不一样,在政治上要求很高,如果缺少对党、国家、军队和人民的无限忠诚的养成,没有正确的世界观、人生观、价值观,没有优良的传统作风、过硬的思想作风和军事基本技能的熏陶与训练,就不能保证"打得赢",也不能保证"不变质",当然就无法履行新世纪新阶段我军的历史使命。为此我们感到,依托地方高校主要培养军队技术干部,指挥干部就不一定依托地方高校来培养。指挥干部的培养,可以在军队最好的技术院校学习4年,把文化教育、优良传统教育、作风养成教育、体能技能教育较好地结合起来,而后再到初级指挥院校学习1年军事指挥。这样的"4+1"培养出来的军事指挥生长干部,就会做到文化基础与政治素质和指挥才能的有机结合,就会扎实得多、可靠得多、放心得多。

当然还有一个办法,就是试行对地方大学生先入伍当兵,再提干任用的制度。从2006年开始,地方大学生毕业数量将大幅度增加,有二百六十多万人走出校门,寻求就业岗位。军队可从中招收大批理工科应届毕业生入伍,先当兵服役1年,素质较好、适应在部队干的,一部分提干并送军队初级指挥院校学习1年,而后充实到部队指挥岗位;一部分可直接充实到军兵种部队技术性比较强的士官岗位,签订长期服役合同;还有一部分不适合在部队干的,同国家有关部门商定,优先安排进入国家公务员队伍。这样,既有利于满足部队的人才需求,又有利于提高国家公务员队伍的整体素质,也满足了大学生就业的要求。

二、关于下决心落实训用一致问题

中央军委有关文件着重强调了训用一致的问题,多年来中央军委对这一问题十分重视并反复强调。比如,2001年以来我校开办的战略班的学员,提升使用率是很高的。1997 年以来开办的师团职领导干部培训班的学员,毕业使用情况也非常好,基本上全部得到了提升。但在其他班次学员的毕业使用中,仍然严重地存在训而不用或未训先提的现象。这需要引起关注和认真加以解决。从调查了解的情况看,2000 年以来,我校基本系指挥员班毕业学员的提升使用率平均只有 48%。而且,这里面还有两个值得引起高度重视的问题:一个是提升使用比例有下降的趋势;另一个是既有经过国防大学本级培训的许多学员没有得到提升使用,又有许多没有经过国防大学本级培训的干部被提了起来,这个现象应当说不太合理。由于体制编制调整等因素造成了领导岗位的减少,强调国防大学培训的学员全部提升使用是不对的,即不宜强调"训练的都要提升使用",但也不应强调"训练的不一定提升使用,不训练的不一定不提升使用",而应强调"训练的不一定提升使用,不训练的一定不提升使用"。这里强调的是,一要把住提升干部的关口,不训的不提;二要强调有一定的淘汰比例,训练了的不一定全提;三要把握好导向,节约资源,尽可能提高培训后提升使用的比例。要造成那么一种学用结合、训用一致,不断学习、持续培养,积极向上、竞相提高素质的生动局面。

三、关于干部交流问题

流水不腐。干部交流既能增强干部队伍活力,又能提高干部队伍素质,还能防止干部单位所有、部门所有和山头主义,好处是多方面的。而且,目前干部交流的政策制度已经逐步建立,存在的主要问题是落实不够好。这两年,大军区级领导干部交流多一些,军以下干部交流的步子迈得不够大,部队、机关、院校之间相互交流干部更是很难。据我们对我校战略班、指挥员班学员情况的调查分析,有军种交叉任职经历,营职以上军、政、后、装交叉任职经历的都只占 3% 左右,同时具有部队、机关、院校任职经历的只占 2% 左右。干部交流难,已成为提高干部队伍综合素质、增强干部队伍生机活力的重大障碍。无论与外军比还是与地方比,我们都落后了。干部交流难与我们的社会保障制度跟不上,与许多单位的本位主义都有一定的关系。但从人才建设的角度看,至少有三个方面的工作可以做得更好。一是要把干部交流作为干部工作的一项硬任务和干部晋升的一个硬条件。可考虑每年逐级下达各级各类干部交流的任务指标,加强督促检查,定期讲评通报,狠抓落实。总部可研究制定师以上领导干部任职资格制度,今后在提拔师以上领导干部时,实行更加严格的任职资格制度,对任职经历提出更加明确的要求。二是要多组织培养性交流。现在的干部交流经常是你来一个,我就必须去一个,是为了完成任务而完成任务,是"点对点"的交换式的干部交流。要本着对军队建设和人才培养高度负责的精神来做这项工作,要本着丰富干部经历、增长干部才干、培养复合型军事指挥员的目的,在军兵种之间,机关、院校、部队之间来交流干部。要通过积极的工作,使我军干部队伍得到普遍交流的机会,形成定期交流的机制。三是要充分发挥好院校在干部交流中的平台作用。总政对我校第三、四期师团职领导干部培训班学员实施了交流,有的学员在全军各大单位之间进行了交流,有的学员在本大单位范围内进行了交流,干部本人和单位反映都很好。实践证明,这种交流应当成为今后干部交流的重要方式。可以把院校作为干部交流的一个重要平台,把当年全军提升师以上岗位的一定数量由总政统一掌握使用,学员一毕业就在全军范围内交流分配。

四、关于优秀年轻干部既要超常培养也要超常使用问题

胡主席深刻指出,人才匮乏特别是联合作战指挥人才和新装备专业

技术人才不足,已经成为影响和制约军队建设的一个关键问题,必须采取超常措施加以解决。解决当前我军联合作战指挥人才严重不足的问题,加速人才队伍的转型,按部就班、论资排辈、一个台阶一个台阶地上,是会影响军队现代化进程的。正是基于这个考虑,我们按照军委、总部的决策,开办了师团职中青年领导干部培训班。从学员的基本情况来看,他们的素质很好。一是经历了改革开放全过程,亲身感受到了祖国一天一天地强盛发展,对党充满感情,对中国特色社会主义事业充满信心,政治上是忠诚可靠的。二是经历比较丰富,分布比较合理,既有来自师、旅、团作战部队的,也有来自机关综合部门的,还有来自院校、科研单位和省军区系统的,其中有多人次立过功、参过战。三是年富力强,发展潜力较大。总体上讲,"中青班"的学员通过系统培训,进一步提高了理论素养和谋略水平,较好地掌握了高科技知识,增强了组织指挥联合作战的能力。他们回部队工作后,必将对改善我军高中级干部队伍的素质结构,较好地解决"两个欠缺"和"两个不够",提高"四个本领",起到积极的推动作用。

但现在遇到了一个比较大的问题,就是由于体制编制调整改革和认识等因素,他们毕业后的使用出现了困难。我查阅了20世纪80年代初军事学院、政治学院开办的5期培训班学员的毕业使用情况,他们被提升使用的力度是很大的,效果也是很好的。他们中的很多同志都发展成了我军的高级干部,包括不少大单位的主要领导。这给了我们很多启示。第一,干部既要超常培养,也要超常使用,要给这些年轻优秀、发展潜力大的同志提供在实践中施展才华的舞台。第二,人才的成长是有规律可循的,一般来讲,要逐级地、稳步地发展,一个台阶一个台阶地上。但是对于那些素质全面、优秀拔尖的人才不要死抠台阶,可以小步快跑或者越级提拔,使他们比较年轻就走上高级领导岗位,从比较高的视角上去学习提高、摔打磨炼,也能让组织上较长时间地去观察、考查他们。第三,走开交流提升任职的路子,使"中青班"学员毕业时在多个军种和多个岗位上锻炼,即使整个干部的交流有一定难度,也至少可以在"中青班"学员中先操作起来。第四,要加强跟踪问效,加大对年轻优秀干部的教育管理和培养使用,确保军委、总部战略意图的实现。

关于优化我军院校联合作战指挥
人才培养机制的思考[*]

近两年,我对优化我军院校联合作战指挥人才培训机制、加快联合作战指挥人才培养问题,作了研究和思考,形成了一些初步想法。

一、优化我军院校联合作战指挥人才培训机制的紧迫性

提出这个问题,主要是出于以下几个方面的考虑:

(一)信息条件下的联合作战对"联"的要求更高,给院校联合作战指挥人才培训提出了一系列新课题

信息化条件下的局部战争是一体化联合作战,与机械化条件下的协同性联合作战相比,具有许多新的特点。一是"联"的范围更广,由于战争是体系与体系的对抗,使绝大多数军事行动都具有联合作战甚至联军作战的性质。二是"联"的程度更高,各军兵种的界限趋于模糊,联合行动在多维空间同时展开,日益融为一体。三是"联"的能力更强,情报信息、指挥控制、综合打击、全维防护和后装保障等作战要素高度融合、整体联动,向"实时、同步、并行、互动"和"发现即摧毁"目标迈进。四是

---

* 本文是作者撰写的一份研究报告(2006 年 5 月 18 日)。

"联"的层次不断向下延伸,联合行动由战略、战役层次逐步延伸到战术层次。比如,在伊拉克战争中,美军各军种之间的联合就已发展到分队。美军驻伊拉克摩苏尔基地指挥官卡特·汉姆准将说:"在我加入美国陆军那个时候,我们甚至很少看到其他兵种的士兵。而现在,如果我派遣一个排出去执行任务,成员可能包括海军'海豹'特种部队成员、背负无线电设备的前方航空控制员,以及海军陆战队空中掩护人员。年青一代的军官和士官们觉得这很正常。"上述特点,对院校人才培养尤其是联合作战指挥人才的培训模式、培训对象、培训内容,以至于整个培训机制,都带来了新要求。需要延伸培训层次,扩大培训规模,优化培训机制,提高培训质量,尽快形成与未来战争要求相适应的联合作战指挥人才培训体系。

(二)外军院校高度重视联合作战指挥人才的培训,逐步形成了及早、全程的培训体系

一是培训起步早。美军、英军、德军的联合指挥与参谋培训都是从少校军官开始的。其中英国三军联合指挥与参谋学院,是在撤销三军各自指挥与参谋学院的基础上组建的,高级指挥与参谋培训主要招收少校至中校军官。2004 年我们出访考察德国、最近出访考察土耳其和埃及的军事院校,发现他们都是从上尉、少校军官中通过严格考试,选拔培训联合参谋军官,并把是否经过联合参谋培训,作为未来晋升将军的必备资格。二是培训内容宽、方法活。美军以通用联合课题库的形式,分别规定了战略、战役、战术各个层次联合事务军官的培训内容,各军种指挥与参谋学院和国防大学均面向全军招生,联合作战指挥教学内容占整个课程的 75% 以上。三是注重全程培训、衔接培训。世界主要国家的军队都是从初级院校就开始联合作战指挥有关基础知识的学习,加拿大军队更是从生长军官起即实行陆、海、空军学员同校培训。外军指挥军官

需经过初、中、高三级院校六次培训,其中至少有一次联合参谋培训、一次联合指挥培训,才有晋升为高级军官的机会。四是重视高层指导,确保培训质量。美军规定,联合作战教育由国防部部长通过参联会主席实施统一领导,负责对联合事务军官的培养计划、教学内容、课程设置和教学过程提出指导性意见。这些做法,突出的特点是适应了"联"的层次向下延伸的要求,使军官在三十多岁时就学习联合作战指挥,及早形成"联"的意识,培养"联"的能力,比较符合军事指挥人才成长规律,值得我们研究和借鉴。

(三)我军院校联合作战指挥人才培训机制不够完善,是影响和制约这方面人才培养的重要因素之一

近年来,针对我军联合作战指挥人才短缺的问题,军委、总部采取措施,加大了院校培训力度,尤其是在国防大学开办"中青班",在中级指挥院校实施交叉培训,成效明显。但客观地说,与加紧做好军事斗争准备的要求比,还有较大差距,尤其是指挥院校联合作战指挥人才培训的主线不够突出,目标不够明确,机制不够完善。一是培训起步晚。目前,我军一些中级指挥院校虽然陆续开设了军种战役课教学,但按照培训体系要求,真正学习联合作战指挥还是要到国防大学基本系指挥员班。这时候的学员大都是正师职务,已经不是青年了,不仅学晚了,而且学起来有很多困难。二是培训时间短、内容窄。国防大学指挥员班的培训,联合作战指挥虽是重点课程之一,但一年时间内,还有其他必修课程,毕竟时间太短,加之生员基础差异大,不少学员来校前甚至基本未接触过联合作战指挥的知识。针对这种情况,我们在教学中只能突出一些常识性、应急性内容,除部分原先基础好的学员外,一般很难学扎实、学深入。三是教员教联合作战指挥的能力不强。美军规定,军种中级院校的军事教官应有75%受过中级或高级联合作战教育,军种高级院校和国防大学的军事教官中应有75%受过高级联合作战教育。而我军中高级指挥院校教员受过联合作战教育的很少,经历单一的情况也很突出,影响和制约了联合作战指挥人才的培养。四是培训效益较低。主要是一些培训了的人没有得到很好使用,不少未经培训的人也能得到提升。这里有招生把关不严的问题,也有"训用一致"的要求落实不够好的问题。

二、优化我军院校联合作战指挥
人才培训机制的对策思考

院校是联合作战指挥人才培养的主渠道。尤其是面对加紧做好军事斗争准备的新形势,更需要重视优化院校培训机制,切实使院校履行好在培养联合作战指挥人才方面肩负的职能使命。当然,我这里所说的优化院校培训机制,并不是要脱离现行体制另搞一套,而是在现有基础上,针对与培养联合作战指挥人才要求不相适应、不够完善的问题,作进一步调整和完善,从而达到通过院校培训和部队联合训练,使我军联合作战指挥人才培养尽快有一个大改观的目的。具体讲,有这样几点考虑:

(一)向下延伸培训层次,把国防大学联合作战高级指挥人才的培训对象定位在以旅、团职主官为主

就是把陆军的旅长和重点部队的团长,海军的舰艇长、大队长、陆战旅旅长,空军的飞行团团长、空降团团长,二炮的导弹旅旅长以及相应的政治主官,军以上机关综合部门的旅、团职领导干部,作为联合作战高级指挥人才的主要培训对象。这样比较符合我军未来联合作战指挥的实际,也比较符合指挥人才成长的规律。而且这些旅、团职主官培训毕业后,要不了几年,不少人就会走到正师职领导岗位上。从中外军事人才培养的实践看,联合作战指挥人才与军事工程技术人才的成长规律有很

大不同。军事工程技术人才成长的根基是科技知识,最佳培训期一般为记忆力好、理解力强的 18 至 28 岁。联合作战指挥人才成长的根基是指挥能力,最佳培训期一般为掌握了带兵基本经验,体力、精力尚有较大优势的 30 至 45 岁。这十多年时间是联合作战指挥人才从"成长"到"成熟"的"黄金期"。

关于高级指挥人才培训层次向下延伸的问题,早在 20 世纪 70 年代,邓小平同志就高瞻远瞩地指出:"高级学校的训练对象要稍微改动一下","我建议高级学校的学员应该以团的干部为主"。"为什么提出学员要以团的干部为主呢? 就是为了能使作战部队指挥员年轻化或比较年轻化"①,早点学习诸军兵种联合作战怎么指挥等等。为了落实小平同志这一重要指示,20 世纪 80 年代初期,当时的军事学院、政治学院开办了优秀中青年师团职干部培训班。由于这批人年富力强,军政素质好,发展潜力大,适应了干部队伍年轻化的需要,毕业后多数人很快就走上了军以上领导岗位,在我军现代化建设中发挥了重要作用。

(二)加大联合参谋军官培训力度,注重通过联合参谋岗位来发现和培养联合作战指挥员

联合参谋军官是联合作战指挥人才的重要构成部分,未来联合作战的组织指挥,既要靠高素质的联合作战指挥员,又要有赖于高素质的联合参谋人员。同时,联合参谋军官还是联合作战指挥员的重要接班人选。目前外军培养联合作战指挥人才,一般都是在其最高军事学府下设联合参谋学院,从联合参谋军官培训起,因此,学员年纪轻、起步早,培训合格后经过实际岗位锻炼,再择优进行联合作战指挥培训,然后担任部队指挥员或机关部门领导。这种做法,一方面,适应了联合作战对机关

① 《邓小平文选》第二卷,人民出版社 1994 年版,第 64 页。

参谋人员素质的要求;另一方面,经过培训——岗位锻炼——再培训成长起来的联合作战指挥员,往往层次高,眼界宽,基础实,素质较全面,发展后劲也更大一些。

我军目前没有专门的三军联合参谋学院,联合作战参谋人才主要靠国防大学来培训。长期以来,我校基本系参谋班不定期招生,培训人数太少,培训时间偏短,受训人员年龄偏大。特别是作为联合参谋军官培训的目的不是很明确。由于培训时间等方面的制约因素,对"联合"的素质要求比较低。近年来,总部机关采取了加大从各军兵种选调参谋人员力度,以及加大跨军种交叉培训力度等措施,有利于从总体上提高机关"联合"的素质。但要全面提高部队各级机关人员的联合参谋素质,还是应高度重视并加大联合参谋军官的系统培训力度,进一步确立通过联合参谋军官培训和岗位锻炼,来发现和培养联合作战指挥员的思路。如以我校基本系参谋班为基础,在不增加编制员额的前提下,可组建联合参谋学院,扩大招收三军年轻优秀的少校至中校军官,培训联合作战高级参谋人才,并力求从他们中间能够产生一批在联合作战指挥方面素质较高的师、团职指挥员,逐步走开我军联合作战指挥人才院校培训与部队岗位锻炼有机结合的良性循环的发展路子。同时,还可考虑明确规定从国防大学联合参谋学院毕业后可获得"联合参谋军官资格",并作为将来成长进步甚至晋升为将军的重要条件。

(三)理清三级培训职能,构建联合作战指挥人才的全程培训体系

联合作战指挥人才培训是一个长期持续的、不断提升的过程,只靠哪一级院校是不行的。并且随着联合作战日益向战术层次延伸,初、中级指挥员也应当具备与之相适应的联合作战指挥知识和能力。这就要求我们从初级指挥培训开始,就应着手联合作战指挥相关知识的学习,并把提高联合作战指挥能力贯穿于三级指挥院校培训的全过程,逐步构建一个任

务相互区分、层次相互递进、内容相互衔接的联合作战指挥人才培训体系。

由此出发,初级指挥院校应重点招收已完成"基础教育合训"的、具有大学本科学历的生长军官和地方大学毕业生,在进行"专业训练分流"时,主要完成本兵种技术、战术知识的培训,还要进行本军种内其他兵种专业知识的学习,了解联合作战指挥的基础知识,确立联合作战指挥的意识,为进行中级指挥培训打下基础;中级指挥院校应招收已完成本兵种系统培训的营职和副团职指挥军官,在主要完成本军种合同战役战术知识培训的同时,还要学习掌握联合战斗指挥的基本理论,包括进行军兵种间的交叉培训,使他们具有较强的"联"的意识和能力,能够指挥所属人员完成联合作战所赋予的任务,也为进行高级指挥培训打好基础;高级指挥院校即国防大学,主要招收已完成本军种系统培训的旅、团职以上指挥员和高级领率机关参谋人员,主要完成国家安全、军事战略和联合战役指挥知识和能力的培训,重点研究掌握联合作战的战法、训法,全面提升驾驭信息化战争的能力。构建这样的培训体系,既能为培养联合作战高级指挥人才奠定坚实的基础,又有利于提高初、中级指挥军官的素质能力,使他们更好地适应未来战争的要求。

(四)调整完善培训结构,搞好联合作战指挥人才培训任务的有机衔接

实施联合作战指挥人才的及早、全程培训,对于提高我军指挥军官队伍整体素质具有重大意义,但仅有三级院校的基本培训,也会存在培训机会偏少,有的层次培训量过大、任务过于集中的问题。需要着眼军事斗争准备和军队建设对联合作战指挥人才的战略需求,着眼高素质新型指挥人才的成长规律,加强统筹规划,搞好顶层设计,科学区分任务,实现有机衔接,把培训大批高素质新型联合作战指挥人才的目标落到实处。总结我们以往的经验,参照外军的做法,可考虑对院校培训结构作适当调整和进一步规范,基本设想是:坚持逐级培训,增加短期培训,扩大交叉培训,合并同类培训。一是把从青年学生晋升为排职军官、从营职军官晋升为团职军官、从团职军官晋升为师职军官的培训作为初、中、高三级基本培训,学制为一至两年,并使基本培训与学历学位教育紧密结合。二是把从排职军官晋升为连职军官、从连职军官晋升为营职军官、从师职军官晋升为军职军官、从军职军官晋升为大军区职军官的培训作为四级继续培训,学制为两个月至半年。三是跨军种交叉培训由师、团职军官为主改为以营职军官为主,并入中级继续培训,并适当增大培训数量。四是把国防大学"中青班",师团职干部研究生班和参谋班并入高级基本培训,战略班、进修班并入高级继续培训。其中,从师职军官晋升为军职军官、从军职军官晋升为大军区职军官的继续培训,主要用于补充新知识、研究新问题,重点研究解决军事斗争准备和军队建设面临的重大问题,进一步提升高级干部联合作战的指挥能力。同时,明确继续培训与基本培训一样,都是军官晋升的必备条件。这样做的好处是,有利于缩小培训跨度,缩短培训周期,扩大培训规模,增加培训机会,提高培训效益,促进培训工作规范化,使人才培养与形势任务的快速发展变化相适应,推动我军联合作战指挥人才培训向又好又快的方向发展。

(五)科学调配运筹力量,实现联合作战指挥人才培训资源的全军共享

联合作战指挥人才培训规模扩大、层次提高,肯定还会带来一个突出问题,就是本来就不充裕的教育资源更加紧张。出路和办法是调动各方面的力量,实行开放式办学,实现联合作战指挥人才培训资源的全军共享。首先是师资力量共享。优化联合作战指挥人才培训机制,面临的突出困难是师资力量的缺乏。这就需要建立全军院校师资互聘互用制度,在充分发挥专职教授骨干作用的同时,把兼职教授、军事教官、博士后流动站人员以及具有专业特长学员的教学潜能挖掘出来,以弥补师资力量的不足。从国防大学开展的研究生助教助研和学员讲座活动来看,效应是多方面的,既缓解了师资力量不足的矛盾,也有利于提高教育质量。为确保联合培训质量,应合理调配和交叉使用各军种教学力量。美军要求军种中级院校教官必须有 10% 来自其他军种,军种高级院校来自其他军种的教官数量不得少于总数的 25%。我们可考虑借鉴这一做法,在军种指挥院校中适当增加其他军种教员。其次是教学资源共享。现在,一方面教学资源紧缺,一方面又有很多资源闲置。比如,网上训练平台早就打造好了,但这几年除了用于演示外,全军性的网上演习并不常搞。各军区、军兵种都建有大型训练基地,院校也大都建有各具特色的作战实验室,但总体上还是自建自用,没有实现一家建设、多家使用的要求。这些,还需要加强协调,建立统一、规范的协作机制,把现有教学资源盘活,以满足培训高素质新型联合作战指挥人才的需要。院校自身也应最大限度地发挥驻地优势和专业特长,不断拓展与军地各方进行教学协作、学术交流和资源共享的空间。

注重研究和借鉴外军联合作战指挥人才培养的有益经验 *

为应对世界新军事变革的挑战、驾驭和打赢信息时代的战争,大力培养联合作战指挥人才已经成为世界主要国家军队建设的重要内容。在这方面,以美军为代表的西方发达国家军队,经过二十多年的理论探索和教育实践,积淀了相当成熟和丰厚的培养经验。他山之石,可以攻玉。推进中国特色军事变革,一项艰巨的任务就是培养造就大批联合作战指挥人才。学习和借鉴外军在这方面的有益经验,可以使我们少走弯路,最大限度地缩短与外军在联合作战指挥人才培养方面的差距,实现我军人才培养工作的跨越式发展,因而具有重要的现实意义。外军培养联合作战指挥人才的成功做法,主要体现在以下几个方面。

一、重视联合价值观的培养,增强诸军种部队的联合作战意识

外军认为,联合是诸军种之间的军事互动和密切合作。联合作战不仅需要权威机构、法规政策和技术装备,更需要军人的联合价值取向和各军种之间的理解、信任。联合必先联心,必须确立联合制胜的观念,以联合作战的胜利为共同目标和最高利益。否则,即使技术再先进,也不

---

* 本文是根据作者在 2005 年 9 月的两次谈话记录整理,发表前作了修改。

可能消除军种间冲突，弥合军种间缝隙，实现各军种能力的融合，产生"内聚式"的联合作战能力。因此，重视联合价值观的培养，不仅仅是对联合作战知识和技能的传授，更重要的是培育同联合作战相适应的思想观念、责任意识、合作意识和战斗作风。

美、英军队都非常注重联合价值观的培养。比如，美军强调"美国文化传统历来认为团队精神是一项重要的价值观，并对此予以极大的尊重和积极的反映"，"联合作战就是团队作战"，要"不断完善联合职业教育，以固化军官队伍中更加普遍深入的联合／多国团队意识"，使之"具备本能地从联合角度考虑问题的思维能力"，"培养能够同其他机构和各军种合作的转型性领导者"。

外军为了培养诸军种部队的联合作战意识，首先，在联合军事教育内容上，专门开设有联合价值观培养的相关课程，作为共同的基础教学内容。其次，在学习过程中，采取混合编班的组训方式，营造情感交融，知识、经验会聚的"联合学习"氛围。如，英军的联合指挥与参谋学院完全打破军种界限，实施一体化合成教育模式。美军除国防大学所属学院的教官和学员由各军种混合组成外，各军种的中高级院校也注重不同军种的混合，教员和学员中来自其他军种的人员占有一定比例。这样做，目的在于鼓励学员打破军兵种、部门界限，站在国家利益和全局的立场，从军种联合作战与联军作战的角度去观察、思考和解决问题，在共同学习中，既弄懂、弄清联合作战的有关问题，又相互融洽关系，增进理解和信任，从而为真正实现多军种或多国军队的统一指挥、密切协同，有效地实施联合作战奠定思想、观念和行为基础。再次，在法规、制度保障上，通过立法的形式，进一步强化诸军种联合的意识。外军认为，法规、制度是联合作战指挥人才培养的一种根本性保障，决定着联合作战指挥人才培养机制的生存和发展方向。因此，每实施一项重要改革或每采取一项重大举措之前，都是立法先行。目的是通过法规、制度的权威性和强制性,保证各项改革工作的落实。如,美军联合作战指挥人才教育培训体系建立之前,美国国会就首先通过了《戈德华特—尼科尔斯国防部改组法》。该法律在加强美军参谋长联席会议主席和联合作战司令部司令职权的同时,要求国防部部长制定相关政策、程序,培养和管理联合职业军官,使他们经过特别的教育训练并专注于联合事务;还要求各军种院校加强联合军事教育,为委任联合职业军官做好人才准备。

二、坚持以未来战争需求为牵引,确立联合作战 指挥人才的能力素质标准

战争需求从根本上决定着联合作战指挥人才培养的目标和方向。能力素质标准是对联合作战指挥人才培养目标的细化和具体化。外军在确定联合作战指挥人才培养目标时,十分重视对联合作战指挥人才能力素质模型的建立,制定了许多符合本国国情、军情的能力素质标准,并通过科学设置课程内容、灵活实施教学方法和手段等,实现其培养目标。联合作战指挥人才是为实现所在国家战争目的服务的,同时也要经受战争实践的检验。由于美、英等国军队较多地经历了信息化条件下局部战争的实践,这就使得他们有可能对联合作战指挥人才能力素质标准的构建更具客观性。以美军为例,1999 年颁布的《美军高层领导与指挥条令》中,明确提出中高级指挥军官应具备 5 种基本素质和 19 种具体能力。这些素质和能力标准,全面、集中地反映了美军联合作战指挥人才培养目标对能力素质的现实要求。

一是洞察素质。美军认为,指挥官具有洞察素质至关重要,可以使指挥官根据战争形势发展的要求,选择正确时机,对战场情况作出正确的预测。它包括分析洞察能力、历史洞察能力、组织洞察能力和作战洞察能力 4 种能力。

二是认识素质。美军认为,指挥官如果具有认识素质,就能够从整体上系统地思考问题和采取行动。认识素质是指挥官应对复杂局面的第一道防线,能使其把握未来,制订正确的计划,在谋略上胜敌一筹。它包括决策能力、预测能力、创新能力和直觉能力4种能力。

三是专业素质。美军认为,专业素质强的指挥官更善于随机应变,具有敏锐的洞察力,能综合平衡各种相互矛盾的需求,制定各种复杂的作战行动方案。它包括忍耐能力、冒险能力、协调能力和判断能力4种能力。

四是交往素质。美军认为,要使下属部队和士兵在作战中取得胜利,指挥官必须具备交往素质,掌握多种交往能力。具备交往素质意义重大,它不仅决定着指挥官在进行情况分析和决策时能够获得什么样的信息,还决定着他能否赢得部属的支持,提高部队的战斗力与凝聚力。它包括人际交往能力、倾听意见能力、语言运用能力和教导能力4种能力。

五是信息素质。美军认为,信息是新军事革命的"基因",信息力是"网络中心化军队"的核心战斗力。具备信息素质,是指挥官带领部队打赢现在的高技术战争和未来的"网络中心化战争"的重要保障。信息素质包含的信息能力很多,其中最重要的是信息认知能力、信息需求确定能力和信息利用能力3种能力。

三、依据联合职业军官生长规律,构建联合职业军事教育培训体系

联合职业军事教育培训体系的建立,最早是从美、英等国军队开始的。美军在1980年4月营救被伊朗劫持人质的行动失败后,为解决联合环境下多军种之间缺乏协同、指挥不力等问题,于1986年由美国国

会通过了《戈德华特—尼科尔斯国防部改组法》,催生了联合职业军事教育。这部法律的出台,标志着美军开始由工业时代的协同式联合作战向信息时代的凝聚式联合作战或一体化联合作战转变。1990 年 5 月,美军参谋长联席会议制订与颁布了"联合职业军官教育计划"。该计划规定,按各军种中高级指挥院校和武装部队参谋学院两个受训阶段,实施联合军事教育计划。1998 年,美军参谋长联席会议主席颁发《参联会主席第 1800.01 号指令:军官职业军事教育政策》文件,将联合军官教育由两个阶段扩展为覆盖联合指挥军官职业生涯的全程教育,共分任命前、初级、中级、高级和将级 5 个教育层级实施。2004 年 8 月,美军参谋长联席会议主席又颁布新的军官职业军事教育政策,保留了原来的 5 个教育层级,但将它们具体定名为:预备联合职业军事教育、第一阶段联合职业军事教育、第二阶段联合职业军事教育、单独阶段联合职业军事教育和将官联合职业军事教育。

预备联合职业军事教育,分为任命前和初级两个培训层级的教育。任命前教育是对拟担任军官职务的学员进行培训,通常在候补军官学校和地方大学的后备军官训练团完成;初级教育的对象主要是联合部队司令部和联合特遣部队的军种少尉至上尉军官,通常在各军种初级军官学校完成。

第一阶段联合职业军事教育,包括军种中级和军种高级两个培训层级。军种中级培训的对象是少校军官,通常由各军种中级指挥院校实施;军种高级培训的对象是中校和上校军官,通常由各军种高级指挥院校实施。

第二阶段联合职业军事教育、是对经过第一阶段联合职业军事教育、有望选任"联合事务军官"的校级军官所实施的教育。它通常在各军种指挥与参谋学院或军事学院,以及国防大学的联合部队参谋学院完成。

单独阶段联合职业军事教育,是由国家军事学院、武装部队工业学院和联合高级作战学校独立实施的单一阶段联合军事教育。国家军事学院的任务是教育武装力量、政府部门和其他文职机构的未来领导者能够作为国家安全实践者,担负高级政策制定、指挥、参谋责任,以满足联合军官管理的教育需求;武装部队工业学院是培养经过挑选的军事人员、文职人员成为战略领导人员,使之胜任发展国家安全战略和在国家安全战略实施中评估、编组和管理资源;联合高级作战学校主要是挑选少量精通军种业务的校级军官实施研究生层次的教育,教授战役层次上(重点是计划程序和技术)决策和解决综合问题的经验,致力于培养有创造性和适应力的、理性的和富有改革精神的"世界级的作战人员",其毕业学员预期到联合参谋部和联合司令部担任计划参谋。

将官联合职业军事教育,是对高级军官(包括上校和将官)进行的高层联合事务培训。这主要由国防大学开设代号为"拱顶石"的学习班、将官联合作战学习班和"塔尖"学习班完成。

为确保以上5个层级的教育培训落实,形成梯次递进的联合职业军事教育体系,美军还规定,所有军官必须受过预备联合职业军事教育和第一阶段联合职业军事教育。被提名担任联合专业职务的参谋军官,应当完成第二阶段联合职业军事教育培训任务或毕业于国防大学的相关学院。被选升为准将的军官必须完成"拱顶石"学习班的培训。最后,挑选将官参加将官联合作战课程班和"塔尖"班的学习。

英军的联合军事教育培训主要由联合指挥与参谋学院完成,分两个层次。一是高级指挥与参谋班。培训对象是经过选拔、年龄在33—41岁的少校和中校军官,教授军种作战、联合作战和联军作战以及英国防务管理等方面的广泛知识,发展其指挥、分析和交流技能,培养能担任联合作战及军种指挥职务的高级军官。二是更高级别的指挥与参谋班。培训对象是准备任命担任更高级别的指挥与参谋职务、年龄在41—50

岁的上校至准将军官和政府高级官员。通过培训,增强其灵活性思维,使之能够分析和构想当代复杂的联合、联军和一体化问题,在军事战略和战役层次上有效履行指挥职责,作出及时、合理的决策。

四、突出岗位任职能力需要,设置联合职业 军事教育培训内容

外军的联合职业军事教育培训内容与实战要求和岗位任职需要紧密相连。各阶段的培养内容体现了由低到高、循序渐进、贯穿全程,由浅入深、相互衔接、各有侧重等特点。特别是美军的联合职业军事教育,按照指挥军官生长的阶段性发展规律,从军官任命前开始,并贯穿于军官任职的全过程。教育内容从基础到应用,战略、战役、战术各层次相互衔接,内容全面,覆盖了联合作战的各个方面。

预备联合职业军事教育,主要进行"联合事务"的基础性、介绍性教育。在指挥军官被任命前,重点介绍军种知识和技术在作战中的应用;初级联合职业军事教育,重点介绍联合特遣部队的组成、联合作战和军种作战条令、战术级武器装备运用,以及各军种在联合作战中的作用等。

第一阶段联合职业军事教育的军种中级培训,强调从联合部队中军种部队的角度教授联合作战行动,目的是增强学员对联合部队中军种部队战役战术运用的理解。军种高级培训,主要教授国家军事战略、战区战略和战略规划制定程序;要求学员站在联合作战司令部、联合参谋部和国防部的高度,考虑如何使用国家军事力量遂行国家军事战略任务;强调培养学员的战略思维能力和联合思维能力,使学员树立"联合观念"。

第二阶段联合职业军事教育,强调从参谋长联席会议主席、参谋长联席会议、联合作战司令部和联合特遣部队司令的角度研究联合作战行

动,主要集中于战役计划的拟订与战役作战的实施,包括联合作战部队的部署、使用、维持,以及冲突终止后部队的重新部署等。

单独阶段联合职业军事教育的培训内容与前几个阶段大不相同,突破了军事领域和联合作战理论与实践范畴的局限,内容更为宽泛,延伸到政府部门和其他国家,包括多国联军、国内跨部门、国际跨部门一体化行动等。

将官联合职业军事教育,主要着眼于最高层次的战略问题,目的是提高学员综合运用各种国家力量达成国家安全目标的能力。

五、注重实践能力锻炼,组织联合作战指挥人才岗位轮换

岗位轮换,是培养联合作战指挥军官的一项重要制度。外军认为,岗位轮换可以充分体现出任职机会均等,有效防止军官在一个岗位工作时间过长容易产生懈怠的心理,并可培养和提高军官的综合素质。外军的联合作战指挥人才培养是一个"培训——实践——再培训——再实践"的循环过程,不同的岗位轮换,有利于培养联合意识,提高培训质量,主要包括军种部队与联合部队、国内与国外、部队与机关、部队与院校、指挥专业与勤务专业、指挥职位与参谋职位之间的岗位轮换等。

美军非常重视丰富军官的任职经历,积极鼓励军官从事多种岗位的交流与轮换,从目标上加以引导、制度上给予规范、措施上予以落实。一是岗位轮换法制化。通过《国防军官人事管理法》等法律法规的强制性和权威性,规范岗位轮换制度的落实。二是确定岗位轮换周期。美军为培养一专多能的复合型指挥军官,要求军官在同一岗位的任职时间一般不超过4年,以保证军官在职业生涯内得到更多不同岗位的实践锻炼,增强联合意识和综合素质。三是激励机制牵引。美军把军官的岗位轮换与职务、军衔晋升挂钩,把任职经历作为军官职务和军衔晋升的必备

条件。如从少尉晋升到上校,每个军官平均需要更换岗位6次以上。准备晋升准将的军官,必须在联合作战指挥机构工作一个任期(3年),否则不能晋升。美军中央司令部原总司令施瓦茨科普夫上将,在其40年的军旅生涯中曾变换过二十多次岗位。当年在拟晋升准将军衔时,他因缺乏联合作战指挥机构工作经历,只好先去夏威夷美军太平洋战区司令部当助理参谋官。

法军也非常重视通过军官岗位交流轮换制度来培养联合作战指挥人才,规定军官在一个岗位上任职3—4年之后,必须在军兵种内交流轮换;联合作战指挥军官必须经过三军通用专业培训;各级军官在部队、院校和机关工作的时间各占服役时间的大约三分之一。

土耳其军队规定,军官在本科学历的基础上,需在部队任职6年,才可报考联合军事学院所属的三军学院。毕业回部队工作2年后,方可报考武装部队学院;并规定,不经三军学院联合参谋学习班的培训,不能获得参谋军官资格,更不可能晋升为将军。美、英、德军和土耳其军队一样,都十分重视联合参谋军官的培训,并把是否经过联合参谋学院培训,作为今后晋升将军行列的第一张"入场券"。

六、遵循"训用一致"原则,保证联合
作战指挥人才队伍稳定

为确保各级指挥院校培训的联合作战指挥人才发挥应有的作用,在联合作战指挥人才的选拔、培训、使用与晋升方面,外军的普遍做法是"训用一致、先训后用"。特别是美军自20世纪90年代初期开始培训"联合职业军官"以来,多次修改人事制度中有关指挥军官和参谋军官选拔、培训与使用的内容,以便做到训用一致,节约军事教育资源,提高受训军官的积极性。采取的主要措施:一是以岗定训。美军规定从国防

大学等综合性指挥院校毕业的联合指挥专业军官,均应被安排到联合事务职位任职;其他专业的军官,被安排到联合事务职位任职的数量不得少于50%。同时规定,陆军、空军、海军或海军陆战队中尉以上军衔的联合事务职位,必须有一半由经过院校联合指挥专业培训、精通联合事务或曾被提名担任联合事务职务的军官担任。二是确保正常晋升。美军规定,在联合参谋部中任职的军官和具有联合事务专业职称的军官,其整体军衔晋升率不得低于在其所属军种司令部中担任参谋的同一军种、同一衔级、同一竞争类别的军官晋升率。担任联合事务职务的军官,其整体军衔晋升率不低于同一军种、同一衔级、同一竞争类别的所有军官的晋升率。国防部部长每半年需要向国会报告一次执行情况,若未达到上述要求,应说明原因并提出纠正措施。三是确保整体协调发展。为了加强对从事联合作战军官队伍发展的宏观规划、指导和监督,美军规定,国防部部长负责指导有关部门制订联合事务专业职称军官和其他担任联合事务职务军官的发展计划,主要内容是选拔、军事教育、训练、职务类型等。联合参谋部负责监督联合事务专业职称军官和其他担任联合事务职务军官的晋升与专业职称发展情况,并定期向参谋长联席会议主席提出情况报告。

七、优化配置教育资源,提高联合作战指挥人才培养质量

外军认为,联合作战是统一运用诸军兵种作战资源,在陆、海、空、天、电多个战场实施的整体作战。联合作战指挥人才必须了解诸军兵种的基本情况、作战特点和作战能力,掌握指挥与协同诸军兵种力量进行联合作战的知识和技能。培养联合作战指挥人才,仅靠单一院校的教育资源是难以满足实际需求的,需要以各军种教育资源互补共享为依托来实现。从外军教官队伍结构看,教官队伍大多是由来自各军种的军官组

成。如美军规定,军种高级学院军事教官中来自其他军种的应不得少于25%;主要担负学员指导职责的教官中,军种中级院校来自其他军种的教官应不得少于5%,军种高级学院来自其他军种的教官应不得少于10%;国防大学的军事教官则按陆、海、空三军各占1/3的比例编配。从外军教学科研的主要活动看,参观见学涉及诸军兵种的部队、单位,模拟演练努力实现诸军兵种作战实验室的互联互通,联合作战理论的发展依靠诸军兵种人才的共同攻关,信息、资料基本实现在联合职业军事教育体系内的快速流动和共享。外军认为,只有实现各军种人才、信息、资料、项目、设备、设施等方面的交流合作、互补共享,才能保障联合作战指挥人才培养活动的顺利实施,促进联合作战指挥人才培养质量的不断提高。如土耳其联合军事学院的战争模拟系统,与总部和部队的指挥网络相连,与北约的数据相通,可与部队演习同步作业,使模拟训练贴近演习、贴近实战。外军联合作战指挥人才培养的实践表明,封闭和各自为战是培养不出联合作战指挥人才的。各军种教育资源的互补共享既是培养联合作战指挥人才的客观要求,也是提高联合作战指挥人才培养质量的必由之路。

综合上述分析可以看出,美、英等国军队在联合作战指挥人才培养上有不少成功的做法,反映了信息化条件下联合作战指挥军官和参谋军官培养、成长的基本规律,主要包括先进的教育理念、科学的培训目标与能力素质标准、结构清晰与层次递进的培训体系、紧贴岗位任职需求的培训内容、较为完善的法规政策等。尽管国情、军情、历史、文化与传统不同,我军在联合作战指挥人才培养的认识上、具体做法上不应完全照搬外军的做法,但仍可将其作为重要的参照系,从中获得有益的启示,提升我们对联合作战指挥人才培养的规律性认识,适应时代发展和战争需求,创造具有我军特色的培养联合作战指挥人才的新思路和新举措。

第三部分

办 学 思 路

紧紧围绕两个历史性课题，
谋划教学科研工作[*]

落实江泽民同志提出的"打得赢、不变质"这两个历史性课题，全军部队有许多工作要做，但从我们学校来讲，就是要聚集到一点，那就是不断改革教学科研，不断提升高中级干部学员的素质。这是我校落实江泽民同志"两个关注"的切入点。人才是兴军之本。保证军队不变色、不变质，首先是高中级干部要具有过硬的政治素质。高中级干部如果树立起坚定的理想信念，有好的作风，自觉抵制腐朽思想文化、"酒绿灯红"的侵蚀影响，就能够确保让枪杆子始终掌握在忠诚于党和人民的人手中，确保部队不变质。保证军队打得赢，很重要的一条，就是要提高高中级干部的科技素质、谋略水平、指挥现代战争的能力。所以，我们学校在回答解决两个历史性课题上，负有十分重大的责任，那就是培养大批政治坚定的、具有战略头脑的战役指挥人才。我们应该以此为基本立足点来谋划学校建设，谋划教学科研工作。

这些年，每年考核学员，我都要找五十多名学员谈话，一个强烈的感受，就是学员的政治素质是很好的，是可以信赖、可以放心的。但也要看到，外界的影响包括国际国内的各种影响，对学员或多或少有所干扰，有的同志在思想认识上也有一些片面的地方。比如，强调高科技知识学习

---

* 本文是作者在国防大学党委常委"三讲"教育回头看时的发言摘录（2000年1月18日）。

的同时,也有忽视政治理论学习的现象。有的学员在理想信念方面,也存在着一些深层的思想认识问题。这类情况必须引起注意。实事求是地讲,在理论教学方面,在经常性思想工作方面,我们做了不少工作,也很有成绩,但是也有不足。1999 年"三讲"教育中,大家就提到我们的思想政治教育针对性、有效性还须进一步增强。另外,我们学校的高中级干部学员,与初级院校的学员有很大不同,对他们的教育管理、做他们的思想工作,目前仍然有薄弱环节,存在失之于宽、失之于松的现象。研究生学员的思想教育也存在一些薄弱环节,今后要加大工作力度,努力加以改进。最为根本的,是要坚持并善于进行中国化马克思主义的理论武装,把中国特色社会主义的理想信念建立在科学认识的基础之上,"任尔东南西北风,咬定青山不放松"。还要从理论与实践结合上,弄清坚持党对军队绝对领导的真理性和极端重要性。在各项教学和经常性思想工作中,都要注重引导全体学员认识自己作为中华民族的优秀子孙,在民族复兴中的历史责任,牢固树立正确的世界观、人生观、价值观,经受住"不流血"的考验。

关于"打得赢",体现在人才培养工作中,更有一系列的新课题、新要求。我们的全部教学内容、课程设计、教学方法、教学手段的改革创新,都要着眼打赢高技术条件下局部战争的要求来谋划。特别是军事课程的教学,必须加大改革的力度。先进的武器装备是打得赢的重要物质基础,但人的因素,特别是高中级指挥人才的因素,是最具能动性、最活跃的战斗力因素。先进武器只有与优秀人才结合,与高超的指挥艺术结合,才能发挥出最大的效能。总之,解决好"两个历史性课题",是新形势下国防大学教学科研改革的全部着眼点和落脚点。

把创新作为一项系统工程来抓 *

　　学校"十五"规划,体现了这些年我们对办学治校特点规律的探索成果,贯穿了创新精神。我们落实规划,就要自觉遵循办学治校的特点规律,大力弘扬创新精神。只有这样,才能有新的作为、新的发展。

　　建校以来,校党委历届班子带领全校同志,积极探索办学治校的特点规律,推进开拓创新,先后提出了"一个目标、三个坚持"的教学指导思想,"三个重点、四个适应、五个突破"的工作思路,学校全面建设的"四项基础工程",学校建设面临的主要矛盾,学校建设与发展全局的"七个重要关系",人才兴校战略,校风建设"六提倡、六反对",等等。各部门、各单位也都努力探索各自工作领域的特点规律,总结出了若干新的经验。这些成果,从不同层次和侧面上反映了办学治校的特点规律,我们要很好地珍惜。事物总是不断向前发展的,特别是实施学校"十五"规划的过程中,必然会遇到一些新的情况、新的矛盾,我们对许多问题的认识也需要不断深化,必须在原有起点上,不断加大创新的力度。这里,关键是要把创新作为一项系统工程来抓,包括教学科研创新、政治工作尤其是干部人事工作创新、管理保障创新等方面,进一步形成有利于提高教学科研和人才培养质量的创新机制,使敢于创新、善于创新和出创新成果、出创新人才,成为我校在新世纪新

---

　　* 本文是作者在国防大学党委三届五次全体会议上的讲话摘录(2001 年 12 月 28 日)。

阶段的一个鲜明特色。

一是从战略全局高度强化创新的意识。落实学校"十五"规划,不是一个轻而易举的事情,必须以强烈的创新精神来抓。从创新的作用来看,江泽民同志明确指出,创新是一个国家、一个民族进步的灵魂,也是推动各项工作的不竭动力。从我们面临的大环境、大背景来看,当今科学技术和新军事变革迅猛发展,创新比以往任何时候都更重要、更紧迫,必须创造性地研究解决军事斗争准备和军队现代化建设跨越式发展遇到的各种新问题,使军事教育始终站在时代发展前沿。特别是从我校的职能和使命来看,我们所培养的"三高"人才,必须是富有创新精神和创新能力的高素质新型高级军事人才。我们的教学内容大多是前沿性、开创性的,不能吃"现成饭",也没有"现成饭"可吃。还要看到,军委、总部和全军部队对国防大学的期望很高,中央军委首长要求我校成为军事理论的创新基地,成为提供决策咨询建议的思想库,这给我们推进理论创新提出了更高的标准和要求。同时,兄弟院校改革发展的态势对我们既有促进,也有挑战。在新的形势下,我们要把改革创新放在世界战略格局变动和我国社会变革的大局中来认识,放在我们党的基本理论和基本路线的指导下来思考,放在军队特别是院校加快改革步伐的大潮中来把握,切实以时不我待的紧迫感担当起开拓创新的时代重任。否则,是无法向历史交代的。

二是积极构建具有国防大学特色的创新体系。这些年,我校一直高度重视教学科研和各项工作的创新。由于组织领导比较得力,在邓小平理论教学,"三个代表"重要思想研究和战略、战役训练模拟系统研制开发,军事斗争战略指导与军事行动样式研究等方面,取得了一系列重要创新成果。究其原因,就是坚持以重大课题为牵引,有组织地攻关,有计划地实施。同样,思想政治教育、重大典型宣传、党组织建设、干部工作、教学科研组织管理、后勤服务保障等,也都有一些创新性成果。但是总的看,在创新方面还存在着力量分散、各自为战的问题。实践证明,创新作为一个系统工程,涉及方方面面,任何局部的、单项的创新,其作用都有局限性,只有系统筹划、配套实施,形成完善的创新体系,才能把各项创新牵动起来,把创新资源有效利用起来,不断增强学校持续创新的综合能力。要使我校的创新有大的推进,必须有一个能够牵动和凝聚全校力量、能够把个体行为变成有组织的群体行为的创新体系。要加强对创新的组织协调,在校党委的统一领导下,各大部各负其责,按照学校"十五"规划提出的任务和要求,对分管的教学科研、政治工作、管理保障等方面的创新,进行统一筹划和组织实施。要重点抓好教学科研创新,根据培养目标和现实军事斗争需要,制定中长期规划,以教研室、研究所为主体,同时发挥机关和学员特别是研究生学员的作用,形成一个又一个创新能力很强的群体。要在总结这些年学校创新经验的基础上,由科研部牵头,会同其他部门,尽快把我校的创新体系构建起来,从整体上提升我校创新工作水平。

三是围绕解决重大理论和现实问题推进创新。遵照江泽民同志关于坚持以实际问题为中心研究马克思主义的科学方法,我们要以军事斗争准备为龙头,围绕打得赢、不变质两个历史性课题,加强对部队亟须解决的重大问题的研究,特别是对高技术条件下联合作战问题的研究,推进军事理论创新。理论创新成果要及时运用于教学,使之转化为学员的素质,转化为部队的实践。现在,有些同志由于对国际国内发展变化的形势了解不够,对部队建设的需求了解不够,因而难以站到学术前沿的制高点,也就抓不住、抓不准创新点。因此,从学校到各级领导,都要为教研人员创造获取最新知识、了解最新情况的机会。要加强科研情报资料的工作,高度关注军事斗争准备和军队建设与改革实践,善于吸纳部队研究的成果,善于借鉴外军的有益经验,引导大家把眼睛始终盯住学术前沿,在回答和解决重大问题上动脑筋、出精品,不去搞那些没有多少价值的低水平重复研究。强调研究现实问题,并不是忽视基础理论研究,但基础理论研究必须贴近现实,体现时代精神,为现实军事斗争服务。

四是营造有利于推动创新的良好氛围。各项工作都要有科学的创新评估机制,这方面我校已经采取了许多办法和举措,但还很不完善和具体,有的没有发挥出应有的作用。机关各大部要把这方面的工作提到议事日程上来,按照军委、总部的有关条令条例,结合学校实际,针对存在问题加以深入研究,力争在建立比较完善的创新评估机制上有所突破。尤其是,对全校的教学科研成果评估,训练部、科研部要切实统起来,进一步搞好教学质量和科研成果的检查、督导、评价。对创新价值大、质量高的教学科研成果,要适时加以梳理和确认,并给予必要的奖励。在学校的各种奖项中,要突出创新成果奖,以激活大家的智慧和创新能力。教学科研是一种创造性的复杂劳动,要尊重学术研究规律,发扬学术民主,鼓励推陈出新,鼓励敢为天下先。要引导大家防止和克服浮躁心态,坐得住冷板凳,埋头潜心研究,注重积累知识,做到厚积薄发。对冒尖的创新人才,要多爱护、多扶植,即使有些缺点,也要热情帮助引导,不能求全责备,更不要嫉贤妒能。还要严格遵守政治纪律,在国防大学的讲台上决不允许有任何违反政治纪律的"杂音"。这样要求,也是对创新人才的真正爱护。

创新,是一项崇高的事业,必须下真功夫,切实拿出有震撼力的成果。经过这几年的酝酿和积淀,我校在理论创新方面已经有了比较厚实的基础,应当勇于向更有震撼力的、能够称得上原创性的成果冲刺。当然这是很难的,对社会科学来说尤其是这样。但我们必须迎难而上,奋发努力,找准创新点,聚焦创新点,把力量集中到创新点,力争拿出更多的有震撼力的名课、名篇、名著、名说。在这点上,我校不仅有这个条件,更有这个责任。创新是一项开拓性、艰苦性劳动,凡是在创新上有一番作为的,都是敢闯敢试的结果;凡是创新型的名人、大家,也都是闯出来、苦出来、拼出来的。现在,我校无论在理论方面,还是在工作方面,需要创新的领域很多,能够创新的东西也很多。大家一定要自觉弘扬奋发有为的创新精神,不畏艰辛、敢为人先、勇于探索,努力拿出更多的创新成果。

注重搞好学校建设的
顶层谋划和设计[*]

把学习贯彻党的十六大精神不断引向深入,很重要的是从总体上全面、准确地领会和把握党的十六大精神,结合我们学校的实际,抓好贯彻落实。我校作为中国最高军事学府,就是要为解决打得赢、不变质两大历史性课题而努力奋斗。在这个问题上,我们要有很强的责任感和紧迫感,要有忧党忧国忧军意识。下一步,学习贯彻党的十六大精神的主要方向和着力点,要放在紧密结合学校实际搞好顶层谋划和整体设计上,理清工作思路,抓住工作重点、难点,有计划地扎实推进学校建设改革创新。

一、着眼全党全军的大势,把握学校
建设的全局,理清工作的思路

学习贯彻党的十六大精神,必须了解全局,把握大势。国防和军队建设发展的大势是什么? 基本的依据是党的十六大报告关于国防和军队建设的部署,是江泽民同志关于国防和军队建设的论述。最近,江泽

---

* 本文是作者在国防大学师以上单位党委、支部书记轮训班结业时的讲话(2002 年 12 月 6 日)。

民同志指出,要应对世界新军事变革迅猛发展的形势,加快推进军队的建设和改革。国防大学作为培养新型高级军事人才的基地和军事理论创新的基地,必须着眼这个大局、适应这个大势,积极主动地谋划好我们的工作。为此,必须深入学习贯彻党的十六大精神,以"三个代表"重要思想为指导,以提高人才培养质量为核心,以与时俱进、改革创新为动力,以提高学校自身干部队伍素质为支撑,努力提高教学科研水平,提高办学治校水平。最根本的是不断增强改革创新意识,努力用新理论、新知识武装人、培养人,使人才培养质量有一个大的提高。要做到这一点,我们的干部特别是教研干部必须在深入学习贯彻党的十六大精神的基础上,再进行一次新的思想解放,真正做到与时俱进,进一步增强创新意识,提高创新能力,拿出创新成果。这几年,我们的创新意识和创新能力有所增强,但与形势任务的要求相比,思想上还显得不够解放,创新意识、创新能力以及创新力量的组织和运用还显得不足。因此,要进一步倡导解放思想,推动思想解放。可以考虑在机关和教研干部中间,开展一次"解放思想、实事求是、与时俱进"的教育讨论。如果时间来得及,在校党委扩大会议召开之前,先开几次座谈会,听取各方面的意见和建议,把大家的智慧吸纳到校党委的工作谋划中去,特别是教学改革的顶层设计。在座的各位领导干部要做好充分准备,积极提出好建议、好办法、好举措来。

二、找准影响提高人才培养质量的突出问题和矛盾,拿出具有针对性、创见性的解决办法来

要很好地梳理、分析一下这方面的突出问题和矛盾,抓住那些重大的、有全局性影响的关节点,下大力气、创造性地加以解决。学校自身不能解决的,也要积极、主动、及时地向上级反映。最主要的,在于我们要更新教育观念,创新教育理论。要着重在更新教学内容、创新课程设置、

推进学科建设、改进教学方法上下功夫。找准创新点,选出重大的、有影响的课题,使创新成果进入教学。创新不是一句口号,而是实实在在的要求,是具有本质意义的要求。我们不是为了创新而创新,创新的目的是为了不断提高人才培养质量,培养出能够担负打得赢、不变质两大历史性课题的高素质人才。教学科研工作如何创新,要多听听教研干部的意见。机关在筹划 2003 年工作时,要对创新问题体现得更充分、更自觉、更具体。

三、各项工作都要树立高起点、高标准,增强中国最高军事学府意识、超前意识、精品意识、楷模意识

国防大学是中国最高军事学府,是培养"三高"人才的,有着特殊的职能、地位和使命。如果没有高起点、高标准,就办不成真正意义的中国最高军事学府。与中国最高军事学府的意识相适应,必须要有很强的超前意识、精品意识、楷模意识。这是我们办学治校一条重要的指导思想,也是一项基本的工作标准,应当成为全校同志的共识和自觉行动。

四、充分认识和发挥我校的优势

我校作为中国最高军事学府,也具有特殊的优势,充分认识这些优势、发挥好这些优势,对提高人才培养质量十分重要。我感到,这些优势主要包括:一是中国最高军事学府的声誉好、影响大,这是一笔可资利用的巨大的无形资产;二是我们地处首都,置身全国的政治、文化中心,离军委、总部和中央国家机关近,教育资源非常丰富;三是学员多是来自全军部队、机关和地方各部门、各地区的高中级干部,有着巨大的活力和潜力,人才和信息资源丰富;四是对外交往多、层次高,可以开阔视野,学习

借鉴军内外、国内外办学治校的好经验;五是学校在许多方面的工作具有很大的自主权,开拓创新的空间很大;六是地域环境和自然环境好,依山傍水,校园建设这几年上了一个大台阶,是吸引人才和凝聚人才的良好资源。对于这些资源,我们要充分地利用,很好地发挥。

五、紧紧扭住学校建设的主要矛盾不放

大家都赞成这样一个判断:当前和今后一个时期,我校建设的主要矛盾是,学校自身干部队伍素质和办学水平与培养新型高级军事人才的要求不相适应的矛盾。我们要紧紧扭住这个矛盾不放,着力提高干部队伍的素质,特别是对"名师工程",要抓得紧而又紧,拿出更多的新办法、新举措,在干部队伍素质整体提高的基础上使优秀人才、顶尖人才脱颖而出。这是各级领导的共同责任。

六、最大限度地调动全校人员的积极性、主动性和创造性

党的十六大报告中提出了"四个尊重"。落实"四个尊重",对我校来说,最可贵的是创造,最主要的是"尊重创造",是努力创造新的理论、解决新的问题。这些年,学校在"尊重知识、尊重人才"方面做得是好的,采取了许多措施。比如,教研干部的"改套",就是要让教研干部有更大的发展空间,充分发挥作用;"名师工程"经过充分论证,现在也已经开始实施。这些都是为了充分调动大家的积极性、主动性和创造性。只要人人都来为学校建设想办法、出主意,都来为学校分忧解难,就没有解决不了的问题,就没有克服不了的困难。我们要把大家的心思和精力都引到干事业上来,让每个同志知道,只要真正是人才,在国防大学是埋没不了的,从而让大家的聪明才智充分发挥出来,干好事业、干成事业。

七、在工作指导上既要突出重点、突破 难点,又要全面进步、协调发展

2003 年的工作千头万绪,要抓重点、抓难点。什么是重点、难点?我看主要是解决如何提高人才培养质量和教学科研质量问题,是解答军事斗争准备、未来高技术条件下局部战争等重大课题中学员最关心、最迫切需要解答的问题。这些问题解决和解答好了,部队就叫好,我们的教学科研水平就明显提高,国防大学的地位作用也就体现出来了。因此,谋划 2003 年工作时要紧紧抓住这些重点、难点,全力以赴、集中突破。解决得好,就会成为亮点。同时,也要协调发展、全面进步,不能两头冒尖,不能出问题,特别是不能出分散精力、干扰教学科研中心工作的问题。凡事预则立,不预则废。各单位在政治纪律、保密规定、财经制度、安全管理、对外交往等方面,要想得深一些、细一些,加强思想政治建设,加强防范措施,把问题想在先,把工作做在前,做到万无一失。

八、用发展的办法解决前进中的矛盾和问题

这些年,随着学校教学科研能力的增强,军委、总部不断赋予我们更多的培训任务和科研课题,培训数量和各种新开班次不断增加。但我校的编制体制不尽合理,人员偏紧,经费短缺,学校的建设和发展遇到了一些新的矛盾和困难。这些矛盾和困难,从本质上讲都是发展、前进中的问题,必须用发展的办法来解决。例如,现在学校承担的短期培训任务较多,一定程度上影响了基本系和研究生的教学。但必须看到,继续教育、终身教育是大趋势,承担更多的干部培训、轮训任务是形势发展的需要。我们一定要迎难而上,振奋精神,有所作为,用发展的思路和发展的办法研究解决好前进中的问题。对这一点,全校同志要进一步统一思想认识。

各项工作都要适应中国特色
军事变革的新要求[*]

　　2003 年,是全面贯彻落实党的十六大精神,在新的起点上大力推进党和国家改革与发展、全面建设小康社会的开局之年,也是我军建设与发展跨入新的阶段、加快推进中国特色军事变革的关键之年。在这样的大背景、大趋势下,形势逼人,不进则退。我们必须有一个新的觉醒,充分认清国防大学在中国特色军事变革中所处的地位和肩负的重要使命,以强烈的机遇意识,迅速行动起来,上下团结一心,积极投身中国特色军事变革的伟大实践,自觉勇立潮头,当先锋、做楷模,与时俱进地推进学校的改革与发展。这是我们做好工作的关键所在,也是奠定学校长远发展坚实基础的必然要求。

　　目前正在发生的世界新军事变革,是迄今人类历史上影响最深刻、最广泛的一次军事变革。无论从历史还是现实的角度看,每一次重大军事变革,总是以军事理论创新为先导,以人才培养为支撑。我校既是高级军事人才培养的基地,又是军事理论创新的基地,在推进中国特色军事变革的历史进程中,在这两个根本性问题上必须充分发挥作用,力争有更大的作为。

　　解放思想要有新境界,下决心冲破各种妨碍改革创新的陈旧思想框框。我校要走在中国特色军事变革的前列,要做的具体工作很多,首要

---

　　[*] 本文是作者在国防大学党委三届八次全体会议上的讲话摘录(2003 年 1 月 9 日)。

的是进一步解放思想、更新观念。思想观念跟不上,一切都跟不上。我们面临的这场军事变革,实质上是按照信息化要求对工业时代军队进行彻底改造,是军队的整体转型和作战方式的根本转变。而我们过去长期在机械化半机械化军队建设过程中形成的思想观念,在既有军事理论的传承中所接受的思想观念,与中国特色军事变革必将会产生许多碰撞,显出诸多的不相适应。还要特别地认识到,我们现在的教育模式在很大程度上是工业时代和机械化军队时代的产物,同样面临着危机和挑战。这就决定了我们解放思想、更新观念、更新知识的任务显得异常艰巨、异常紧迫。对此,我们应有清醒的估计、高度的自觉。校党委确定,要通过开展一次"解放思想、实事求是、与时俱进"的教育讨论,在全校确立起与中国特色军事变革相适应的信息主导、系统集成、科技先行、人才为本等观念;同时紧密联系实际,把我们在创新方面存在的问题好好梳理一下、反思一下,在全校来一次新的思想解放。着重解决思想偏于保守、知识偏于陈旧的问题,树立拓宽视野、更新知识、紧跟时代潮流的意识;解决安于现状、甘于平庸、标准不高的问题,树立正视差距、奋发有为、争创一流的意识;解决习惯等靠、工作被动、给什么条件办什么事的问题,树立抓住机遇、积极争取各方支持、开发和利用教育所需的各种资源、谋求学校更大发展的意识;解决锐气不足、四平八稳、不敢冒尖的问题,树立敢为人先、敢于标新立异的意识;解决在识人用人上求全责备、论资排辈、迁就照顾的问题,树立见贤思齐、唯才是举、不拘一格选人才的意识。从而,在全校进一步形成与时俱进、改革创新、再铸辉煌的舆论导向和浓厚氛围。

人才培养要有新思路,全面推进教学内容的改革创新。推进中国特色军事变革,人才培养需要转型,我们的教学同样需要转型。江泽民同志明确提出,新型军事人才必须是知识型革命军人,并强调要培养和造就"五支队伍"。其中,培养和造就一支具有战略眼光、能够把握世界军事发展趋势、懂得信息化战争指挥和信息化军队建设的指挥军官队伍，培养和造就一支具有较高科学文化素质和全面军事素质、善于对军队建设和作战问题出谋划策的参谋队伍，我们国防大学肩负着重大职责。2003年，我们要根据江泽民同志对人才培养提出的目标要求，与时俱进地充实完善我校的教学指导思想，抓紧搞好高级指挥人才和高级参谋人才的素质模型论证，并依据这个模型，对教学内容体系进行全面改造。当然这需要一个过程，但从2003年起，就要迈出坚实的步伐。特别是在课程设置上，要适应打赢信息化战争和建设信息化军队对于人才培养的要求，对整个教学内容进行顶层设计和系统优化。一定要按照"需要什么就教什么"的思路，使重点优势学科进一步加强，把一些急需的新兴学科抓紧建立起来，没有的要赶快补上。确实必要的，也可在学校职权范围内，对某些教学机构和教学力量运用，大胆调整布局。目前，外军特别是美军在信息化战争研究与教学方面已经走在前面，我军也有许多个单位和院校成立了与信息化战争相关的教学与研究机构。这值得我们重视。我们要依托现有体制，积极协调组织力量，加大信息化战争研究与教学的力度，尽快形成我校在这方面的新优势，决不可落在后面。着眼解决当前我军高素质新型联合作战指挥人才严重不足的问题，要尽快就开办联合作战优秀中青年指挥干部培训班进行论证。研究生的培训目标要进一步向应用型人才和指挥军官调整，招生对象要向全日制本科生，特别是向学理工的和科技素质较高的干部倾斜，拓宽专业领域，更新教学内容。要认真总结和发扬近几年教学改革的成功经验，鼓舞斗志，继续奋进，力争经过两到三年的努力，逐步形成既有时代特征又有国防大学特色的新型人才培养模式和教学内容体系。

　　理论创新要有新突破，着力回答解决好中国特色军事变革中的重点难点问题。中国特色军事变革为创新发展军事理论拓展了广阔的空间。我们要充分发挥人才密集的优势，运用和发扬这些年科研工作的成功经验,加大军事理论创新的力度,力求有更大的建树。一是精选课题,推出精品。提出问题是解决问题的前提,问题选准了,也就成功了一半。要以江泽民同志重要讲话作为精选研究课题的根本指导,抓住那些带有全局性、前瞻性、关键性的问题,组织精兵强将进行攻关。同时,瞄准部队在推进中国特色军事变革、做好军事斗争准备中遇到的重大问题,特别要在作战理论、战法研究、联合作战指挥体制研究等方面,力争有重大突破。建议在 2003 年科研工作要点的基础上,组织校学术委员会精选出一批重点攻关课题,报校首长办公会确定。二是着眼实践,讲求实效。理论创新要把前瞻性与实用性结合起来,起点要高,落点要实。要善于从部队实践中寻找创新点,注意跟踪研究世界近期发生或正在发生的高技术战争,把目光盯在现代战争和新军事变革的最前沿,把劲用在回答解决部队改革与发展面临的重点难点问题上,真正为部队建设和军事斗争准备提供很好的理论支持,为军委、总部决策起到重要的咨询作用。科研工作要突出重点,避免战线过长,重在质量,重在产生重大的实际影响。要拒绝平庸,拒绝低水平重复研究。三是把加强组织协调、体现整体优势,同发挥个人的主动性、创造性结合起来。这些年,我校邓小平理论和"三个代表"重要思想研究中心、战略研究所、训练模拟中心等单位,所以能够推出一些有重大影响的成果,在很大程度上得益于对校内外甚至全军科研力量的组织和运用。要充分挖掘我校自身的资源,包括发挥好高中级干部学员和研究生的作用,善于以重大课题为纽带,把全军机关院校以及社会上有识之士的智力资源,拿来为我校所用。要进一步完善我校跨学科、跨部门的科研攻关机制,构建与军内外相关科研单位的合作机制,把各方面的创新力量聚集起来。同时,充分尊重个人的首创精神,鼓励有能力的同志独立提出并完成有重要价值的理论创新课题。

鼓励和扶持创新要有新举措,大力营造有利于创新的良好氛围。创新是一个艰辛探索的过程。凡是创新性成果,都来自于超常的付出,甚至来自于生命的"透支",理所当然要受到应有的尊重、支持和鼓励。要在全校大力倡导"四个尊重"特别是尊重创造的风气,进一步健全和完善有利于创新的竞争激励机制,成果评估、表彰奖励、经费保障、人才使用等,都要有利于调动创新的积极性,各项政策制度都要向鼓励和扶持创新性劳动、创新性成果、创新性人才倾斜。鼓励教研人员有自己的学术风格,提倡学术争鸣,尤其要尊重创新性人才的个性特点,防止求全责备。要善于运用新闻媒体,大力宣扬创新方面的先进典型,引导大家保持昂扬向上、奋发有为的精神状态,把心思和精力都用在创造性地干好事业上。已经出台的政策一定要兑现,要让那些付出艰辛、成绩突出的同志受到尊重,切实受益。这些问题我们近年来反复强调,关键是各级领导、各个部门要各司其职,以高度的政治责任感抓好落实,为每个同志施展聪明才智提供舞台。要努力形成人人想干事业、干成事业的生动局面。学校的政治工作、校务保障工作、教学管理和行政管理工作,都应着眼自身的特点和实际,创造性地开展工作,为教学改革和理论创新提供有力的保证和支持。

　　面对推进中国特色军事变革的伟大实践,作为中国最高军事学府的国防大学,要不断用时代发展的要求审视自己,以改革创新的精神加强和完善自己,努力塑造与创建国防大学新时期的鲜明特色,这就是:以理论上特别清醒、政治上特别坚定,以创新能力很强、创新成果丰硕,以人才荟萃、名师辈出,以从严治校、严谨治学,以团结奋进、有很强凝聚力而著称全军,为推进中国特色军事变革作出应有的贡献。

追求卓越，拒绝平庸 *

　　为深入学习贯彻党的十六大精神和中央军委指示精神，动员全校同志进一步解放思想、实事求是、与时俱进、开拓创新，迎接世界新军事变革的挑战，努力在推进中国特色军事变革中走在前列，校党委决定，在全校开展一次"解放思想、实事求是、与时俱进"的教育讨论。这是我校加强思想政治建设并以此推动教学科研和各项工作的一个重大举措。

　　思想的先进是本质的先进，观念的落后是根本的落后。这次教育讨论，最主要的是引导和激励广大干部着眼形势发展的需要，紧跟军事变革的步伐，牢固确立解放思想、实事求是、与时俱进的思想路线，坚决冲破各种妨碍我校改革发展的旧观念，确立与中国特色军事变革相适应的新观念，为走在中国特色军事变革的前列提供强有力的思想先导和精神动力。针对目前我校的工作实际和干部的思想实际，重点是要解决好"四个拒绝、四个追求"的问题。

　　一是拒绝落后、追求先进。"三个代表"重要思想的核心是保持先进性，与时俱进的本质是拒绝落后、永葆先进。这次教育讨论的一个任务，就是对那些与中国特色军事变革要求不相适宜的落后的东西进行一次认真清理，坚决克服那些在机械化半机械化过程中形成的与打赢信息化战争、建设信息化军队不相适应的落后的思想观念，彻底改革那些在

---

* 本文是作者在国防大学"解放思想、实事求是、与时俱进"教育讨论动员大会上的讲话摘录（2003 年 3 月 21 日）。

传统承接中形成的不合时宜的教育模式和体制机制，自觉更新那些不能跟上信息时代飞速发展要求的陈旧知识，在军事领域进行一次新的思想解放。我们必须看到，先进性标准，是一个动态的、发展的标准，过去是先进的，今天可能是落后的；今天是先进的，将来也可能是落后的。这些年来，我校在邓小平理论和"三个代表"重要思想的学习研究、国家安全战略研究、军事斗争准备的教学科研、战略战役模拟训练系统的研制开发等方面，取得了可喜成绩，不少方面处于全军领先地位。但是也要看到，我们在前进，其他单位也在发展。如果我们稍有懈怠，就可能由先进变成落后，有些优势就可能丧失。更何况我们某些重要的教学科研和其他工作，原本就并不领先。因此，必须牢固确立先进性的标准，不断推进以教学科研为中心的各项工作的改革创新。先进性标准，对我们学校来说，就是中国最高军事学府标准，就是"三化"楷模标准，就是走在前列标准。要在全校努力营造拒绝落后、不甘落伍，鼓励先进、学习先进的浓厚氛围，使追求先进、永葆先进的思想深深融入每个同志的血脉。

二是拒绝自满、追求进取。当今时代，是一个突飞猛进的、加速度发展的时代。自满、松懈、停顿，就意味着自甘淘汰。我们国防大学作为抗大的传人，经过一代代人的艰苦创业，创造了辉煌历史，取得了巨大成就。然而，历史只能代表过去，成绩不能说明未来。我们有一批优秀的教研骨干和领导骨干，有一批创新性标志成果，自己和自己比，年年都有新进展，但这些与疾速前进的军事变革的要求相比，与军事斗争准备的需要相比，是远远不够的，根本不是可以自满的理由。至于少数同志满足于"两杠四星、四室一厅、不离北京"，沾沾自喜，安于现状，那就更是境界不高了。我们只有始终以"三个代表"的根本要求为尺度来衡量学校的建设，衡量自己的工作，永远把成绩作为前进的起点，把荣誉作为发展的动力，不断地超越传统、超越自我、开拓进取，才能无愧于"三个代表"的要求，无愧于作为国防大学的一员。

三是拒绝守旧、追求创新。在当今信息时代，拒绝守旧、追求创新的意义超过了以往任何时代。我们国防大学要担负起培养高级军事人才和创新军事理论的历史重任，决定性的因素是人人拒绝守旧、个个追求创新，让聪明才智得以充分涌流，突破性的创新成果不断涌现。这些年来，尽管学校党委、领导对创新非常重视，全校同志特别是教研战线的同志做了很大努力，取得了明显进步，但是，在不少问题上，往往是讲得多，做得少，推动很难，进展缓慢。原因虽然是多方面的，但主要还是旧思想、旧观念、旧习惯束缚，敢闯敢创的劲头不足。因此，破除守旧、锐意创新仍然是我们学校发展前进迫切需要解决的一个关键问题。首先，一定要有强烈的创新意识，就是要有跟踪学术前沿的敏锐性，把握发展趋势的前瞻性，勇于推陈出新的自觉性；其次，要有很强的创新能力，就是要把握规律、勇于实践，观察问题要有新视角，研究学问要有新思路，开展工作要有新办法；第三，还要有一种无畏的创新勇气，就是要敢于冲击前人未曾涉足的领域和未曾达到的目标，敢于走前人没有走过的路，敢于讲前人没有讲过的话，敢于做前人没有做过的事，把创新当做人生价值的最高境界，作为毕生为之奋斗的事业，耐得住寂寞，受得了清苦，坐得了冷板凳、呕心沥血、顽强拼搏，从创新中获得愉悦和幸福。只有让思想自由翱翔，才能使大家的主观能动性尽情发挥，创造性潜能尽情施展。

四是拒绝平庸、追求卓越。要坚决克服和防止那种不求有功，但求无过，人云亦云，自己不冒尖，也不高兴别人冒尖的不健康思想情绪。要拒绝平庸、鼓励冒尖、追求卓越，关键是正确对待冒尖。冒尖是事物发展不平衡规律的反映，冒尖就是前进，冒尖就是突破，没有一马当先就难有万马奔腾。在信息时代，勇于创新、敢于冒尖已经成为新的社会时尚。现在，我们学校冒尖的人才、冒尖的成果不是多了，而是少了。我们要像爱护自己的眼睛那样爱护冒尖人才，珍惜冒尖成果。拔尖人才，有各方面素质很全面的,但也不是完人,其中有的难免有这样那样的缺点和弱点,甚至个别人会有些怪癖。纵观科学发展史,有不少作出杰出贡献的大科学家、大发明家、大学者,并非都是完人。所以,多一些包容宽厚,张扬拔尖人才创造性的天赋和个性,更有利于军事理论和各项工作的创新。当然,这样讲,丝毫不是说可以放松对全面提高素质的要求,特别是在政治上、道德品质上是不能放松要求的。对我们每个人自身来说,都要注重全面修养,努力追求完美。越是名人,越是能人,越要严格要求自己。与此同时,又要坚持反对那种看似没有什么缺点错误,但又没有什么成绩建树,自己不干事或干不了什么事,却对那些作出突出成绩、出头冒尖的同志评头论足,找碴儿、挑刺儿的不良习气。要在全校大力营造"四个尊重"的浓厚氛围,坚决打破那种甘于平庸、嫉贤妒能的陈规陋习,建立健全鼓励冒尖的政策机制;对确有成就的冒尖人才,要大张旗鼓地宣扬、理直气壮地重奖。只要是人才,我们国防大学是决不会埋没的。

着力在改革创新上求突破 *

解放思想的根本目的在于不断推动实际工作的创新发展。当前和今后一个时期,就全党全国来说,最大的实际是全面建设小康社会;就我们军队来说,最大的实际是积极推进中国特色军事变革,做好军事斗争准备;就我们学校来说,最大的实际,就是为加速推进中国特色军事变革和军事斗争准备,培养高级军事人才和创新发展军事理论。这次教育讨论,必须立足这个实际,着眼我们正在做的事情,努力在推进以教学科研为中心的各项工作改革创新上求突破。

一是在构建人才素质模型和优化教学体系上有新突破。适应推进中国特色军事变革的要求,实现人才培养模式的转型,首要的是构建一个科学、先进的人才素质模型。这是教学改革的基本依据,是顶层设计的重要一环。目前,机关有关部门已就高级指挥人才的素质模型和培养模式拿出了一个初步方案,校党委常委已经做了研究。下一步,要继续搞好深入研究论证,逐步完善方案。据此,对我们的课程体系和教学内容进行整体优化和系统整合。应当看到,在这方面我们还有不少东西停留在机械化半机械化时代,显得明显滞后,除旧布新的任务非常艰巨。要下决心淘汰那些陈旧过时的内容,即使是我们的拿手好戏,也要当弃则弃、当改则改,力争通过几年的努力,形成既有时代特征又有国防大学

---

* 本文是作者在国防大学"解放思想、实事求是、与时俱进"教育讨论动员大会上的讲话摘录(2003 年 3 月 21 日)。

特色的新型人才培养模式和教学体系。要高度重视学科建设。学科建设的水平,决定着人才培养的质量,也是衡量一个学校水平高低的重要标志。对一个学校来说,最需要费尽心血、付出创造性劳动的就是学科建设。我们学校有不少优势学科,新形势下,优势学科争创新优势的任务相当艰巨,建立一批适应中国特色军事变革要求的新兴学科更为迫切。尤其在打赢信息化战争和建设信息化军队的研究与教学方面,必须倾注全力,抢占先机,努力形成一批新的优势学科、特色学科。

二是在军事理论创新上有新突破。江泽民同志在提出积极推进中国特色军事变革战略任务时,特别强调军事理论创新的重要作用。在这方面,我们国防大学负有义不容辞的重大责任。我们要着眼建设信息化军队、打赢信息化战争和军事斗争准备中带有全局性、前瞻性、关键性的问题,着眼解决军委、总部关注,部队建设急需,学校教学关键的重点、难点问题,把军事思想和作战理论创新作为军事理论创新的聚焦点和突破口,集中精兵强将,组织联合攻关,拿出真正有分量的创新成果,以此显著提升我校作为当代中国军事理论创新重要基地的实际地位。2003年,总部赋予我校5个重大课题;2003年上半年,总部还赋予我们举办战役进修班的任务,其中几十个研究性课题中,我校就承担了将近一半。我们要抓住这些重大课题,争取在军事理论创新上有一个丰收。另外,目前伊拉克战争已经打响,这是我们研究信息化战争特点规律的极好时机,一定要密切跟踪,加强研究,拿出高质量的研究成果。军事理论创新,还有一点值得我们重视,就是搞好创新成果的综合集成。近几年来,在军事理论创新上,校内外有不少零散的,不那么系统、成熟的成果,如果用心加以梳理综合,提炼升华成理论体系,可能是很有意义的。此外,要下决心建立起全校创新成果的评估、认定和转化机制,给创新成果多一些交流平台,多一些奖励办法。

三是在改进教学方法和教学手段上有新突破。要按照素质教育、创新教育的要求,深入探索高级军事人才的施教特点和规律,坚持并大力深化研究式、启发式、开放式、模拟式教学,尽快研究、论证、出台《高级指挥院校研究式教学实施办法》。要抓住考试这个促进教学的有力杠杆,坚持从严施考,以考促教,以考促学,以考促研,促使整个学习过程更加具有自主性、创造性;进一步摆脱应试教育的传统考试模式,改革和完善各个班次、主要课程的考试内容和方法,真正激发学员的自主学习意识和创新思维。要坚决防止和严肃处理考试中的不正之风。训练部已就此拿出了一个初步方案,要在抓紧完善的基础上付诸实施。要深入研究我军信息化建设的发展趋势和网络化时代的教育特点,加快我校信息化建设步伐,全面构建信息化教学平台,不断提高信息化教学水平。

四是在加强干部队伍建设,特别是建立有利于优秀人才脱颖而出的政策机制上有新突破。我校作为中国最高军事学府,要靠一批名师、大师和优秀教研骨干、领导骨干来支撑。必须下功夫建设一支以顶尖人才为骨干、以中青年优秀人才为主体的教研干部队伍。这是近年来我们反复强调的,也是政治工作改革创新的重中之重。要采取有力措施吸纳、保留尖子人才,使军内外一些顶尖人才直接为我所用。要积极、稳妥地推进教官制试点,重新设计完善兼职教授的需求规划,制定完善兼职教授选聘、管理、待遇等方面的相关政策,努力形成一支造诣深厚、充满活力、更能充分发挥作用的兼职教授队伍。要下决心解决影响和制约拔尖人才成长的深层次矛盾和问题,进一步建立健全有利于优秀人才脱颖而出的政策机制,包括让拔尖人才得到更多实惠,并下决心逐步建立淘汰机制,努力营造既积极竞争又团结和谐的崭新局面。

五是在加强对高中级干部的教育管理上有新突破。我校是教学科研单位,需要有宽松、民主的学术氛围。同时,我校又是中国最高军事学府,需要有严格的纪律和管理。特别要看到,我校作为军队高中级干部集中的地方,是各种敌对势力渗透的重点,在市场经济条件下,各种诱惑因素增多,当前隐蔽战线斗争尖锐复杂,对此必须保持清醒认识和高度警觉。要把加强对高中级干部的教育管理,作为事关国防大学地位、使命和形象的大事来抓,针对新形势下我校高中级干部工作、学习、生活的特点规律,总结以往的经验教训,进一步研究制定对本校干部,包括学员特别是高中级干部学员的教育管理办法。一方面要管住,确保政治上、纪律上、思想道德上不出问题,特别是把好干部外出讲学、发表文章、接受采访等方面的纪律关,管好高中级干部八小时以外的社交圈、生活圈、娱乐圈。另一方面,还要管得科学合理,努力形成既严格规范又生动活泼的工作、生活环境。

六是在优化新形势下体制编制和服务保障机制上有新突破。要借这次全军体制编制调整改革的东风,按照培养高素质新型军事人才的要求和现代军事教育的规律,对我校的体制编制进行充分论证。要本着适应中国特色军事变革对我校的新要求,本着更加有利于发挥我校人才培养基地、理论创新基地、决策咨询基地的作用,更加有利于新兴学科专业的建设,进一步优化我校编制体制、优化教学科研力量的组织和使用,为学校发展提供更加合理的体制保障。这是一次历史性机遇,一定要抓住机遇而不可丧失机遇,关键是要有切实、合理的创造性构想。要积极探索建立市场经济条件下的新型服务保障机制,在经济适用住房和营房建设总体规划、后勤保障社会化等方面,努力实现优质高效、群众满意。

找准影响制约学校改革与
发展的重要问题[*]

校党委常委务虚会是我们的一个好传统。今天的务虚会,大家准备充分,各抒己见,特别是把影响学校改革与发展的一些大的问题找了出来,并作了分析,提出了很好的意见和建议。这对我们在新的起点上做好工作很有好处。

一、关于保持奋发进取精神状态问题

这几年,经过大家共同努力,学校建设一年比一年有进步,无论是人才培养、理论创新,还是干部队伍建设、校园环境和设施建设等,都有突破性进展。对学校取得的成绩和进步,要充分肯定,大力宣扬,以鼓舞士气,增强信心。

经验告诉我们,越是形势好的时候,越要保持清醒头脑;越是发展顺利的时候,越要看到差距和问题。我觉得,目前学校一个带全局性的问题,就是要用更高的标准来审视自己,防止和克服自满松懈情绪,始终保持昂扬向上、奋发进取的精神状态。对此,应从以下四个方面来认识:

---

* 本文是作者在国防大学党委常委务虚会上的发言摘录(2004年12月30日)。

一个是,现在国防大学正处在一个新的发展起点上,巩固来之不易的大好形势,推进学校改革与发展,需要不断解放思想、更新观念。现在,相当一部分同志的思想还比较保守,眼界比较狭窄,解放思想只是停留在认识层面上,真正向工作领域深化和拓展差得很远,在具体工作中拿不出创新的思路,提不出创新的见解,一些习惯性的思维方式和套路做法仍然束缚着手脚。我们一些工作包括有的教学科研项目之所以质量上不去,关键是观念落后。观念跟不上,一切都跟不上。实事求是地讲,我们在一些问题上跟不上上级领导的新观念和重要意图,而我们有的同志在一些问题上也跟不上校党委的意图,在理解和观念上有差距。由于看不到外面变化了的世界,许多人总是习惯于自己和自己比,自我感觉良好,这是很危险的。所以,要引导大家放开眼界看世界,站在全局看问题,善于认清大势、把握大局,拓展视野、打开思路,提高思维层次,坚决克服封闭半封闭、自我感觉良好的心态和做法。

再一个是,必须按照"建设符合时代要求、具有世界先进水平和我军特色的综合性联合指挥大学"这一奋斗目标,逐步实现整体转型,而且要在全军院校率先转型。可以说,转型是今后一个时期学校改革和建设的主题,也是学校各项工作的指向性要求。现在的问题是,我们不少工作还是习惯于按照过去的老习惯、老套路,促进转型的自觉意识不强。各级党委和领导干部一定要抓住整体转型这个主题不放,按照转型的要求全面审视和谋划各项工作,进一步把学校改革与发展的顶层设计细化、具体化,使其成为各单位的发展目标和具体思路,成为每个同志提高能力素质、发挥聪明才智的内在动力和实际行动。没有具体化,各项工作就往往不能很好体现总的思想和目标,就容易形成两张皮。要通过"量"的积累,逐步实现"质"的飞跃。

另一个是,人才培养和教学科研需要进一步向军事斗争准备,向真打、真准备聚焦。我们提高办学治校的能力,核心是解决好两大历史性课题,当务之急是提高培养打赢人才的能力。这是学校建设带方向性的问题。我们的培训任务之所以那么繁重,实质上就是为军事斗争准备加紧作人才准备。对这一点,我们在工作中体现得还不是很自觉、很清晰,一些同志并不是以打仗的心态来培养人才。没有紧迫感,也就不可能有使命感。打仗的要求,一定要在我们的教学科研中充分体现出来,尤其要在新年度教学科研内容的顶层设计上体现出来,否则,就不能说实打、实准备思想牢固树立了。

第四个是,切实抓好"保底工程",确保学校安全稳定。这几年学校虽然没出什么大事,但隐患不少。特别要看到复杂环境和意识形态领域的斗争对人们思想的影响不可低估,不能只关注亮点、抓亮点,还要防止出"黑点",如果出上一个"黑点",别的亮点都不亮了。我多次讲过,国防大学要出事可能就出在隐蔽战线斗争和保密问题上,我们这里涉密的人太多、涉外的人太多,而且人员复杂,社会交往多,外事活动多。如果没有很高的政治觉悟,没有严格的管理制度,就可能出大问题。所以,我们必须正确认识学校建设形势,以保持清醒的头脑和昂扬奋进的精神状态。只有这样,我们才能在现有基础上,把学校建设不断向更高层次推进。

二、关于教学科研改革创新问题

应当讲,这几年我们在教学科研上的改革创新力度还是比较大的,也取得了可喜成果,应当给予充分肯定。但目前军委、总部赋予我们的任务很重、要求很高,教学科研改革还要继续加大力度,不断迈出实质性步子,否则就很难高标准地完成任务。有些问题,我已反复讲过,但还有几个重要问题需要强调,以进一步形成共识,抓好落实。

一是,一定要明确我们现在培养的是打得赢的人才,必须按照打赢

需要什么、部队需要什么，我们就讲什么、教什么的要求，搞好课程设计和内容设置。对课程设计，要多和军委、总部沟通，多到各军兵种和担负作战任务部队调研，了解他们关注的难点、难题是什么；多听听学员的意见，看看他们到底需要哪些东西。无论是教学还是科研，无论是军事理论教学还是政治理论教学，都要把真打实备的精神贯穿进去，紧紧围绕军事斗争准备，真正弄清信息条件下作战的新情况、新问题，真正知彼知己，真正教真招、研究打赢的管用方法。一句话，整个教学科研工作都要突出军事斗争准备这个主题，把打赢作为最主要的动力源和牵引力，着眼打赢来设计、创新和审视我们的教学科研，把教学科研的落脚点确实放在提高学员的打赢能力上。凡是没有按这个要求做的，都要逐步改过来，特别是重要班次和战略、战役等重要课程，必须突出打赢的要求。

二是，**在教学方法上要彻底改变我讲你听的模式**。切实使教学从以教为中心转到以学为中心上来，学员从教育对象转变到教育主体上来，这就是创新教育、素质教育的现代教育理念。落实这种理念，有许多具体工作要做。现在我们在工作指导上，还是有点大而化之；在如何使学员成为学习主体的问题上，还相差太远，还要做许多工作。要尽量减少大课，即使讲也要精讲。要把 2004 年已经试点的问题前导式教学、小班研讨、案例教学等方法，在更大范围推开。要提高教员组织学员开展研讨的能力，学员系院队也要积极配合做这方面的工作。

三是，**要着手解决好教学任务重与师资力量不足的矛盾**。这里有一个对我校办学规模的认识问题。全军其他院校有没有培训过多、人才过剩的情况？部队是否真的需要这么多人才？一定要统一思想认识。有些学科，要转向设计与教学并重，逐渐转向"自己设计、请人来讲、组织学员研讨"。要善于利用国家、军队特别是军地院校等各种教育资源，学会搭台唱戏。现在发达国家高等军事院校的专职教研人员很少，他们主要是依靠社会资源来办学。这是很重要的办学方法，应成为我校办学的一个大思路。我们可以把题目出好，把内容设计好，外请高手来讲。

四是，要正确处理好重点班次与基本系教学的关系。现在有的基本系学员反映，学校对重点班次投入力量大，对他们不够重视，有些"边缘化"。基本系学员是我们的基本培训对象，我们历来是很重视的。要合理安排重点班次和基本系的教学，既要突出重点，又要兼顾一般；既要资源互用，又要成果共享，防止出现厚此薄彼的现象。

三、关于干部队伍建设问题

我们学校的干部工作，这些年是很有成效的。但从总体上看，我们在解决干部队伍能力素质与培养高素质新型军事人才要求不相适应这个学校建设的主要矛盾上力度还不太大，特别是在提高教研干部、领导干部能力素质方面，还存在着喊得多、抓得不实的问题。尤其是对教研干部，到底素质能力缺乏什么？当务之急缺的是什么？是学历不够，还是实践经验不够，科技素养不够，机关和干部本人认识不够？还搞得不是很清楚，这是制约学校改革与发展的一个深层次因素。在干部队伍建设上，有两个方面的工作需要深入做好。

一方面，要把干部队伍的情况确实搞准，针对问题研究提出对策。要一个人一个人地搞清楚。政治机关掌握骨干、尖子，各教研部要掌握到每一个人。我校干部最大的问题是什么？我感到还是"两个不够"。一是理论联系实际不够，脱离实际。不少同志多少年都没到部队去过，从院校到院校、从本子到本子。据统计，目前我校教研干部中，从院校到院校的人占总数的44.8%；从部队调入后，5年以上未到部队代职、任职的人占总数的36.2%。这种情况不容忽视。二是高科技知识掌握不够。据了解，目前全校教研人员中，全日制理工科大学毕业的人仅占总数的25.5%；其他非全日制理工本科毕业的教研人员中，有高科技培训经历的人仅占总数的 17.7%。这与培养建设信息化军队、打赢信息化战争人才的要求是很不适应的。要把没有到过部队代职、任职的教研人员的情况，还有干部对高科技知识到底掌握到什么程度，做一个具体调查分析，切实拿出解决的办法。

另一方面，要下决心建立激励淘汰机制，拿出实招、硬招，而且说到做到。计划经济条件下，人们的积极性主要靠典型引导，但宣扬典型只能激励少数人；市场经济条件下，主要靠竞争和淘汰，淘汰可督促激励大多数人。现在，地方的淘汰是非常无情的。在这一点上，要很好地统一思想，首先要造成强大的舆论氛围，然后逐步采取办法，每年淘汰他一两个，让那些不干事、干不了事的人坐不住。具体淘汰哪些人、怎么淘汰，可根据实际情况，在有的单位先搞起来，摸索经验。关于干部交流，已经讲了多年，但步子太小，没有完全走开。这几年不断深入论证，各方面逐步形成了共识，应当说条件趋于成熟。对于学校来说，一是要舍得拿出几个干部位置，引进部队和高级机关公认的优秀人才；二是要舍得拿出好干部交流出去，学校给予保底；三是要推开校内交流；四是要巩固、发展教官制；五是代职、任职、蹲点调研并举。

四、关于加大思想政治建设力度问题

胡主席在阐述新世纪新阶段我军肩负的历史使命时，深刻指出：为了履行好党和人民赋予我军的历史使命，必须毫不动摇地把思想政治建设摆在各项建设的首位，保持和发展我军特有的政治优势。中央军委部署新年度全军主要工作任务，第一项就是要大力加强思想政治建设。联系我校实际，需强调这么几点：

一是要强化讲政治的意识。军队领导干部和领导机关要高标准讲政治，这是江泽民同志治军、建军的一个重要思想。我们学校是高级领导干部、高级参谋人员、高级研究人员集中的中国最高军事学府,在加强思想政治建设方面必须有更高的标准、更严的要求。特别是当前国际政治斗争十分复杂,西方敌对势力对我实施西化、分化的势头愈演愈烈,千方百计利用各种机会,策划制造思想政治领域的动乱。国防大学涉密领域多,对外交往多,接受国际影响的渠道多,教研人员包括学员、领导干部自由活动的空间相对比较大,因此是西方敌对势力渗透、策反的重点。对此,我们决不能掉以轻心,不能有任何的忽视和放松,要时刻保持高度警惕,确保不发生任何问题。

二是要强化抓重点、抓关键的意识。中央军委首长在接见全军深入开展"四个教育"座谈会代表时指出:在经常性思想教育方面,相对讲,团以上干部比基层官兵差一些。这个指示很有针对性,为我们加强思想政治建设指明了方向。从学校的情况看,我们的教研人员、机关干部,大部分是团以上干部,确有少数人长期很少接受教育,甚至"挂了空挡"。我们强调教研人员的六分之五时间用于教学科研,这是对的,但决不能因此把思想政治建设挤得没有位置、没有时间。现在学校干部队伍表面上平平静静,实际上思想也很活跃。改革开放的深入、对外开放的扩大、市场经济的发展、利益关系的调整,都会给干部的思想带来影响和冲击,如果放松教育引导和世界观改造,很容易走偏方向。必须高度重视抓好领导干部这个重点和关键,坚持不懈地把科学理论贯穿到经常性思想教育中去,切实解决好坚定政治信念、端正人生追求这一带根本性的问题。

三是强化党组织原则性、战斗性的意识。思想政治建设是特别具有鲜明党性的一项工作,必须理直气壮地讲大道理,用大道理管小道理。我们院校的特点是讲发扬民主多,容易形成你好我好、一团和气的现象。现在一些单位的思想工作比较软弱,对一些不良风气不敢大胆抓、大胆管,对一些有问题的人哄着、护着,对一些消极的舆论迁就、放任,对一些错误的倾向和问题不及时有力地批评、抵制。这种情况尽管不是普遍现象,但也要引起各级领导的高度重视,下决心加以改变。我们常说:"大喇叭"不响,"小喇叭"就嗡嗡叫。各级党组织一定要增强原则性、战斗性,旗帜鲜明、理直气壮地讲大局、讲政策、讲纪律,毫不手软、毫不留情地抵制、批评和纠正各种不良风气和错误倾向。这要作为衡量一级党组织、衡量一个领导干部能力强不强的重要标准。

四是要强化齐抓共管的意识。就校党委常委同志而言,工作有分工、任务有不同,但抓思想政治建设是大家共同的责任,每个人都要把它作为头等重要的事情,始终摆在第一位的重要位置。研究教学也好,安排科研也好,部署行政管理也好,都要自觉地贯穿思想政治建设这条主线,都要主动地在这方面想问题、出主意、要任务、抓落实。如果说教学、科研、行政管理工作出了问题,主要是分管首长的责任的话,那么思想政治建设方面出了问题,校党委常委同志都有责任。

五、关于改进领导方式和工作作风问题

一是要切实提高各级的贯彻力、执行力。这几年我们有许多好的工作部署,也强调过很多重要问题,不能说我们全部做到了思想敏锐、见事早,但有些问题,我们确实认识并不落后,提得比较早,抓得比较早,办法也有一些,然而落实得并不是都很好。有的人很疲沓,你讲你的,他做他的;有的机关在这方面没有养成好的作风,磨磨蹭蹭,办事没有回音,有的不了了之。各级都不同程度地存在着讲得多、扑下身子抓落实不够的问题。有的事抓一抓、放一放,推一推、动一动,结果就失去了最佳时机。推进学校改革与发展,实际上就靠两条:一靠人的素质,二靠抓落实。抓落实不够,已经成为制约我校改革与发展的大问题。顶层设计再好,如果贯彻力、执行力不强,落实不下去,没人认真抓,也是一纸空文。要把增强贯彻力、执行力作为改进领导作风的核心,作为检验和衡量党组织能力建设的重要标志。

　　二是要调动各级、各方面抓落实的积极性。除了机关要很好地发挥职能作用外,还应充分发挥系院、教研部的功能作用,形成按级负责、按职责抓落实的运行机制,不能什么事都推到校里。

　　三是很好地抓一抓风气建设。在一些单位,自由主义还有一定的市场。干部使用,提了谁谁高兴,否则就发牢骚、讲怪话,甚至胡说八道。各级领导包括我们校党委常委同志,应该分工不分家,对风气问题尤其是自由主义现象,知道了、听到了就要主动去说、去管。

　　四是切实改变领导方式和工作方法。目前,工作忙乱问题仍然比较突出,根子究竟在哪里? 应当怎样改变这种状况? 大家都要思考,拿出更加有效的措施和办法。要下决心改变会议多、上层活动多、文件材料多的状况,使领导和机关有更多的时间深入一线解决问题,使教研单位领导能够把主要精力用到抓教学科研上。

重视研究学校自身改革和
发展的特点和规律 *

现在大家普遍感到很忙、很累,但是教研单位反映领导和机关下去的少了一些、听课少了一些;还反映虽然学校的会议不少,但是有的重要问题还议得不够、议得不透。对于这样一些问题,我们要从办学治校的特点规律上去认识。这些年,我们在探索特点规律上有进步、有收获,但是总的看还不够,这个过程还要继续下去。特别要注重研究学校自身改革和发展的特点规律,以利于把学校建设更好地向前推进。

在新的形势下,我们学校的各项建设和工作,不能只是就具体事抓具体事,也不能老是被问题牵着鼻子走,而必须拿出带规律性的思路和办法。比如,大家都说我校的特点是横宽纵短,这个特点决定了我们采取旅、团单位的工作方法是对的,但并非什么工作都要"一竿子插到底"。这个问题,需要我们从规律性的高度来认识和把握,切实拿出解决的办法,否则就无法摆脱事务性的繁忙。又比如,对学校建设中的有些问题,像一些党组织原则性、战斗性不强的问题,文人相轻的问题等,大家都看到了,认识也都比较一致,但解决问题老是到不了位。对此,也需要从规律性的角度来深化认识和加以解决。又比如,作为中国最高军事学府的领导同志,如何最大限度地摆脱事务性缠扰,自觉按照政治家、军

---

* 本文选自作者在听取训练部教学研究室工作汇报时的谈话要点(2005 年 1 月)。

事教育家的要求,通过全面加强学习,不断提高自身素质,也有许多规律可去研究。实践告诉我们,只有加强特点规律的研究,才能增强工作的主动性、科学性和有效性,不断开创学校建设和发展的新局面。

应当说,国防大学的改革与发展有着很大的创造性空间,关键在于我们要把自身规律性的东西研究透、把握好。军委、总部对我们学校的建设与发展很关心、很重视,但指导上总体说比较原则,不像对其他大单位那么具体。在学校建设、人才培养、教学科研工作等方面,我们必须依据军委、总部对全军的指示和文件精神,结合学校实际,具体的问题需要我们自己去研究、去创造。这就特别需要我们在总结经验的基础上,不断深化对学校自身改革与发展特点规律的认识和把握。英国皇家军事学院虽然机构小、人也少,但有一个学院建设研究所。目前我们学校的研究机构有研究全军和各个军兵种的,有研究国际的,有研究军事、政治、经济、文化的,但就是没有专司研究学校自身建设和改革的。遇到学校建设中一些带全局性、战略性的问题,不知道向哪个部门咨询请教。因此,我们有必要成立一个教学研究室,这个研究室不仅要研究教学工作,而且要研究整个学校的改革与发展。从大的方面来讲,研究学校改革与发展的特点规律,必须立足现实,着眼未来,突出研究的理论性、前瞻性和实践性。

要搞好军事教育理论的研究。首先要了解和熟悉一般的教育理论和军事教育理论,在这个基础上再进一步研究特殊的军事教育理论,研究更为特殊的国防大学高等军事教育理论,这才是对我们更有用的。套用一般的教育理论只能戴个帽子,很难解决实际问题。比如素质教育是地方大、中、小学都讲的,是针对应试教育提出来的,是一般的要求,也讲了好多年,但在我们这里怎么体现? 军事教育和一般国民教育相比,有什么特殊的规律? 国防大学的教育和一般的军事教育相比,又有什么更特殊的规律? 要注重对这些特殊规律的研究。例如,我校研究生教育,起初就是参照地方院校研究生教育的一套搞起来的,由于是新的事业,这种参照是必要的。十几年来也在不断改进,有很多成绩,但现在看来军事教育的特色还是不够鲜明。深化研究生教育改革,就离不开理论指导。对学校特殊问题的研究,离不开对军队建设总体情况的把握。因此,要认真学习党的三代中央领导人关于军队建设和军事教育人才培养的理论,要像毛主席研究中国革命战争的特殊规律一样研究学校建设的一些特殊规律。要注重学习和研究我军以往的教育实践,在这方面我校是有丰富财富的。毛主席从一开始搞军事教育就非常先进和高明,从井冈山的红军教导队到红大、抗大,在每个时期我军都有先进的军事教育理论。新中国成立后刘帅办南京军事学院,最近看了话剧《虎踞钟山》,艺术地再现了那段历史。刘帅他们那一代校领导的思想观念、教育理念是很先进的。1985 年组建的现在的国防大学,张震、李德生等老首长们的办学思想也是很先进的,许多东西到现在还在指导我们的工作。对这些宝贵的经验,我们要下大功夫很好地学习、研究、总结、宣传。总结这些历史经验,可以给我们许多启示,其中最重要的一条,就是军队建设在各个历史时期的历史使命和根本职能任务,是办学治校、培养人才的根本依据。现在,我们研究如何把国防大学的改革发展推向前进,首先必须学习领会好胡主席关于新世纪新阶段我军历史使命的重要思想。这方面的学习研究我们还是很初步的,一定要下大功夫,以此指导学校新一轮的深入改革。

要深化教学理念问题的研究。2005 年我们的教学培训任务大幅增加,矛盾比较突出,解决这样的矛盾首先有个教学理念的问题。在培训任务增加的情况下,教学如果还是全部课程由自己讲,大课讲得很多,当然师资就不够了。中共中央党校连续办两期省部级主要领导干部研讨班,他们自己只讲了两课。近几年我们的一些重要班次也是请外面的人上课,请对这个问题最有研究、具有权威的领导和专家来讲,效果就很好。要加以总结,逐步树立"搭台唱戏"的观念,既办"剧团",也办"剧院",重在搞好课程、课题设计,延揽八方贤才,共唱一台好戏。关于更新教育理念,近些年逐步提出了一些新东西,并付诸实践,也要深入研究。如,超前教育、创新教育、前沿教育,以教员为主导、学员为主体,以问题为前导的教育理念,等等。全国和国际上关于教育改革讨论得很热烈,我们要及时了解,加以借鉴。这方面的研究,要尊重教授和学员们的首创精神。观念的落后,是根本的落后,改革总是以观念更新为先导的。

要对学员的学习理念进行研究。2001 年,我与指挥员班的学员座谈,有些人讲得很好,但也有些人讲得很偏激,这里面有一个学习理念的问题。国防大学实行的是教学相长、互动式教学,教学质量高不高,学员学得好不好,学校教员当然负有重要责任,但学员自己应负主要责任。确定这样的观念十分必要,因为我们的教学理念是以学为主,以学员为主体的研究式教学,不是现成知识的传承和灌输。我们是让学员带着情况、带着问题、带着经验来学习的,是以问题为牵引的学习,是要学员站在理论前沿、研究前沿理论的学习。如果说学员在国防大学没有学到东西,这既是批评国防大学,也是批评学员自己。从某种意义上讲,学员来国防大学学习,不单是要从教员那里学习知识和理论,而且要靠自己来创造知识和理论。如果一两年的学习没有学好,学员自己确实是有责任的。学员要改变来学习时不带问题、只是听听,然后评论评论,或者带了问题,只想从教员那里要现成答案,自己不用心思考的学习理念。学员要带问题、带情况、带经验在这里进行自主性学习、研究性学习、创造性学习,要通过自己的思考得出研究问题的结论,要树立这样一种学习理念。2005 年应在有的班次试验评学,学员要自己讲评自己,教员也要讲评学员。要通过树立新的学习理念,努力把学员的积极性调动起来。这方面你们自己可以研究,也可以叫这方面有经验的同志研究,你们对他们进行研究指导。学校不同的职能部门都要研究学校建设问题,你们要发动他们研究学校建设的课题。

要对学员系院队作用进行研究。学校的学员系院队是很重要的,但是由于观念问题,我们学员系院队的作用发挥得还不到位。我访问过一些国家,他们的教官相当于我们学员队的干部,学员队干部负责设计教学、组织教学、组织讨论、考核学员、讲评学员。我们的情况是不一样的,现在学员系院队基本上是管理服务型的。这不能怪学员系院队,学校在这方面给学员系院队定位也不十分明确,他们的困难也不少。学员在国防大学接触最多、接触时间最长的是系院队的干部。学员上课的时间占不到全部在校时间的四分之一,其他时间都在系院队里面生活。如果学员系院队将学员这四分之三的时间组织好、利用到位,激发学员的积极性;如果能让学员充分利用校园网去研究问题,能组织学员之间进行学习交流,能在组织讨论时起到很好的引导作用,那将是个什么样子? 学员系院队还有一项任务是培养好的作风。作风虽是非智力因素,但对于带领部队打胜仗,作用不可估量。历来军校对作风的培养都严于部队。目前,我们在这方面还不够严格,现在没有淘汰机制。从严治校,能不能形成对学员的淘汰机制,这些也需要好好研究。

研究学校改革与发展的特点规律是一篇大文章,全校同志都有责任把它做好,校党委尤其要带头抓紧来做。我曾经提议,召开校党委常委会除了讨论一些具体的议题并作出决定外,每年也可以开一两次务虚会,对学校的全局性、前瞻性问题,对学校建设和发展中需要注意的重大问题,先务务虚,大家在预有准备的情况下畅所欲言,可以不作结论、不作决定。这样可能会有很多的好处。校党委在研究学校改革与发展的特点规律上不仅要起模范作用,而且要引导和鼓励全校同志把这篇大文章越做越好。

立足学校实际,有效履行
我军历史使命*

在 2004 年年底的一次重要会议上,胡主席明确提出和深刻阐述了新世纪新阶段我军"三个提供、一个发挥"的历史使命。这也就对我校建设和各项工作提出了新的更高要求。军队的历史使命决定着国防大学的历史使命。我军"三个提供、一个发挥"的历史使命,赋予了人才培养和军事理论创新一系列新内涵、新要求,从而给我们办学治校带来了一系列新课题,迫切需要我们在已有基础上,对学校新一轮改革与发展进行深入思考和谋划。为此,必须深入研究新使命对我校提出了哪些新要求,我们的人才培养、教学科研以及各项工作如何适应和体现这些新要求。

我们学校有个特点,就是教学科研层次高。对军委、总部的重要思想和决策,我们从全军层面研究得多,从给学员上好课的角度考虑得多,这当然是完全正确的。但对学校自身怎么贯彻、怎么落实,有时候研究得不是很深、很透。我认为,军队"三个提供、一个发挥"历史使命对国防大学的新要求是全方位的,如人才培养要有新标准,理论创新要有新突破,决策咨询要有新建树,国防教育要有新拓展,对外军事交流要有新作为,等等。拿人才培养来说,按照履行新使命的要求,不仅人才培养的

---

　* 本文是作者在国防大学党委常委专题民主生活会上的发言摘录(2005 年 4 月 28 日)。

内容大大拓展了,同时对人才素质的要求更全面了,人才培养的标准也更高了。比如,要维护国家在海洋、太空、电磁空间的安全,不少人在这方面的意识还相当缺乏,对相关知识了解甚少。教学科研中必须正视这个问题,切实把这个问题解决好。我们在人才培养目标、教学内容更新等方面怎么贯彻这一要求,需要进行新的设计、新的调整。我们的人才素质模型,也需要按照新使命的要求进行审视和充实。又比如,思想政治建设方面,我们讲高举旗帜、听党指挥,不仅要求能够听招呼,还要为党巩固执政地位提供重要力量保证。这就对政治合格提出了更高标准。总政明确要求各级着眼履行新的历史使命,开创政治工作的新局面,并提出了不少具体措施。我校各部门、各单位怎么做,也要很好地理清思路、拓宽内容、提高标准。再比如,新使命对学校自身干部队伍建设提出了哪些新要求,如何更好地提高干部队伍特别是教研队伍的素质,也需要下功夫认真研究,切实拿出真正管用的举措。学校要在机关各部门、各教研单位学习研究的基础上,认真组织力量,围绕新使命的要求,对中央军委明确的国防大学改革发展的具体内容和措施,进行充实完善。

履行新世纪新阶段我军历史使命,迫切要求我们加快推进由工业时代的国防大学向信息时代的国防大学转型,由合同指挥教育向联合指挥教育转型,由培养打赢机械化条件下的战争人才向培养打赢信息化条件下的战争人才转型。这是我校必须完成的光荣而艰巨的历史任务。完成这一任务,需要做的事情很多,但首先要搞清楚新使命对国防大学提出的新要求。我们把这方面的新要求真正搞清楚了,把各项工作贯彻的思路真正弄明白了,就是抓住了大事、抓住了要领,就能使学校建设和各项工作有一个新的提升,从而也就能够为履行新世纪新阶段我军历史使命提供有力的智力支持和人才保证。

正确认识和把握学校建设
面临的形势和任务*

学校第四次党代表大会,选举出了新一届校党委领导班子。新一届党委如何认清形势,明确任务,真正担当起推动学校改革与发展的重任,值得大家认真思考和研究探讨。

这几年,经过全校同志的共同不懈努力,学校建设取得了实实在在的成果,发展、变化是有目共睹的。胡主席在高度评价我校的成绩、进步时,明确指出我校为全军"三化"建设作出的重要贡献,客观实在,令人振奋。我深深感到,"重要贡献"这四个字分量非常之重。我们每一个领导同志都要十分珍惜学校来之不易的好形势,并大力进行宣传教育,让全校人员都有一种成就感和自豪感,使大家体会到:作为国防大学的一员是十分光荣的,在这里是可以有所作为的,是能够成就一番事业的,以此来进一步凝聚全校的智慧和力量。大家都要来维护这个好的形势,发展这个好的形势,始终保持昂扬进取的精神状态。

在当前学校发展形势很好、赞扬声比较多的时候,校党委成员要保持特别清醒的头脑,在看到成绩、进步的同时,切实把学校发展中的突出矛盾和问题分析透,准确认识学校建设的阶段性特征,准确认识学校改革与发展面临的各种挑战,准确认识新的形势和任务对人才培养工作提

---

* 本文是作者在国防大学党委四届一次全体会议上的讲话摘录(2005年10月28日)。

出的新要求。从总体上讲,有这么几个方面需要我们清醒地加以认识和把握。

第一,适应推进中国特色军事变革,我校建设正处在一个整体转型期,各个方面改革创新的力度明显加大,如何解决好转型过程中出现的新情况、新问题,做到积极稳妥地加速推进学校的整体转型,这还是一个比较崭新的课题。一方面,我们的思想观念要先进,工作的整体谋划要有前瞻性,切实做到与时俱进、开拓创新;另一方面,我们又要把学校建设的阶段性特征搞清楚,坚持从客观实际出发,防止盲目超前、脱离实际,形成高不成、低不就的情况。而我们在前一方面还有差距,在后一方面也没有完全弄明白,还需要深入地进行研究和把握。

第二,经过多年努力,我们已经有了一批比较优秀而且年富力强的教研骨干,教学水平也逐步提高,这是得到了军内外广泛认同的。但也要看到,我军历史使命对人才培养和军事理论创新提出的标准更高了,我们的教育对象特别是高中级干部学员的水平和需求相应地提高了,军委、总部对我们的要求也更高了,我们的办学水平必须大大提高,才能适应新形势和新任务。

第三,这几年学校的培训规模逐步扩大,一些研究重大问题的班次逐年增多,这是我校形势好的一个方面。但还要清醒地意识到,形势发展越快,我校的培训任务就会越重,教学力量相对不足和教学资源相对短缺、基础设施陈旧和不足等矛盾还会进一步凸显。还要看到,在一些重点实验室如战争模拟实验室的建设、一些部队急需的人才培训、一些新兴学科的发展等方面,来自各方的竞争和压力也会逐步增大。我们要更好地挖掘和利用各种教育资源,确保中国最高军事学府的地位,确保我们在人才培养、理论创新上的领先优势,任务还是相当艰巨的。

第四,随着推进中国特色军事变革和做好军事斗争准备的深入,需要研究和回答的重大问题将越来越多,难度也越来越大。许多问题既要从理论上进行深入探讨,又要向操作层面拓展,要求我们下功夫拿出实在、管用的办法。我军经过这些年来的建设,包括理论方面的积淀,目前在许多重大问题上正在酝酿着集成性创新,酝酿着新的重大突破。我们要充分利用这些年来研究积累的成果,既要继续进行原始性创新,也要注重集成性创新,真正给中央军委决策提供有重要价值的理论和对策建议。

第五,我校担负着为中央军委决策提供咨询服务的重要职能,这些年我们在这方面下了不少功夫,出了不少成果,受到了军委、总部的充分肯定,但是与世界上一些发达国家的最高军事学府相比,也还存在着差距。它们多数是整个军队甚至国家的思想库、智囊团。我们虽然在这个方面已经发挥了一些作用,但是还没有真正达到军委、总部的思想库和智囊团这样的高境界。这需要我们作出更大的努力,用积极主动的精神和行动,用过硬的成果,去争取获得这样的地位,达到这样的成就。

还有一点,就是我们的思想政治建设抓得富有成效,这些年学校没有发生重大问题,但须看到,今后一个时期面对的考验和诱惑必将更加复杂,在这个方面决不可估计过高。少数人、个别人能不能经受住复杂环境、复杂因素的考验,也不能打保票。在风气方面,还存在一些不容忽视的问题,需要进一步加以解决。

只有正确认识和把握学校建设面临的形势和任务,我们校党委才能保持清醒的头脑,才能在指导思想上形成共识,在抓落实上形成合力。我们要按照这次党代会的精神,坚持用改革的深化来解决改革过程中遇到的困难,用发展的办法来解决发展中产生的问题。要以新的视角、新的思路、新的标准,用心谋划和推动学校的改革和建设,使我们这届党委班子从一开始就站在一个新的更高的起点上。

以科学发展观为指导,推进学校
建设全面、协调、可持续发展 *

科学发展观,是我们党从新世纪新阶段党和人民事业全局出发提出的,必须长期坚持的重大指导思想,也是加强国防和军队建设的重要指导方针。胡主席最近在中央军委一次会议上的重要讲话,充分体现了邓小平理论和"三个代表"重要思想,揭示了新世纪新阶段国防和军队建设发展的基本规律,反映了新形势、新使命、新任务对国防和军队建设的新要求,贯穿着与时俱进的理论品格和求真务实的科学精神,是科学发展观在国防和军队建设领域的生动运用和展开,是推动军队建设和军事斗争准备的纲领性文献,对国防和军队建设具有重大而深远的指导意义。我们必须深刻领会,坚决落实,切实把科学发展观贯穿于学校改革和建设的方方面面。

自觉用科学发展观武装头脑。贯彻落实科学发展观首先要牢固树立科学发展观。深入抓好科学发展观的学习贯彻,是当前和今后一个时期学校的重大政治任务。我们要深入发动、精心组织,系统学习、深刻领会,统一思想、提高认识,在全校兴起学习贯彻科学发展观的热潮。以科学发展观为主要内容,抓好党委中心组理论学习和在职干部理论轮训。抓好科学发展观进入课堂、进入教材、进入学员头脑的工作。通过学习,

---

* 本文是作者在国防大学党委四届二次全体会议上的报告摘录(2005 年 12 月 30 日)。

引导全校同志弄清科学发展观的重大理论价值和实践意义,弄清科学发展观的深刻内涵和精神实质,弄清在国防和军队建设中贯彻落实科学发展观的基本要求,弄清我校贯彻落实科学发展观的指导思想、基本思路和任务要求,弄清贯彻落实科学发展观对各级党组织和领导干部在素质能力上提出的紧迫要求。要牢固确立科学发展观在学校建设中的指导地位,使之真正成为我们统一思想、凝聚力量的思想武器,成为谋划建设、促进发展的基本遵循,成为衡量利弊、检验得失的价值尺度,成为修身立德、建功立业的行为准则。要通过加大对科学发展观的学习、研究和宣传力度,为全军部队提供理论服务和支持。

按照科学发展观的要求理清发展思路。学习贯彻科学发展观,一定要紧密联系学校实际,紧紧围绕培养输送高素质新型军事人才、创新发展军事理论的根本职能,转变发展观念,拓展发展思路,创新发展模式,提高发展质量。要强化服从大局的观念,把学校的发展融入国家和军队建设的大局之中,始终与国家和军队发展进程相适应,更好地为军队建设和军事斗争准备服务,为维护国家安全和发展利益服务。要把以人为本作为重要的治学办校理念,着眼于教育人、提高人、完善人、成就人,充分尊重广大学员和教职员工的主体地位、个性特点,激发广大干部的创造精神,把全校人员的积极性、创造性更好地凝聚起来,发挥出来。要按照全面、协调、可持续发展的要求,把学校建设作为一个系统工程来筹划,正确处理扩大培训规模与提升培训质量的关系,在适应客观要求适度扩大规模的同时,把提高人才培养质量作为学校工作的重心;正确处理培训班次与轮训班次的关系,在稳定提高现有培训班次的同时,适时开办一些主题重大、针对性强的轮训班;正确处理继续教育与学历教育的关系,在抓好继续教育的同时,进一步推进研究生教育改革与发展,全面构建和不断完善特色鲜明、结构优化、质量效益较高的研究生教育新体系;正确处理教学与科研的关系,充分发挥教研合一的体制优势,使教学科研相互促进、相得益彰;正确处理系统理论教育与提高解决实际问题能力的关系,在打牢基础的同时,着力提高学员的创新精神和实际能力;正确处理基础理论研究与应用理论研究的关系,坚持以实际问题为中心,把两者有机结合起来,使之更好地统一于推进中国特色军事变革和军事斗争准备的伟大实践;正确处理传统安全问题研究与非传统安全问题研究的关系,在重视加强传统安全问题研究的同时,把非传统安全问题研究进一步提到应有地位;正确处理硬件建设与软件建设的关系,在继续加强基础设施建设的同时,把理论武装、思想教育、文化熏陶、校风校纪等软环境、软实力建设摆在更加突出的位置,从而推动学校建设又好又快地发展。

坚持用科学发展观解决学校面临的突出矛盾和问题。近些年来,我们大力倡导先进的教育理念,有力地推进了教学科研改革创新,但观念相对滞后、思想比较保守仍然是一个需要继续解决的问题;新的编制体制为学校发展提供了良好的体制保障,但如何发挥好教研合一的优势还需要认真探索;我们在加强干部队伍建设上想了不少办法,干部队伍整体素质有明显提高,但结构性矛盾比较突出,名师、大家比较少,活力也不够;我们努力塑造以严著称的良好形象,从严治校有了进步,但从严治教、从严治研、从严治学、从严治考、从严治官还有相当差距;我们积极创造条件加大学校建设的投入,但经费不足和基础设施相对落后仍然是制约学校发展的重要因素;我们在思想政治建设上下了很大功夫,也取得了显著成效,但面临复杂考验和严峻挑战,主动性、针对性、实效性还不够强。对这些前进中遇到的矛盾和问题,必须用发展的办法来解决。要坚持以科学发展观为指导,深刻把握学校建设的阶段性特点,不断深化对办学治校规律的认识,着力解决发展中的突出矛盾和问题,使学校建设与发展始终充满生机和活力。

第四部分

思想政治建设

从学校特点出发,做好教学
科研中的政治工作[*]

在新的形势下,深入贯彻党的三代领导核心办学治校思想,更好地发挥我校"集体干部部"的作用,一个带根本性和全局性的问题,就是要立足学校的实际和特点,大力做好教学科研中的政治工作。

一、进一步统一思想,充分认识做好教学
科研中政治工作的重要意义

建校以来,校党委对做好教学科研中的政治工作一直很重视,近年来更是反复强调,并采取了一系列有力措施。各单位抓得也比较紧,做了大量工作,取得了较好成绩和经验。总的看,我校教学科研中政治工作同学校整个政治工作相配合,发挥了应有的作用:一是始终保证了教学科研的正确方向,二是为深化教学科研改革提供了精神动力,三是为提高教学科研质量创造了良好条件和环境,四是促进了我校社会主义精神文明建设。在实践中也积累了不少成功经验,尤其是在如何把思想政治工作渗透于教学科研的全过程,如何充分发挥教研单位和系院队党委、支部组织领导教学科研中政治工作的"一线指挥部"作用等方面,摸

---

[*] 本文是作者在国防大学教学科研中政治工作座谈会上的讲话摘录(1997 年 5 月 20 日)。

索了一些规律。但是也要看到,我们的工作仍然存在着一些薄弱环节。主要是:有的单位和少数同志对教学科研中政治工作的重要地位和作用认识还不到位,做得还不够自觉,把它作为我校政治工作的一个重要课题,专门进行研究和探讨还很不够,对近年来遇到的新情况、新问题若明若暗,对教学科研中政治工作的特点和规律还没有深刻把握;在工作指导上还不够有力,有些工作不够落实。加强教学科研中的政治工作,仍然是我们必须着力解决的一个重要课题。为此,必须进一步统一思想认识。

　　首先,要充分认识教学科研中的政治工作是我校政治工作的重要组成部分,有着特殊地位和作用。有的同志认为,学校的各项政治工作都是为完成教学科研任务服务的,不一定非要强调"教学科研中的政治工作"。这种看法是不全面的。从广义上讲,院校政治工作都是服务和保证教学科研工作的,如果脱离了教学科研,就脱离了院校基本的实践活动。教学科研中的政治工作,主要是指在教学科研过程中进行的思想工作和组织工作,其特点在于:它为教学科研提供的服务保证更为直接和具体,同时又是把整个政治工作的服务保证作用落实到教学科研中去的中介环节和转化过程。有了这个中间环节和转化过程,才能使整个政治工作在教学科研中更好地发挥服务保证作用,才能把讲政治的要求具体落实到教学科研中去,充分体现政治工作生命线的作用。因此,教学科研中的政治工作与院校其他政治工作,既有联系又有区别。它既在院校全部政治工作的基础上发挥作用,又有着相对独立的内容和任务,具有特殊的不可替代的作用。军队的各项建设和一切工作,都要以中央军委军事战略方针为指导和统揽。院校政治工作自觉服务和保证教学科研这一中心工作,是贯彻军事战略方针的必然要求,也是端正政治工作指导思想的重要体现。根据《政工条例》的规定,院校教学科研中的政治工作承担着十分重要的任务,就我校来讲,可以概括为"五个保证",即:保证教学科研的正确方向,保证教学科研在学校各项工作中的中心位置,保证教研人员和学员积极性、创造性的充分发挥,保证教学科研改革的不断深化,保证教学科研任务的圆满完成。这些任务充分说明,教学科研中的政治工作有着特殊的地位和作用。只有在这个问题上有清醒的认识,工作才能够自觉摆正位置,取得较好成效。

其次,我校的任务和特点,对教学科研中的政治工作提出了很高要求。有的同志认为,我校教研人员和学员大都是高中级干部、高级知识分子,他们的理论水平、思想水平和自我教育能力都比较强,似乎不需要做太多的思想工作。这种认识也是不全面的。我校干部队伍总的素质较好,这给做好思想政治工作提供了有利条件,同时提出了更高的要求。我校是全军最高军事学府,承担着培养"三高"人才的任务,在加强精神文明建设、建设高素质干部队伍等方面都肩负着"双重责任",这就决定了教学科研中的政治工作不仅标准要高,而且责任重大。就我校教学科研来看,所涉及的内容许多都是事关国家和军队建设带有全局性、战略性的问题,有着很强的政治性和政策性,要求教研人员必须具备很强的政治意识。即使是研究马克思主义理论,也有个坚持正确研究方向的问题。就培养目标来看,我们培养的人才政治素质如何,直接关系到枪杆子能否掌握在忠诚于马克思主义的人手中,关系到能否保持人民军队的性质。只有坚持政治工作的高标准,确保学员政治上合格,才能担当起党中央、中央军委赋予我校的历史重任。就工作对象来看,虽然我校人员的层次较高,但高层次的人员也有相应的问题,领导干部有领导干部的问题,高级知识分子有高级知识分子的想法,这就是矛盾的普遍性。越是高层次,反映出的一些问题往往越具有深层性,有的与重要的理论和现实问题相联系,有的与长期形成的世界观和思想方法相联系,解决这些问题,难度也相当大。事实说明,领导职务高、文化水平高、思维层次高并不是不需要思想政治工作。面对这些特殊的工作对象,政治工作的要求不是降低了,而是更高了,必须具有很强的思想性、原则性、科学性和创造性,要求我们必须具备很高的素质和能力。同时还要看到,我校的外训工作政治性也很强,管理和服务中的政治工作任务也很繁重,也需要加强和改进这项工作。

第三,做好教学科研中的政治工作,既是我军办学治校的优良传统,也是迎接新的挑战的客观要求。政治工作与教学紧密结合,历来是我军办学的一个优良传统,从建军初期的红大到后来的抗大都是这么做的。战争年代,不可能拿出大块时间进行专门的政治教育,政治工作都是与教学内容紧密结合,利用各种时机和间隙去做,寓政治思想教育于教学过程中,从而充分发挥了政治工作的作用,保证了办学的政治方向,为党培养了大批军政素质兼优的干部。新形势下,我军的建设和发展面临着新的挑战。落实军队建设"九五"规划,实施科技强军战略,加强军队质量建设,实现"两个根本性转变",打赢未来高技术条件下的局部战争,给院校教育提出了紧迫要求,也给教学科研中的政治工作提出了新的要求。还要看到,西方敌对势力加紧对我国进行西化、分化和遏制战略,国内改革开放是一场深刻的社会变革,给思想政治建设带来了许多新的情况和问题,政治工作保证教研人员和学员政治上合格的责任更加重大了;为加快人才培养,我校招生的班次、类别越来越多,政治工作的任务更加繁重了;校党委提出在教学科研上要努力实现新的进展,教学科研改革的任务十分艰巨,政治工作调动教研人员积极性和创造性的任务更加紧迫了;随着我校对外交往的不断增多,对外出讲学、学术交流以及出国人员的教育管理工作更加复杂了。由此可见,教学科研中的政治工作面临着新的课题、新的考验,要求我们继承优良传统,适应新的形势,以更高的标准做好教学科研中的政治工作。

二、突出重点,紧紧围绕保证教学科研正确方向、 激发教与学的内在动力开展工作

教学科研中的政治工作,必须把保证教学科研的正确方向放在首位。一要坚持以马列主义、毛泽东思想,特别是邓小平建设有中国特色社会主义理论和新时期军队建设思想为教学科研工作的根本指针。要引导大家自觉地用邓小平同志的科学理论武装头脑,把这一理论作为"主课",放在突出的位置,并把它作为一条"主线"贯穿到各项教学科研工作中去。要坚持以军事战略方针为统揽,在当前和今后一个时期,要引导大家深刻理解党中央、中央军委对全军提出的"两个重大课题",即以改革创新的精神迎接世界军事发展的挑战,努力发展军事理论,做好军事斗争准备;努力探索在社会主义市场经济和对外开放条件下治军的特点和规律。要把最新的研究成果运用到教学中去,使我校所有的教学科研活动都符合党的基本理论和基本路线的要求,符合军事战略方针的要求。二要保证中央军委有关文件规定的办校方针全面贯彻落实。要引导大家深刻理解中央军委有关文件的精神实质,认清我校在贯彻落实中央军委有关文件的实践中形成的"一个目标,三个坚持"的教学指导思想,充分体现了邓小平同志关于"三个面向"的方针,反映了我校的教学规律,必须坚决贯彻执行。还要引导大家看到新形势对贯彻教学指导思想提出的新要求。推进教学科研的新进展,是校党委正确分析我校面临的新形势,把中央军委指示精神与我校实际相结合,对深入贯彻教学指导思想作出的正确决策。它不仅是我校 1997 年教学科研的目标和任务,也是今后一个时期的努力方向,要动员大家努力为之奋斗。三要保证以教学科研为中心,促进教学科研改革的深化,提高人才培养质量。引导大家认清教学科研是学校一切工作的中心,其他各项工作都要服从

和服务于这个中心;认清抓好这一中心的关键在于深化教学科研改革,提高教学科研质量和人才培养质量。引导大家进一步解放思想,开拓创新,推动教学科研改革向深度和广度发展。引导大家积极探索新形势下办校治学的特点和规律,努力把国防大学办得越来越好。

教学科研中的政治工作,必须在充分调动教与学两个积极性上下功夫。 当前,要着重抓好以下几点:一是激发教研人员献身国防教育事业的精神,激发学员为搞好军队建设刻苦学习的使命感。教研人员积极性的发挥,从根本上说,在于牢固树立献身国防教育事业的思想。教师具有"红烛"精神,历来是我们民族的优良传统,我军的军事教育又把这一传统升华到无私奉献的新境界。在改革开放和发展社会主义市场经济的新形势下,强调这种精神境界更为重要。近年来,有的教研人员面对某些社会分配不公的现象,心理有些失衡,对教书育人的价值产生了疑惑;有的年轻教员不大安心教学岗位,刻苦钻研的精神显得不足。我们要引导广大教研人员充分认清教学科研工作岗位光荣、责任重大,对事业要充满热情和激情,自觉抵制拜金主义、享乐主义、极端个人主义的影响,甘于奉献,甘为人梯,甘于清苦,耐得住寂寞,自觉地把实现自己的人生价值与国家前途、军队发展、学校建设融为一体,发扬"三更灯火五更鸡"的精神,全身心地投入到崇高的国防教育事业中,执著追求,默默耕耘。这方面要抓住不放,要运用各种形式、各种时机,经常讲,反复讲,常讲常新。学员学习积极性的发挥,从根本上说,在于树立为促进军队建设刻苦学习的思想。要引导学员认清肩负的重大责任,看到自己是在世纪之交、在我军建设与发展的重要时期入校学习的,将来要承担起历史重任;能不能接好革命的班,继往开来,关键是要提高自身的素质。使他们真正树立为振兴国防事业而发愤学习的责任感和使命感,珍惜入校深造的机会,坚持高标准、严要求,努力争先创优,圆满完成学习任务。

二是创造活跃学术研究的良好环境。只有活跃学术研究,才能适应世界科学技术和军事科学的发展，既出人才，又出精品。创造活跃学术研究的良好环境，关键在于正确贯彻"双百"方针。为此，要引导教研人员正确处理好几个关系：第一，发扬学术民主与坚持四项基本原则的关系。学术民主必须在坚持四项基本原则的基础上进行。在这个基础上，鼓励大家对学术前沿和事关国家、军队发展的重点、难点、热点问题，充分发表各种意见，发表独到的见解，推动理论的深入发展。要注意划清学术问题与政治问题的界限，不要以处理政治问题的方式处理学术问题；学术研究要以理服人，而不能搞以势压人；学术观点不强求一律，允许不同观点自由争鸣。我校的学术动向、学术观点，为军内外所关注。在这个问题上把握得好，会在全军乃至全国产生积极的影响；把握得不好，就会造成不良后果。因此，必须十分慎重地处理好这个问题。第二，管理与繁荣的关系。强调管理并不是不要繁荣。管理是手段，繁荣是目的。管理得好，会使学术研究有序、高效地进行，防止可能发生的问题，有利于学术的繁荣。因此，我们要一手抓管理，一手抓繁荣，做到以管理促繁荣。思想政治工作要渗透到管理工作中去，要讲清道理、沟通思想、化解矛盾，不能简单化。第三，内部争鸣与公开发表的关系。学术无禁区，宣传有纪律。在学校的一定学术范围内，提倡不同学术观点的碰撞、交锋，但是在公开发表时，必须遵守教学纪律、保密纪律、宣传纪律。我们要按照江泽民同志提出的努力发展军事理论和探索新形势下治军特点和规律的要求，积极倡导、鼓励和支持大家解放思想、大胆创新，注重超前性、实用性、综合性，多出标志性成果。活跃学术空气，就要在教学中进一步贯彻启发式、研究式的教学方法。要充分发挥高中级干部学员在部队工作时间长、实际经验丰富、各军兵种专家多的优长，发挥研究生知识面广、思想活跃的优长，鼓励他们积极参与学术研究，与教研人员平等探讨，独立思考，大胆质疑，互相学习，教学相长。同时，要引导大家进一步端正学术研究的风气。信息共享、集体攻关已成为现代科学发展的一条规律,必须大力倡导这种好风气。学术研究一定要紧密联系实际,力求真知灼见,言之有物,反对"文字搬家"等脱离实际的不良风气。

三是形成"尊重知识、尊重人才"的良好氛围。尊重知识、尊重人才是我们党的一项重要政策,只有形成尊重知识、尊重人才、尊师重教的良好风尚,才能充分调动教研人员的积极性和创造性。为此,各级党组织要继续抓好校党委《关于加强尊师重教工作的决定》的落实,抓好"人才兴校"战略的实施,把尊师重教贯穿到各项工作中,体现到日常生活中,落实到每个单位。特别是机关和基层服务保障单位的同志,要充分理解教研人员的甘苦,全心全意地为教研人员服务。要通过优质服务,使教研人员感到光荣、自豪,更加珍惜教研岗位,奋发、刻苦地学习和工作。同时要认识到,尊重知识、尊重人才,并不仅仅是为教研人员提供良好的生活、工作条件,更重要的是为他们施展才华提供舞台,为优秀人才脱颖而出、事业有成创造条件。各级领导都要善于发现人才、培养人才、团结人才、使用人才,尤其要敢于给年轻的同志压担子,积极帮助和扶持他们,鼓励他们刻苦学习、勇于实践、努力成才。要引导大家树立成才的紧迫感,认清江泽民同志提出的"两个武装"的战略意义,认清形势喜人又逼人,认清自己的才学、能力同担负任务的差距,从而产生一种不断提高自身素质的危机感和紧迫感。对于教研人员的缺点和弱点,要本着尊重和爱护的态度,及时给予批评、帮助和引导,使他们的素质更加全面,不应当把正确的批评教育同尊重人才对立起来。

四是形成讲团结、讲正气的良好风气。一个团结的、充满正气的集体,是积极性、创造性发挥的重要条件。实践证明,团结好、风气正的单位,既出成果又出人才;反之,既影响事业,又损害人才。我校多数单位比较稳定,大家共事时间较长,彼此相知较深。这一特点,总的来说有利于形成团结和谐的局面,但是,如果团结搞不好,矛盾越积越多,解决起来难度就更大了。因此,教学科研中的政治工作,一定要把团结作为一个重要课题。形成讲团结、讲正气的风气，关键在于党支部要成为团结的核心，能够带领大家讲党性、顾大局，视团结为生命。首先，党支部要重视做好加强团结的工作，"一班人"要成为团结的模范，在单位内部形成很强的凝聚力。第二，要坚持按党性原则办事，处理问题出以公心，做到公正、公道。尤其对事关教研人员切身利益的事，要多和大家商量。有的问题，遇到不同意见，一时达不成共识，要允许人家保留看法。这样才能形成相互尊重、相互团结的良好氛围。第三，要按照"六提倡、六反对"的要求，有针对性地纠正各种不利于团结的不良风气，比如文人相轻、互不服气、亲亲疏疏、斤斤计较等，特别要反对不负责任的背后议论，不顾大局的极端个人主义等现象。同志之间要互相尊重，互相学习，互相帮助，多看别人的优点，严于律己，宽以待人。第四，要强调讲纪律、守规矩。一个集体，没有严格的纪律，也很难形成团结和谐的局面。要反对那种只要组织照顾、不要组织纪律、自行其是的现象，严格遵守各项规章制度。要在单位内部形成这样一种局面，即人人维护团结，有利于团结的话就说，有利于团结的事就做，谁闹不团结，谁就会受到大家的批评，使不团结的人和事没有立足之地。还要重视搞好单位之间的相互协作。现在，我们进行的联合战役教学，往往牵涉几个单位，单靠哪一家都不行，必须紧密配合，互相支持。为了共同完成好这个任务，就要心往一处想，劲往一处使，不要争谁是"主角"，谁是"配角"，而是要形成一盘棋，共同唱好一台戏。

五是逐步建立健全有效的激励机制。这是调动教与学两个积极性的重要手段。要树立干部晋职、晋级上的择优观念，不搞论资排辈、迁就照顾。要加强对干部的全面考核，把教学科研的实绩，作为干部选拔使用的基本依据。在学员中，也要进一步建立有效的激励机制。学校已经提出，要改进考试方法，使其更有利于调动学员的学习积极性，更有利于提高学习质量、提高分析和解决问题的能力。在这方面，思想工作要跟上。还要加强对学员的考核推荐,特别要改进鉴定工作,力求真实、客观、准确地评价每个学员,使鉴定成为推荐使用干部的重要依据。要充分发挥先进典型的榜样和激励作用。对于在教学科研中作出突出贡献、取得突出成绩的单位与个人,在精神上和物质上要给予奖励,并与个人的成长进步挂起钩来。各级党组织要做好培养和宣传典型的工作,不仅校里要树立典型,各单位也要有自己的典型,充分发挥典型的示范作用。

三、着眼特点,努力掌握教学科研中政治工作的基本方法

要做好教学科研中的政治工作,必须努力研究和把握其特点,掌握科学的方法。

适应对象特点,增强针对性。教学科研中政治工作的主要对象是学员和教研人员,他们既有共同的特点,也有不同的特点。高中级干部学员大都来自不同的领导岗位,有较高的军政素质、较强的党性观念、较丰富的管理部队经验和较强的自我教育能力。这些特点决定了对他们的教育管理要重在启发自觉,引导他们按照培训目标的要求,自觉加强理论修养和党性锻炼,全面提高政治业务素质,用政治家、军事家的标准要求自己。在教育方法上要多采取研究式、谈心式、诱导式。根据学员入学后有个角色转换的情况,引导他们尽快适应学习环境,排除各种干扰,静下心来学习。根据教学内容"高、新、宽、深"、"就高不就低"的原则,引导他们充分理解培养"通才"的意义,解决因基础薄弱而产生的信心不足的问题,提高学习起点,适应高层次的教学。针对自学为主的教学方法,引导他们提高自学能力,掌握科学方法,主动探求知识,打牢理论基础。研究生是我校学历教育的最高层次,培养目标要求高。他们文化水平高、思想活跃,但相对比较年轻,阅历比较浅,有的人缺乏部队基层

工作的实际锻炼,有的人个人婚恋和家庭负担等实际问题较多,同时学制较长,教学活动相对独立、分散。这些特点,决定了研究生的思想工作必须注重打牢思想基础,帮助他们树立正确的世界观、人生观、价值观,树立努力成才、献身国防的思想,处理好政治与业务、理论与实际、做人与做学问、集体利益与个人利益的关系,加强养成教育,严格行政管理,既解决思想问题,又解决实际问题。教研单位是知识和人才密集的群体,大多是高中级干部、高级知识分子。一方面,他们的学识比较丰富,专长比较突出,在中国最高军事学府执教,有较强的成就感和自信心,也有较强的自我教育能力。他们所从事的教学科研是具有探索性、创造性的劳动,是一种呕心沥血的工作。另一方面,他们的职务和职称虽然较高,但大多不担负领导责任,正如有的同志所说,是"上班不管人,下班人不管",在某些方面又具有一般干部的共同特点。这就要求我们要充分理解他们的甘苦,尊重他们的劳动,做他们的知心朋友,在业务上充分信赖,在生活上排忧解难,特别是要在工作上为他们尽可能地创造条件,为他们成才和成就事业铺路搭台,这对他们是最实际的思想政治工作。同时,对他们在思想上、政治上也要严格教育管理,不能因为他们是高级知识分子就放松要求。在教育方式上,要有平等待人的谦和态度,多采用谈心式、讨论式,以正面引导、积极鼓励为主,一般不当众批评,更不能训斥和挖苦。要掌握教研人员的特点,努力做到知面、知心、知源。总之,要区分不同对象,摸透思想变化的不同特点和规律,采用恰当的方法,把思想政治工作做到点子上。

　　贯穿各个阶段和环节,增强渗透性。教研人员和学员中出现的思想认识问题,大都是在教学科研过程中反映出来的,这就要求思想政治工作贯穿、渗透于教学科研的全过程。一要增强"一道去做"的意识。教学科研活动并不单纯是教学科研,其中也包含着政治工作,有的既是教学工作,也是政治工作。比如,近年来学校开展的"创优质大课"活动,鼓励出"标志性成果"等,既是教学科研活动,又是一种鼓励争先创优的思想政治工作。所以,政治工作与教学科研紧密结合是客观要求。教学科研到什么阶段,政治工作就要做到什么阶段;哪里有教学科研活动,哪里就要有政治工作;哪里的教学科研任务越重,哪里的政治工作就应当越活跃。二要贯穿、渗透教学科研的全过程。教学科研有不同的阶段和环节。就教研人员来说,分配课题、备课施教、学术攻关、成果评定等不同阶段都会有不同的思想反映;就学员来说,入学阶段、课程学习、毕业考试、论文答辩、毕业鉴定和分配等不同阶段也会出现各种各样的思想问题。政治工作只有渗透到教学科研的各个阶段和环节,才能紧贴实际,发现问题,解决问题。三要善于利用各种时机主动开展工作。教学科研是一个动态过程,教研人员和学员的思想也是随着任务、条件的变化而不断变化的。我们要善于把握结合、渗透的时节,随机开展工作。在时间上,要见缝插针,善于利用教学科研间隙、评教评学、课余时间及时开展工作。在形式上,要生动活泼,方法灵活多样,为教研人员和学员所喜闻乐见,使他们在潜移默化中受到教育。四要把关键环节中的思想工作做深、做细。针对教学科研中容易出问题的环节,如讲课、学术交流、出国、著书、出版等,注意把好政治关,使大家增强政治观念、纪律观念和保密观念,自觉按有关规章制度办事,确保不发生政治性问题。

发动大家人人去做,增强群众性。思想政治工作只有具备群众性,才能保证广泛性和经常性。这对教研室、研究所来说更为重要。这些单位大都没有专职政工干部,如果不注意依靠骨干力量、发动群众人人去做,那么做好教学科研中的政治工作就会成为一句空话。这方面,我校有着得天独厚的条件。学员和教研人员大都有做思想工作的能力,我们要善于发挥这种优势。教研室、研究所要发挥支委、党小组长、教研组长,老专家、老教授的作用。学员系队要发挥班长、副班长、党小组长的作用。这些骨干对教研人员和学员的情况了解、熟悉,通过他们可以及时掌握教研人员和学员的思想动态，有些工作交给他们去做，往往效果更好。他们的积极性发挥出来了，思想政治工作就会处处有人做，事事有人管，时时有人抓。广大教研人员既是思想政治工作的对象，同时也是育人的"园丁"。要引导他们在传授知识的同时，把育人工作渗透到每一堂课。无论是教政治理论，还是教军事、后勤和高科技课程，在这方面都大有作为。教学科研中的政治工作做好了，其作用是其他形式的思想政治工作不可替代的。住队教员还要利用课下辅导、解答问题的机会，与学员谈心、交心，增近与学员的感情，做学员的良师益友。我校许多同志在这方面是做得好的，要注意加以总结和推广。

解决思想问题和解决实际问题相结合，增强实效性。思想教育始终是第一位的。毛主席说过，人是要有一点精神的。在任何情况下，启发思想觉悟、提高精神境界都是非常重要的，是多少金钱也买不到的。精神是无价的，在很多情况下，并不需要花多少钱，哪怕只是一种理解、一份关心、一个榜样，就会激发出巨大的精神动力。我们很多教研人员辛勤耕耘几十年，并不是因为有多好的条件、多优厚的待遇才献身于三尺讲台的，而是因为具有强大的精神支柱。但是强调思想境界的重要，并不是不要解决实际问题。特别是在物质生活条件相对比较清苦的情况下，我们更要把解除教研人员的疾苦、关心他们的生活，作为一个重要问题来看待，如帮助他们解决住房，家属工作安排，子女入学、就业等问题。尤其要关心他们自身素质和业务水平的提高，在送学、培训、进修、代职、留学、学术交流等方面，为他们创造更多的机会。对学员也是一样。他们在学习期间，难免会遇到各种各样的实际问题和困难，有些小事解决不好也会影响他们的情绪，干扰他们集中精力。这就要求我们要像重视做思想工作那样，重视解决学员在工作和生活中出现的一些实际问题。对一时解决不了的问题，也要讲清道理。要把解决问题的过程，变成提高思想觉悟、调动积极性的过程。

积极探索教学科研中政治工作的特点和规律[*]

这次理论轮训班的一个重要课题,就是深入探索教学科研中政治工作的特点规律。大家在研讨中解放思想,开动脑筋,发表了很好的意见,在许多方面形成了共识。这里,结合大家的研讨成果,从把握特点规律的角度,就加强和改进教学科研中的政治工作,谈几点看法。

第一,牢固确立党的创新理论在教学科研中的指导地位。教学科研中政治工作的首要任务,是确保教学科研指导思想的贯彻落实,而核心问题是确保党的创新理论在教学科研中的指导地位。这也是教学科研中政治工作必须把握和遵循的最基本规律。大家知道,邓小平理论和江泽民同志关于军队建设的一系列重要论述,是统领全部教学科研活动的灵魂。保证教学科研指导思想的贯彻落实,必须抓住这个带全局性、方向性、根本性的问题。要着眼于确立邓小平理论的指导地位,坚持把学习掌握这一理论作为主课,并把这一理论贯彻到整个教学科研中去,自觉运用这一理论研究解决各个学科中遇到的新情况、新问题。要在提高这一理论"进入教材、进入课堂、进入学员思想"的质量上作出新的努力,使之真正提高到党的十五大所达到的新水平。同时,还要把江泽民

---

* 本文是作者在国防大学第三期在职师以上干部轮训班结束时的讲话摘录(1998 年 11 月 6 日)。

同志的一系列重要论述和党的第三代中央领导集体的最新理论成果,全面、系统地贯彻到教学科研中去,进一步把用邓小平理论武装头脑这一战略任务落到实处。教学科研中政治工作的首要着眼点要放在这里,最重要的成效也要体现在这里。

第二,着力保证教学科研工作的正确方向。这个正确方向,集中反映和体现在《国防大学面向21世纪教学改革与发展纲要》所明确的教学科研指导思想之中。当前和今后一个时期,各级要组织所属人员认真学好《纲要》,使人人知道新的教学科研指导思想,了解掌握它所规定的指导方针、培养目标、教研内容、教学方法以及学风、研风的深刻内涵,正确把握它们之间的内在联系,以此统一大家的思想和行动,在贯彻落实中防止片面性和随意性。政治工作保证教学科研指导思想的贯彻落实,保证教学科研工作的正确方向,不是抽象的,而是具体的。比如,要确保整个教学科研工作深入贯彻党的解放思想、实事求是的思想路线,坚决防止僵化保守的思想偏向。这是一个政治问题,不可小视。再比如,要保证教学科研工作人员自觉维护党的十一届三中全会以来的路线方针政策,自觉贯彻党的三代领导核心的军事思想以及人民军队的一系列根本原则,保证他们的教学科研成果反映和体现党的主张,始终符合最广大人民的利益要求。又比如,要保证教学科研工作始终面向活生生的实践,引导和激励教研干部强化问题意识,防止和克服从书本上讨生活的不良现象。

第三,为教学科研营造良好氛围环境。弘扬良好的校风、学风和研风,为教学科研提供有力的作风保证,是教学科研中政治工作的一项重要任务。好的风气是座熔炉,坏的风气是个染缸。这几年,全校上下重视校风建设,应当说学校的风气总体来说是好的,正气是很盛的,不良的风气越来越没有市场。但是用高标准来看,也还存在一些不良现象。当前和今后一个时期内,应着力解决好增进团结和反对自由主义的问题。

总的看,全校绝大多数单位的团结状况是好的,但个别单位的不团结因素还存在。如有的人搞文人相轻,表扬谁就说谁不行,谁冒尖就讲谁的坏话;听说谁可能要提升了,就赶紧写封匿名信,编上一些乱七八糟的事,目的就是要把他不满意的同志臭一顿。这是很低劣的行径,必须坚决反对。经验教训告诉我们,一个单位的团结好,才会出凝聚力、出战斗力,出成果、出人才;反之,内耗大,人心散,关系紧张,就很难拧成一股绳,教学科研就难出精品,也难出人才。增进团结,一要有很强的团结意识,在不团结时要抓团结,在团结时也要抓团结;二要运用经验教训和切身感受启发大家,切实认清"团结最幸福,不团结很痛苦","互相补台好戏连台,互相拆台都要垮台",使每个同志自觉地珍惜团结、维护团结;三要在教学科研中,既提倡竞争、鼓励冒尖,又讲协作、讲风格、讲友谊;四是同志之间,既要正确对待自己,又要正确看待别人,既要坚持原则、敢于批评,又要讲谅解、讲感情、讲宽容;五要多谋事,不谋人,切莫背后议论人,也不怕别人议论,不听"小话";六是领导和骨干要公道办事,严于律己,宽以待人,形成团结中坚。另外,要把防止和克服自由主义紧紧抓住不放。对这个问题,近几年校党委反复讲、反复抓,应当说有很大进步,但还不能说问题已被彻底解决了。比如,有的人不负责任地随便议论,传播小道消息;有的人个人利益得不到满足,就发牢骚、讲怪话,把领导说得一无是处。对此,各级党组织不仅要有针对性地加强思想教育,严格政治纪律和组织纪律,还要注意拓宽民主渠道,让大家能够通过正常途径,把意见和建议反映上来,最大限度地减少自由主义的市场。

第四,坚持贯彻渗透结合的原则。教学科研中的政治工作,必须紧密结合教学科研活动一道去做,必须渗透在教学科研工作的各个方面和各个环节之中。事实上,教研人员和学员的思想认识问题,大都是通过教学科研实践活动反映出来的。比如,组织开展教学科研活动,就有课题分配、备课施教、学术攻关、成果评定等阶段和环节;学员入校学习,也有入学教育、课程学习、毕业考试、论文答辩、鉴定分配等阶段和环节。这就要求政治工作必须善于在教学科研的各个阶段和环节中发现问题、分析问题、解决问题。一些学员队的党支部在加强高中级干部学员教育管理过程中,抓住理论学习、时事教育、政策研究、党内生活等基本环节,效果就很好。政治工作贯彻渗透结合原则,很重要的就是要抓好随机教育。这是我军政治工作的一个好传统,应当成为教学科研中政治工作最常用的一种方式。抓好随机教育,具体有四个字:一是"快",就是不失时机地掌握大家的思想反应,把思想问题解决在萌芽状态;二是"活",就是不拘形式,抓住最佳时机,见缝插针进行随时随地的教育;三是"短",就是程序简化,长话短说,不拖泥带水,不大轰大嗡;四是"实",就是从实际出发,有什么问题就解决什么问题,有什么话题就讲什么话题,什么办法管用就采取什么办法。高中级干部、知识分子思维层次高,联想能力强,触类可旁通。我们要把握这个特点,善于在教学科研实践过程中及时抓住那些看似无关,却能启迪人、教育人的事物、问题、话题,巧妙地加以点拨和阐发,这样做往往能起到很好的效果。

第五,区分不同对象,加强分类指导。专业各不相同、人员差异很大,是院校教学科研的一个突出特点。我们在政治工作中必须自觉适应这一特点,有针对性地加强分类指导。教学科研中政治工作的主要对象是教研人员和学员。这两种对象由于年龄、职务、资历的不同,大体上呈现出了"两代人"的差异。比如,教研人员中年龄大的有五十多岁,小的仅二十来岁,基本上是"父子辈"。再比如,国防研究系、进修系、基本系指挥员班的学员与参谋班、研究生队的学员之间也是"两代人"差异。这"两代人"由于经历、学识、修养不同,思想素质的差别也就很大,反映在理想信念、人生追求、敬业态度等方面往往很不相同,日常工作和生活中碰到的问题也不完全是一回事。这就要求教学科研中的政治工作,一定要区分不同层次、不同对象和不同思想情况,防止搞"一刀切"和"一锅煮"。此外,年轻同志相对来说实际困难多一些,工资比较低,家属就业、子女入学等容易使他们分心,各级领导要更多地关心他们的疾苦。对老一点的同志,则应多引导和鼓励他们始终保持工作热情和进取精神,教学科研上坚持高标准,勇于开拓创新,正确对待年轻同志,甘为人梯,欢迎后来居上。

做好学校思想政治工作，
关键要抓落实*

近些年来,我们学校党委认真贯彻中央军委、总政治部的指示要求,对加强和改进新形势下学校思想政治工作非常重视,认识是到位的,思路也是明确的。现在的关键问题,是要在抓落实上下功夫,在抓落实上见成效。

首先,各级党组织、各级领导要切实负起抓思想政治建设、抓全面工作落实的领导责任。思想政治工作靠谁去落实呢? 关键是要靠各级党组织和各级领导。我们学校有一个特点:在许多单位,只有负全面责任的教研室主任、研究所所长、机关二级部部长,并没有专职的政治工作干部。所以,各级领导既要对业务工作、教学科研工作负起责任,也要对包括政治工作在内的其他工作负起责任。思想政治建设是保证教学科研工作、学校全面建设的生命线,一定要摆在首位,而领导者也一定要对此负起责任。是不是切实负起责任来了,大家都要去认真想一想。最近,总政领导在全军政治教育改革座谈会上讲,要认识思想政治建设的极端重要性。"极端"这两个字不是轻易讲的,大家要很好地体会。

---

* 本文是作者在国防大学师以上领导干部理论学习集训班结束时的讲话摘录(2000年11月3日)。

其次,抓落实最根本、最主要的,是要在讲政治、坚定理想信念这个核心问题上抓落实。抓落实是有很多具体工作要做的,但是,核心的问题是要提高大家的政治意识,坚定大家的社会主义信念。这看起来很原则,甚至是比较抽象的,但实际上是非常现实的问题。这几年,我校思想政治建设的形势比较好,好在哪里?最重要的一条,就是同志们讲政治的意识增强了,大家在政治立场、政治方向、政治纪律、政治敏锐性等方面的自我要求也更高了。实际工作中,一方面,校党委常委尤其是主要领导倡导、推动大家勇于创新,敢于提出自己新的见解;另一方面,又要求大家严守政治纪律,和党中央、中央军委保持高度一致。无论是在邓小平理论研究、政治理论研究、军事理论研究,还是在军事斗争准备研究方面,我校都出了一系列的成果。在我们的讲台上没有"杂音",在我们的出版物、著作里没有严重违反中央精神、违反党的基本理论的问题,这是很好的经验,要巩固和发展。今后我们仍然不可忽视加强思想政治工作这个大问题,千万不能因为这些年来我们在讲政治上没有发生问题就有所松懈。现在,大的国际背景很复杂,就国内来说,"新自由主义"的思潮泛滥,也有很多表现,很有欺骗性。对此,我们要非常警惕,始终把狠抓思想政治工作落实的主要着力点,放在讲政治、坚定理想信念这个核心问题上。

再次,抓落实就是要把我校好的思想、好的作风、好的典型单位和个人的经验弘扬好。我校从毛主席创办红军教导队那时起,就创造并逐渐形成了一系列优良传统和作风。这些优良传统和作风是国防大学的宝贵精神财富,任何时候都要保持和发扬下去。近些年来,我们着眼于树立和弘扬时代新风,不仅宣传了许志功同志,还宣传了一系列先进典型。这些典型的人和事就在我们身边,是可以直接感受到的,而其中先进典型的经验是很管用的。这些充满时代气息的先进典型及其经验是我们自己的,是大家在新的历史条件下开拓奋斗的产物和结晶,应当很好地加以爱护和珍惜。我们抓思想政治工作的落实，一个非常重要的方面，就是要把学校的好思想、好作风、好经验大张旗鼓地弘扬起来，使之成为全校同志的共同财富。

　　第四，抓落实就是要切实解决好思想政治建设方面存在的突出问题。落实的过程可以说是解决问题的过程。没有解决问题，工作就谈不上落实；解决一个问题，工作就落实一步。如果讲归讲，做归做，问题还是问题，那就是不落实。我们学习了、教育了，把存在的薄弱环节和问题找到了、解决了，就是落实了。从目前我校思想政治建设的情况看，有这么几个问题需要下大力解决好。一是少数党组织和领导同志原则性不够强，缺乏解决自身问题的勇气和能力。解决这个问题，必须痛下决心。什么叫爱护干部？有的人认为不那么坚持原则，你好我好他也好，就是爱护干部。实际上，"严是爱，松是害"。对干部平时不提醒，等出了问题，后悔莫及，想保护也保护不了，这方面的教训是很深刻的。各级领导在积极肯干、积极上进的同时，必须敢抓敢管，对不良的人和事敢于批评。二是少数同志不能正确处理讲团结和讲原则的关系，甚至把讲团结搞成无原则的一团和气。这个偏向必须纠正。团结和原则是可以也应当高度统一的。列宁说，固然团结很重要，但比团结更重要的是原则，不讲原则的团结是不能巩固、不能持久的。那种不讲原则的好人主义、自由主义，历来是革命队伍的"涣散剂"，是团结的大敌。各级领导一定要通过浓厚原则空气，从根本上消除妨碍团结的因素，夯实增进团结的基础。三是教育与管理结合得不够好，存在着管理不到位、不严格的现象。这是个别干部发生问题的重要原因所在，必须引起重视。国防大学是高中级干部比较集中的地方，加强管理显得尤为重要。我们的管理不仅要在八小时之内，还要延伸到八小时之外。要很好地研究怎样使管理的范围更宽一些，管理的力度更大一些，管理的成效更明显一些。

最后,抓落实需要各级领导更好地做表率、当模范。领导的表率作用直接影响着抓落实的效果。如果领导不带头、不起模范作用,抓落实就是一句空话。从这个意义上讲,抓落实首要的是抓领导以身作则的落实。这就要求各级领导在讲政治、坚定理想信念、守纪律等思想政治建设的各个方面,切实为部属作出好样子,以率先垂范的实际行动,促进和带动思想政治建设各项工作的落实。

全校人员要经得住"四个考验"*

当代世界正处在历史性的大变动之中,当代中国正处在历史性的大变革之中,当代中国军队建设正处在历史性的大转型之中,形势发展变化必然会把许多前所未有的严峻考验推到我们面前,这是不以人的意志为转移的。在这种情势下,加强学校思想政治建设,一个极其重要的课题,就是要通过扎实、有效的工作,切实把全校人员的思想和行动统一到邓小平理论和"三个代表"重要思想上来,统一到中央应对国内外复杂局势作出的重要判断和重大决策上来,真正经得住四个带根本性的考验。

一是经得住现实政治斗争的考验,在高举旗帜、听党指挥上更加坚定。毫无疑问,现实政治斗争特别是意识形态领域的斗争,是长期的,有时是异常尖锐而复杂的。从国际背景看,西方敌对势力亡我之心始终不死,近期以来更是打着"民主"、"自由"、"人权"的幌子,加紧对我实施西化、分化的政治图谋。从国内环境看,随着社会生活多样化的发展,各种偏离主流意识形态的社会思潮此起彼伏,思想文化界也不时出现干扰主旋律的噪音和杂音。特别是在我们党和国家处于重要关头之际,敌对势力更是蓄谋干扰破坏,编造和散布各种政治谣言,攻击党的理论和路线方针政策,企图搞乱人们的思想。而国防大学作为党和军队的重要思想

---

* 本文是作者在国防大学党委三届五次全体会议上的讲话摘录(2001年12月28日)。

舆论阵地,历来是敌对势力进行思想政治渗透的一个重点部位。因此,我们对现实政治斗争必须有非常清醒的认识,必须拿出坚决、有力的应对之策,尤其要自觉地用党的基本理论和重大决策统一思想,坚定不移地坚持党对军队的绝对领导,坚定不移地维护党的第三代中央领导集体的权威,坚定不移地听从党中央、中央军委的指挥。要旗帜鲜明地抵制和批驳各种错误思潮,深入开展同邪教"法轮功"的斗争,严守政治纪律和其他各项规定,严把教学科研的政治关和保密关,特别是要把好接受媒体采访和新闻出版的审批关,确保国防大学的讲台不出任何政治"杂音",确保培养出来的学员在政治上过得硬。

二是经得住与时俱进的考验,在解放思想、统一思想上更加自觉。在新的历史条件下,我们国家和军队发展进步最重要的时代特征,就是改革创新。实践创新在不断向前推进,理论创新也在不断向前推进。这是党、国家和军队事业永葆生机与活力的必然要求,也是当今时代变革的必然趋势。特别是随着党的十六大的召开,我们党将在新的实践基础上作出许多新的理论概括,将马克思主义中国化的进程又向前推进一步。我们必须以与时俱进的科学态度,正确认识马克思主义在当代中国的新发展,正确看待我们党在发展着的马克思主义指导下不断作出的新决策,把解放思想、统一思想提高到讲政治的高度来对待。要按照江泽民同志提出的"三个解放出来"的要求,坚持有"左"反"左"、有右反右,要警惕右,但主要是防止"左",真正做到与党同心、与时俱进。同时,要发挥我校的教学科研优势,不断加大对马克思主义中国化最新成果的研究和宣传力度,为全军部队学习掌握党的创新理论提供有力支持。

三是经得住利益关系调整的考验,在服从大局、拥护改革上更加积极。改革,在一定意义上就是利益关系调整。从长远看,这种调整换来的是全面改革的深化和经济社会的发展,是整个国家和民族的繁荣、进步。但在一定阶段内,这种调整具体到每个人,情况就很不一样,有的人可能受益多些,有的人可能受益少些,有的可能还要作出必要的利益牺牲。作为党和政府来说,当然需要本着公平、正义的原则,尽量减轻利益关系调整给社会造成的阵痛,确保改革成果惠及全体人民。而作为个人来说,则必须着眼大局,正确看待利益关系调整所带来的具体得失。现在,整个国家的改革正在向纵深推进,军队的改革也在不断深化,这不可避免地影响到我们一些同志的切身利益。就我们学校来讲,一些干部面临家属、子女就业和工作调动困难等问题;在一段时间内,军人同地方一些行业从业人员的收入差距较大问题还将继续存在。我们每个同志都要从实现国家繁荣富强和人民幸福富裕的高度,大力发扬爱国、奉献精神,自觉经受住利益关系调整的考验,始终做维护改革、发展大局的模范。

四是经得住腐朽思想文化侵蚀的考验,在思想道德上更加纯洁。随着国门的进一步打开,西方腐朽思想文化不可避免地伴随其强势经济涌进来。同时,在我们国内,市场经济发展也带来了一些负面效应,导致各种腐朽落后的东西滋长蔓延,甚至新中国成立初期已经绝迹的某些丑恶现象也招摇过市。从一定意义上说,新形势下"酒绿灯红"的考验比战争年代的生死考验更为严峻。近几年党内外揭露出的一桩桩触目惊心的违法违纪案件,足以说明这一点。大家不要以为院校就没有消极东西的影响,也不能因为自己手中没有多大权力就丧失应有的警惕。面对充满诱惑的现实环境,我们必须保持高尚的思想境界和道德情操,愈益筑牢抵御腐朽思想文化侵蚀的精神防线。这里需要重申:任何人都不允许编造、传播有错误倾向的"顺口溜"和不健康的"段子",不允许购买、观看不健康的书籍和音像制品,不允许涉足不健康的娱乐场所,坚决防止因道德上的滑坡导致政治上的蜕变。

自觉经受住"四个考验",是时代发展给我们赋予的政治必修课,也是全校同志在新形势下必须担当好的政治责任和道义。我们的领导同志和各级党委、支部班子,不仅要高度重视思想政治建设,而且要带头加强理论修养和思想道德修养,不断增强政治敏锐性和政治鉴别力,不断提高"把关定向"和拒腐防变的能力,做到以自身的示范作用,引领和带动大家始终保持政治坚定性和思想道德纯洁性。

适应中国特色军事变革的新形势，加强和改进学校党的建设 *

江泽民同志强调指出，迎接世界新军事变革的挑战，积极推进中国特色军事变革，必须始终高度重视加强和改进军队党的建设。这是军队全部工作的关键环节，必须切实抓紧抓好。我们要按照江泽民同志的要求，着眼新的形势和任务，全面加强学校党的思想、组织、作风和制度建设，提高各级党组织的创造力、凝聚力、战斗力，为推进学校的改革与发展提供坚强有力的组织保证。

紧紧围绕人才培养这个中心任务加强党的建设。江泽民同志指出，军队党的建设必须紧紧围绕军队的中心任务来进行，也就是要围绕提高军队的战斗力来进行。我校的中心任务是培养高素质新型高级军事人才，党组织的先进性以及党员的先进性，必须体现在提高人才培养质量上。离开了这一点，先进性就无从谈起。各级党组织议大事、抓大事，就是要围绕人才培养这个中心，把主要精力用到议教学议科研上，用到提高服务保障水平上，用到本单位工作的改革创新上，防止游离于中心任务而陷入具体事务。能否坚持这样做，是衡量各级党组织先进性的基本尺度。各级党组织要认真贯彻党的教育思想和教育方针，贯彻中央军委关于加强人才培养的决策、指示，确保教学科研的正确方向；及时发现和

---

* 本文是作者在国防大学党委三届八次全体会议上的讲话摘录（2003 年 1 月 9 日）。

解决教学科研和人才培养中的突出问题,确保各项任务的完成;抓好本单位人才队伍建设,不断提高工作质量和水平;认真做好教学科研中的政治工作,充分调动和发挥大家的积极性、创造性。要通过围绕中心开展工作,使党组织自身建设不断得到加强。校党委常委在研究 2003 年年度工作时明确提出,各级都要加大议教学议科研的力度,首先从校党委常委做起,定期对教学科研进行专题研究,每次集中研究解决一两个突出问题,机关各有关部门要做好相应的准备工作。

大力加强各级领导班子办学治校能力建设。应当清醒地看到,面对前所未有的新形势、新任务,我们的思想理论水平、知识结构、领导素质等,还远远不能适应客观要求,需要在办学治校能力上有一个较大的提高。我们各级领导尤其是校党委成员,要带头学习新知识、新理论,改善知识结构。特别是要认真学习党的三代领导核心的军事教育思想,学习江泽民同志 17 次视察我校,接见学员、教研人员及座谈时所作的一系列重要指示,掌握现代教育思想,确立先进教育理念,提高创新军事教育的能力,努力成为教学科研的内行和办学治校的专家。校党委成员对学校的主要教学内容要做到比较熟悉,并在某一领域有较深的造诣。要深入研究中国特色军事变革给院校教育提出的新课题、新要求,并把有可比性的世界名牌军事院校的情况搞清楚,找准我校的参照系,明确自己的站立点,在继承我校自抗大以来优良传统的基础上,不断开拓办学治校的新思路。有关职能部门和研究单位,要高度重视研究院校特别是我校建设与改革中的重要课题,为领导的学习研究服务,为学校的科学决策服务。要充分借鉴军内外、国内外院校教育的好经验、好做法,一切有利于提高办学质量的先进文明成果,都可以大胆吸纳,以此促进我校的改革创新。为深化对现代教育规律和人才培养规律的认识,校党委常委要在深入学习江泽民国防和军队建设思想的基础上,举办现代教育系列讲座,还打算集体到北大、清华听听名师级教授的讲课,亲身感受一下地方名校名师的教学方法和讲课风格。要组织力量研究和创新教学法,倡导讲课风格的多样化,使创新的思想内容与教学形式更加和谐统一。要着眼于调动学员的学习积极性,提高他们的创新思维能力,继续探索在整个教学活动中如何使学员处于主体地位的具体办法。

下大力提高干部队伍的整体素质。当前和今后一个时期,我们要扭住学校建设的主要矛盾不放,着力解决影响和制约提高干部队伍素质的一些深层次矛盾和问题。要以"名师工程"为牵引,以教研干部改套专业技术等级为契机,在巩固已有成果的同时,研究解决新情况、新问题,不断完善各项配套措施。既要选拔培养"苗子",更要吸纳重用"尖子",使军内外一些比较年轻的顶尖人才直接为我所用。要认真总结这些年组织教研干部代职的经验,着眼于提高高科技素质和领导能力,调整代职目的,改进代职方法,组织干部多到军兵种部队、重点方向部队和科技密集型单位、大军区以上领导机关代职。对学校的优秀人才,要有计划地实行重点培养,有意识地给他们交任务、压担子,多让他们承担重点课题,对他们的成就与贡献,要实事求是地积极予以宣传,使他们尽快成长为顶尖人才和名师,逐步形成以顶尖人才群体为中坚、以中青年优秀人才群体为主体的人才梯队。要着力培养素质全面、特色鲜明的一批人,他们既有宽阔的知识面,又有专门的研究方向和很高的学术地位,在某一领域堪称专家或权威。系院队干部没有教学经历或未经过院校培训的,除送校学习和进行必要交流外,要坚持跟班学习,逐步做到既懂管理、又懂教学,更充分地发挥他们在教与学之间的桥梁作用、评估与监督作用。适应培养新型高级军事人才和扩大开放办学的新要求,我们必须高度重视提高干部的科技素质和外语水平。要坚持长年举办外语培训班和高科技知识培训班。1960 年以后出生的教研干部都要通过外语关,其他干部都要学好外语,每个教研单位都要有能与外宾熟练对话交流的拔尖人才。训练部、政治部等单位对此要提出具体办法,并对在什么时间、达到什么水平作出明确规定。校内要在一定范围内造成使用外语会话的语言环境。我们要教育全校干部,一定要认清面临的形势和自身所处的位置,认清在国防大学无论从事什么工作,对素质要求都是很高的,从而有一种深深的危机感,自加压力,发奋进取,与时俱进地提高自身素质。每一个单位和部门的领导,都应当有这样的意识:当一任领导,不仅工作上要出一批突出成果,还要培养出一批优秀人才,这样才是对党的事业尽职尽责。

切实加强对高中级干部的教育、管理和监督。这是我校加强党的建设必须进一步解决好的一个突出课题。我们高中级干部一定要按照江泽民同志关于做"五个模范"的要求,加强自我教育和思想改造,始终保持政治上的坚定和思想道德上的纯洁。认真贯彻党管干部的原则,切实增强党内生活的原则性、战斗性,对不良倾向要敢抓敢管,不能搞好人主义,不能把矛盾上交。党组织民主生活会,一定要有严肃认真的批评与自我批评;干部考核,要如实把干部的缺点、毛病讲清楚;领导干部互相谈心交心,要实事求是地指出问题,真诚地进行思想互助。对高中级干部学员要严格要求、严格管理,对少数学员的不良现象要敢于批评,理直气壮地予以纠正,对在校期间有突出问题的学员的情况要写入鉴定。要不断完善管理监督机制,切实管住高中级干部的社交圈、生活圈、娱乐圈。校纪委、政治部要总结这些年的经验教训,研究拿出一个可行的规范性管理办法。各级领导干部必须带头廉洁自律,带头反对自由主义和不良风气,带头抵制有损学校形象、有损团结和凝聚力的不良言行。进一步改进领导作风和工作作风,痛下决心减少不必要的活动和陪会,尽可能多地到教学科研一线了解情况、研究解决问题。

从讲政治的高度做好
学校外事外训工作[*]

　　近年来,我校外事外训工作任务日益加重,总的看很有成绩。学校教研人员和学员出访逐年增多,特别是学员从原来每年仅国防研究系二三十名学员出访,到现在多个班次几百人次出访,同时还尽可能多地安排一些教研人员出国进修、讲学、考察等。我校接待来访数量很大,通过富有成效的工作,既宣传了我们党和国家的政策、主张,也了解了外国、外军的情况。防务学院担负培训外军高中级军官的任务,培训质量上了一个大台阶。外事外训工作具有很强的政治性。在新的形势下,必须更加自觉地从讲政治的高度,把学校外事外训工作越做越好。

　　一是要认真贯彻新时期军事外交方针和指导思想。学校外事外训工作,必须认真贯彻党、国家的外交方针和军委、总部的指示要求,自觉服务于国家总体外交和军事外交、服务于中国特色军事变革和军事斗争、服务于学校改革与发展、服务于教学科研和人才培养,充分发挥学校外事外训工作的效能,不断提高学校外事外训工作的质量。对于这次会议确定的学校外事外训工作指导思想,各单位要在实际工作中加以具体化、精细化,不能大而化之、上下一般粗。

　　二是要不断推进学校外事外训工作的创新发展。在当前全军外事

＊ 本文是作者在国防大学外事工作会议上的讲话摘录(2004 年 9 月 28 日)。

工作大发展的形势下,创新发展我校对外军事交往工作,有着广阔的空间。要从实际效果出发,不仅防务学院要创新发展,而且学校外事外训工作其他方面也要创新发展。要发扬好的传统,认真总结和坚持这些年来的成功经验。要与时俱进,针对新的实际,深入研究学校外事外训工作中的深层问题,努力探索和创造更多更好的形式和办法,不断拓展对外交往的领域和深度。

三是要增强对外交往的目的性和实际效果。每一项外事活动都应当有明确的目的性。要很好地利用出访和来访,不断吸纳新的认识、新的观点、新的见闻,包括要善于了解和借鉴外军院校教育及建设的新理念、新经验和新做法。每一个人和每一个团组出访的成果,都要认真总结交流。接待外宾来访,要注意组织座谈,充分宣传我们的方针政策,让他们了解我们,也使我们从来访者学到新的东西。出国考察,也要多安排一些座谈,以便深入了解外国、外军建设的经验。这就要求出访前准备充分,做到预有目的地去看、预有意图地去谈。派出教研人员也要加强目的性,派什么人去、到哪个国家去、去干什么,都要事先进行推敲、加以明确并且把握好。

四是要培养善于对外交往的人才。我校作为全军对外交往的重要窗口,必须有一些善于对外交往的人才。这些人才,应当熟悉国际事务,了解世界新军事变革和军事交往特点,掌握我军军事外交全局,善于做好外事工作。无论是防务学院、战略研究所和校外事处,还是机关各部门、各教研部领导,都要努力提高外事工作能力。这也是贯彻落实提高党的执政能力要求的具体体现。在与外方交往中,要落落大方,讲话要放得开;要树立坦诚、开放、务实、友好的形象,当然也要注意保密,不能信口开河。

五是要确保外事外训工作不出问题。国防大学出不起事,外事外训工作出不得事。各级都要以高度的政治责任感,切实把从严治军方针、从严治校要求落实到外事外训工作的方方面面,把对外交往工作真正做细致、做深入、做扎实。这些年,我校外事外训工作取得了很多成果,包括出访获得了一些新理念、新观点、新经验,每次活动也比较安全。但思想决不能麻痹,不能认为"没什么事、不会出事"。对外交往中要讲友好、讲友谊,但千万不能忘记了敌对势力的西化、分化和腐朽思想的侵蚀,不能违反外事纪律,不能出问题,更不能出大问题。

重视宣扬教学科研中的
先进典型和优秀成果*

推进教学科研改革创新,一个很重要的方面,就是要大力宣扬先进典型。金一南同志是我校涌现出来的最富有代表性的先进典型。我们可以把金一南同志的成长和他的教学所产生的影响叫做"金一南现象"。在中央媒体对金一南同志进行宣传之后,我们要就金一南同志的治学经验和教学风格,分别召开一些专题研讨会和座谈会,不断扩大其典型效应。还要善于发现和及时宣传新涌现出来的年轻拔尖人才,使那些在本学科崭露头角、出类拔萃的新人,能够借助舆论平台脱颖而出,成长得更快、更好。总之,要通过宣传各个方面的先进典型,深入搞好群众性的自我教育,努力营造催人奋进的舆论环境,在全校形成见贤思齐这样一种良好风尚。

这几年,随着学校改革的深入,教学科研的各种评比、奖励项目越来越多,竞争激励机制逐步建立起来了。这有利于激发大家的聪明才智,激发大家的开拓创新精神。但要引起注意的是,必须正确把握竞争与协作的关系,既要鼓励竞争,鼓励冒尖,鼓励成名成家,又要提倡团结协作,提倡团队精神,提倡集体攻关。军事科研要取得重大的突破性进展,取得原创性成果,往往不是一人之力所能为的,必须依靠集体的力量,依靠

---

* 本文是作者在国防大学教学科研工作会议上的讲话摘录(2005 年 12 月 16 日)。

大家共同奋斗。为此,我们在宣传先进典型时,既要宣传个人典型,也要宣传集体典型。2005年,战役教研部的"联合作战教学体系"获得了教学成果军队级一等奖和国家级一等奖,这是全军指挥院校中获得全国教学成果一等奖的第一个,也是我们多年来在军事教学方面获得的最高奖项。"联合作战教学体系"是一个系统工程,取得这样的成果不是哪一个人的功劳,而是在过去多年积累的基础上,整个战役教研部团结奋斗的结果,甚至是吸纳了一些部队的成果共同取得的。类似的重大创新成果,往往都是团结协作、集体攻关的结果。宣传先进典型,要突出宣扬团队精神。即使是个人典型,也不仅仅是个人的光荣,而且是典型所在单位集体的光荣。我们学校这些年相继宣传的突出典型,他们的背后都有一个先进的群体,都有一个高水平的学术团队。最高的山峰是在群峰拥立之上的巅峰,不可能在平地上冒出一个喜马拉雅山脉那样的巅峰。前些年我们大力宣传的许志功同志这个重大典型,是政治理论教学方面的突出代表,而他背后的支撑是整个政治理论教研室,那里有一批拔尖的人才。近几年我们宣传的金一南同志这个重大典型,也是如此。金教授确实不简单,真正做到了厚积薄发,并能与时俱进,每次讲课都给人新的启发和震撼。现在军内外高级机关和部门请他作报告的排着队,对于增强高中级干部的战略意识、忧患意识、国家安全意识起到重要作用。金一南同志也不是孤军奋战,他所在的战略教研部就是一个优秀人才相对集中的群体。所以,典型个人与所在群体是"众星拱月"的关系,是"红花绿叶"的关系。所以,宣传典型不要把典型个人和所在单位割裂开来,那样既不利于典型个人成长,也不利于发挥典型的示范作用。

牢牢把握办学治校的
正确政治方向[*]

把握办学治校的正确政治方向,是我们在院校工作的同志的根本职责,也是学校各级领导同志必须始终关注的重大问题。对这个问题,我这些年来一直在深入思考,并在不同场合多次讲到过,越发感到它的极端重要性和现实针对性,期望大家对此都能有一个全面而清醒的认识。

把握办学治校的正确政治方向,是一个很高的政治要求。它并不是抽象的、空洞的,而是有着实实在在的丰富内容。这个要求,具体体现在办学治校的实践中,体现在军事教育活动的方方面面。我觉得,最为重要的,大致有以下几点:

一是要确保全校人员坚决听党指挥,对党无比忠诚。这些年来,江泽民同志反复强调,坚持党对军队的绝对领导是永远不变的军魂。最近,胡主席又把"听党指挥"作为我军优良传统的第一条,要求全军抓住高举旗帜、听党指挥这个根本,确保党从思想上、政治上、组织上牢牢掌握部队,确保部队在任何时候、任何情况下都坚决听从党中央、中央军委指挥。可以这样说,强化全校同志的军魂意识,确保全体学员和教职员工坚定不移地听党话、跟党走,是学校建设和各项工作中的重中之重。对高中级干部来说,抓好这一点尤其重要。高中级干部学员是建设信息

＊ 本文是作者与国防大学政治部有关同志的谈话要点(2006 年 10 月 15 日)。

化军队、打赢信息化战争的中坚骨干,也是我校教育的主体对象。我们的军事教育,最为紧要的任务,就是培养对党和人民无比忠诚的高中级军官,使他们成为党和人民绝对放心、能忠实地捍卫党和人民利益的"忠臣良将"。如果做不到这一条,办学治校的政治方向就无从谈起。当前,保证全校人员坚决听党指挥,很重要的,是坚决抵制"军队非党化、非政治化"、"军队国家化"等反动政治观点。敌对势力鼓吹这些观点,要害就在于搞"军队非党化",企图使我军脱离党的领导。我们要联系我军历史和世界社会主义运动的深刻教训来批驳上述反动谬论,要在理论与实践的结合上把它批倒,要使全体学员不仅从政治上,还要从理论上认识坚持党对军队绝对领导的极端重要性和真理性,在头脑中深扎党对军队绝对领导的根子,自觉地为巩固党的执政地位提供力量保证。

二是要在所有教学科研活动中坚持用马克思主义中国化的最新理论成果武装学员。听党指挥,跟党前进,首先必须坚信党的理论,高举党的旗帜。对院校教育来说,就是要深入学习、研究、宣传党的基本理论尤其是马克思主义中国化的最新成果,特别是要坚定不移地维护马克思主义军事理论的指导地位,理直气壮地传播马克思主义军事理论的基本原理。2005年以来,我听到一些反映,也到部分教研单位做过调研,感到教学科研中有一个重大现实问题值得我们高度关注,那就是如何解决好树立"打赢信心"的问题。有的学员对高技术武器装备的作用过分夸大,少数同志甚至不同程度地存在"恐高症",还有的同志曲解毛主席关于"以劣胜优"的战略思想,由此产生怀疑。这些虽然是一些具体认识问题,但是如果我们不正确教育引导,不从理论上解决好,就会直接影响我们的教育方向和人才培养质量。我们的教员一定要引导学员认清现代战争的本质特征和制胜规律,不能"见物不见人"。我们高度重视武器装备尤其是高技术武器装备的巨大作用,但不能走极端,更不能丧失敢打必胜的信心和斗志。要在教学中理直气壮地进行马克思主义战争观、毛泽东军事思想和我军军史、战史教育,引导学员运用辩证唯物主义和历史唯物主义的立场、观点和方法,正确分析和把握人与武器、优势与劣势、高技术战争与人民战争等关系,既要正视我军建设存在的问题,又要看到有利条件,积极主动地去研究如何立足现有武器装备克敌制胜的谋略和战法,为"打赢"奠定坚实的思想基础。要通过我们的教育使学员们真正懂得:打赢未来战争,武器固然重要,但人的因素更为重要。无论战争形态怎么变化,武器装备如何发展,真正的"杀手锏"是人与武器的最佳结合,是广大官兵的必胜信念和强大的战斗精神,是与时俱进的人民战争。有了这一条,我们才能最大限度地发挥出特有的政治优势,才能永远立于不败之地。对那些似是而非的言论和明显错误的观点,要及时进行引导和加以纠正。要下功夫教育年青一代军官真正懂得我们的优势所在,懂得敌人最怕我们什么,千万不能丢掉了我们的政治优势!

　　三是要自觉抵制各种腐朽思想文化的侵蚀和影响,保持良好的道德情操。这些年来,随着改革开放的深入,特别是社会主义市场经济的发展,社会出现"四个多样化",各种思想文化激荡,一些丑恶的东西也死灰复燃、滋生蔓延,拜金主义、享乐主义在一些人中盛行。在这样的环境里,对于院校教育来说,必须不断地提升广大学员的思想境界,使其更加牢固地树立正确的世界观、人生观、价值观,更加牢固地树立正确的权力观、利益观,自觉地践行以"八荣八耻"为主要内容的社会主义荣辱观,保持共产党人和革命军人的精神操守。这是保持办学治校正确政治方向的必然要求。人的道德情操与政治立场之间,有着非常密切的联系。一个人政治上的坚定,往往有高尚的道德力量作为支撑;而一个人政治上的动摇乃至变节,也往往始于思想道德上的滑坡和堕落。从现实状况看,我军大多数高中级干部经受住了"酒绿灯红"和腐朽思想文化侵蚀的考验,但也有少数人经受不住考验,在金钱、权力、美色的诱惑面前打了败仗。我经常感叹:过去战争年代,血与火的斗争十分残酷,但那时牺牲在战场上的高中级干部还不是很多；而现在和平时期，却有那么多人倒在了糖衣炮弹面前，这是值得我们高度警觉和引以为鉴的。有的同志说，国防大学是一片净土，受社会丑恶现象和不良风气的侵蚀影响比较小，教研人员本身也没有条件搞什么腐败。这话不能说没有一点道理，但我们决不能因此而盲目乐观、麻痹大意。事实证明，如果抓得不紧、要求不严，发生问题的可能性是始终存在的。我们必须按照胡主席的要求，在这个方面树立更高的标准，下更大的功夫，拿出更管用的办法。

　　四是要大力弘扬我们党和军队的优良传统和作风。作风与政治方向历来是紧密联系在一起的。毛主席早就讲过，坚定正确的政治方向，是与艰苦奋斗的工作作风不能脱离的。没有坚定正确的政治方向，就不能激发艰苦奋斗的工作作风；而没有艰苦奋斗的工作作风，也就不能执行坚定正确的政治方向。这说明了培育优良作风对于坚持正确政治方向的重要作用。最近，胡主席明确提出领导干部要端正思想作风、学风、工作作风、领导作风和生活作风，实际上就是从政治高度上来认识和强调的。良好的校风是一种无形的教育力量，是办好高质量院校的保证，也是正确政治方向的生动体现。毛泽东同志为抗大提出了"三句话、八个字"的教育方针、校训，同时把它们作为抗大的校风。江泽民同志在视察国防大学时明确指出：你们把抗大校风作为国防大学的校风，这很好，要继续把它发扬光大。1995 年 10 月，他在国防大学成立 10 周年前夕为国防大学题词："弘扬抗大校风，培养合格人才"。1996 年 5 月，他在纪念抗大建校 60 周年大会上的讲话中，又全面、系统、深刻地论述了抗大校风的基本内容和科学内涵。弘扬优良传统和作风，最关键的是要树立起好的学风，也就是要坚持实事求是、一切从实际出发、理论联系实际。我们的全部教学科研活动，都要致力于树立和发扬求真务实的作风，都要贯彻实事求是的思想路线。无论是研究战略、战役问题，还是研究政治工作和后勤装备保障问题，都必须实打实，不能来半点儿的虚假。平时的一切工作中,都要坚持报实情、办实事、求实效,认真抓好贯彻落实。

五是要严格管理和要求,在教研人员和学员中树立起健康向上的正气氛围。这种氛围,集中反映在全校人员的日常工作、学习和生活之中。比如,国防大学一定要成为新经验、新成就的交会地,而决不能成为各种消极情绪、小道消息的集散点、传播地。我曾经多次说过,改革开放以来,我们的社会发生了前所未有的变化,取得了举世公认的巨大成就,同时存在着不少亟待解决的问题。如果把存在的问题和失误都汇集写出来,那是可以写上好几本书的;但是如果把取得的成就也汇集写出来,那也可以写出更多、更厚的书。关键是看站在什么立场上、用什么样的视角去观察思考和得出结论。又比如,不能把进入国防大学学习变成一个跑官要官、吃吃喝喝的机会。住校学习深造是组织的关心培养,是提高个人能力素质的难得机遇。如果入学态度不端正,缺乏强烈的责任感和求知欲,学习不用心、不用功,整天忙于应酬,甚至让人代写论文,反倒把主要精力放到了其他地方,那就很成问题了,就不能说是政治上合格。为了把健康向上的氛围营造起来、巩固下去,各级党组织和领导干部必须切实增强原则性、战斗性,敢于拿起批评与自我批评的武器,在全校上下形成强烈导向,使正气得到赞同、弘扬,歪风受到有力抵制。

谈谈国防大学的校园文化建设*

今天找你们来,主要是谈谈校园文化建设问题。我感到,在人才培养过程中,文化育人的功能和作用十分独特、不可替代。这些年来,对这个问题我们抓得越来越自觉,思考也越来越深入。我们已经取得了一些成效,积累了一些经验,这对今后坚持不懈地搞好校园文化建设,提供了有益的启示。

我们的校园文化是军事教育的重要内容。加强国防大学校园文化建设,是在推进国防大学改革、发展和转型历史进程中提出来的,是着眼于建设综合性联合指挥大学、培养联合作战指挥人才的时代需要提出来的。

建设信息化军队、打赢信息化战争,究竟需要什么样素质的人才?我思考了很久,感到要避免陷入一个误区,就是以为培养联合作战指挥人才,就是只懂专业技术、只懂信息技术,而忽视文化素养。这是不全面的。

早在两千多年前,"兵圣"孙武就提出,为将必备"智、信、仁、勇、严"。而这五条,可以说条条都渗透和饱含着文化素养的内涵和要求。《吴子·论将》更提出:"总文武者,军之将也。"①这就是说,只有能文能

---

* 本文是作者与国防大学政治部宣传部领导同志的一次谈话(2007年3月6日)。

① 《吴子译注·黄石公三略译注》,河北人民出版社1992年版,第27页。

武、文武兼备,才能成为"军之将"。《尉缭子》还说:"武为表,文为里。"①可见,历代兵家都非常注重文韬武略。没有文韬,就不可能成为有用之将才。

古今中外历代名将,都是文武兼通的全才。如大家熟悉的我国历史上的大政治家、军事家曹操,抗金名将岳飞等人,他们既是叱咤风云、所向披靡的统帅和战将,又是大文学家、大诗人。岳飞的一首《满江红》,气吞山河,流传千古,激励了多少爱国志士! 还有欧洲近代军事奇才拿破仑,不仅创造了一个个战争史上的奇迹,而且还曾当选为法兰西共和国的院士。

我们党的历史上,毛泽东、周恩来、朱德等老一辈无产阶级革命家,还有叶剑英、刘伯承、陈毅等老帅,都是文韬经天、武略盖世的雄才。毛主席既是伟大的思想家、政治家、军事家,同时又是伟大的文学家、诗人和书法家,是军事与文化、政治与科学、理性与激情融会贯通、旷古烁今的典范。军事指挥既是一门科学,又是一种艺术。"毛主席用兵真如神",就充分反映了他的高超指挥艺术。他亲自指挥的"四渡赤水"、"三大战役"等一系列战争史上的"绝唱",被世人赞誉为"掌上千秋史,胸中百万兵","用文房四宝打败国民党蒋介石800万大军"。毛主席之所以有这样开天辟地的雄才大略、扭转乾坤的军事才能,相当大程度上得益于他通古博今的文化底蕴。唐代著名大诗人林宽说过:"莫言马上得天下,自古英雄尽解诗。"这一至理名言,可以说道出了古往今来名将的成功之道。

我思考一个问题:为什么历代名将多文采? 这其中有一个道理,就是:理智需要激情点燃,在最需要创造性思维的军事领域,没有激情,理智就会瘫痪。而激情需要文化的培育和滋润。

---

① 《〈尉缭子〉导读》,军事科学出版社2000年版,第118页。

战争是力与智、勇与谋的生死博弈。"兵无常势,水无常形。"一个军事指挥员,只有具备深厚的文化根基和很高的文化素养,才能激发丰富的、跨越时空的想象力,大大提升作战指挥艺术,产生适时应势、随机应变的奇思妙想和用兵如神的制胜妙策。

国防大学作为中国最高军事学府,培养的人才是担当建设信息化军队、打赢信息化战争历史重任的率军之将,必须既有文韬、又有武略,文武双全。尤其是我们着力培养和造就的联合作战指挥人才,要对陆、海、空、天、电诸方面知识和技能达到"运用之妙,存乎一心"的境界,更要靠深厚的文化底蕴来激发超越时空的才思和纵横驰骋的灵感。我观察了前些年入学的不少学员,有些优秀学员确实是文武兼通、思维活跃、很有灵气,但也有不少人的文化修养明显不足,按部就班的思维习惯和做法比较普遍,缺乏想象力、创造力。这些年,我们在许多场合提出并反复强调了这个问题,引起了各方面的重视,也作了不少努力,加强了文化育人的工作。但是应该看到,一个人文化素质的提升不是一朝一夕的事,我们的文化育人工作也不可能毕其功于一役。

纵观当今世界,文化与政治、经济、军事等相互交织的趋势越来越明显,文化在军事力量的建设和运用中的作用越来越突出。即使当今以武器装备先进为显著特征的美军,近年来也十分注重利用文化的力量为战争和军队建设服务。如伊拉克战争后不久,美军就提出了"文化中心战"的新理念。在美国国防部出台的《国防部转型计划指南》中,所确定的三大转型战略,第一条就是实行"军事文化转型"。美国国防研究会副主席麦克·桑伯利还指出:"真正的军事转型应该更少地指向硬件,更多地培育一种由构想与战略、适应性机构、人员、条令和程序推动的创新文化","军事转型的灵魂是培育创新文化"。① 这对我们适应世界新军

---

① 《外国军事学术》2003 年第 9 期,第 1 页。

事变革潮流、提升人才培养质量很有启示。

回顾我军发展壮大的历史,可以清楚地看到这么一个事实,就是高度重视发挥先进文化的功能作用,是我军战斗力生成、巩固、提高的重要源泉。早在战争年代,毛主席就深刻指出:没有文化的军队是愚蠢的军队,而愚蠢的军队是不能战胜敌人的。① 抗日战争时期,条件那么艰苦,军情那么急迫,毛主席还亲自发表了在延安文艺座谈会上的讲话,指出:"我们要战胜敌人,首先要依靠手里拿枪的军队。但是仅仅有这种军队是不够的,我们还要有文化的军队,这是团结自己、战胜敌人必不可少的一支军队。"②为此,我们党和军队伴随着炮火硝烟,创办了鲁迅艺术学院、战地文工团等,创作了大批激发抗战热情和斗志的文艺作品,广泛学唱《义勇军进行曲》、《大刀进行曲》、《在太行山上》、《黄河大合唱》、《抗日军政大学校歌》、《八路军军歌》、《新四军军歌》等,培养了一大批既英勇善战,又有文化头脑的抗战骨干,使八路军、新四军的凝聚力、战斗力空前提高。这一优良传统,我们在今天仍要很好地加以发扬光大。

面对新世纪新阶段我军肩负的历史使命,如何抓好中国最高军事学府的校园文化建设,充分发挥文化育才铸将的功能和作用?

根据这些年的实践,我感到,国防大学的校园文化建设,首先是在总体思路上,要鲜明地体现中国军事文化的特色。这个特色,我认为主要有以下几个方面的内涵:

一是以军魂为核心的武德文化。中国历代兵家都非常注重武德,强调"德行者兵之厚积",以"精忠报国"、"以身许国"为天职,以"马革裹尸"、"为国捐躯"为无上光荣。我军是中国共产党绝对领导下的新型人民军队,是执行党的政治任务的武装集团。对我军来讲,爱党和爱国是高度

① 《毛泽东选集》第三卷,人民出版社 1991 年版,第 1011 页。
② 《毛泽东选集》第三卷,人民出版社 1991 年版,第 847 页。

统一的:爱国,是将德之首;爱党,是武德核心;听党指挥,是人民军队的最高道德规范,是我军最鲜明的武德标准,也是我军武德文化建设的魂之所在。我们一方面要在思想政治建设中大力加强军魂教育,不断强化军魂意识;同时要注重通过各种文学艺术形式和文化活动,努力营造听党指挥、忠诚使命的浓厚氛围。这是人民军队武德文化建设的政治特色。

二是以气节为风骨的阳刚文化。军人的本色是"血性男儿大丈夫"。自古以来,军人就以阳刚、威猛的品质而著称。崇高的气节,是无敌的精神利剑,也是战斗精神的锋刃所在。革命军人的气节,首先建立在忠诚祖国、热爱人民的基础之上,为了祖国和人民的利益赴汤蹈火、万死不辞。我军作为身担正义的威武之师,有着压倒一切敌人的英雄气概,有着大无畏革命英雄主义的光荣传统。正是这种阳刚文化的催生和激励,我军在红军时期谱写了"万水千山只等闲"的英雄壮举,在抗日战争中与穷凶极恶的日本侵略者血战到底,在解放战争中演绎了以"小米加步枪"战胜"飞机加大炮"的战争活剧,在抗美援朝战争中打败了"钢多气少"的美国大兵。国防大学的校园文化,要很好地突出这一特色,把英勇顽强、不怕牺牲、宁死不屈、视死如归的军事文化氛围搞得浓浓的。

三是以打赢为取向的创新文化。军事创新是推动军事发展的不竭动力,也是取得战争胜利的重要保证。先进文化是开发学员军事创新潜能的不竭源泉。"千古战争无同局"。军事领域是最需要创新、最不能保守的领域。建设信息化军队、打赢信息化战争、履行新世纪新阶段我军历史使命,需要有革命导师恩格斯所倡导的"更新更勇敢的头脑",去创新军事理论,创新训法战法。而这种创新思维和创新活动,需要在创新文化的支撑和引导下进行。军事创新越深入,对创新文化的需求就越强烈。国防大学的校园文化要着眼打赢,努力孕育军事创新活力竞相迸发、军事创新智慧充分涌流的良好环境。

四是以团结为主旨的和谐文化。我军是一个团结、战斗的集体,团结出凝聚力、出战斗力。建设和谐文化,对我军来说,要突出团结友爱这个主题。团结就是力量,团结就是胜利。战争年代条件那么艰苦,红军在长征中爬雪山、过草地,之所以能够战胜千难万险,官兵团结友爱、互帮互助是一种重要的精神力量。我们的校园文化要充分体现和突出反映我军官兵一致、尊干爱兵的优良传统,努力促进团结和谐良好风气的形成。

根据这个大的思路和国防大学实际,在建设先进校园文化方面,我们要继续抓好以下几个大的工程:

一是精武报国雕塑园。一尊优美的雕塑宛如一柄催人奋进并传之久远的精神火炬。威武壮观的秦兵马俑,之所以被称为"世界第八大奇迹",很重要的就是因为蕴涵其中的文化积淀,具有穿越时空的艺术魅力,能激发人们的无限情思。我们的精武报国雕塑园,是展示中国最高军事学府校园文化的一道亮丽风景,置身其中,能深深感受到她辐射出的璀璨光芒和震撼力量。许多学员感慨地说,伫立在精忠报国的岳飞、转战于白山黑水的抗日勇士、狼牙山五壮士、虎门销烟雕塑前,强烈的民族气节和革命英雄主义立刻在胸中升腾;伫立在民族英雄文天祥、郑成功塑像前,强烈的使命感、责任感令人热血沸腾;伫立两弹元勋、航天英雄杨利伟塑像前,一种民族自豪感油然而生。我们的精武报国雕塑园得到了全军各大单位的大力支持,受到了军委、总部的高度重视,目前,18尊由全国、全军一流专家创作的雕塑已经完成,雕塑园初具规模。下一步,我们要继续努力把这个雕塑园建得更好,以此拓展教育资源,延伸教育课堂,提供正确导向,养育浩然正气,充分发挥军事文化的熏陶育人作用。

二是先进文化讲堂。文化的力量深深熔铸于民族生命力、凝聚力和创造力之中。中华民族的优秀文化,生生不息,绵延不绝,是我国人民几千年来克服艰难险阻、战胜内忧外患、创造幸福生活的强大精神力量。

社会主义先进文化是马克思主义政党在思想上、精神上的旗帜,也是我军精神支柱的核心。从战略意义上讲,文化认同是具有最深厚根基的国防,可以说国家盛衰、民族兴亡维系于此。这些年来,我们下大力坚持办好先进文化大讲堂,请中央领导和国家有关部委领导,军委、总部首长和国内外驰名的专家学者,到国防大学作专题讲座,目的就是使学员全面、深刻地了解民族文化,增进对民族文化的认同和理解,增强民族自豪感和自信心。应该看到,随着对外开放的日渐扩大和经济全球化的迅速发展,西方文化通过各种渠道汹涌而入,中华文化的基因被悄然销蚀,文化认同的危机日益凸显。外交学院的专家曾指出,我们许多年轻的外交官虽然外语说得很流利,但对中国文化了解甚少。我们军队里,青年一代军官中也有不少人盲目崇拜西方文化,鄙薄中华文化,这是很危险的。陈水扁搞"台独",最毒辣的一招就是"去中国化",搞"文化台独",妄图从文化上刨炎黄子孙的"祖根"。我们坚持办好先进文化大讲堂,就是要通过大力弘扬中华民族优秀文化,大力宣扬社会主义先进文化,以此牢牢占领思想文化阵地,夯实人才培养的文化根基。

三是精品艺术舞台。艺术是人类精神的殿堂,欣赏美是人类共有的天性。马克思认为:人也按照美的规律来建造。艺术美对人才培育的作用是独特的,也是撼人心魄的。孔子"闻韶,三月不知肉味",列宁曾沉醉于贝多芬的奏鸣曲。思想精深、艺术精湛、表演精彩的精品艺术,不仅带给人美的享受,而且能使人开阔视野、陶冶情操、提高修养、丰富精神世界,能潜移默化地帮助我们的军事指挥员拓展想象空间、提升作战指挥艺术。比如,我们的国粹——京剧,唱、念、做、打,板、眼、腔、韵,行行样样都渗透着人生哲理、万事春秋,给人以深刻的启迪和独到的陶冶。近两年,我们邀请和组织了中国京剧院、中国歌剧舞剧院、中央芭蕾舞团和总政歌舞团等国家和军队最高水平的文艺团体来学校演出,在学员中引起了强烈反响。我校的女子军乐队,能演奏世界上四十多个国家军队的军歌,在迎外表演中每次都受到外宾的高度赞扬,艺术水准也不低啊!今后,我们要继续积极开展高品位的艺术鉴赏活动,充分发挥我校驻地北京的文化优势和中国最高军事学府的区位优势,更多地邀请军内外著名文艺团体来校演出,更多地邀请优秀艺术家、文化家、书法家等来校表演,把我们的精品艺术舞台办得越来越好。

四是强身健体工程。强身健体是文化育人的重要内容。世界卫生组织对健康下过这样一个定义:健康不仅仅是没有疾病和虚弱,而且要生理、精神和心理处于完美状态。这对我们很有启发意义。体育锻炼不仅能够增强人的体质,使人肌肉发达、身手敏捷,而且能够强健人们的精神、意志和心理。毛主席当年就很重视军队的体育锻炼,红军长征一结束,红军大学就在瓦窑堡举行了体育竞赛。在抗战的烽火硝烟中,抗大还在延水河畔举行了丰富多彩的体育运动会。新中国成立后,毛主席又为我们制定了"德、智、体全面发展"的教育方针。今天,时代的发展对我们的体能要求提出了更高标准。我们要认真贯彻《中国人民解放军体能标准》,注重通过多种形式的体能锻炼,培育学员精武报国、不辱使命的锐气,气吞万里、一往无前的虎气,不怕困难、坚持到底的毅力,团结协作、顽强拼搏的意志。国防大学地处北京的"天然氧吧",空气清新,养心醒脑,要提倡学员少喝酒应酬、多锻炼身体。这两年组织开展的"忠诚使命"大型歌咏活动,体现国防大学特色的"红山杯"、"砺剑杯"、"智慧杯"球类、棋类、书画比赛等,就很有成效。要继续加大力度,把学校的文体活动开展得更加有声有色、丰富多彩,推动我们国防大学的校园文化建设不断健康发展。

总之,国防大学的校园文化建设,对于高素质新型军事人才培养,具有重大战略意义,是军事教育的一项重要工程。你们肩上的责任重大,一定要不辱使命,为中国特色军事文化的创建,为新一代将星的闪耀,作出应有的贡献。

第五部分

教学改革

在创新中保持和发展
先进学科的优势*

马克思主义理论教学是我校一门主体课程,也是我军高中级干部来我校学习的必修课程。抓好这门主课,对于落实用邓小平理论武装全军的战略任务,提高我军高中级干部的思想政治素质,保证我军不变质、打得赢,具有全局性的重要意义。全军的邓小平理论研究中心设在我校,主体是三个政治理论教研室和马克思主义研究所,主力是你们马克思主义教研室。要进一步发挥这个研究中心的作用,在学习、研究、宣传邓小平理论方面做得更有成效,你们有义不容辞的责任。多年来,尽管马克思主义教研室科研成果丰富,教员讲课也深受学员欢迎,但要始终保持头脑清醒,自觉地以更高的标准,自加压力,进一步增强改革创新意识,提高创新能力。

我感到,目前政治理论教学面临着这样一些新的情况:一是原本有一个较高的起点,必须勇于超越自我。对于党的创新理论,原有的教学科研起点就比较高,要在这个基础上再提高一步,难度也就比较大。现在这个很高的起点,既有你们的成绩和功劳,也有前几茬人的努力和心血,真正要体现这届领导班子的成绩,应该是在下一步工作

---

* 本文选自作者在国防大学马克思主义教研室、世界经济政治教研室党支部民主生活会上的讲话(1999 年 7 月 20 日)。

中。自我超越是一个痛苦、艰难的创新过程,需要付出更多的辛劳。二是教学对象理论水平的起点越来越高,给我们提出了更高的要求。我们面临的教学对象,特别是正军职以上领导干部,经过多年的邓小平理论学习,他们已不是满足一般地了解邓小平理论是什么,而是要问为什么。他们到我校学习都是带着一系列深层次的思考和问题来的,即使不讲出来,我们也要善于捕捉。解答高级干部思想深层次的问题是不容易的,因为我们在很多问题上是同学员处在同一条起跑线上,如学习邓小平理论、学习江泽民同志一系列重要论述,大家都在一起学,有些高级干部学得还比我们早。在这种情况下,我们要当他们的老师,要超越他们、高于他们,讲出思想、讲出新意,使学员到国防大学都有新的收获,这是很不容易的。三是形势发展的高起点。形势在发展,新情况、新问题在不断出现,人们的思想也在不断地变化,有许多现实问题需要从理论上加以澄清和解决,加以捕捉和研究。再一个就是,我们自己和自己比,和军队有些单位比,某些方面是领先的,但是我们不能满足于这一点,而要有在全社会领先的精神。这就要求我们要有意识地去抓一些课题,不仅要把这些课题在课堂上讲好,而且要推向社会。这样,才能在全社会产生广泛影响,在全国马克思主义理论战线占有一席之地。立足三尺讲台,这是我们的主阵地,但是不能局限于三尺讲台。特别是对国家和军队改革提供理论支持的一些重大问题,我们要认真加以研究,拿出一些在全国有影响的成果,加强理论宣传。党支部班子和全体教员在形势的认识上,要很好地统一思想,这样才能始终保持头脑清醒,才能有紧迫感,才能自加压力,才能用更高的标准做好工作。

这些年,我们虽然在理论创新上作过不懈的努力,但高质量的东西还不够多,精品还不够多。因此,必须有一种很强的责任感和紧迫感。一是要始终高度关注重大现实问题,下苦功夫回答和解决国家和军队改革中提出的重大理论和现实问题。这几年你们紧紧抓住了两大"扣子"①，要继续抓住不放。要把这两大"扣子"中的一些问题具体化，分解开，不断地推向深入，拿出有分量的研究成果。要理出一批关乎国家和军队建设的前沿性课题，有计划地组织攻关，有计划地推向社会。要把研究成果既转化到教学中去，也要转化为在报刊上进行理论宣传，为国家和军队改革提供理论支持。二是在学科建设上要注意向军队建设和军事斗争准备上贴近。作为中国最高军事学府，我们讲马克思主义基本理论，讲邓小平理论，一定要有国防大学的特色，要向军队建设和军事斗争准备贴近和延伸。不是离开本学科的基本内容去讲军事，而是运用马克思主义理论的立场、观点和方法去回答我们军事斗争准备和军队建设中的问题。比如，讲哲学思想，不能光讲地方上的事情，讲古代的事情，讲意识形态领域内的问题，能不能联系到军事斗争准备的问题上、军队和国防建设的问题上？再如，对以劣胜优的战略思想，有些同志信心不足，有没有思想上的片面性问题？我们的哲学学习就应当联系这类问题，把它们讲清楚。三是正确处理做好当前教学工作与继续学习深造的关系，不断提高创新的实力。特别是一些年轻的教员，教学任务要完成，但是不能浮躁，不要急于出成果，要处理好打基础与出成果的关系，注重"充电"。创新需要长期积累、厚积薄发，不是一拿起笔就可以做得到的。四是要努力形成一种有利于创新的机制。目前国家正在建立一种创新体系。作为国防大学，作为政治理论教研室，也要逐步形成有利于创新的机制。要提倡大家解放思想，把讲政治与勇于创新很好地统一起来，把守纪律与勇于创新很好地统一起来；既要鼓励大家创新，更要在政

---

① 两大"扣子"，指国防大学马克思主义教研室在给学员授课时所着重强调的两大课题，即：社会主义公有制与市场经济能不能有机结合？搞社会主义市场经济与抓社会主义精神文明建设能不能有机结合？

治方向、政治原则上把握好。

许多同志在发言中还谈到,在国际政治和世界经济研究领域,地方有些单位已经走到了我们的前面,我们过去拥有的一些优势正在逐渐丧失,因此大家都有一种紧迫感和危机感。我想,现在的关键就是要把这种紧迫感和危机感转化为开拓创新、跟上学术前沿的动力。江泽民同志说,创新是一个民族的灵魂,是一个国家发展的不竭动力。创新对一个国家、对一个民族是这样,对单位和个人也是这样。国际关系这门学科涵盖的内容很广,涉及的知识很多,是一门综合性学科。要想在这个领域内作出成绩,我认为,首先必须具备雄厚的马克思主义理论功底。马克思主义理论是科学的世界观和方法论,是我们从事一切工作的科学指南,离开了马克思主义理论,要想在国际关系研究上取得重大成就是不可能的。现在教研室有些同志对这个问题还没有引起足够的重视,特别是一些年轻同志的马克思主义理论素养还比较缺乏。对于这个问题必须引起高度重视,在今后的教学科研工作中要努力弥补、不断加强,否则教研室的发展、学科建设就没有后劲。其次,要有比较宽广的知识面。除了要掌握本专业的基础理论与有关知识外,还要努力学习政治、经济、军事、历史、科技等诸多方面的相关知识,这样才能视野广阔,才能在学科上有所作为。再次,要把基础理论研究与重大现实问题研究有机地结合起来,把国际关系研究与国家安全研究有机地结合起来,研究要体现军队特色、国防大学特色,为军队和国防建设服务。

坚持把党的创新理论作为
政治理论教学的主课*

中央军委首长要求我们国防大学,在学习和实践"三个代表"重要思想方面,要走在全军前列。这是从我校特殊使命出发提出的特殊要求。多年来,我校的邓小平理论教学之所以能够走在全军前列,并由此带动了各学科建设,就是因为校党委、校领导和全校同志以高度的政治敏锐性和历史责任感,始终坚持把这一理论作为政治理论教学的主课,作为贯穿军事学各学科的主线,使之进入教学、进入科研、进入学员和全体教职员工的思想,并用来研究、回答军队现代化建设和军事斗争准备中的重大难点、热点问题,使党的创新理论成为广大干部学员手中的锐利思想武器,从而受到了军委、总部和全军部队的充分肯定。这是十分宝贵的经验。我校政治理论课的教学,必须把党的创新理论放在主课的地位上,否则就会偏离正确的政治方向。

当前,我们要紧紧把握学习江泽民同志"七一"重要讲话这一历史契机,使"三个代表"重要思想更好地实现"三个进入",在全校形成持久的学习、研究、宣传和贯彻的热潮,用党的这一创新理论成果武装自己、影响全军。目前在这方面,我们已经做了一些很好的工作,政治理论教学的课程设置都作了相应调整,军事教学的课程设置也注重贯彻了"三

---

* 本文选自作者在国防大学党委三届四次全体会议上的讲话(2001年9月14日)。

个代表"重要思想的要求,及时组织了系列专题研讨,特别是成功地举办了军队高级干部理论研讨班,受到全军高级干部学员的赞扬。我们要以此为新的起点,树立更高的标准,围绕"三个代表"重要思想中一系列新的重大理论突破,通过撰写有说服力的理论文章和专著等方式,进行深入、系统的研究和阐释,为全军和全国的深入学习提供强有力的理论支持。

成功举办两个高级班的启示*

2001 年以来,受总政治部委托,我们相继举办了全军正军职干部读书班和全军高级干部理论研讨班这两个高层次的班次。这两个班对军队的干部培养、理论建设、思想建设作出了积极贡献。这两个班所取得的经验,不仅对今后办好类似的班有重要的指导意义,而且对我校以教学科研为中心的各项工作都有重要的指导意义。可以说,这两个班对学校的教学工作和各项建设将会起到很好的推动作用和重要的影响。希望通过认真总结,把这两个班的经验变为大家的共同认识,变为全校同志更加自觉的行动,使它们成为我们进一步改进教学工作、提高教学质量的推动力。

对于我们国防大学来说,办好这两个班难度很大,可以说是个挑战。但在同志们的共同努力下,我们将挑战变成了机遇,变成了推动教学科研上新台阶和取得新进展的机遇,进一步扩大了国防大学的影响,树立了国防大学作为中国最高军事学府的地位和在全军的良好形象。这两个班,是对国防大学的全面建设,首先是对教学科研水平和质量,以及管理水平和保障水平的一次全面检查和实际检验。中国最高军事学府到底怎么样?由于这两个班确实办出了水平,得到了全军这么多高级干部的一致认可和高度评价。这是很不容易的。

---

* 本文是作者在国防大学全军正军职干部读书班和全军高级干部理论研讨班教学工作总结会上的讲话摘录(2001 年 10 月 10 日)。

　　我这次参加了高级干部理论研讨班的学习,对高级干部理论研讨班的感受更深一些。有些彼此很熟悉的学员同志对我说,"三个代表"重要思想我们学了那么久,江泽民同志"七一"重要讲话刚刚发表,我们也初步学习了,这次来学习能不能学到更新的东西、确实有所收获? 对这一点,起初我的确有些担心。但是经过十来天的学习,大家反映,学了以后,对"七一"重要讲话的认识确实进入了一个新的境界。许多同志深有感触地对我说,没想到你们的教员讲课水平这么高。所以学校在这么忙的时候,专门拿出时间来认真总结这两个班的教学情况,是非常必要的。

　　从这两个高级班的成功举办来看,是不是有这样几点启示:

　　第一,一定要有昂扬进取、不懈奋斗的革命精神。这两个班之所以办得好,有多方面的经验,但是具有昂扬进取不懈奋斗的革命精神是非常重要的一条。比如,接受举办正军职干部读书班的任务时,适逢寒假;接受举办高级干部理论研讨班任务时,正值暑期。为了办好这两个班,好多同志在假期都没有休息,不少同志过春节包括大年三十在教研室吃着方便面进行教学准备,许多同志冒着酷暑昼夜加班突击。担负主要教学任务的同志都是五十多岁的人了,他们超负荷地工作,可以说是一种"生命透支"。这两个班的课题难度很高,要讲出新东西,那确实是呕心沥血的结果。昨天,我跟空军的两位作家交谈。我说,国防大学这个地方同部队一样,也充满着牺牲和奉献。而且,这种牺牲、奉献是看不见的,是另一种形式的牺牲、奉献。在国防大学当教员,就是要站在前沿,没有现成的东西可以讲,更不能照抄别人,本质上要求在讲课中有更多的原创性的东西,这个难度是非常大的。要在全军高级干部面前讲出新东西,针对他们带来的问题,给出一个满意的解答或者是引导解决问题的思路,没有呕心沥血的奉献精神是做不到的。我给这两位作家讲了一些事例,他们都很感动。战场上、急难险重任务中的牺牲奉献固然是非常崇高的,但是国防大学专家教授的这种牺牲奉献是另外一种特殊意义上的奉献,而且随着高科技的发展,随着科学技术的进步,这种奉献更加具有时代性。我们这两个班所体现出的这种精神,在其他各项教学工作中,都应该很好地坚持和发扬。

第二,一定要有良好的学风,注重对重大理论和现实问题的研究。这个问题是至关重要的。我们要提高教学科研质量,这一条非常关键。江泽民同志在"七一"重要讲话和党的十五届六中全会闭幕时的讲话中都强调了这个问题。我们要提高教学科研质量,首先要抓住部队建设和军事斗争准备中亟须解决的重大问题。对这些最解渴的问题,你能够对学员有所帮助,就必然会受到欢迎。这两个班首先是抓住了重大理论和现实问题,然后在攻关时有所创新,有新东西、新认识,有自己的见解,能够释难解惑,所以才受到欢迎。这次高级干部理论研讨班的许多课题,都是很尖锐的重大理论和现实问题,我们基本上都没有回避,都敢于去回答和解决。即使一时说不透彻的问题,也努力给大家一个思考方向或引个思路。这些好的学风,在军事教学中也应该发扬和坚持。当前,研究重大问题,有两个重要方向需要紧紧抓住。一是继续深入学习、研究江泽民同志"七一"重要讲话,研究党中央为党的十六大胜利召开作理论准备而提出的重大理论问题;二是跟踪"9·11"事件及美国对阿富汗实施军事打击后,美国军事战略所发生的深刻变化,包括军事斗争样式的变化。

第三,最重要的班次,一定要排出最强的教员阵容。这两个班,我们排出的都是第一流的教员队伍。精兵强将打硬仗,最后才能打胜仗。因为这两个班直接关系到国防大学的形象,关系到学校在全军的声誉和影响,我们决不能拿这种班次来"练兵",培养年轻教员也不能用这种班次来"试验"。为了保证一流的教员能够集中精力上好重要的大课,其他的同志应该当好助手。对一流的教授,我们应该尽量少用他们的腿,多用他们的智慧。收集资料、搜集情况，包括生活上的保障等，可以让别人来做。在这方面，我们已经做了一些努力，取得了一些成效，以后应该形成一种机制，以保证那些最优秀、最有水平的教员的智慧能够得到充分发掘和发挥。机关的同志要就这个问题进行研究。

第四，一定要进一步发掘和用好丰富的校外教育资源。这也是这两个班办得成功的一条重要经验，更是国防大学的优势之一。今后要把这个优势更加充分地发挥出来。我们具备的优势很多：一个是，地处首都北京，党政军群、科研单位，都集中在北京这个全国的政治、文化中心；另一个是，培养对象的层次高，能够请得进高层次的人来讲课。这两条决定了我们能够充分地运用好这些教育资源。这两个班在这方面做得非常好，除了请地方的领导和专家来校讲课之外，中央军委、四总部的领导都来参加过座谈或讲过课。今后要多做工作，巩固和发展这种势头。2002年的重要班次，还要请中央军委和四总部的领导来讲课。对于地方的外请报告，2001年要好好地总结一下。有一些外请报告，与我校教员的讲课起到了相互弥补、相得益彰的作用。据学员们反映，我们校内教员的讲课，在理论思考、说理力度、逻辑力量上要优于地方的报告。地方的报告视野开阔，对变化了的中国和世界，对现实的情况和面临的问题、矛盾，要比我们讲的丰富得多、直观得多、权威得多。因为外请的地方同志，好多来自权威的部门，讲出来的可信度就高。对于这些教育资源，今后我们要继续运用好。

第五，一定要敢于和善于严格要求、严格管理，有严密、周到的教学保障。管理问题首先是一个认识问题，要认识到管理的重要性。我历来认为，管理是不讲大课的大课，是学员培养内容的一个重要组成部分。小平同志讲过，院校除了提高学员的思想水平和指挥能力，还要培养好的作风。"三普通"（即普通干部、普通党员、普通学员）是国务院、中央军委有关文件明确要求的，所有学员，不管原来是什么职务，到国防大学来学习,都要做到"三普通"。领导干部在部队带兵,统率千军万马,有压力,来校以后容易松一口气。他们在部队工作高度紧张,来校学习适当放松一下是可以的,但在政治上,在党风、学风方面对自己的要求不能松。严格管理对于作风培养是很重要的。这两个班特别是正军职干部读书班,在严格管理上取得了很好的经验,既敢于严格管理,又有一些好的方法。我想,正军职干部读书班能做到的,别的班次都应该能做到。要借这两股东风,把其他的班次好好地促一促。实际上,你严格要求了,学员说你做得好;你放松了,他反而说你做得不好。事实上,大家对现在所谓的"吃请、请吃"这些问题都比较讨厌,都认为是一种负担,但有的同志还不得不去应付这种负担。学校严格要求了,他就有一张"挡箭牌"。这就既约束了学员的行为,又杜绝了这种风气的滋长。

最后,再补充一点:重要的班次要派出一流年轻教员。现在能上讲台的年轻教员还是少了些,承担正军职干部读书班教学的基本没有年轻教员,连四十岁左右的教员都没有。所以要加紧培养,要有一些新人、新面孔出现在高级班的讲台上。

抓住机遇，加快发展我校
研究生教育 *

积极适应形势和任务发展的需要，抓住机遇，有所作为，加快发展我校研究生教育，是学校建设和发展面临的重大课题。

一、从军队干部队伍建设全局出发，认识
我校研究生教育的地位和作用

发展我校的研究生教育，首先要解决认识问题。我们要从军队干部队伍建设的全局和军事斗争准备对人才需求的战略高度，深刻认识我校研究生教育的地位和作用，增强搞好我校研究生教育的使命感、责任感。

加快发展研究生教育，是形势和任务赋予我校的历史责任。随着世界新军事变革的步伐大大加快，培养大批高素质新型军事人才，对于实现军队建设的跨越式发展、夺取未来战争的战略主动，日益显示出更加突出的作用。世界各主要国家对军事领域高素质人才的培养都空前重视。美军的《2010 年联合构想》中，有二十多处提到军人素质的重要性。在我校外训系，一些发展中国家派来的学员也多数是学士、硕士，有的人还是博士。而我军军官中具有本科和研究生学历的比例相当低，作战部队指挥

＊ 本文是作者在国防大学研究生教育工作会议上的讲话(2001 年 11 月 15 日)。

干部中具有硕士以上学位的就更低一些,这种情况,无论是应对世界新军事变革的挑战,还是适应我军现代化建设跨越式发展、适应军事斗争对人才准备的需求,都是很不相称的。面对新的形势和任务,我军质量建设的进程进一步加快。其中,一项刻不容缓的紧迫任务,就是做好高层次新型军事人才的准备。我们应当站在综合国力竞争的高度,站在军队现代化建设和维护祖国统一的战略全局的高度,来认识发展研究生教育的重要意义,认识我校研究生教育的重要地位和作用,从而增强使命感和责任感。

加快发展我校研究生教育,是全面推进我军干部队伍跨越式发展的超常措施。江泽民同志指出:"在未来的信息化战场上,敌我双方的较量更多地表现为高素质人才的较量,必须把人才培养作为一项十分紧迫的战略任务来抓。"①今后一个时期的发展要求,在大军区级和军、师、旅、团级领导班子中,都必须有研究生学历的军官。要建设一支联合作战指挥能力强、具有战略意识和世界眼光的高中级指挥干部队伍,领导班子中的优秀年轻干部必须明显增加。这就要求我们必须采取特殊政策和超常措施,加快选拔培养优秀年轻干部步伐,大力培养联合作战指挥人才和作战部队专业技术人才,全面推进干部队伍的跨越式发展。大幅度增加招收军、师、团级指挥干部和高级机关干部攻读博士、硕士学位研究生的数量,是一项重要的战略举措。国防大学是全国最高军事学府和军事学研究生教育基地,又是全军唯一设有研究生院的指挥院校,在扩大研究生教育规模和提高研究生培养质量方面,一定要主动有作为,努力走在全军的前列。多年来,我校培养的一大批研究生,活跃在领率机关和作战部队的各个岗位上,受到部队的普遍好评。目前,全军各大单位的领导热切期望国防大学为部队培养研究生再多一些、质量再高一些。

---

① 《江泽民国防和军队建设思想学习纲要》,解放军出版社 2003 年版,第 59 页。

这对我校同志是一种鼓舞和激励,也是给了我们一个发展提高研究生教育水平的极好机遇。然而,值得注意的是,近年来,由于受种种条件的制约,我们在发展提高研究生教育水平方面迈出的步幅还不够大,研究生招生量在全军所占的比重有所下降。面对我军干部队伍跨越式发展的迫切需要,面对全军研究生教育事业蓬勃发展的强劲势头,我们必须有迎接更为繁重任务的思想准备、教学准备和相应的保障准备,必须善于抓住机遇,加快发展,决不可失去良机。

加快发展研究生教育,已成为我校人才培养新的增长点之一。院校教育是与时俱进、不断发展的事业,只有自觉地适应变化了的新形势,不断寻找新的教育增长点,才能永葆旺盛的生机与活力。当前,我们一方面要继续下大力抓好高中级干部各种班次的培训和轮训。在这方面,学校领导和机关已经做了大量很有成效的工作,不久前总结了举办全军正军职干部读书班和高级干部理论研讨班的教学经验,目前正在梳理有关军事斗争准备的研究成果,以便进一步改进高中级干部各种班次的教学,相信2002年会有一个新的提高。与此同时,我们也要看到,抓好硕士生、博士生这些高学历新型军事人才的培养,已经成为我校人才培养的又一个新的增长点。可以预言,十几年、二十几年后,我军新的"将军方阵"必将主要由具有研究生学历的优秀人才组成。就学校教学科研工作来看,研究生教育是学科式的教育,抓好研究生教育,可以带动和促进学校的学科建设。当前,我校研究生教育培养的对象和目标不仅是高级理论研究人才,而且包含了高级指挥人才和高级参谋人才。既有统招生、基层军官,也有师团职干部,还有部分军职院校领导干部。他们是我校训练格局的重要组成部分,把他们培养好,关系到人才培养的全局,并将对我军现代化建设产生深远影响。对这一点,我们都应当清楚地看到。

二、深入研究我校研究生教育的特殊要求，始终 坚持以政治合格为根本，以打得赢为目标

我们学校是中国最高军事学府，培养的研究生，职级高、责任重、影响大。他们中的大多数在和平时期是治军带兵的领导骨干，在未来战争中是领兵打仗的指挥员。他们的素质如何，关乎军队的发展方向和未来战争的胜负。这种特殊的重要性要求我们的研究生教育要始终坚持以政治合格为根本，以打得赢为目标。我们期望，再过五六年，全军作战部队特别是主要作战方向的团以上领导班子中，都能有国防大学培养的研究生。因此，必须紧紧围绕打得赢、不变质两大历史性课题，尽最大努力提高研究生教育质量。

坚持把思想政治建设摆在首位，确保研究生政治合格。当今的国际国内形势，以及我校培养的研究生未来在军队和国防建设中所处的重要地位和作用，都要求他们必须具有很高的政治素质，能够经受住政治风浪的考验。首先，西方敌对势力一直把我军视为西化、分化的最大障碍，其中，我军的高中级军官又是他们力图西化的重点。其次，随着社会主义市场经济的深入发展，社会经济成分、组织形式、就业方式、利益关系和分配方式的多样化日益明显，各种思想观念相互碰撞，社会意识形态领域的矛盾和斗争呈现出前所未有的复杂状况。在研究生广泛获取新知识、新信息的同时，一些错误思潮也不可避免地会通过各种形式影响他们的思想。尤其是我国加入世界贸易组织后，随着经济进一步开放，思想政治工作领域面临着许多新的复杂情况。为了使研究生在政治上过得硬，让党和人民放心，我们必须坚持不懈地抓好用科学理论武装人的工作。在研究生教育中，要率先落实"三个代表"重要思想进入课堂、进入教材、进入研究生思想的要求。要强化军魂意识教育，保证我们培

养的研究生永远忠于人民、永远忠于党,能够经得起任何政治风浪和各种复杂环境的考验,永葆我军的政治本色。要加强党性锻炼和思想品德修养,坚持全心全意为人民服务的宗旨,自觉抵制腐朽思想文化的侵蚀。2001年,在我校研究生中开展的理想信念教育活动,问题抓得准、组织严密、形式多样,收到了很好的效果。今后,要继续坚持以"保方向、出人才、出成果"为主线,以理想信念教育、思想道德教育、献身国防教育为重点,加强研究生的党性锻炼,做好经常性思想工作,引导他们进一步确立正确的世界观、人生观、价值观。加强研究生的思想政治工作,导师负有不可替代的重要作用。希望导师全面履行教书育人的职责,言传身教,为人师表,用高尚的思想境界、人生追求和科学严谨的治学态度教育、影响研究生,引导他们正确处理政治与业务、做人与做学问、整体利益与个人利益的关系,全面提高自身素质。

从军事变革和军事斗争准备的需要着眼,始终坚持以打得赢为目标。当前,我们正面临着一场新军事变革。这场新军事变革无论是对军事领域本身,还是对国际战略格局和安全环境,都有着重大而深刻的影响。在这种情况下,我们必须抢占人才培养这个战略制高点。在培养研究生的过程中,要着眼打赢未来高技术战争,紧贴军事斗争需要,坚持仗怎么打,干部就怎么培养。首先,要注重培养他们的战略意识。未来军事斗争是关系到中华民族复兴的大事,也是三军联合作战,没有全局意识,没有战略眼光,就无法完成党和人民交给的任务。同时,要注重培养他们的组织指挥联合作战的能力,使他们具有坚实的理论基础和系统、扎实的军事专业知识,熟悉现代战争特点,掌握现代战争指导规律。第三,要注重培养他们抓部队建设的能力。当前,尤其要注意培养他们在完成军队信息化和机械化双重任务过程中,带领部队完成军事训练的能力。

三、坚持与时俱进,开拓前进,努力
推进研究生教育的改革创新

从教育规律上来说,研究生教育是创新式教育。因此,改革和发展研究生教育、提高研究生教育质量,必须坚持与时俱进,不断创新。

创新是驾驭战争规律的客观要求。江泽民同志说过:"创新是一个民族进步的灵魂"。① 在"战胜不复"的军事领域更是如此。战争从来没有一定之规,总是发展变化的,古往今来没有两场完全一样的战争和作战指导。创新是战争固有的本质属性,创新也是军事指挥人才必须具备的基本素质,只有创新才能克敌制胜。我们军事领域的研究生教育,要把培养具有创新素质的军事人才作为提高研究生教育质量的主要标志,大力培养研究生的创新意识和创新能力。

创新就要充分发挥优势,努力形成自己的特色。任何名牌产品都有自己的特色和优势,这样才能在激烈的竞争中立于不败之地。我校的研究生教育要创新,也要注意体现自己的特色和优势,要站在时代的前沿,结合研究生培养目标,发挥地处首都,教育资源丰富,高中级干部集中,与部队联系紧密,学员来自各个方向、见识广、实践经验多等优势,在教学内容、教学方法,以至于培养模式上,勇于探索,大胆改革,努力形成我校研究生教育的鲜明特色。

创新要实现由培养学术型人才为主向培养应用型、复合型指挥应用人才为主转变。加快高层次指挥应用型人才的培养,是当今世界各国高等教育的发展趋势,是世界主要国家军队加强质量建设的一个通行做法,也是我军高层次人才培养必须关注和加强的一个重点。与学术型人

---

① 《江泽民文选》第三卷,人民出版社 2006 年版,第 537 页。

才相比,应用型人才除了具有基础理论宽厚等共同的要求外,还具有实践经验丰富、职业背景鲜明、联系实际更为紧密的特点。我校研究生教育的重心,一定要进一步实现由侧重培养学术型人才向侧重培养指挥应用型、复合型人才的转变。为加速高层次军事人才的培养,总部准备推出一项重要改革举措,即开展军事硕士专业学位教育工作。专业学位是与学术学位并行的另一种类型的学位,其任务是根据特定职业和岗位的需要,培养大批从事实际工作的社会急需的高层次、应用型、复合型人才。军事硕士专业学位是具有军事指挥特定职业背景的职业型学位。它的设置,开辟了加速高层次应用型人才培养的直接途径,有助于尽快改善我军领导干部的知识、能力和素质结构。今后,具有这一学位也将逐步成为军官获得相应任职与职务晋升资格的必备条件之一。

由于我校是中国最高军事学府,总部和其他院校对我校开展好这项工作寄予很高期望。能否把这项工作做好,将直接决定我校能否在今后一个时期继续保持在军事学研究生教育中的优势地位。但由于这是军事学研究生教育的一种新模式,对教学方式、课程设置、导师队伍等提出了新的要求,没有现成的规则、做法可以直接套用,开展工作的难度很大。因此,学校机关各有关部门、各教研单位、研究生院都要高度重视这项工作,做好扎实、有效的准备。要切实更新观念,制定好培养方案,合理设计和优化研究生的知识结构和能力结构,突出研究生培养的综合性和实践性。要强调以军队建设和军事斗争准备的实际需求为牵引,增加新的教学内容;加快案例库建设,认真搞好案例教学等等。总之,招生、培养、学位、管理等各个环节上要想得更细一些,更周到一些,摸索新的规律,创造具有我校特色的新的培养方法。

四、发扬求真务实的作风，切实解决好 我校研究生教育中的突出问题

开创我校研究生教育工作的新局面，仅仅有了好的规划和措施是远远不够的，还要通过扎实具体、艰苦细致的工作抓好落实。

在导师队伍建设上要有新突破。导师队伍建设的水平直接决定着研究生教育的质量。我校导师队伍水平整体来说是高的，责任心是强的，但这方面反映出来的问题也不少，主要是两个方面：一个是有的导师学术水平还不够高，指导能力还不够强，名师还少了些；另一个是有些导师责任心不够强。解决这些问题，需要一个过程。一方面要采取竞争激励机制，激发导师的光荣感和责任感，调动导师的积极性；同时要关心导师的疾苦，科学安排导师的教学科研任务，保证导师有充足的时间和精力指导研究生。

在学科教材建设上要有新提高。研究生教育是依托学科专业进行的，学科教材建设对于提高培养质量是一个十分重要的环节。近些年虽然出了不少很有分量的教材和专著，但与我校的地位作用相比，我看还有不小的差距，真正有震撼力的、有重大突破性的名著和名篇还是少了些。我们要组织那些思想敏锐，开拓创新精神强，在学科专业领域内有坚实宽广的理论基础和系统深入的专业知识、丰富的教学科研经验，为本学科专业建设和发展作出重要贡献，在军内外知名度高的专家，尽快编写出一批高质量的学科教材。要坚持以应用理论教材的编写为重点，按照学科基础理论、应用理论、学科史和学科参考资料相结合的结构，建立较为完善的学科教材体系。这是一个长期任务，需要下慢功夫、苦功夫，但必须抓紧干，速度要更快一些，措施要更有力一些。

在形成合力上要有新进步。大力发展研究生教育，是全校共同的责

任。研究生院要首当其冲地负起责任,但这个任务,决不是研究生院一个单位所能胜任的,各单位都要重视、都要支持,要形成全校合力办研究生教育的氛围,共同为研究生教育的发展创造条件。比如,随着研究生招生规模的扩大,住房问题的矛盾将来会越来越突出,校务部要及早谋划。编制也需要调整,积极主动地向总部机关反映、汇报情况,争取能够适当增加机构和人员及相应的保障条件。在编制没被批准之前,在我校职权范围内进行调整,保证工作有人做,事情有人干。所需经费也要及早考虑,列入预算。总之,全校同志要同心协力,为开创我校研究生教育工作的新局面共同奋斗。

教学改革要把教学内容的
创新摆在第一位[*]

　　国防大学教学的基本特点就是创新性。我们为什么要安排教员出去学习、进修？要求他们到部队代职或蹲点调研？一个很重要的目的，就是要解决创新能力不够的问题。对高中级干部学员不能老讲现成的东西，讲他已经明白的东西。你只有把他感到困惑的东西、没有想到的东西，说清楚了，讲明白了，或者同他一起研究，一起深入思考，形成解决问题的新思路，才会受欢迎。创新，有教学内容上的创新，有方法手段上的创新，但是，最重要的还是教学内容的创新。地方大学的一些大师、名师，有的人语言表达并不怎么好，有的人甚至说话不很流利，但他们讲课为什么受欢迎？主要还在于讲的东西新、见解深。我们学校有的同志在初级院校讲课很受欢迎，到国防大学后反而不行了，为什么？就是因为层次不高，没有新东西。军长、师长这一级干部，并不是来听你讲故事的，要有新的内容、新的思想。这堂课，如果我有几点新的思考成果，上了讲台腰杆子就硬，底气就足。即使你语言表达得不够那么"行云流水"，当堂掌声不热烈，回去后学员也会慢慢回味，得到启发。因此，我们的教学改革，一定要坚持把教学内容的创新摆在第一位。教学方法和教学手段的改革创新也很重要，但它们是第二位的，形式、方法、手段要服

＊　本文选自作者在国防大学战略教研室党支部民主生活会上的讲话(2002 年 3 月 29 日)。

从于内容。现在的大课评比,主要评教学内容有没有新东西,是否研究、回答了新问题,其次才是评讲课技巧。

相比较而言,军事理论创新有更为广阔的空间,我们对此要有信心,要有创新的勇气。同时,军事理论创新也有较大的难度,需要我们下大力气去努力。10 年以前,我曾听一些高级干部学员讲,听国防大学的战略课很有启发,对培养战略意识、提高思维层次帮助很大,学会了站在世界看中国、站在全国看本单位。现在,情况发生了很大变化。对战略问题、形势问题,中央军委领导同志逢会必讲,反复强调领导干部要有战略意识,要有世界眼光和历史眼光。全军高中级干部的战略意识比过去大大增强了,他们到学校来上学,对我们有更高的期望,提出的问题更有深度。我们虽然还有优势,但优势已经不那么多了。我们要自加压力,要有危机感和紧迫感,要在教学内容上有更多的创新。这方面的改革创新,首先要体现在各个不同班次课题和课程内容的设计上。要瞄准我们对人才培养的目标要求,瞄准学科前沿,瞄准高中级干部学员实际,需要什么讲什么,缺什么讲什么,什么最管用就讲什么。而不能我有什么就讲什么,我什么东西拿手就讲什么。讲什么、不讲什么,这个首先要弄清楚。说到底,教学内容的改革创新还是在人才。现在,我们虽然有一批人才,但顶尖级人才少了些;虽然有一批成果,但有震撼力的名篇、名著也少了些。我们要充分看到这一点,通过培养高素质的人才和出高质量的成果,推动教学内容的全面创新。学校领导和学员都对战略教学内容的创新寄予很大期望,希望你们加倍努力,把责任担当起来。

下大力抓好战役教学的创新[*]

在推进中国特色军事变革的伟大事业中,我们国防大学能不能走在前列,履行好使命,直接取决于各教研单位的努力和贡献。战役教研室作为全军最高层次的联合战役教学单位,作为全校联合战役教学的牵头单位,处在一个什么样的历史方位,面临什么样的机遇和挑战,大家都很清楚。这些年来,教研室党支部充分认识自己在全军联合战役教学中的"龙头"地位。在创新军事理论中的重要作用,明确提出了战役教学"四破、四新"的创新性思路,就是:破第二次世界大战时期的战役模式,创有新军事变革特征的新战役模式;破大陆军战役模式,创诸军兵种高度联合的新战役模式;破大兵团战役模式,创非对称打击和软硬结合打击的新战役模式;破传统的经验性战役模式,创信息化与机械化结合的新战役模式。同时,努力把这个思路体现到教学科研中去,体现了改革创新的强烈愿望,也取得了一些好的成果。现在的问题是,教学科研水平与形势任务的要求还不相适应。在这次座谈中,许多同志反映了战役教学内容还相对陈旧、教学方法和手段滞后等问题,一些学员对战役教学也感到不满足。所以,要清醒地看到差距。校党委对战役教学寄予厚望,希望你们能积极适应推进中国特色军事变革的要求,下大力搞好战役教学创新,真正担负起联合战役教学牵头单位的重任。

---

* 本文选自作者在国防大学战役教研室党支部民主生活会上的讲话(2003 年 4 月 11 日)。

对战役教学的创新来说,是不是要着重解决好两个方面的问题?一方面,战役教学能不能创新?有的教员讲,技术决定战术,未来仗怎么打,主要是依赖于武器装备;要创新就要超前,而讲得太超前,学员不信,而且用不上,所以战役教学创新很难。这些反映,我认为是正常的,也不是没有道理。但主要还是我们的思想不够解放,创新的意识和能力还跟不上世界新军事变革的发展,跟不上我军现代化建设的实际步伐。另一方面,战役教学怎样创新?关键是要下功夫提高我们的创新能力。一是首先从教研室领导做起,以"知识恐慌"、"本领恐慌"的紧迫感,带头学习新知识,掌握新技能,研究新问题,尽快改善知识结构。同时,要督促全室干部加强学习,抓紧构建同创新军事理论要求相适应的知识体系。二是进一步更新观念,开阔视野。要以学校正在开展的"解放思想、实事求是、与时俱进"教育讨论为契机,把这些年来战役教学中那些不合时宜的东西好好清理一下,来一轮新的思想解放。三是注重研究把握现阶段特征,确立以现有武器装备打胜仗的思想,依据"你打你的,我打我的"战略思想,研究克敌制胜的新思想、新战法。现在一个突出问题是,有些同志把"你打你的,我打我的"当做一个口号喊。在信息化条件下,特别是面对强大对手的情况下,如何把这一战略思想具体化,如何在信息化条件下发挥人民战争的优势,值得我们深入思考。敌人不怕我们与之打堂堂之战,他还是怕我们打非对称战争,怕我们打人民战争。我们的战役教学一定要研究这个问题。这里,有一个认识问题要很明确:作为武器装备部门,他们应当是未来作战需要什么样的先进武器装备,就要研制和发展什么样的先进武器装备;作为部队指挥员,作为培养指挥员的军校教员,虽然可以对武器装备发展提出军事需求,但主要的是,有什么武器装备就打什么样的仗,在作战指导上创造"以劣胜优"的新优势。我们要看到,我军由机械化半机械化向信息化转变是一个较长期的过程,着眼于解决部队训练和作战中的重点、难点问题,着眼于创新我校人才培养的素质模型,改革教学内容,创新教学方法和手段,特别是在作战思想的研究和创新方面力争取得有影响的成果。要使部队真正管用,防止高不成、低不就。四是提倡内部研究讨论问题,开展学术争鸣,敢于发表不同见解,敢于标新立异。

　　总之,推进中国特色军事变革和做好军事斗争准备,为战役理论创新提供了广阔的空间和难得的机遇。只要把大家的积极性和创造性充分调动起来,集中力量攻关,就一定能在这方面大有作为。

要高度重视学员高科技素质的培养*

　　21世纪是信息时代,也是知识经济时代,人才日益成为国家综合实力竞争的核心标志。建设信息化军队、打赢信息化战争,关键在人才,基础在教育。我校培养的学员,是我军治军作战的骨干。他们素质能力的高低,将在很大程度上决定着军队建设水平的高低和未来战争的胜负。

　　时代的转型、战争形态的演进和我军建设的跨越式发展,对人才的素质培养提出了新的更高标准,要求我们培养的学员,必须是具备坚定的理想信念、很强的战略意识、复合的知识结构、精湛的联合指挥素养、稳定的心理意志品质的高素质新型军事人才。其中,学员的高科技素质起着全局性和基础性作用,对其他素质的培养具有根基、辐射和渗透作用,从根本上反映着时代要求、决定着人才培养质量。

　　技术决定战术。军事领域始终是对科学技术的最新成就利用得最多、最快,也是对科学技术的进步提出最强烈需求的领域。随着科学技术的进步,特别是高新技术的发展及其在军事领域的广泛运用,科学技术已渗透到构成战斗力的人、武器以及人和武器的结合等诸要素之中,对战斗力产生极为重要的影响。战斗力的提高和跃升越来越依靠科学技术,已经成为现时代军队建设的一个显著特征。

　　如果说,科学技术是战争发展的根本动力,那么人才则是战争胜负

---

*　本文是作者与国防大学训练部教务部有关人员、军事科技教研室主任的一次谈话(2003年5月)。

的决定性因素。我军历来重视提高官兵的文化素质和科技素质。加强对科学文化知识的学习,发挥科学技术的重要作用,是我们党的三代领导核心的一贯思想。毛泽东同志早就说过:没有文化的军队是愚蠢的军队,而愚蠢的军队是不能战胜敌人的。邓小平同志明确指出:科学技术是第一生产力,要加快科技发展、注重质量建设,各级干部要努力学习现代战争知识和科学文化知识。江泽民同志反复强调,如果不努力学习高科技知识,就不能把握新时期军队建设规律,就不能算是一名称职的领导者与合格的指挥员。他郑重提出,全党、全军都要重视对科技知识的学习,要学习、学习、再学习。他还指出:如果大家都有了正确的思想理论武装,都有了现代科技特别是高科技知识武装,我军的革命化、现代化、正规化建设就有了根本保障,全军的建设质量和战斗力就会大大提高起来。胡锦涛总书记也强调,要努力掌握现代科学文化知识,树立终身学习的观念,养成敏于求知、勤于钻研的习惯,不断汲取反映当代世界新发展的各类新知识,更好地适应改革开放和现代化建设的需要。这些重要指示,高屋建瓴,寓意深刻,具有很强的针对性和指导性。我们要认真学习领会,坚决贯彻落实。

　　院校作为军事人才培养基地,具有全面影响和提高人才素质的重要作用,在深化全军高科技学习方面承担着重要使命。正因为如此,中央军委领导同志曾明确指出:提高干部队伍高科技素质,基础在院校,干部的高科技基础要立足于在院校打牢。未来信息化条件下的战争是体系的对抗,联合作战是基本作战形式,信息技术和信息化武器装备成为战场的主宰力量。如果我们培养的学员不具备高科技素质,不了解各种高技术武器装备的技术、战术性能,不了解这些先进武器装备在联合作战中的运用,就难以担当起建设信息化军队、打赢信息化战争的历史重任。因此,我们必须认清肩负的使命和责任,要把培养学员高科技素质作为提高人才培养质量的重要举措,不断深化高科技知识教学,为打牢军队干部的高科技基础、提高军队干部的高科技素质作出应有的贡献。

一、要增强高科技学习的主动性和自觉性

首先,必须进一步提高学习高科技知识的政治责任感、使命感和紧迫感。解决学习动机和学习动力问题,是搞好学习的重要前提。要使学员清醒地认识到,高科技已经成为影响战争形态、提高军队作战能力的最活跃的因素,是军队战斗力的新的增长点。世界新军事变革对我军的质量建设和军事斗争准备提出了严峻挑战。如果不重视学习高科技知识,不很好地研究和掌握高科技给军事领域带来的深刻变化,就必然会成为时代的落伍者。学习高科技知识不是我们想不想学、愿不愿学的问题,而是形势的需要、使命的需要、打赢的需要。其次,要持之以恒、刻苦学习。高科技知识是一门综合性应用学科,它具有结构复杂、内容广泛、难度大、要求高、与武器装备联系紧密等特点。没有一定的时间保证,不下苦功夫、真功夫,是很难学会、学好的。须知"勤能补拙是良训、一分辛苦一分甜"。学习高科技知识,重要的是深入进去,潜心钻研,学有所成,不能浅尝辄止。唯有真正扑下身子,深钻细研并持久地坚持下去,才能使我们的高科技素质有大的提升。

二、培训班次要较大幅度地增加高新科技知识教学的时间和内容含量

目前,我校各类培训班次高新科技知识的教学时间太少。训练部对教学计划和课程设计要作一些调整,尽可能地压缩内容比较陈旧、学员在工作中可以自学的课程,相应地突出高科技和信息化武器装备运用专

题教学,把它作为必备的共同基础课。这里需要澄清一个模糊认识,就是现在长沙的国防科技大学开设了军队高级干部高科技学习班,似乎其他学校就没有这个任务了。这是一个误解。我理解国防科大那个班虽然十分重要,但它属于对军队高级干部进行高科技知识"补课"性质的。这也恰恰说明,我军各级指挥院校应在干部逐级培训的过程中,使他们把高科技知识学扎实,而不能总是回头补课。此外,我校应充分利用地处首都的优势,广泛运筹教学资源,多开设一些高科技及信息化武器装备运用的相关专题讲座,进一步拓展学员的视野,普及和提高学习高科技知识与运用信息化武器装备的能力;参观见学等实践性教学活动,要安排军兵种高新武器装备的体验性内容;要创造条件,加快军事装备实验室的论证与建设。同时,要进一步完善高科技知识学习的激励机制,把高科技知识的学习作为年度训练考核的一项重要内容,作为衡量一个单位整体建设水平的重要指标,作为评价一个干部综合素质的重要标准,促进人员、时间、内容、质量的全面落实。

三、要加强高科技知识学习的针对性和有效性

也就是要解决学什么和怎样学的问题。首先,要结合实际,把握好学习的重点。学习的目的全在于运用,应以此作为高科技知识学习的出发点和归宿点。学习的内容要与工作职责、本职岗位的需要相适应,与高新技术的发展和武器装备的改善相适应,与我军质量建设的需求相适应,与打赢信息化条件下局部战争的要求相适应。要结合工作实际和自身知识结构实际,固强补弱。要突出对高技术知识和信息化武器装备运用的学习,提高学科学、用科学的能力。要了解军事高新技术及其在现代战争中的运用,掌握信息化条件下战役理论特别是诸军兵种联合作战的特点和指导规律。能运用学到的知识和理论,研究以现有武器装备战

胜强敌的对策和手段,提高驾驭信息化战争、打赢信息化战争的能力。学习中,尤其要注意从基本内容入手,搞清楚高技术知识的基本内涵及主要特征,搞清楚科学技术的发展过程和最新动态,搞清楚高新技术对未来作战的重大作用和深刻影响;对主要高技术武器装备的主要战术、技术性能及其强、弱点等必须学懂弄通,掌握它们的基本技能,解决新武器装备的组织指挥、作战运用等方面的难题。要努力做到学以致用,注重实效,把握趋势,求实创新。其次,要掌握科学的学习方法,着力在培养信息意识、信息思维和掌握信息化作战指挥方法、手段上下功夫,求突破。要把学习高科技知识与学习科学理论结合起来,与研究信息化条件下局部战争的实际结合起来,与提高思维层次、谋略水平和掌握现代指挥技能结合起来。通过努力,使全体学员逐步达到高科技意识明显增强,知识结构明显改善,运用高科技知识解决实际问题的能力明显提高。

从中国特色军事变革全局上
思考和谋划学科建设[*]

　　学科建设是学校建设的基石,学科建设的水平是学校学术地位的一个基本标志。世界上的著名大学,无一例外地高度重视学科建设,也都拥有自己的特色学科和优势学科。我们要办好国防大学,必须把学科建设摆在重要的战略位置。我们学校的使命和职责集中到一点,就是培养高素质新型军事人才和创新发展军事理论。而人才培养和理论创新,一个带根本性、基础性的东西,一个支撑的东西,就是学科建设。抓不好这项重要工作,我们的教学也好,科研也好,就会失去坚实的基础,就难以达到预期目的。

　　这些年,我校的学科建设体现了与时俱进的精神,取得了可喜的成绩。学校教学改革之所以不断深化,人才培养质量之所以在不断地提高,与学科建设的发展和取得的丰硕成果是密切相关的。应当说,经过多年努力,我们在学科建设方面已经打下了一个比较好的基础,初步形成了一个以重点学科为骨干、军事学学科门类相对齐全的学科体系,建设了一支结构比较合理、素质较高的学科学术队伍,建成了一套设备比较先进、功能比较完备的学科硬件设施,取得了一批质量较高、具有一定影响的学术研究成果,有力地促进了教学科研,为培养高素质新型军事

---

* 本文是作者在国防大学学科建设会议上的即席讲话(2003 年 6 月 25 日)。

人才奠定了基础。对这些成绩,我们是要充分肯定的。

但是,与中国特色军事变革的要求相比,与军队建设与军事斗争准备的需要相比,我们还存在着明显差距。我们学科建设上的基本目标是:使学科建设整体水平体现出中国最高军事学府的特色,充分体现中国特色军事变革要求的时代性,学科建设质量在全军处于领先地位,学科学术研究成果在国内外军事领域产生重要影响。现在我们离这个目标,还是有不小距离的。比如,学科建设还缺乏具体实施计划;学科教材建设进展缓慢,质量不高;学术研究深度不够,有的学科发展滞后,特别是有的传统的优势学科出现了萎缩、弱化的现象。产生这些问题的原因是多方面的,包括:对学科建设地位作用的认识还不到位,在思想上没有引起足够重视;组织指导的力度不大,抓落实不力;安排工作时,过分偏重于一线教学任务和应急性工作,使教研人员难以有充足的时间进行必要的学科学术研究;等等。对这些问题,确实需要引起我们的重视,需要进一步加强这方面的工作,抓好学科建设这件大事。

从大的方面讲,我们的学科建设要坚持以党的创新理论为指导,适应世界新军事变革和中国特色军事变革的要求,遵循军事教育和学科建设发展的规律,努力构建起结构合理、内容完善、特色鲜明的一流学科体系。其中很重要的一个要求,就是要从中国特色军事变革全局上思考和谋划学科建设。

在新的历史条件下,我校任何建设和工作,都必须适应世界新军事变革的大潮,适应中国特色军事变革的大潮。在这个大潮中,是主动地适应还是被动地跟进,是让潮流推动你走还是你自觉地前行,那是完全不一样的。我们要非常自觉地站在这个潮头上,来思考和谋划我们的学科建设,这样才能不断地发展和进步。2001 年,我们制定了一个关于学科建设发展的规划,从指导思想、建设目标到实施步骤,都作出了一些具体规划,应当说是比较实际的。但也应当看到,提出实现中国特色军事变革这一重大任务之后,我们军队建设的目标,以及未来打什么样的仗,更加明确、更加清晰了,对我们抓学科建设提出了新的标准和要求。我军要从机械化半机械化军队向信息化军队转变,这是一个历史性的转变。这种转变现在已经启动。作为国防大学,就要以这个转变、这种基点来确立新的教育思想,就要站在中国特色军事变革这个大局上来思考和谋划学科建设问题。要创建一些新的学科,形成一些新的研究方向。重点是创建那些建设信息化军队、打赢信息化战争、培养高素质新型军事人才所急需的新型学科。比如,信息化条件下的军队建设、联合作战和联合训练、非战争军事行动和危机处置,军事航天,等等。还要建立一些对全国全军来说并不是新的,但对我们来说是新的和短缺的学科,或者对我们来说是比较弱的学科,要大力加强。比如,学校研究了高素质新型军事人才素质模型,按照这个素质模型,满足学员所需要的知识结构,就要设立一些专门的学科。我们学校目前还没有这样的学科,就要考虑建立。再比如,我们是培养高级指挥人才的,未来作战,指挥员必须懂得"法",我觉得国际法、军事法应该成为必修课。而现在我们在这方面还是比较薄弱的,有几个人,但能不能建立起一个学科来?恐怕还不太行。我觉得对这个问题需要进行专题研究。还比如,现在的作战,既有军事领域的作战行动,也有政治领域、舆论领域的斗争行动,政治工作要发挥作战功能。在这方面也应当进行系统的研究,逐步形成新兴的学科。总之,体现机械化半机械化军队向信息化军队转变,这是我们教学总的要求,也是我们学科建设总的要求。

要按照布局合理、重点突出、特色鲜明的要求,加强学科体系建设。过去这么多年来,我们在学科建设中,一直着眼于高层次、综合性,形成了以高级军事指挥为核心,以培养联合作战指挥人才为目标,由相关专业领域构成的、实力雄厚的学科群,这是我们的特色和优势。保持特色、发挥优势,是我们加强学科体系建设必须把握的一条重要原则。要按照中国特色军事变革的要求,从整体上思考学校的学科体系建设问题。要着眼建设信息化军队和打赢信息化战争,不断巩固传统优势学科,创建和发展新的学科、新的研究方向,使学科体系得到丰富和完善。

要坚持学科建设的高标准。最近,我与战略班学员座谈,大家普遍反映收获很大,但也提出了两条意见:一个是反映我们教材发得过多,有些教材的内容交叉重复,有些教材的内容过时陈旧。我们原来的基础教材,最基本的东西有它的稳定性,但要增加与军事变革相适应的新内容,这个必须增加进去。另外一些内容,可能我们过去根本就没有提出来,或者在这方面是空白,或者是比较弱,要很好地研究,力争尽快地充实到教材里去。刚才有的同志也提到教材陈旧的问题,既然这样,那就要着手去更新。把过时、陈旧的教材清理一下,不要再发了。要提高教材的质量,要有创新、有发展,机关要把好关,教研室要把好关。第二个是反映我们的教学多媒体课件里错字、漏字比较多。学员反映,他们不在乎错字、漏字,但容易在心理上产生一个感觉,就是国防大学治学不严谨,从而对教员所提出观点的可信度产生怀疑。这是一个非常严肃的问题。一定要看到这个问题的严肃性和重要性,机关要认真研究,拿出切实可行的办法来,坚决杜绝此类问题的发生。

总之,学科建设是学校全面建设的基础性、长期性、战略性的工作,一定要高度重视,站在军事变革的潮头上,解放思想、实事求是、与时俱进、科学运筹,努力把它提高到一个新的水平。

推动研究生教育由培养学术研究型人才为主，向培养指挥应用型人才为主转变 *

如何按照学校新的办学目标，努力建设以军事学为重点的研究生教育基地，进一步加强和改进学校研究生教育，是需要我们深入思考和研究的重大问题。

一、充分认识研究生教育的地位和作用

军事教育是一个适应时代发展不断提高的过程。20世纪六七十年代，西方发达国家军队就进入了以研究生为主体的高学历教育阶段。从我军的情况来看，与实现建设信息化军队、打赢信息化战争这一战略目标相适应，军事教育也开始步入高学历发展阶段，呈现出强劲的发展势头。中央军委立足时代和战略的高度，对我军研究生教育作了明确的定位，强调指出，研究生教育处于人才培养的最高层次，是培养造就军队建设骨干力量和拔尖人才的重要途径，处在探求解决国防科技与军队建设重大理论和现实问题的前沿领域，对于推进中国特色军事变革具有重要

---

* 本文是作者在国防大学研究生教育改革工作会议上的讲话要点(2004年12月1日)。

的支撑作用。新世纪新阶段,军队研究生教育的地位和作用比以往任何时候都更加突出。这里讲的"最高层次"、"重要途径"、"前沿领域"、"支撑作用"和"更加突出"几个关键词,确实需要我们认真领会和把握。比如,什么叫"支撑作用"? 我体会,就是要使具有研究生学历的人才成为高素质新型军事人才的主体力量,成为建设信息化军队、打赢信息化战争的基础性和关键性因素。我们对研究生教育重要地位和作用的认识,必须达到新水平、新高度。

国防大学作为中国最高军事学府,担负着培养高级军事人才的重要职能。过去,我们主要培养的是师职指挥干部、高级参谋和统招研究生。这是由当时的历史条件和部队需要所决定的。随着中国特色军事变革的深入展开,培养高学历人才成为部队建设的迫切需要。特别是培养高学历指挥人才,成为了军队人才培养的战略重心。我们国防大学必须积极适应这一大的发展趋势,把培养高学历高中级指挥人才作为一项重大战略任务。要看到,研究生教育作为人才培养的最高层次,是现代军事教育的战略制高点。发展研究生教育,不仅能够出一流人才,而且可以提升整个人才培养工作的起点和水平。重视和加强研究生教育,已经成为全军院校的一个重要发展态势。我们只有在大力抓好继续教育的同时,把培养高中级指挥人才为主体的研究生教育摆到更加突出的位置,才能构筑和形成我校在全军院校教育中起领头作用的新优势,更好地肩负起国防大学的职能使命,加快实现建设符合时代要求、具有世界先进水平和我军特色的综合性联合指挥大学这一办学目标。

从这几年的情况看,我们比较早地抓了扩大研究生教育规模,特别是连续开办师团职指挥干部研究生班,同时适时开办中青年优秀指挥干部培训班,大批培训师团职干部。现在回过头来看,正是由于我们在这一方面见事比较早、抓得比较得力,学校的建设才有今天这样的蓬勃发展势头。按照中央军委关于实施人才战略工程的规划,我认为,我们现在的研究生教育规模,不是过大了,而是还不够。当前和今后一个时期,我们还要充分挖掘学校潜力,继续适度扩大研究生教育规模,同时,更要把主要精力用到提高研究生教育的质量上来。质量是研究生教育的生命,研究生教育的发展后劲越来越取决于质量。中国最高军事学府的研究生教育,在质量和水平上必须是第一流的。我们要靠一流的质量,来吸引一流的生源,培养一流的人才。要通过扩大规模、狠抓质量,把我校研究生教育提升到一个新的更高层次,真正使它成为我们国防大学建设与发展的一个突出亮点和重要支撑点,成为全军以军事学为重点、始终处于领先地位的研究生教育基地。

二、把转变研究生教育模式不断向纵深推进

中央军委明确提出,要把培养应用型人才作为我军研究生教育发展的战略重心。这是我军人才培养工作适应建设信息化军队、打赢信息化战争新要求的一个大思路。应当说,我校研究生教育从一开始就注意了这个问题。我校在 1997 年就开办了师团职干部研究生班,在 2003 年又开始招收军事硕士专业学位研究生,发展势头是比较快的,在全军已经有了一定的影响。不少同志从我校毕业后,很快走上了军、师职领导岗位,上上下下的反映都比较好。这表明,我们的研究生教育在培养指挥应用型人才上是很有成效的。同时也要看到,我们培养指挥应用型人才,虽然招生对象、培训目标都很明确,但从总体上分析,在学科建设、课程设置、教学内容、教学方式以及学位论文等方面,还没有完全突破那种学术型人才的培养模式。如何加快推进研究生教育由培养学术型人才为主向培养应用型人才为主的转变,使研究生教育更好地体现指挥应用型人才培养的特点规律,是必须解决好的一个重大课题。

我感到,推进研究生教育模式向更深层次转变,最主要的关节点,就

是依据部队实践的需求,以培养联合作战指挥军官、参谋军官为目标,全面构建和重塑我们的研究生教育体系。联合作战指挥军官的本质特点,就在于能够熟知实践、把握实践、推动实践,能够凭借建设信息化军队、打赢信息化战争这个实践舞台,导演出有声有色的治军打仗的活剧。只有把联合作战、联合训练的实践性要求贯穿到研究生教育的各个方面、各个环节,我们的研究生教育才能从根本上摆脱培养学术型人才的框框,全方位地走开、走活转变研究生教育模式这盘棋。在这方面,首先要根据部队现代化建设和军事斗争准备的实践要求,进一步深化对指挥应用型人才培养目标的认识。要切实搞清楚,建设信息化军队、打赢信息化战争,究竟对联合作战指挥军官、参谋军官提出了什么样的素质要求,从而按照人才的素质要求来确定研究生教育发展的总体思路,搞好顶层设计。其次,要全面改造传统研究生教育的课程设置、学科建设、教学内容和教学方法。要增强问题意识,增强部队需求意识,注重做到部队建设实践呼唤什么,军事斗争准备迫切需要什么,我们就教什么,就让大家学什么,强化教学内容的针对性和实用性,强化实践性教学环节,强化对实际工作能力的培养,使教育的理论性和系统性更好地为现实实践服务,使人才培养更加符合部队实践的需求。再次,要改革和完善研究生素质能力的评价体系。尤其要把考察研究生综合素质特别是回答和解决重大现实问题的能力突出出来,建立起一套符合指挥应用型人才成长规律的评价体系。

三、着力提升研究生导师队伍的素质

研究生导师队伍的素质,是影响研究生教育质量的关键因素。从目前情况看,我们的研究生导师队伍是一支比较好的队伍,政治上可靠,敬业精神强,能力素质也在不断提高。但是,也要看到,中国特色军事变革的深入发展、研究生教育改革与发展的现实要求,使研究生导师队伍的能力素质面临着新的挑战。我看,主要有这样四个方面的压力:一是就实践经验的积淀看,我们的培训对象特别是师团级研究生大都来自一线部队,不少人还担任过主官,其实践经验比我们有的导师更为厚实。二是就新理论、新知识的积累看,应该说,我们与培训对象处在同一起点上,有的导师在相关专业上可能还处于劣势。三是就军事理论和实践创新的能力看,我们的培训对象往往更了解部队的创新需求,不少人思想活跃。四是就把握研究生教育的特点规律看,我们对指挥应用型人才具体怎么教、怎么带,还没有形成规律性的思路。对这些挑战和压力,决不能无动于衷。否则,不仅研究生教育的质量很难有一个大的提高,甚至可能影响到我们研究生教育的发展前景。现在,研究生的生源竞争越来越突出。我们要吸引一流的培训对象,不能仅靠中国最高军事学府的招牌,更要靠一流的名师名家,靠能够让人家跟你学到真本事。

我们国防大学处在中国军事教育的最高层次,作为这个最高层次的研究生导师,必须具备很高的能力素质,是真正的名师名家。我们的研究生导师靠什么来获得应有的能力素质,靠什么来获得高人一筹的学术水平?我看,第一位的就是靠学习,真正成为学习的导师。在学习问题上,我还是强调正确把握三个辩证关系,就是:既要着眼于专,又要有很宽的知识面;既要向书本学习,又要注重向实践学习;既要注重知识结构的系统性,又要有明确的现实指向性。当前,就是要紧紧围绕军队信息化建设和军事斗争准备,来学习新理论、新知识。提高研究生导师的素质,这当然首先是靠导师自身的努力,同时要为他们创造更有利的条件。在这方面,学校要本着研究生导师优先的原则,加大他们到军事斗争准备一线和军兵种部队蹲点调研、参加重大演习活动的力度,加大他们到部队代职、任职的力度,加大他们出国考察和到地方院校进修、培训的力度,等等。要完善竞争激励机制,包括对研究生导师实行遴选和淘汰,对研究生导师工作实绩定期进行评估,对入选"全军研究生教育名师"的,学校也应给予重奖,激发大家献身研究生教育事业的积极性、创造性,力争使更多的同志成为名师名家。要在加强部队兼职导师队伍建设的同时,设立特聘导师岗位,通过外聘在全国全军堪称名师名家的人担任专职或兼职导师,为我校导师队伍建设注入活力,激活导师队伍建设这盘棋。

四、最大限度地开发和增强研究生的创新能力

研究生教育的要义和灵魂,在于突出对重大理论和现实问题的研究,在于通过研究来提高他们的创新能力。现在,我校的研究生近一半是师团职干部,他们在研究方面潜力很大,优势比较明显。一是他们大多来自部队,对实际问题的了解比较深入;二是精力充沛、思想活跃,正处在创造性思维的黄金时段;三是基础知识相对厚实,知识面也比较宽;四是不少同志有一定的外语基础和电脑技能,有利于掌握大量信息;五是有明确的专业方向,有利于在相关问题研究上求得突破;六是与部队、社会联系广泛,有利于开发和利用研究资源。特别是,这些同志到学校后能够坐下来,结合实践经验,集中精力,思考和钻研一些重大理论和现实问题。

充分开发和利用好研究生的潜在优势,不断提高他们的创新能力,这是研究生教育应当做好的一篇大文章,也是我们推进军事理论和实践创新的一个大课题。提高研究生的创新能力,很关键的一条,就是用课题来牵引,要把他们的课题研究引导到回答、解决部队建设重大现实问题上来,引导到创造性地提出思路、对策上来,在课题研究中砥砺创新思维、提高创新能力。从这个意义上讲,科研就是教学,参与科研是育人的重要途径。现在,就我了解的情况看,有的研究生的论文选题比较偏,不

愿意、也不敢瞄着部队建设的重点、难点、疑点问题求突破;有的研究生只是把大家有共识的东西糅合到一起,拼拼凑凑,搞了不少没有新意的重复劳动。这是教育资源的一种极大浪费。论文选题非常重要,选题抓得准,就是成功了一半。所以,我们的导师和机关都要加强对论文选题的指导,严格把关。我还讲过,博士生论文的选题,可以考虑报请校办公会研究确定。如何更好地发挥研究生在科研中的生力军作用,也是一个我们反复讲、但还没有很好解决的问题。我校现在编制内的教研人员越来越少,而研究生人数则有大幅增加,他们可以也应当成为我们科研力量的生力军。最近,学校科研部出台了实施研究生理论创新工程的意见,我看很好,关键是抓好落实。要把用好研究生这支力量纳入学校科研工作的大盘子,引导他们围绕重大现实课题进行创新攻关,学校承担的重大课题要有组织地让他们参加,导师负责的课题要充分发挥他们的作用,有些课题可以组织他们集体攻关,甚至可以直接让他们自己来完成。对此,要认真研究,拿出办法和措施,并形成一种机制。要鼓励研究生参与重大课题研究,调动他们的积极性和创造性,并把完成重大课题作为研究生能力评价的一个重要标准。我想,这项工作做好了,不仅有利于提高研究生的创新能力,而且会为我们学校的理论创新注入强大的生机和活力,不断推出更多有分量的创新成果。

用改革创新的办法解决教学 科研中的矛盾和问题[*]

2005 年,军委、总部赋予我校的培训任务很艰巨,这是在军事斗争准备关键阶段对我们国防大学的期望与重托,也是对我们办学能力的严峻考验,更是推进学校改革与发展的难得机遇。我们要按照胡主席的要求,以时不我待的紧迫感,高标准地完成任务。有困难、有矛盾,要用改革创新的办法去解决,不能丧失机遇,不能畏难叫苦,更不能降低教学科研质量。尤其要进一步解放思想、转变观念,增大教学科研改革创新的力度。

一是巩固发展短期班的办班模式。 2004 年几个重要班次办得很成功,经验就是坚持以研究重大现实问题为中心,一次解决一两个重大问题,谁管这个事就让谁来学,集体研讨、大家受益,形成成果、辐射全军。要进一步拓宽和勇于承担更多这样的短期班次。这方面的经验要很好总结,不正确的认识要加以澄清。有的同志议论,认为短期班办多了,把学校办成教导队了。这样认识是片面的、陈旧的。现在是学习型社会,继续教育、终身教育是社会和军队建设发展的必然要求,短期研讨班正是适应了这一要求。实践是检验真理的唯一标准。实践证明是高效益的,为什么不坚持?有的同志自己不了解、不研究,说短道长,不要听。

---

* 本文是作者在国防大学党委常委民主生活会上的发言摘录(2005 年 1 月 31 日)。

　　二是加大研究生教育的改革创新。要加速推进研究生教育模式转变到以培养指挥应用型人才为主上来，转变到拓宽知识面和增长联合作战指挥才干上来。这方面的改革方案，要及时上报军委、总部。

　　三是认真搞好各班次的课程设计。要依据高级指挥人才的素质模型，进一步完善各个培训班次课程体系的整体设计，使之更加符合解决打得赢、不变质两大历史性课题的要求。要研究如何处理好强调知识的系统性与突出创新性的关系。课题设计，要把握好理论上的要点、部队实践中的难点、学员们的关注点的结合，也就是常说的理论与实际的"结合点"。校领导、机关、教研部共同把好课程设计关口。如果哪一课没讲好，影响只是一个小局部；如果课程设计不合理，缺少创新，影响就是全局性的。

　　四是下决心把创新的教学方法推开。我们提出，要使教学从以教为中心转变到以学为中心上来，使学员从教的对象转变到学的主体上来，并探索了问题前导式、小班研讨、案例教学等教学方法。这些教学方法的改革要深化和推广，下决心抓几个试点班、样板班。要加大学员入学教育的力度，端正入学动机。引导学员不要过分看重考试成绩、过分看重职务提升，要志存高远，把功夫下在提高能力素质上，下在提高带兵打仗的本领上；既要转变教员的教学理念，也要转变学员的学习理念，改变一些学员单纯期望从教员那里获得解决难题的答案、获取现成结论的陈旧观念，改变单纯接受教员灌输的落后观念，树立起学员是学习主体的理念，敢于质疑、求异思维的理念，研讨式、创新式学习的理念，善于通过自己的研究思考获得正确观点、正确答案，真正做到教学互动。我们前几年就要求学员入学时做到"三带来"，即带来新情况、新问题，带来新经验，带来好建议，2005 年要切实落实好。我深感，学员工作的这些方面，是提高教学质量的一个十分重要的问题。

　　五是进一步走开开放办学的路子。要学会搭台唱戏，改变大课都由我们的教员自己讲的状况,一切从效果出发,谁讲得好就请谁来讲。我们要有这样的胸怀。尤其是对实践性强的课,要把课题设计好,请总部机关、部队和各方面高水平的人来讲。要把深受学员欢迎的外请报告和校内讲授的大课上校园网。要进一步推进现代化教学手段的应用,尤其要提高网络模拟教学的质量,更好地发挥它们的功能和作用,并且要充分利用和发挥好我校数字化图书馆丰富资源的作用。要提倡善于总结经验,在总结经验中不断提高。

六是科研课题要精选再精选,科研力量要集中再集中。要下最大决心搞出几项对推进军队现代化建设和军事斗争准备有重大影响的、原创性的精品力作。要有古人那种语不惊人死不休的精神,对认准了的课题,不到真正突破不出手。要严肃、认真地纠正把大量精力用到编写一些没什么用处、低水平的所谓"专著"等问题。

政治理论教学科研要与时
俱进地向前发展 *

近几年,我们在政治理论教学科研上取得了比较好的成绩,尤其是在学习、研究、宣传马克思主义中国化最新理论成果方面,走在了全军的前列,在社会上产生了很好的影响,但是也始终面临着各种严峻的挑战和考验。这些挑战和考验,既有来自社会的,也有来自校内其他学科的。一方面,国内外敌对势力对我国的西化、分化和破坏一刻也没有停止,而且日趋激烈;另一方面,由于改革不断深入,社会处于转型时期,各种社会矛盾包括人民内部矛盾变得错综复杂,各种社会思潮对人们的思想观念冲击也比较大。另一方面,校内的军事理论教学发展很快,像一些军事课改革创新力度比较大,学员反映不错。在这种情况下,对于政治理论教研单位来说,既有如何搞好政治理论教学、研究回答重大理论和现实问题的任务,又有如何加强自身建设、坚定政治信念的问题,还有提高素质能力、与时俱进地推进政治理论教学向前发展的问题。如何回答、解决好这些问题,如何迎接挑战,在已取得优势的基础上再进一步,在更高的起点上不断推进政治理论教学科研的创新发展,这是教研部党委班子能力素质的重要体现,需要认真研究,拿出切实可行的办法。我考虑,

---

* 本文是作者在国防大学马克思主义教研部党委民主生活会上的讲话摘录(2005 年 3 月 2 日)。

是不是可以从这样几个方面入手。

一是要进一步增强政治意识,提高讲政治的能力。一方面,教马克思主义的人首先要信马列、学马列、懂马列、用马列。在这个问题上,政治理论教研单位的同志一定要比其他单位的同志有更高的标准和要求,对党的理论创新成果要真信、真学、真懂、真用,要把学习、研究、宣传马克思主义作为崇高事业毕生追求,而不是单纯作为职业和谋生的手段。教育人的人首先要接受教育,自觉地用马克思主义理论武装头脑、指导实践、推动工作,既要在学习、研究、宣传"三个代表"重要思想、科学发展观方面发挥应有作用,更要在践行"三个代表"重要思想、科学发展观方面做表率。另一方面,教研部党委要严把教学科研的政治关。政治理论教学有一个突出特点,就是要随着理论和实践的发展不断地调整教学科研的内容。这几年,党的理论创新成果明显增多,适应这一新形势,新开课、新编教材、外出讲课也明显多了。教研部党委一定要严格把关,决不能出现违反政治纪律的问题,要时刻教育大家与党中央、中央军委保持高度一致,坚决抵制资产阶级自由化和僵化思想的影响;一定要完整、准确地宣传党的创新理论,真正做到三尺讲台无杂音,保证教学科研正确的政治方向。

二是进一步研究探索政治理论课教学的特点和规律。这几年政治理论教学之所以取得很大成绩,主要是对政治理论教学的特点规律把握得比较准,教学的针对性比较强,受到学员欢迎。但是现在形势发展很快,新情况、新问题很多,部队广大官兵对现实问题尤其是重大社会问题的困惑也比较集中,加上一些领导干部在部队对党的创新理论学习已有很好的基础,这给政治理论教学提出了更高的标准和要求。这就要求我们研究探索新形势下政治理论教学的特点和规律,在理论体系、现实问题、教学对象、教学方法等教学各要素上作一个深入的分析,使教学中理论把握要准、观点要新、阐述要透、联系实际要紧,不断增强用马克思主义理论解决现实问题的效果,增强学员学习科学理论的自觉性和坚定性。

三是用重大现实问题牵引政治理论教学的创新。用马克思主义理论分析和解决重大现实问题,是提高政治理论教学质量的关键,也是政治理论教学创新的方向。因此,必须敏锐抓住重大现实问题,以此牵引政治理论教学,才会有强大的生命力和强烈的时代感。当前,无论是国际还是国内都存在着许多现实问题,困扰着人们的思想,对军队的冲击也很大。来校学习的学员都渴望在学校能获得比较清晰的认识。因此,政治理论教学不能有意无意地回避问题,必须有的放矢,既要把马克思主义中国化的最新理论成果学精吃透,又要把重大现实问题找准摸透,迎难而上,合力攻关。只有这样,教学才能给人以强烈的思想震撼,才能统一思想,把大家凝聚在党的创新理论的旗帜下。总之,要着眼于解开学员的"思想扣子",对一些重大的理论和现实问题给出有说服力的回答。

四是搞好政治理论教学内容的顶层设计。要进一步解放思想,以更加宽广的视角,搞好顶层设计,把学科建设搞扎实,形成体系,并抓好落实。对政治理论教学科研的思路进一步进行梳理和完善,对教研内容进行调整和补充。要处理好教学与科研的关系,做到教研相长、协调发展。

五是以求真务实的作风推进教学科研创新。搞教学科研来不得半点虚假,一定要沉得住气,坐得住冷板凳,不能有浮躁情绪和投机心理,既要出对现实问题研究的成果,又要出基础理论研究的成果。以前,政治理论教研室就是一步一个脚印,扎扎实实地走过来的。我们要继承好的传统和作风,突出教学重点,选准科研主项,发挥教研一体化优势,集中力量,集思广益,创造出经得起时间和实践检验的成果。

以助教助研为牵引,进一步
提升研究生教育质量*

　　这些年,校党委、校领导多次强调发挥研究生助教助研的作用。开展研究生助教助研活动,具有多重效应。首先,可以牵动研究生论文质量的提高。研究生助教助研,首先要结合自己的学位论文进行,有一个很好的选题。这个选题,就是中国特色军事变革和军事斗争准备中的重大问题和难点、热点问题。这样,选题就搞对了,就有价值了,而不是选一个大而化之的题目,或者选一个偏题、冷门。要靠好的选题,起到牵引论文质量提高的作用。其次,能够促进导师研究、思考问题。导师带的研究生能不能走上讲台? 走上讲台后能不能有所贡献? 对大家有没有什么启发? 能不能提出一个重大问题或者回答一个重大问题,从而对军队建设和军事斗争准备起到推动作用? 这就需要导师动脑筋、把好关。这本身对导师是一个促进。再次,有利于改进教学内容和方法。博士、硕士教育就其本质来讲就是研究式、创新性教育。研究生是研究新情况、回答新问题的,是创造新知识、创新发展军事理论的,不能离开现实问题,仅仅学习和传承原有的知识、满脑子灌不行。要通过自己对大量新信息的研究,创新知识,创新理论。让研究生参加助教助研活动,这本身就是在提高研究生教育质量,它可以对研究生教育的教学指导思想、

---

　　* 本文是作者在国防大学研究生院博士生助教座谈会上的即席讲话(2006 年 3 月 24 日)。

教学内容设计等方面起到牵引和促进作用。

　　开展研究生助教助研活动,总的要求,就是要深化研究生教育改革,进一步提升研究生教育质量。这里有几个问题需要提出来研究和解决。

　　一是要带研究课题招收博士生。在地方大学,博士生导师都是按照课题来招研究生的。比如导师研究激光陀螺,那么在招研究生时就有针对性地招,大家一起来学习和创新这方面的知识,把这个激光陀螺弄出来。我们国防大学目前可能还做不到这点,但是要往这个方面努力。博士生导师应该是有课题的,这个课题最好是军委、总部的课题,当然也可以是学校的课题。要改进研究生教育,首先在这个问题上要有突破,不能没有任何课题就招研究生。比如作战模拟这一块,他们有课题、有经费,带出的研究生,部队许多单位都抢着要。再比如招收军队政治工作学的研究生,现在政治工作包括"三战"、政治教育、干部工作等等,都有许多问题需要研究,可以从中选择一些研究课题,并能得到总部机关的认可和资助,有关导师再按研究课题招生。今后谁有课题谁招研究生,特别是招博士生,从 2006 年就可以开始做。课题要报学校批准,看一看你这个课题有没有价值。研究生院要多加强这方面的协调,适时组织导师和教研单位领导座谈,交换一下意见,招生的时候再看看考生在这个方面有没有基础,跟课题完全不搭边的考生就不要招。

　　二是要重视论文开题。研究生开题这个环节,要非常重视、非常认真。我说过,所有博士生开题都要报校办公会批准,这个事情做得怎么样? 2006 年开始落实就很好! 机关要一起把关,然后报给校领导。研究生院和导师先一起研究是一道关,然后机关一起研究是一道关,最后校办公会审批是一道关。这样,就可以杜绝开题的随意性,防止题目选得不准,或者选那些比较容易的题、大而化之的题、东拼西凑的题,甚至一些偏题、怪题。选题要以研究重大现实问题为中心,能够提出问题、解决问题。提出问题比解决问题更重要,开题就是提出问题、抓准问题。

我们不是老强调问题意识吗？问题意识应该被贯穿到研究生的开题中去。没有问题，大而化之的题目能有什么新意呢？我们做一切工作都是为了解决问题、解决矛盾，这样才能有所前进。

三是要改进文风。国防大学有这么多研究生，不光在我们学校，还应该在军队建设中发挥更大作用。在理论指导方面、政策研究方面、改革举措方面，都应当有新的见解、新的创意。现在博士论文 10 万字，硕士论文 3 万字，动不动搞一个体系，结果把一些真正有用的东西和一些鲜活的内容都给湮没了。对这个问题要好好研究研究，要大胆改进文风，直奔主题，突出新意。突出要解决的问题，突出理论创新点，突出在政策、制度方面的建议，不要光注重起承转合这些形式。文字方面要洗练，有文采，有章法。

四是要做好成果认定、汇编和转化工作。研究生写完论文后，要把论文中最有实践价值、最有现实指导价值的东西抽出来，写成一篇几千字的短论，使读者能在较短的时间内把握你最主要的新认识、新观点、新对策。然后由有关部门把它们汇编成书，每年都要出版。这跟出版博士、硕士文库不同，那是全文，这是精粹。经过脱密处理后可在一定范围发行，其中有些可以作为研究报告上报，有的就在各种刊物上推荐发表。当然，有些博士论文是属于基础理论方面的，可能涉及一些基本理论上的思考，那也很重要，也要高度重视这些东西，我们不能走极端，不能忽视基础理论研究。但大量的是侧重于有现实指导意义的，对统一思想、转变观念有意义的，对推进改革有实际指导作用的，带有可操作性的、政策性的、制度性的举措，当前这些东西特别宝贵。

五是要发挥科研生力军作用。我多次讲过，要把研究生作为一支重要的科研力量。我们学校的科研队伍应该是三支力量：一个是研究所，一个是教员，再一个是学员。在学员中，研究生又是生力军，因为研究生本身就是搞研究的、就是学习搞研究的。要首先把博士论文纳入学校科研规划，包括师团级硕士生的学位论文，要进行指导。光靠研究所几个人搞研究远远不够，很多博士生甚至师团级硕士生完全有能力去搞课题研究。总之，研究生助教助研这篇文章，要继续做好。现在，大家都在说教研人员任务重，力量不够用。但有这么多的研究生力量，应当好好地利用，以弥补教研力量的不足。

聚焦联合作战指挥人才培养，
不断深化教学科研改革创新[*]

近年来,经过全校同志的努力,学校步入了整体转型和快速发展时期。特别是适应加速推进中国特色军事变革和军事斗争准备的新要求,大力推动教学科研创新,教学质量显著提升,理论创新成果显著,教研队伍人才辈出。在培养输送高素质新型军事人才、创新发展军事理论方面作出了应有的成绩。对于教学科研中取得的这些进步,我们要引导全校同志进一步认识清楚,以此鼓舞士气、激励斗志,更加坚定办好国防大学的信心和决心。但是,我们也要清醒地看到,我校的教学科研还面临许多新问题、新矛盾。形势发展对院校教育提出了一系列新的要求,我感到,突出的是不是有这样几点:第一,强调以提高一体化联合作战能力为目的,推进机械化条件下的军事训练向信息化条件下的军事训练转变,这为我们人才培养目标赋予了新的内涵。第二,强调提高应对多种安全威胁、完成多样化军事任务的能力,这给我们教学科研提出了一系列新的要求。第三,强调建立完善以提高能力为核心、培训与使用紧密结合的人才全程培养机制,这对我们在全局中进一步构建我校人才培养机制提出了新的课题。第四,强调着眼实战、服务部队、适应任职需要,这给我们教学科研突出实践能力培养、突出现实问题研究提出了更高标准。第五,强调走科

＊ 本文是作者在国防大学教学科研工作会议上的讲话摘录(2006 年 7 月 19 日)。

技兴训之路、不断增大训练的科技含量，这需要我们努力转变"教研能力"生成模式，进一步在提高质量、效益上下功夫，等等。全校同志要认清新形势、新要求，明确肩负的重大责任，变压力为动力，在已有成绩的基础上，与时俱进地启动教学科研的新一轮改革，为推动国防大学整体转型迈出新的步伐。教学科研的新一轮改革涉及的内容很多，我感到，当前最突出的问题应是大大强化"联合意识"，聚焦于联合作战、联合训练，真正在培养联合作战指挥员和参谋军官上取得重大进步。

一、进一步聚焦联合作战指挥人才培养，在教学内容改革和教学模式转变上迈出更大步伐

信息化条件下的局部战争是体系与体系的对抗，基本作战形式是一体化联合作战。不仅我军未来可能遂行的主要方向作战是联合作战，就是其他方向一旦发生战事，也不可能是单一军兵种作战。"联战"必须"联训"，联战联训首先必须培养能够指挥联合作战、组织联合训练的人才。目前，我们国防大学是全军唯一的联合指挥大学，在培养联合作战指挥人才方面担负着别人无可替代的历史重任。这几年，我们围绕提高学员联合作战指挥的能力素质，在教学科研改革上做了很大努力，人才培训质量有了明显提高，但实事求是地讲，我们培养的人才是不是平时能够组织好联合训练、战时能够指挥好联合作战，我看是有很大差距的。这里面既有培训机制、办班模式、招生对象等客观方面的制约因素，更多的我们应看到自身工作方面的因素。比如，我们在培训目标上是不是十分清晰？我们的"联合意识"是不是很强？我们的教学内容是不是紧紧向培养联合作战指挥人才"聚焦"了？我感到这些方面都还有差距。特别是，教学模式还不能很好地适应培养联合作战指挥人才的要求，教员讲学员听、知识传授式的传统教学的痕迹仍比较明显，突出联合性、研究

性、自主性,突出能力的培养还很不够。今天上午总政干部部的同志来校座谈,我在发言中突出强调了"联合意识",大声疾呼"联合、联合、联合!"最近校党委常委在议教议研会议上作了初步研究,并决定专门组织一些同志,对联合作战指挥人才培养问题,包括我军院校的指挥人才培训模式和培训机制,进行深入研究、论证,为军委决策提供咨询建议。同时,就我们学校自身来说,就是要不等不靠,主动作为,在教学内容、教学方法上努力向培养联合作战指挥人才聚焦。

在这方面,我感到,首先是要进一步把人才培养的目标要求搞明确,把我们一年制以上的培训对象,包括指挥员班、中青年领导干部培训班、师团职干部研究生班的学员,尽最大努力培养成联合作战指挥员,把参谋班学员培养成联合参谋军官。在现有学员基础上,起码把其中一部分原有基础好的同志培养成合格的联合作战指挥军官。一切教学活动都要围绕这一培训目标运转,教学内容和教学方法要围绕这一目标完善设计。其次,要在我们前几年确定的高素质新型军事指挥人才素质模型的基础上,真正搞明白合格的联合作战指挥员、合格的联合参谋军官应该具备什么样的素质,进一步完善联合作战指挥人才的素质模型,也就是要真正搞清楚"什么是联合作战指挥人才"。再次,就是要依据这个素质模型和目前培训对象的实际,对课程设置和培训方式进行改造性的调整设计。要本着联合作战指挥人才需要什么样的教学内容,就设置什么样的教学内容;学员缺乏什么知识和能力,就着重补什么知识和能力;需要采取什么样的教学方法,就用什么教学方法。对于半年制参谋班的教学内容,建议抓紧研究,真正在教学内容上作大胆改革,向"联合参谋军官"上聚焦,减少那些无关紧要的内容。指挥员班在组训方式上,也可以考虑作些改进,如统分结合,就高不就低,保证协调发展、又好又快地发展。无论是战略、战役、指挥,还是政工和后勤、装备,都要聚焦到"联"的能力提高上。真正体现联教联训,通过专家培养通才,通过各学科和专家合力打造联合指挥人才。教学方法和教学模式,要在近几年教学改革成功的基础上,实现由点到面、由单项到系统的推进,积极稳妥地进行教学模式的转变。这对于我们在新的起点上把教学再推进一步,并以此牵动教学科研的整体创新,是一个根本性的举措。总之,通过我校培训,使多数学员真正符合"两个适应"、提高"两个能力"的要求,即适应打赢信息化条件下局部战争的要求,适应信息化条件下军事训练的要求,提高指挥信息化条件下联合作战的能力,提高组织信息化条件下军事训练的能力。除了现有的培训对象外,还应当积极作为。建议作为一个过渡性、应急性办法,多开办一些提高联合作战指挥能力的专题班,主要培训作战部队现任指挥员和参谋军官。这样的班,就是专门学习联合作战指挥,以应部队之急需。当然,这方面的改革,问题重大,难度也比较大,涉及诸多方面,需要一个过程,不可能一蹴而就,既要积极,又要稳妥。但关键是要朝向联合指挥人才培养这个目标,迈开步伐。我们提出推进学校新一轮改革创新,重点放在"联合"上,也要聚焦在"联合"上,以此带动其他改革和建设。训练部、科研部要注重学校改革创新的专题研究。

二、进一步突出联合作战和联合训练理论创新,在服务于人才培养和推进部队联合训练上有更大作为

面对全军部队正在掀起的军事训练新热潮,我校作为军事理论创新的重要基地,更应该在创新信息化条件下联合作战理论和联合训练理论上有新的作为,拿出更有价值、实在、管用的创新成果,为我校人才培养和部队训练提供强有力的理论支撑。应该说,这些年,我校在创新作战理论方面,走在了前面,为提高联合作战能力发挥了重要的理论先导作用。我们学校的"联合作战系统研究"还获得了国家教学成果一等奖。在这方面,我们还要继续加大研究力度,保持优势,尤其要适应增强应对

多种安全威胁、完成多样化军事任务能力的要求,进一步拓展研究领域,深化对维护海洋、太空、电磁安全等作战理论的研究,加强对反恐维稳、应急救援、国际维和等非传统作战理论的研究。同时要看到,目前我军军事训练特别是联合训练水平还不高,效益也不很好,很重要的原因是缺乏先进的、管用的训练理论作指导。就我们学校来讲,与作战理论研究相比,训练理论研究也显得比较薄弱。因此,要特别注意把训练理论研究尤其是联合训练理论研究作为重点突出出来,使之成为我们军事理论创新的新增长点。要紧紧围绕机械化条件下军事训练向信息化条件下军事训练转变这个主题,加强对信息化条件下联合作战、训练特点和规律的研究,加强对信息化条件下联合训练内容和组训方式的研究,加强三级指挥院校衔接培训、院校与部队联教联训,加强对军地联合训练问题的研究,加强对联合训练法规的研究。我们的训练理论研究,既要借鉴外军的经验、做法,更要立足我们部队的现实条件,根据我们的体制编制、武器装备信息化程度、训练保障能力、指挥员素质等等,研究并回答训练中"联什么"、"怎么联"、"如何训"等问题,使我们提出的理论观点、对策建议真正能够在部队训练实践中站得住、用得上。科研部门要组织教研人员,围绕当前部队训练需要解决的重点、难点问题,进行梳理、论证,抓住那些有重要理论价值和指导作用的课题,积极组织力量搞好攻关。

三、进一步发挥我校在战略、战役训练方面的特有优势,在提高我军高层次联合训练水平上起到更大促进作用

战略、战役训练是以高级指挥员和领率机关为主要对象的高层次军事训练,也是联合作战训练的重点。我们国防大学作为中国最高军事学府,既为战略、战役训练提供人才和智力支持,也是组织高层次军事训练的一个重要平台和依托。这些年来,我校在促进战略、战役训练发展方

面,做了许多很有成效的工作,不仅产生了良好的影响,也对我校教学科研改革起到了重要的推动作用。今后,我们要把发挥好这方面的优势,作为新一轮改革的一个重要抓手,力争在推进战略、战役训练转型上有新举措、新贡献。一是适应作战和训练任务的发展变化,积极开办不同类型的战略、战役训练班次,为推进信息化条件下战略、战役训练提供人才支持。二是加强学校自身这方面的干部队伍建设,努力培养一批战略、战役训练领域的专家。不但要有能够组织战略、战役层次作战训练的专家,还要有能够组织战略、战役层次政工和后勤、装备训练的专家。要有意识地让那些有潜力的年轻教研人员多参加一些重大实践活动,多进行一些传、帮、带,使他们尽快成长起来。同时,要注意从部队选调一些有组织重大训练活动经验的优秀人才,充实我们的教员队伍。三是搭建好战略、战役训练交流的平台。有关单位组织战略、战役训练后,我们要及时主动地请他们来介绍经验,同时通过参与他们的战略、战役训练,为他们提供智力支持,并把重大演习成果充实到教学中,促进这些成果的共享和转化。

四、进一步加大教学科研方法和手段的改革力度,尤其在模拟训练和实践性教学方面要有新的突破

教学科研内容的改革与方法手段的改革,是互为一体、相互促进的。应当说,这些年,我们在教学科研内容改革方面力度很大,成绩和进步显著。在教学科研的方法手段改革上也下了不小功夫,采取了改革立项的做法,推出的问题前导式教学、小班研讨和案例教学,取得了很好的效果。特别是案例教学、媒体情景教学等在学员中引起了比较好的反响,形成了教学改革上的新亮点。教学科研手段改革也取得了重大进步,但我认为,这方面的潜力还很大,可以有所作为的发展空间也很大。我们必须按照培养联合作战指挥人才的要求,加大改革力度,力争取得重要突破。一是

要对我们已经出台的改革措施进行认真总结,对成功的做法要积极推广,有的做法要进一步完善、拓展和提高,既要"点上开花",更要"面上结果",真正形成整体效应。二是要加大模拟训练手段建设的力度。模拟训练是世界各军事强国通用的做法,更是信息化条件下军事训练的重要途径和手段。在这方面,我们曾经走在全军前列,但现在面临不进则退的严峻形势,迫切需要对模拟训练系统进行整合、扩容和升级改造。我们已经有了一个较好的构想,下一步不管面临多大困难,也要下决心把它搞好。要坚持高标准,瞄准最先进的东西,提高建设的起点;要主动作为,既要争取上级支持,又要千方百计创造条件。我们相信:有志者,事竟成。要创新工作思路,善于利用国防大学的品牌优势,加强与军内外的技术合作和联合开发,把一些成熟的成果引进来,为我所用,力争少花钱、办大事。三是要大力拓展实践性教学的路子。对培养联合作战指挥人才来说,理论教学和实践性教学都是提高能力的核心手段,具有同等重要的位置。所以,过去刘帅和张震老校长办学,都非常重视实践性教学。我们要在已有的基础上,进一步加强教学基地化建设,通过与总部和部队的协商,使我们的实践性教学基地相对固定下来,探索形成与部队联教联演、互动双赢的长效机制。同时,进一步规范实践性教学的目的、内容和组织形式,就是要把每一次实践性教学活动作为一门主课来对待,明确目的要求,进行精心设计,努力使学员成为训练和演习的组织者和受训者。

五、进一步弘扬具有国防大学特色的教学科研改革攻关精神,为推进改革提供更有力的思想保证和精神动力

毛主席说过,人总是要有一点精神的。我们现在搞改革,同样需要革命精神。近年来,我校在教学科研改革上能够取得一系列重要成果,靠的是全校同志的共同努力,尤其是在教学科研改革实践中逐步形成的体现

时代要求和国防大学特色、与我们履行职能使命相适应的"教学科研改革攻关精神"。这种精神表现在许多方面，我感到，突出的有这样几点，就是：主动作为、敢为人先、追求一流、昂扬进取、团结奉献。比如，在主动作为方面，我们的数字化图书馆建设、联合作战想定作业实验室开发，就是很好的体现；在敢为人先方面，我们的模拟训练系统研制、中国特色军事变革理论研究、"三战"课题研究等，就是突出的例子；在追求一流方面，我们在学习、研究、宣传邓小平理论、"三个代表"重要思想和科学发展观方面走在了全国全军前列，就是这方面的代表。在弘扬教学科研改革攻关精神方面，我们还有许多典型的人物和先进集体。有的同志长期默默地奋斗奉献，积劳成疾，以至于英年早逝。这些精神，是我们学校的宝贵财富，也是我们学校思想建设和风气建设的结晶。正是有了这些精神，我们才能始终站在时代的前列，保持理论研究上的敏锐性和人才培养的前瞻性，及时捕捉和发现新问题，提出新见解，推出新成果；正是有了这些精神，我们才能始终站在战略和全局的高度，为军委、总部的决策提供有价值的咨询建议；正是有了这些精神，我们才能始终以昂扬的斗志、不懈的追求，不断破解教学科研的各种难题；正是有了这些精神，我们才能吃苦耐劳、不计名利、甘为人梯、团结协作，保持教学科研创新的持续发展。在新的形势下，我们要推进教学科研新一轮改革，把人才培养提高到一个新水平，面临着许多新问题、新矛盾，在任务重、要求高、师资力量不足、保障条件有限的情况下，需要进一步弘扬我们的教学科研改革攻关精神。这些精神不仅是我们搞好教学科研工作的力量源泉，也是推动学校全面建设的重要动力；不仅要在教研人员中发扬光大，也要在机关和系队干部中大力倡导。把这些精神在全校叫响，把典型宣扬好，为推进教学科研新一轮改革提供强大的精神动力，使其成为全校共同的追求、传承的文化。同时，用教学科研改革创新的群众性实践活动，促进全校的思想作风建设、干部队伍建设、基本设施建设，促进学校各项工作的全面、协调发展。

国防大学的学科建设要有前瞻性*

加强学科建设,是国内外、军内外教育发展的共同趋势。培养新型高级军事人才、创新军事理论,起到根本性、基础性支撑作用的就是学科建设。这些年,学校之所以教学科研质量在不断提高,与学科建设的发展和取得的丰硕成果是密切相关的。从学校建设转型的需要看,我们应当在现有基础上,用更宽阔的视野、更前瞻的眼光和更高的标准来谋划和思考学科建设,努力推动学科建设又好又快地发展。

目前,从我校学科建设现状来看,现有学科专业很多。其中,被列入国务院学科目录的军事思想及军事历史、战略学、战役学、战术学、军队指挥学、军制学、军队政治工作学、军事后勤学等8个一级学科中,我校就占了6个;全军军事学重点建设的学科专业中,我校已经通过验收的就有7个;初步形成了以重点学科为骨干、军事学科门类相对齐全的学科体系。尽管我们在学科建设上已经取得了很大成绩,但必须清醒地看到,学科建设的水平并不平衡,需求与投入的矛盾仍然十分突出,学科学术队伍的结构远非合理,学科规划的落实也有较大差距,尤其是优势学科不优、重点学科不重的问题仍然存在。如果这些问题得不到解决,不仅会影响学校转型发展、影响联合作战指挥人才培养,而且会制约学校的长远建设。

---

* 本文是作者与国防大学训练部教学研究室同志的谈话要点(2007年2月2日)。

当然,学科建设是一个艰巨复杂的系统工程,不可能一蹴而就,但如果没有强烈的使命感、责任感与危机意识,没有抓住机遇、时不我待、只争朝夕的精神,没有迎难而上、科学规划、狠抓落实的工作态度,问题只会越积越深。我最近一直在思考这样一个问题,就是如何适应军队建设发展和学校转型的新要求,进一步推进学科建设。

一是突出新兴学科建设。我感到,随着中国特色军事变革的深入和军队建设的加快发展,一些新的军事学科专业建设已经迫在眉睫,要求我们以全局的视野,抓住机遇,进行前瞻性的探索和战略预置,尽早展开和加快一些新兴学科的建设。比如,随着空间武器装备的发展和太空领域争夺的加剧,西方某大国提出来,要打赢未来战争必须具有制信息权,要具有制信息权必先取得制太空权;俄军体制编制调整的一个重点内容,就是将空军与航天兵种合并为空天一体的新型空军。我校要大力加强太空作战问题研究,可以考虑建设军事航天学科。再比如,建设信息化军队、打赢信息化战争是军队建设的根本目标,我们在军队建设研究方面还很薄弱,尤其是军队体制编制、信息化建设、军队领导科学与军队管理等方面的研究亟待加强,可以考虑建设军队建设学。又比如,随着军事斗争准备的深化,政治工作的作战功能日益凸显,舆论战、心理战、法律战方面的理论研究引起了各方面的高度关注。为了适应这种变化,迫切需要发挥我校已有优势,加紧建设军队政治作战学科,以战略层面的筹划和运用为主,推动舆论战、心理战、法律战理论的发展和完善,以及从理论向实践转化。还有,军事教育学科也要建起来。我军过去曾经有过军事教育学院,但是现在没有了。全军的院校长、院校中层干部,包括一些教学骨干都要来我校轮训。如果没有正确的军事教育理论作指导,不仅在军队院校体制编制调整时会出现拍脑袋决策、来回"翻烧饼"等现象,就是在平时的人才培养中,也会产生盲目性和随意性。这是有深刻教训的。另外,随着传统安全与非传统安全相互交织,面对国家安全可能面临的外部压力和内部社会矛盾,有必要将危机管理作为一门新兴学科来建设,尤其要突出危机预测、危机预防、危机控制等方面的研究,提高危机管理的适应性和实用性。

二是加强学科力量整合。实际上就是如何集中有限的力量,固强补弱、突出重点、协调发展的问题。从军队院校教育的发展趋势和学校体制编制的情况来看,近年来,我校教学科研任务大幅度增加,我们有二十多个学科,但教员明显减少,这样一来每个学科的教研力量明显太少,力量不够。在这方面,地方培训层次和培训职能与我们相近的院校,情况就要好得多。即使是军队的中级指挥院校,学科设置也相对较少。他们的教员备一次课可以教十几个班次,而我们的教员有的课可能只针对一个班次且内容变化很大。尽管校党委想方设法争取政策支持,但这个问题也不可能马上就能得到解决,学科建设中研究方向多与研究人员少的矛盾仍将长期存在,况且单靠扩大编制解决问题也是不现实的。我们不能等和靠,更不能把学科建设停留在口头上,必须要有落实的行动,努力在学校力所能及的条件下,想方设法解决一些急需解决的问题。我看,关键还是要挖掘现有潜力,把有限的学科力量调整好、使用好。比如,战役学科是我校教员最多、任务最重,同时也是培养联合作战指挥人才最为重要的传统特色学科,随着研究领域及研究内容的拓展和一批老专家、老教授的退休,学科力量有所削弱,到底应该怎样建设? 我感到,还是要聚焦联合作战指挥人才培养这一主线。一方面,要突出联合教学科研,向联合要力量、要效益,提倡教员一专多能、打通关;另一方面,要加强军兵种和外军学科力量建设,可以依托学校选调军兵种教员的政策支持,发现和引进重点学科专业的拔尖人才,把有限的编制名额用好。外军研究中要加强分方向、分国别研究,注重学科系统建设和学科力量的综合集成。再比如,关于台湾问题研究,中国社会科学院和清华、北大都有台湾问题研究所,而我校在这方面的专向研究不够,缺乏权威性的专家。我们需要也有条件设置一个台湾问题研究所。又比如,随着国防和军队建设的发展,国防动员在国家军事斗争准备中的作用越来越重要,同时教学需求也越来越大,可以考虑单独成立国防动员教研室,从事大学生军训的部分教员也可以向这方面转,切实把国防动员专业搞强、搞实。如果政策和条件允许,我们还要大力加强军队建设学科的教研力量。

三是狠抓学科建设落实。近年来,学校相继出台了若干学科建设文件,对学科建设的目标、指导思想与原则、主要措施都有明确规定,但在学科建设具体工作中,有的单位重规划轻落实、被动跟随和阶段性应付的情况,仍然不同程度地存在着。部分原因是一线教学任务和应急性工作重,对学科建设有所忽视;主要原因还是对学科建设的基础性、支撑性作用认识不足,不能很好地把学科建设与一线教学科研工作统一起来,抓学科建设的精力不够、思路不清、招法不多。解决这一问题,一方面,要进一步提高学科建设的自觉性和主动性,切实把本单位学科建设的现状和问题搞清楚,把具体规划和措施搞准、搞扎实。另一方面,要强化责任制,搞好目标管理和过程控制,加强指导帮助和督促检查,确保学科建设规划的落实。

总之,我们要认清形势,着眼未来,切实根据军队建设、军事斗争准备、学校转型发展和培养联合作战指挥人才的需要,去研究和把握学科建设工作,而不是被动地等、靠、要,或者有什么"饭"就吃什么"饭"。只有提高认识、抢占先机、科学规划、狠抓落实,我们的学科建设才能又好又快地发展。

2006年上半年教学科研工作会议

第六部分

科研创新

出版工作要坚持为教学科研服务 *

建校以来,在校党委的领导下,我校出版工作取得了很大成绩。先后有四十余种图书获得了国家和军队的各种图书奖。我校教研人员在本校出版的学术专著,绝大部分社会效益是好的。《国防大学学报》自创刊以来,编发的学术理论文章中,有二百余篇获得军队级奖励。学校邓小平理论研究中心在学习、研究、宣传建设有中国特色社会主义理论方面做了大量工作,受总政委托先后组织了 3 次全军理论研讨会,论文集结出版后受到部队欢迎。总的讲,我校出版工作对于活跃学术理论研究空气,扶持、培养中青年理论研究人才和教学科研骨干,促进教学科研质量提高,起到了积极作用。但是也要看到,学校出版工作还存在着一些不足和问题,有些问题还比较突出,必须采取措施加以解决和改进。

一、立足于社会主义精神文明建设和我校全面建设的 大局,充分认识我校出版工作的重要地位和作用

我校出版工作的重要地位和作用,是由它在社会主义精神文明建设和学校全面建设中的位置所决定的。党的十四届六中全会通过的《中共中央关于加强社会主义精神文明建设若干重要问题的决议》,把在新形

---

* 本文是作者在国防大学出版工作会议上的讲话(1996 年 11 月 29 日)。

势下加强社会主义精神文明建设,作为社会主义现代化建设中必须认真解决的历史性课题提到全党同志面前。社会主义精神文明建设包括思想道德建设和文化建设两个方面,出版工作可以说与这两个方面都有密切关系。江泽民同志从1995年年底以来,先后视察了解放军报社、八一电影制片厂和人民日报社,反复强调新闻出版工作在社会主义现代化建设中的巨大能动作用,要求进一步把"以科学的理论武装人,以正确的舆论引导人,以高尚的精神塑造人,以优秀的作品鼓舞人"贯彻落实到宣传思想战线的各项工作中去,为经济建设和社会进步提供有力保证。特别是他在视察人民日报社时强调指出:"舆论导向正确,是党和人民之福;舆论导向错误,是党和人民之祸。"①学习党的十四届六中全会《决议》、中央军委《关于贯彻党的十四届六中全会精神,加强军队精神文明建设的意见》和江泽民同志的重要讲话,使我们更加深刻地体会到新闻出版工作的重要性,更加深刻地体会到江泽民同志和党中央、中央军委对新闻出版事业特别是军队新闻出版工作的高度重视。军队出版工作是我军政治工作的重要组成部分,也是社会主义精神文明建设的一个重要阵地。由于自身的特点和优势,出版工作同社会政治、经济、文化生活有着密切的联系,对人民群众的思想、工作和生活有着广泛、深刻的影响,在社会主义精神文明建设中有着不可替代的重要作用。我军作为社会主义精神文明建设的重要力量,在做好出版工作、促进社会主义精神文明建设中也负有重大责任。

我们国防大学的出版工作是全国全军出版工作的一个组成部分。一般地说,它同全国、全军其他出版单位一样,担负着光荣而艰巨的精神产品的生产和传播任务;特殊地说,它还在国防大学的全面建设中担负着十分重要的任务,主要是起到以下四个方面的作用:一是学术理论成果形成、传播和学术理论研究工作的引导作用。作为中国最高军事学

---

① 《江泽民文选》第一卷,人民出版社2006年版,第564页。

府,我们有一支具备较高学术理论水平的教研队伍,是出学术理论、思想的地方。但是,这些学术理论、思想在未撰写成为书稿或文稿并出版和发表之前,还不能说作为学术理论成果最终形成了,也不能在更大范围发挥作用。我们的教材、学术理论专著和学术理论研究文章,只有通过出版工作将它们推向部队和社会,才能发挥更大的作用。并且,我校出版工作通过自己确定的正确的编辑出版思想和计划、选题等,还可以对全校的学术理论研究工作起到一定程度的导向作用。从这个意义上说,我校出版工作又是教学科研工作的一个重要组成部分,在我校教学科研工作中担负着重要任务。二是培养锻炼学术理论研究人才、提高人才知名度的重要途径。出版工作可以通过自己卓有成效的组织和激励工作,鼓励和引导广大教研人员、机关干部紧密结合教学科研和本职工作,发扬"三更灯火五更鸡"的精神,积极撰写学术理论文章和著作,在研究和写作的实践中,不断提高他们的思想理论水平和科研能力,这也是培养提高人才素质特别是中青年学科骨干素质的一种有效途径。三是参与重大现实斗争的阵地作用。对于党中央和中央军委提出的重大任务,对于重大思想政治问题和学术理论问题,我们可以撰写、出版、编发书籍和文章,表明观点,占领阵地,努力为全军、全社会的思想理论建设作出贡献。四是我校与部队、社会双向交流的纽带和窗口作用。一方面,部队、社会可以从这个纽带和窗口了解国防大学,国防大学可以通过这个纽带和窗口把自己的学术理论成果辐射出去;另一方面,国防大学也可以利用这个纽带和窗口了解部队和社会,把部队和社会的重要信息和学术理论成果吸收进来,丰富我们的思想认识,为教学科研服务。总之,我校的出版工作既是一种重要的意识形态工作、舆论导向工作,又是一种重要的教学科研工作,还是一种窗口性的工作,地位和作用重要,又比较敏感,必须高度重视,下大力抓好。

二、切实贯彻落实讲政治的要求,始终 坚持出版工作的正确方向

出版工作本身的性质和特点,决定了它必须特别重视方向问题。出版工作生产的精神产品,对社会的影响广泛、深刻而久远。尤其是由于我们国防大学所处的重要地位,对于我校的思想理论和学术动向,军内外都很关注。我们出了好书、发了好文章,正面的影响很大;如果出现大的错误,所造成的负面影响也是很大的,而且很难挽回。所以,在出版工作的方向问题上,一定要把握得很稳,丝毫不能含糊。

坚持正确的出版方向,首先要增强政治意识,把好政治方向。我军是中国共产党绝对领导下的人民军队,是执行革命政治任务的武装集团,在讲政治上一定要有更高的标准、更高的自觉性。在出版工作中,不管什么时候、什么情况下,都要在思想上、政治上和行动上与党中央保持高度一致;都要服从全党全国工作大局,坚持党的"一个中心、两个基本点"的基本路线不动摇,坚决维护党中央、中央军委的权威;都要坚持以正面宣传为主的方针,坚持弘扬主旋律,坚持正确的舆论导向。在事关政治方向、政治原则的重大问题上,决不能掉以轻心。要着眼于讲政治。我们学校在出版工作中必须贯彻中央军委《意见》中提出的"四个大力宣传",即大力宣传邓小平建设有中国特色社会主义理论和党的基本路线,大力宣传毛泽东军事思想和邓小平新时期军队建设思想,大力宣传党的方针政策和党中央、中央军委的各项指示、要求,大力宣传以江泽民同志为核心的党的第三代中央领导集体。为此,我们要进一步用建设有中国特色社会主义理论武装头脑,切实划清一些重大是非界限,用理论上的清醒保证政治上的坚定,用政治上的坚定保证出版工作的正确方向。要善于从政治上观察和思考问题,保持应有的政治敏锐性和政治警

惕性,坚决抵制"左"和右的错误思潮的影响,决不能让有政治问题的书在我校找到出笼的机会,决不能让那些在政治上别有用心的人利用我校的牌子。

坚持正确的出版方向,必须正确处理社会效益与经济效益的关系,始终把社会效益放在首位。书刊、文章等是精神产品,是一种特殊的商品。它的价值是指生产它的劳动的价值,它的使用价值在于它所承载的精神内容。一般商品的价值和使用价值是基本一致的,而精神产品的价值和使用价值、经济效益和社会效益则往往容易发生矛盾。由于读者的职业和文化修养等等的不同,他们对于不同层次的精神产品的需求也不同。因而,有的精神产品包括书刊、文章,尽管作者和出版单位付出了艰苦劳动,很具创造性,学术理论价值或社会价值很高,但其经济效益并不好。而有的作品,品位和格调不高,由于适合某些读者的口味,有时却能收到好的经济效益。这是现阶段我们出版工作面临的一个现实。在这种情况下,无论是作者还是出版单位,一定要把社会效益放在首位,对那些确有很高学术理论价值、对我校教学科研有较大裨益的著作,赔钱也要出版。我们的出版单位境界要高一点,眼光要放长远一点。"家有梧桐树,必有凤来栖。"如果我们出版了若干有重大社会影响的好书,众多的著书者必然慕名而来。出版社、杂志社的社会影响扩大了,读者就会多起来,经济效益也会好起来。校党委、校领导对教研人员的著书立说是很关心的,尽管学校各项经费都很紧张,仍然决定每年拿出一笔钱用于对有价值的学术理论著作的出版补贴。广大教研人员要进一步解放思想,改进文风,把学问做活、著作写活,尽可能地多撰写一些既受学术理论研究人员欢迎、又受部队广大官兵欢迎、社会效益与经济效益都好的作品。要反对见利忘义和"一切向钱看"的思想,对于那些有损于党和军队形象的书,对于那些危害社会的书,即使能赚大钱,我们的作者也决不要写,我们的出版单位也决不能出。

坚持正确的出版方向,对我校来说,还要牢固树立为教学科研服务的思想。现在,一些教研室的同志反映学术著作和有的教材出版难,或者出版的周期太长。这里,有经费缺少的问题,也有思想认识问题,都需认真加以解决。在选题、质量大体相同的情况下,出版社、杂志社要优先选用校内的学术理论研究成果。只要牢固树立出版工作为教学科研服务的思想,学术著作出版的问题就会解决得好一些。

三、以争创"五个一工程"优秀作品和全国、全军优秀图书奖为牵引,进一步提高我校出版工作质量

多出优秀作品、促进出版繁荣,是做好出版工作的核心问题。出版工作作为社会主义精神文明建设的重要阵地,作为我校教学科研的一个组成部分,只能是越繁荣越好。那种认为一抓管理就是扼制出版工作的看法是片面的,加强管理的目的不是管死,而是为了促进出版工作的繁荣和发展。

促进我校出版工作的繁荣,学校采取的一个重要措施,就是力争在全军以至于全国推出一批有重大影响的专著和文章,使争创"五个一工程"优秀作品和"国家图书奖"、"军队图书奖"工作有明显突破、有明显成效。由党中央倡导、中宣部组织实施的这些活动,是新形势下加强社会主义精神文明建设的重要举措。我校作为中国最高军事学府,落实江泽民同志关于军队精神文明建设要走在全社会前列的要求,理应在这些工作上走在前面,作出应有贡献。通过开展这些活动,对我校的社会主义精神文明建设、人才培养,对提高教学科研质量也必将是一个有力的促进。从一定意义上讲,出版工作的质量,是学校教学科研质量的集中反映和实际检验。

争创"五个一工程"优秀作品和"国家图书奖"、"军队图书奖",是生

产精神产品的精品工程。精品代表出版繁荣的方向，一部精品的影响胜过许多部平庸之作。因此，我们必须树立精品意识，立足我校实际，主要是在学术理论专著、理论文章上下功夫，努力写作和出版理论创见深刻、思想内涵精深、风格清新、制作精致，具有强烈吸引力、感染力的高质量的学术理论专著；努力创作和编发选题有分量、内容有创新、论证有力度、语言活泼流畅的高质量的理论文章。全校人员都要积极行动起来，为多出学术理论研究、理论宣传的精品作贡献。在这方面，我们的教研人员应当成为主角。

要真正拿出精品，首先必须确立好选题，要善于抓住各个学科领域的前沿问题、部队作战和建设的前瞻性问题，以及当前部队建设和现实生活中的热点、疑点、难点问题，合理组织力量，发挥整体优势，深入钻研，刻苦攻关。科学研究无疑需要充分发挥个人的创造性，同时要靠智慧，这是被中外科学研究实践一再证明了的一条重要经验。现在，要注意防止一种倾向，即不重视发挥集体智慧，只顾个人闭门造车。我们要尽可能地把充分发挥个人聪明才智与集体攻关结合起来。对于重大题材的研究一定要依靠集体智慧，对于特别有意义的重大课题，可由校里统一组织力量，采取科学的思想方法和研究方法，反复切磋，精心写作，务求突破，务求出一流成果。

四、加强组织领导和管理，确保出版工作的健康发展

加强组织领导和管理，是出版工作繁荣发展的客观需要。我校高层次的教研人员多，研究生多，有学问的老同志多，掌握丰富资料的人多，总起来说，就是有撰写各类书稿、文稿积极性和条件的人才多。这是我校出版工作的有利条件和优势，但这种优势需要很好地组织领导和管理，才能更好地发挥出来。如果放松组织领导和管理，处于一种自流的

状态,不仅优势不能发挥,还有可能发生问题。

加强组织领导和管理,有不少具体工作,概括起来,就是两句话:一手抓繁荣,多出精品;一手抓管理,不出问题。

抓繁荣、出精品,就要动员和组织全校同志,主要是教研人员,结合教学科研和本职工作,积极参加争创"五个一工程"优秀作品、国家和军队优秀图书奖的活动。力争实现突破,有一批优秀作品在全军、全社会产生较大影响。要以此为牵引,进一步带动教学科研的深入开展,活跃全校学术理论研究的空气,促使一批学术理论新人、新成果脱颖而出。要经常深入到教研人员中间去,积极发现和挖掘好的选题,向他们通报新闻出版动态,帮助他们不断推出精品。要把《国防大学学报》进一步办出特色,成为在全军有重大影响的刊物。国防大学出版社要用自己的精品来改变形象,力争尽快成为全军的先进出版社。

抓管理,从根本上讲是为了繁荣。从我校的实际出发,这方面主要应当做到"五个不能出",即所有的作品,不能出政治问题,不能出泄密问题,不能出格调低下的问题;所有的出版单位和作者,不能出违反出版工作规定和宣传纪律的问题,不能出经济问题。这应当是我们加强出版工作管理的基本要求。为此,要深入学习出版法规,增强遵纪守法观念,严格按章办事。要组织有关人员认真学习新闻出版署、总政和我校有关出版工作的文件和规定,使大家清楚应该怎么办、不应该怎么办,自觉遵守有关规定。对于出版社来讲,要特别注意严格遵守有关出版范围的规定;遵守选题计划报批制度和"三审"制度,严格管理书号;严格执行军队出版管理七项制度和出版重大题材的有关规定。对于作者来说,最主要的就是对敏感历史题材的作品,一定要慎之又慎,并一定要按有关规定报批和送审;在境外出书或发表文章,更是需要报批和送审。各级领导和职能部门在出版工作的管理上一定要认真履行职责。政治部作为全校出版工作的主管机关,要加强指导、加强协调、加强检查,把学校出版工作切实管起来,把有关出版管理法规落到实处。科研部作为出版社和杂志社的主办机关,要对所属出版社、杂志社的出版选题和宣传计划严格审核。各作者所在单位的领导要加强思想工作和管理,把好选题和作品审查的第一道关,不能认为这是额外负担,片面强调文责自负。我校的离退休老同志大多有丰富的知识和较深的学术造诣,有的老同志身体很好,热心于著述,这是好事。各干休所党委要按有关出版工作规定,切实加强管理。

争做第一等的工作，
争创第一流的成果 *

　　"五个一工程"奖是中宣部设立的全国精神文明建设的最高奖项，是展示先进文化、体现精神产品质量的国家级精品工程。这项工程从1991年启动至今，每一至两年评比一次，2001年是第八届。全国党政军各级领导机关都把争创"五个一工程"，作为展示本单位精神文明建设质量和水平的标志性工作来抓。十几年来，我校广大教研人员为此进行了巨大努力。1999年，我校邓小平理论研究中心的论文《凝聚在爱国主义的旗帜下》首次获得了这一奖项。2001年我校又有4部作品获此殊荣，是全国各省、自治区、直辖市和军队各大单位"五个一工程"理论类作品获奖最多的单位，中宣部和总政给予了很高评价，全校同志都为之振奋。此外，我们对江泽民同志"七一"重要讲话的理论宣传，对"三个代表"重要思想的学习、研究和宣传，也取得了一批很有影响的理论成果，为统一干部群众的思想、加强全党的思想理论建设作出了积极贡献，在军内外产生了很好的反响。

　　取得上述突出成果决不是偶然的、孤立的现象，而是近年来学校干部队伍整体素质和教学科研改革创新取得明显成绩的一个深刻反映，是

---

　　* 本文是作者在国防大学获得"五个一工程"奖、理论宣传成果奖表彰大会上的讲话（2001年10月17日）。

学校全面建设发展的一个集中体现。今天，我们召开这样一个隆重的表彰大会，目的就是为了总结经验，学习先进，鼓舞斗志，振奋精神；就是为了引导全校同志向这些同志学习，在各自的工作岗位上，争做第一等的工作，争创第一流的成果。下面，我围绕这个问题谈几点意见。

一、要有很强的政治意识和大局观念，为全党全军的重大现实斗争服务

"五个一工程"获奖作品、纪念建党 80 周年特别是关于"七一"重要讲话的理论宣传文章，一个共同的突出特点，就是作者都具有很强的政治意识，善于从政治上、全局上观察思考问题，敏锐地抓住重大现实斗争中的突出问题，正确地分析和回答这些问题。这是他们获得成功的关键所在。2001 年获得"五个一工程"奖的研究"三个代表"重要思想的论文集和揭批"法轮功"反动本质的文章，之所以格外地受到重视和获奖，在原有名额之外重获提名参选，就很能说明这一点。我校的地位和使命，要求我们一定要特别注意讲政治、讲大局。不管是政治教学，还是军事教学，不管是教学工作、科研工作还是其他工作，都要有很强的政治敏锐性和全局意识，努力为重大现实斗争作出贡献。

二、要有强烈的创新意识，更要有很强的创新能力

"五个一工程"获奖作品和一批优秀的理论文章，最过硬的一条就在于创新。现在，大家对创新的重要性已经形成共识，关键是要努力提高创新的能力，提高创新的勇气和决心。创新需要多方面的条件，需要具备过硬的综合素质，特别是厚实的理论功力和不怕困难、迎难而上、敢于超越前人也超越自我的勇气。仅靠聪明和灵感是远远不够的，一定要

克服浮躁情绪,下苦功夫不断地充实和提高自己,同时注意研究创新思维的基本特点,交流创新的经验体会,努力提高自己的创新本领。

三、要增强精品意识,不断提高工作的标准和质量

教学质量是学校的生命,精品是体现我校地位和作用的本质要求。我们抓教学、搞科研、干工作,一定要有质量意识、精品意识。"五个一工程"获奖作品和纪念建党 80 周年优秀理论文章就是精品,2001 年两个重要高级研讨班的大课也都是精品,我校这些年来受到各方面肯定的模拟教学系统和军事斗争准备研究等重大成果都是朝着精品的标准努力。我们建设一流学校需要有更多这样的精品。我们衡量一个教研人员成绩的大小,主要也是看他出了多少堪称"精品"的高质量教学科研成果,为提高人才培养质量作出了多大贡献。全校的专家教授应该有这样一种气概和追求,那就是多出经得起时代和历史检验的精品力作。全校各个领域的同志都要牢固树立精品意识,不断提高工作标准和水平,视质量为生命,把自己承担的每一项任务都干成精品工程。

四、要有殚精竭虑、呕心沥血的奋斗精神

不懈奋斗的精神是一个国家、民族前进的强大精神动力。由于我们国防大学的特殊使命,这种精神最主要的体现就是要为提高教学科研质量而殚精竭虑、呕心沥血。教学科研工作是复杂的创造性的智力劳动,不用尽精力、费尽心思、绞尽脑汁,想取得成就、有所建树,那是很困难的。一分耕耘,一分收获;一分心血,一分成果。这些年我们所宣传的一系列先进典型、所取得的各项重要进展,都充分说明了这一点。凡是有成就的名师名家,都是殚精竭虑、呕心沥血、不懈奋斗的典范。他们中的

很多同志，长年放弃了节假日和寒暑假，多少年如一日，潜心钻研，不间断地进行着理论积淀和学术储备，才取得了这样的成绩。这种精神是非常可贵可敬的，它是我校得以不断蓬勃发展、开拓前进的宝贵财富。我们一定要大力弘扬这种精神，在重大理论和现实问题上，要努力穷根究底，得出真知、深知、新知。古人写文章，讲求"语不惊人死不休"。今天，我们应当有一股子"理不服人"不罢休、没有创新不罢休、不解决问题不罢休的执著精神。

五、要注重发挥团结协作、合力攻关的整体优势

今天受到表彰的成果以及教学科研、政治工作、后勤保障方面所取得的每一项重大成绩，既有个人的刻苦努力，更是集体团结协作、合力攻关的结果，也是全校同志大力支持、密切配合的结果。团结协作、合力攻关、发挥整体优势，是我们的一条重要经验。就拿这次获奖的电视专题片《中国最高军事学府——国防大学》来说，历时两年，涉及方方面面，从机关各部门到广大教研人员、老干部和基层单位都给予了大力支持，它的获奖包含着全校同志的心血。因此，今天的表彰大会，既是对获奖同志的褒奖，也是全校同志的共同光荣。

重视党史军史的学习研究，
坚持以史育人 *

　　1998 年 10 月 22 日，江泽民同志在给中共中央党史研究室的信中指出："学习理论要同了解历史实践、总结历史经验结合起来。我们党领导人民进行革命、建设和改革的历史，是一部蕴含和体现马列主义、毛泽东思想和邓小平理论的活生生的教科书。""我希望各级党委重视党史工作，充分发挥党史资政育人的作用。从事党史工作的同志，要看到自己肩上的责任，拿出更多的成果，来纪念十一届三中全会 20 周年，迎接建国 50 周年和新世纪的到来。"这一重要指示，精辟地阐述了党史工作的地位和作用，为我们在新的历史时期搞好党史军史研究工作指明了方向，提出了新的更高的要求。

一、充分认识学习研究党史军史的重大意义

　　新形势下，个别同志对学习研究党史军史的重要作用认识不足。我们要认真学习、领会江泽民同志的重要指示，从根本上提高思想认识。

　　第一，重视修史编志，是中华民族悠久的历史传统。我们伟大的中

---

* 本文摘自作者在国防大学高级将领传记编写工作会议暨历史资料丛书编委会上的讲话（2002 年 1 月 28 日）。

华民族,创造了灿烂的古代文明,开创了修史的先河,留下了宝贵的财富。早在两千四百多年前,我们的祖先就写下编年体史书《春秋》、《左传》;到了西汉,司马迁忍受宫刑的耻辱,含泪写下了鸿篇巨制《史记》;东汉班固编写了《汉书》;北宋司马光撰写了《资治通鉴》;明、清编撰了《永乐大典》、《四库全书》这样的不朽巨著。我们中华民族是一个十分重视书写自己历史的民族,因而是一个伟大的民族。我们今天编写、研究党史军史,正是继承中华民族的优良传统,是历史发展的必然。

　　第二,重视学习研究党史军史,是我们党的三代领导核心一以贯之的思想。1938 年 10 月,毛泽东同志就强调指出:"指导一个伟大的革命运动的政党,如果没有革命理论,没有历史知识,没有对于实际运动的深刻的了解,要取得胜利是不可能的。"①以后他又讲过:历史的经验值得注意。今天的中国是历史的中国的一个发展;我们是马克思主义的历史主义者,我们不应当割断历史。1978 年 2 月 18 日,邓小平同志指出:了解自己的历史很重要。青年人不了解这些历史,我们要用这些教育青年、教育人民。江泽民同志在上海工作期间就曾指出:党的历史上许多光荣传统,就是我们党的极为重要的政治优势。在这方面,我们可以从中吸取大量的历史经验和精神力量。我们可以利用党的优良传统,教育我们的党员和干部坚定共产主义理想和信念,坚定为人民服务的宗旨,坚定共产主义的价值观。他到中央工作之后,又多次强调这一问题,并且郑重地指出:如果不了解中国的历史,特别是中国的近代史、现代史和我们党的历史,就不可能认识和把握中国社会发展的客观规律,继承和发扬我们党在长期斗争中形成的光荣传统。1999 年 1 月 11 日,他再一次号召全党全军学习研究历史。他意味深长地说:"一名领导干部不善于从历史中吸取营养,不可能成为高明的领导者;一个政党不善于从总

---

　　① 《毛泽东选集》第二卷,人民出版社 1991 年版,第 533 页。

结历史中认识和把握社会发展的规律,不可能成为顺应历史潮流的自觉的政党;一个民族不善于从历史中继承和发展本民族与世界其他民族创造的优秀文明成果,就不可能屹立于世界民族之林。"①从这些重要论述中我们可以看出,重视党史军史工作,是党的三代领导核心一贯的重要思想和对全党一贯的要求。我们进行党史军史的编研工作,是实践党的三代领导核心重史鉴今思想最实际的行动。

第三,重视学习研究党史军史,是新时期加强我党我军建设的现实需要。我党我军从无到有、从小到大、在艰难曲折中不断前进的历史,是一个取之不尽、用之不竭的精神宝库,是非常值得深入挖掘、研究和继承发扬的。在我们党的历史上,曾经有过多次对历史的学习研究;两个关于党的若干历史问题的决议,就是对党的历史学习研究和总结的最重要的成果,对于党的建设和发展起过极为重要的作用。党的十一届三中全会以来一系列路线方针政策和军队建设的一些重大决策,在某种意义上说,正是由于党中央和中央军委认真总结了我党我军几十年的历史,特别是新中国成立以来的经验教训而制定出来的。例如,关于中国要警惕右,但主要是防止"左"的倾向问题,就是小平同志科学地总结我们党的历史经验而提出来的。小平同志说,在我们党的历史上,犯"左"的错误时间最长,危害最烈。今后在防止两个倾向问题上,主要是防止"左",同时注意防右。小平同志的这个概括,言简意赅,非常深刻,非常准确。今后,为了进一步加强我们党和军队的建设,为了在前进的道路上减少盲目性、增强自觉性、避免重犯过去的错误,那就离不开对我党我军历史的研究、总结和借鉴。

第四,重视学习研究党史军史,是我党我军取得成功的重要历史经验。我们党自成立以来,在以主要精力为实现党的当前目标和最高纲领

---

① 《江泽民文选》第二卷,人民出版社 2006 年版,第 301 页。

而奋斗的同时,也非常重视组织力量开展编纂、研究党史军史的工作。早在 1926 年,蔡和森同志就撰写了《中国共产党史的发展(提纲)》,这是我党最早研究党史取得的成果。1930 年至 1934 年间,瞿秋白、李立三、张闻天等同志拟定的《中国共产党历史概论》、《党史报告》等著作,记载了党的早期历史,从当时的角度,总结了中国革命的经验教训。新中国成立后,党史研究有了很大发展。粉碎"四人帮"以后,中共中央政治局于 1977 年 5 月,作出了编写党史的决定。1980 年 1 月,成立了中共中央党史委员会和党史编审委员会,下设中共中央党史研究室,作为研究和编写党史的专门机构;各省、自治区、直辖市,各地、县也相继成立了党史工作部门。我们军队也历来重视编史修志工作。早在 1931 年 4 月,中共中央革命军事委员会就发布《通令》,决定成立红军战史编辑委员会,编写红军战史。在延安整风中,中央军委作出决定,成立高级军事干部学习组,学习研究军队历史。在新的历史时期,军史编写工作得到了进一步加强。1981 年 7 月,中央军委决定成立军队各级党史资料征集组织;1987 年 6 月,中央军委决定编写解放军历史资料丛书;1997 年春,中央军委又决定编写中共党史人物传军队高级将领传记。军队编撰党史军史组织机构的建立和实际工作的开展,对于把我党我军历史上的辉煌业绩和宝贵精神财富完整、准确地保存下来,载于青史,传于后人,起了重大的作用。

第五,重视学习研究党史军史,也是新形势下研究治军之道、深化光荣传统教育、培育"四有"新人的需要。学史明理,学史知责。我党我军历来重视利用我国和世界历史上一切优秀文化传统,特别是我党我军历史上的优良传统和革命精神来教育党员、干部和群众。几十年来,持续不断的国际共产主义运动史的教育、无产阶级爱国主义精神史的教育、革命英雄主义精神史的教育、艰苦奋斗精神史的教育,鼓舞、激励了一代又一代的党员、干部和群众,成为我党我军最宝贵的精神财富和最大的政治优势。江泽民同志在给中共中央党史研究室的信中指出"我们党领导人民进行革命、建设和改革的历史",是一部"活生生的教科书","要充分发挥党史资政育人的作用"。① 我们要认真落实江泽民同志的指示,坚持用党史军史这部"活生生的教科书",来教育全体党员、全体干部和全体人民,把学习革命理论同了解熟悉我党我军的历史、总结历史的经验教训结合起来,自觉运用宝贵的历史经验,来武装人、丰富人,提高人们的政治理论水平,提高驾驭全局和处理各种复杂问题的能力。我们从事党史军史编研工作的同志,担负着书写历史、记录历史,为社会、为部队进行先进思想和光荣传统教育提供"活生生教科书"的重任,应当感到责任重大、无上光荣!

二、更好地发挥党史军史资政育人的作用

我国历代史学家对历史的资政作用都有充分认识。汉代著名史学家司马迁说过:"述往事,思来者。"②唐朝著名的史学家刘知几则说:"史之为用,国家之要道也。"③他们的意思非常明白:修史存史的目的,就是要总结历史的经验教训,为后人留下宝贵的遗产,为国家发展提供有益的借鉴。我们从事党史军史研究工作,编纂我军高级将领传记,绝对不是就史论史、就史编史,而是具有很强的针对性、现实性的,就是既要为延续中华民族的历史服务,更要为当今的社会现实服务,尤其是要为实现中国共产党当前和长远的纲领、路线、方针、政策服务。因为我们从事党史军史研究,编纂高级将领传记,最终目的就是以史为镜,以史鉴今,服务于社会,服务于政治,服务于政党。党史军史工作发挥资政育人的作用,就是

---

① 《用好党史这部活生生的教科书》,《解放军报》1998 年 11 月 17 日。
② 司马迁:《史记》,岳麓书社 1988 年版,第 940 页。
③ 刘知几:《史通》卷十一《史官建置第一》,辽宁教育出版社 1997 年版,第 89 页。

要把研究、总结历史经验同国家、军队建设结合起来,同党的建设、社会的发展进步结合起来。我们要把资政育人,作为做好编纂高级将领传记工作的一个重要指导原则牢固地树立起来,紧紧地把握好以下几个方面:

第一,**要有很强的政治意识,始终把讲政治放在首位**。编写党的历史、军队的历史,本身就具有很强的政治性。对于涉及党的路线方针政策的重大问题,必须慎之又慎。如果我们在党史军史编研工作中忽视讲政治,就可能出现歪曲甚至臆造党和人民军队历史的政治偏向,就会严重影响党和人民军队的形象,就难以发挥资政育人的作用。高级将领传记的编写,必须注重社会效益、政治效益;必须有利于维护党的第三代中央领导集体的权威,有利于党的团结、民族的团结和社会的稳定,有利于促进社会主义精神文明建设,有利于造就"四有"新人。很多年来,党、国家、军队对新闻出版、文学艺术、历史研究工作规定了许多政治纪律,如:不得编写发表违背历史事实、有损我党我军光辉形象的作品,不得编写发表反映社会消极现象、诋毁党的路线方针政策和改革开放的作品,不得编写发表迎合社会上某些颓废情绪和腐朽思想的、内容低级庸俗的作品,不得编写发表违反党的民族宗教政策、影响稳定大局的作品,不得编写发表泄露党、国家、军队机密的作品,等等。这些规定、纪律,规范了党史军史编研工作的行为,保证了党史军史编研工作的正确方向,是非常必要的,大家应当自觉遵守。

第二,**要掌握马克思主义的立场、观点和方法**。我军的历史有七十多年了,时间跨度大,史料浩如烟海,史实纷繁复杂,有争议的史实也不少。高级将领传记的每一位传主都有丰富的阅历、广泛的实践、曲折的道路,我们如何条分缕析,廓清是非,查明正误,恰如其分地总结出经验教训,使之成为有益于全党、全军和全国人民的精神食粮,以及无可替代的历史教科书,实在不是一件很简单的事情。它除了需要我们有崇高的敬业思想、无私的奉献精神、精湛的专业技能,能够扎扎实实地做好采访、座谈、查档、收集整理资料等等基础性工作,更重要的是需要我们坚持辩证唯物主义和历史唯物主义的世界观和方法论,坚持用马克思主义的立场、观点和方法来筛选、分析、归纳资料,去粗取精,去伪存真,进行科学的概括、总结和提炼。只有这样,才能正确地反映历史,找出规律性的东西,真正起到以史为镜、资政育人的重大作用。

　　第三,要坚持实事求是的思想路线。我们编写的高级将领传记,必须是一部实事求是的信史、正史,它不能演绎,不能臆想,不能想当然,更不能有意凭空编造。有的作者对传主熟悉,对传主有感情,编纂传记也需要注入感情。但是,决不能以感情代替政策,不能有意拔高,不能有太多的评论,不能把传记写成评传。写传这样一项对千秋万代负责的、非常严肃的工作,要求我们学习著名史学家范文澜先生那种"板凳甘坐十年冷,文章不写一句空"的精神。必须尊重历史,必须坚持实事求是的思想路线,必须十分严谨和细致。第二编研室提出的"研究历史但求实和是,服务国防不计得与失",正是我们从事高级将领传记编纂工作很需要的一种精神。为什么这样说? 这是因为,当代人写当代史,很容易受到来自方方面面因素的干扰,要真正做到实事求是是比较难的。例如,中共党史人物传总编委规定,写出来的传记稿子,要求达到传主所在组织、传主本人和亲属、传记编写审查机构几方面都满意。假如某一方面提出过分的或者不合理的要求,我们不能坚持原则、秉笔直书,那就有可能拔高形象,掩饰错误,歪曲史实,以偏概全,使所写的东西毫无价值。因此,我们要切实把握好五条原则:一是对我党我军重大历史事件和重要活动的概括、总结,务求准确,切忌主观片面和妄下断语;二是对重要历史人物和高级将领功过是非的评价,要客观公正、掌握分寸;三是对涉及党的路线方针政策的重大问题,必须符合党和国家的有关政策规定,不能随意"创造";四是对涉及党内外团结的问题,一定要慎之又慎,不能影响安定团结;五是对涉密、涉外问题,必须按照中央和总部的有关规定执行,维护党、国家、军队的根本利益和国家安全。

第四,要有很强的精品意识。编写中共党史人物传记,是一个庞大的系统工程,被列入第一批编纂计划的达几千人,其中被列入我们军队第一批高级将领传记编纂计划的达二百多人。编纂这么多人的传记,耗费的财力、物力、人力巨大,其目的是通过对一大批党政军领导中坚力量的介绍,从一个个不同的侧面,折射、反映、烘托中国共产党和中国人民解放军的整体光辉形象和不朽历史,它是功在当代、利及千秋的一件非常严肃的工作。虽然我们每个作者所写的只是一个人,但这项工作是全局中的一部分,如果我们所写的人物传记质量不好,那将影响到整套丛书资政育人作用的充分发挥。所以,希望大家严肃、认真地对待这项工作。古人写文章追求的是"语不惊人死不休",我们编纂高级将领传记也应该有雄心大志,从立意、布局、谋篇到语言,从史实、评论、情节到体例、风格,都要做到高标准、严要求,精心构思,反复推敲,一丝不苟,争取写出不朽的佳作,千古流芳。

三、努力提高党史军史研究人员的自身素质和能力

我们的党史军史研究工作,能不能拿出高水准的成果来,说到底是人员的素质和能力问题。就我所知,我们学校参加军队高级将领传记编写工作的同志,全部都在四十岁以上,参加革命二三十年,历史知识丰富,研究问题的能力和写作的水平相当好,是完全能够胜任这项工作的。但是,也必须看到,多数人以往学的不是党史军史专业,长期从事的不是党史军史研究工作,对党史军史不十分熟悉,对传主本人不很熟悉,对传记写作的体例、风格也不娴熟,这是一些不利的因素。为了解决编研人员的实际状况与工作标准要求不相适应的矛盾,我们必须重视抓好自身建设,努力提高编研队伍的整体素质。

第一，不断提高讲政治的具体能力。每个同志都要对党史军史编研工作有深刻的认识和理解，它是一项为党和军队树碑立传的工作，也是一项为后人创造精神财富的工作，具有其他政治工作不可替代的地位和作用。随着时间的推移，这项工作将越来越显示其重要性。每个同志要激发高度的政治责任感、历史使命感以及光荣感和自豪感，圆满完成自己承担的编写任务。

第二，不断丰富党史军史知识。我们从事高级将领传记编写研究工作，不能"一叶障目，不见泰山"。只简单地了解和掌握传主的某一侧面、某一事件的知识是远远不够的，因为我们要把某个传主这幅"像"画得眉目传神，使人一看就能认出这是土地革命战争时期的张三，那是抗日战争、解放战争时期的李四，就必须把传主这个特定的研究对象，放到他所生存、活动的社会环境中去考察、分析。这就要求我们全体编写人员，比较全面、系统地了解和掌握党史军史的内容，熟悉传主一生的各个方面。只有这样，才能正确地反映传主在重大历史事件中的是非功过，全面、准确地研究和总结历史，编纂出质量较高、真实可信的人物传记。

第三，不断增强分析研究问题的能力。高级将领传记的编写，绝非简单的观点罗列，也非历史资料的堆积，而是一项艰苦、细致的创造性工作。每个章节标题的拟定，每个观点的提炼，每条经验的归纳，都有一个"去粗取精，去伪存真，由此及彼，由表及里"的研究和创作过程，都要求编纂人员有很强的分析能力、概括能力和文字表达能力。这些能力，不能说每一个参加传记编写工作的同志都已完全具备，能够做到驾轻就熟，它还需要我们有一个刻苦钻研、逐步完善的过程。

第四，树立严谨细致的作风。党史军史和每一个传主的历史都有几十年，包含的内容纷繁复杂，涉及的事件、人员不胜其数。它要求编纂人员必须十分严谨细致，对每个历史事件、每个人名地名，都过细地考证，不能想当然办事。否则就会出错，就是对历史不负责任的表现。

深入扎实地搞好江泽民国防和
军队建设思想的研究 *

这次研讨会,大家在理论上取得了多方面的收获:一是对江泽民国防和军队建设思想的丰富内涵有了更加系统的把握,二是对江泽民国防和军队建设思想的基本精神有了更加深入的领会,三是对江泽民国防和军队建设思想的指导意义有了更加深刻的认识。在这个基础上,我们要思考如何深入、扎实地搞好江泽民国防和军队建设思想的学习和研究这个问题。

第一,要把坚持用江泽民国防和军队建设思想武装头脑、凝聚军心,作为一项重要政治任务。我军是中国共产党绝对领导下的人民军队,坚持用先进的思想理论贯注部队,是我军的优良传统和政治优势。江泽民国防和军队建设思想作为"三个代表"重要思想的"军事篇",是我军在新形势下加强思想理论武装的直接、生动的教材。坚持用江泽民国防和军队建设思想武装官兵,牢固确立这一科学理论在国防和军队建设中的指导地位,是确保我军建设和改革事业继往开来、与时俱进的一项基础性工程。这一工程抓好了,才能使广大官兵坚持坚定正确的政治方向,不断增强贯彻党的基本理论、基本路线、基本纲领和基本经验的自觉性,

---

* 本文是作者在全军江泽民国防和军队建设思想研讨会闭幕时的讲话(2003 年 9 月 25 日)。

在完成党的三大历史任务过程中出色履行好人民军队的职责和使命;才能使广大官兵更加自觉地站在时代潮流的前头,勇于研究新情况、解决新问题,努力在新的起点上推进军队建设和改革,不断加快我军现代化跨越式发展的步伐;才能使广大官兵进一步铸牢精神支柱,极大地振奋起献身中华民族复兴伟业的创造热情,乐于牺牲,甘于奉献,矢志不移地为实现富国强兵而团结奋斗、建功立业。我们要从打得赢、不变质的战略高度,把坚持用江泽民国防和军队建设思想凝聚军心作为重大政治任务,坚持不懈地抓下去。显然,军队理论工作者在这方面要积极贡献力量,不断作出新的建树。

第二,要注重研究并掌握江泽民国防和军队建设思想的科学世界观和方法论。大家知道,江泽民国防和军队建设思想是马克思主义唯物辩证法和唯物史观在当代中国军事领域的创造性运用,深刻蕴涵着科学的世界观和方法论。学习和研究江泽民国防和军队建设思想,既要全面系统地领会掌握它的基本内容,更要注重领会掌握它所贯穿的马克思主义世界观和方法论,力求达到更高的水平和境界。特别是要悉心体悟江泽民同志善于从发展变化着的实际出发思考和谋划国防和军队建设;善于抓住主要矛盾和矛盾转化的关键环节,用发展的办法解决国防和军队建设遇到的问题;善于透过纷纭复杂的现象抓住本质,在探索规律中拓展国防和军队建设的新道路;善于运用系统的观点把握事物的联系,推进国防和军队建设的整体进步、全面发展;高度重视科学精神和科学力量,注重发挥科学技术在国防和军队建设中的巨大推动作用;充分相信和依靠群众,尊重官兵在军队建设中的主体地位这样一些带根本性的科学思想方法和工作方法。坚持这样做,既有助于我们从理论上更好地把握江泽民国防和军队建设思想的精髓、灵魂和实质,也有助于我们在实际工作中不断提高战略思维能力和科学决策水平。因此,无论是学习还是研究江泽民国防和军队建设思想,重心都要放在深入钻研其科学世界观和方法论上。

第三,要把江泽民国防和军队建设思想转化为推进中国特色军事变革的强大动力。理论的价值,在于指导和推动实践。新世纪新阶段,我们军队建设的实践,就是积极推进中国特色军事变革。这一前无古人、充满艰辛的革命性实践,对我们学习贯彻江泽民国防和军队建设思想既提出了更高的要求,也提供了最好的课堂。我们必须立足于推进中国特色军事变革的伟大实践,认真贯彻江泽民国防和军队建设思想,努力把它转化为放眼世界、面向未来的战略眼光,密切关注和把握当代科技发展趋势和世界新军事变革潮流,正确审视我军在世界新军事变革进程中的历史方位,科学谋划、扎实推进军队的建设和改革;转化为解放思想、实事求是的科学态度,坚决摒弃陈旧的思想观念和思维方式,确立与中国特色军事变革相适应的新思想、新观念;转化为与时俱进、开拓创新的革命精神,勇于正视和敢于解决军队建设中的矛盾和问题,按照中国特色军事变革的要求不断推进各项工作创新,努力构建和形成新的的军事体系;转化为坚持党的事业和人民利益高于一切的价值理念,把建设强大的信息化军队作为崇高事业和不懈追求,自觉地讲党性、讲大局、讲奉献,正确对待个人利益得失,为推进军队建设和改革贡献出自己的全部智慧和力量。要通过扎实有效的"转化",使江泽民国防和军队建设思想在推进中国特色军事变革的实践中,日益显示出强大的作用和威力。

更好地肩负起推进军队理论研究和理论建设的重要使命*

重视加强理论建设，是我党我军的优良传统和政治优势。一个民族的兴旺离不开理论的指导，一个政党的发展离不开理论的武装。进入新世纪新阶段，我们党在继马克思列宁主义、毛泽东思想和邓小平理论之后，又把"三个代表"重要思想写在自己的旗帜上，实现了党的指导思想的又一次与时俱进。这既为当代中国的改革和建设事业提供了新的科学指南，又为深化理论探索打开了极其广阔的空间。最近，党中央先后下发了《关于进一步繁荣发展哲学社会科学的意见》和《关于实施马克思主义理论研究和建设工程的意见》。贯彻党中央的指示精神，实施马克思主义理论研究和建设工程，是全党的一件大事。根据中共中央宣传部的统一部署和安排，我们国防大学邓小平理论和"三个代表"重要思想研究中心受领了研究和阐述毛泽东思想、邓小平理论和"三个代表"重要思想对国防和军队建设的理论贡献这一重大课题。我们将要实施的这一重大课题，是全党全国马克思主义理论研究和建设工程的重要组成部分。完成这一重大课题，是国防大学邓小平理论和"三个代表"重要思想研究中心的光荣使命，也是全军理论工作者的一项共同任务。当

---

* 本文是作者在国防大学邓小平理论和"三个代表"重要思想研究中心成立 10 周年座谈会上的讲话（2004 年 3 月 23 日）。

前和今后,我们国防大学邓小平理论和"三个代表"重要思想研究中心要在中共中央宣传部和总政治部的正确领导下,紧紧团结和依靠军队系统广大理论工作者,把上级赋予的这一重大课题出色地承担起来。同时,要以这一重大课题为牵引,把整个军队理论研究和建设不断向前推进。这就需要我们确立新的思路,坚持更高的标准和要求。

第一,推进军队理论研究和建设,需要我们从战略全局高度去认清和担当历史重任。在当代历史条件下,认真贯彻党中央的指示精神,以邓小平理论和"三个代表"重要思想为指导,推进军队理论研究和建设,这既是我们繁荣马克思主义军事科学,为推进中国特色军事变革,进一步实现打得赢、不变质提供理论支持的必然要求,也是我们主动配合党和国家工作大局,为全面建设小康社会、推进中国特色社会主义事业提供理论服务的客观要求。很显然,这是一项带根本性、战略性和全局性的宏大工程。面对这一工程,军队理论工作者责任重大,使命光荣。我们一定要从战略全局高度,充分认识自己在这一宏伟工程中所肩负的庄严使命,进一步增强大局意识、政治意识和责任意识,极大地振奋起担当历史重任的政治热情。我们研究中心尤其要认清自己在这一宏伟工程中所处的现实方位,自我加压,负重前行。每个理论工作者都要以昂扬的精神状态,积极投身于这一宏伟工程,做到有一分热、发一分光。

第二,推进军队理论研究和建设,需要我们全面、系统地学习掌握马克思主义科学理论。毫无疑问,马克思主义作为正确反映自然、社会和人类思维普遍规律的真理,本身就是博大精深的科学,具有不可分割的完整性和系统性。对我们广大理论工作者来说,推进军队理论研究和建设,必须完整、准确地学习钻研马克思主义科学体系,必须全方位地阐发、贯彻和应用其科学体系。在这个过程中,从事不同具体学科研究的同志,尽管可以突出不同的重点,但都同样需要讲求理论的完整性和系统性,同样需要全面地而不是片面地、系统地而不是零碎地、深入地而不是肤浅地去领会掌握马克思主义理论。从整体上讲,我们的理论研究既要着眼于揭示整个马克思主义理论各个发展阶段之间的逻辑一贯性,又要着眼于展示马克思主义理论各个组成部分之间的内在统一性。即便是对我们比较熟悉的毛泽东思想、邓小平理论和"三个代表"重要思想分别进行研究,也要注意把握它们各自所包含的这个观点与那个观点、这个论断与那个论断之间的有机联系,注意从观点与观点、论断与论断的相互联系上来把握其科学体系。在理论研究中,我们还要注意从不同的层面,包括基本理论、理论与现实的关系以及理论在实践中的运用等层面,准确阐释马克思主义的丰富内涵和精神实质,阐明其世界观和方法论基础,从而深化人们对马克思主义科学性和真理性的认知。

第三,推进军队理论研究和建设,需要我们勇于探索实践提出的各种重大现实课题。实践是理论的源泉。实践的发展永无止境,理论的创新也同样永无止境。"俯身听潮自有声"。科学理论始终是在积极回应实践呼唤的过程中,不断走向更高境界的。马克思主义的强大生命力,就在于它始终根植于社会实践的沃土,自觉直面现实问题,善于总结实践经验,从而不断丰富、发展和超越自己。马克思主义中国化的三次历史性飞跃,都是这样实现的。今天,我们推进军队理论研究和建设,本质上也应当体现为面向实践进行理论创新。因此,我们不能满足于一般的理论阐发,而应像江泽民同志所倡导的那样,始终着眼于马克思主义理论的运用,着眼于对实际问题的理论思考,着眼于新的实践和新的发展,坚持运用马克思主义的立场、观点和方法,研究新情况,解决新问题,总结新经验,探求新规律,不断作出新的理论概括。由此出发,广大理论工作者必须立足时代的潮头,自觉拿出面向未来的前瞻眼光和科学求实的创新勇气,以邓小平理论和"三个代表"重要思想为指针,不断深化对胡锦涛总书记基于实践提出的"三个重大课题"和"十四个如何"的研究探索。要善于运用江泽民国防和军队建设思想,创造性地回答推进中国特色军事变革、抓紧做好军事斗争准备所面临的各种重大现实课题,从中获取带规律性的新认识,以丰富和发展中国特色军事科学。

　　第四,推进军队理论研究和建设,需要我们进一步形成和发挥协作攻关的整体优势。团结协作、合力攻关,是军队理论工作者的一个好传统,也是军队理论工作长期走在全国前列的一个优势。在新的形势下,推进军队理论研究和建设,是一项宏大的系统工程,更有赖于发挥这个优势。拿我们研究中心这次受领的研究和阐述毛泽东思想、邓小平理论和"三个代表"重要思想对国防和军队建设的理论贡献这一重大课题来说,单靠我们自己的力量是难以完成的,而必须借助全军部队特别是广大理论工作者的力量和智慧来组织实施。这些年,我们研究中心在面向全军协调科研力量、形成攻关合力方面,做了一些工作,也积累了一些经验。主要是:以全军各大单位理论研究室和有关院校教研室为桥梁和纽带,以《邓小平理论学习与研究》杂志为阵地,以召开联络员会议、理论研讨会和组织课题攻关为基本方式,充分整合并利用军队系统科研资源,通过实现带全局性的某些重大项目的突破,促进和推动军队理论研究工作。今后,我们研究中心要在加强自身建设以及联络员队伍建设的基础上,紧密结合实施上级赋予的重大科研课题,进一步做好科研力量的协调工作,从而把军队系统科研资源更加充分地整合与利用起来,不断发挥协作攻关的整体优势,为推进军队理论研究和建设作出新的贡献。

发挥科研育人作用，在创新发展
军事理论上有更大作为 *

党的十六大以来，以胡锦涛同志为总书记的党中央，高度重视国家科研创新，在 2006 年召开的全国科技大会上，作出了建设创新型国家的重大战略决策，号召全国人民走中国特色自主创新道路。国防大学要在有效履行我军历史使命中作出更大贡献，就必须高度重视科研工作，在军事理论创新上有新的更大作为。

一、充分认识科研工作在国防大学的
特殊地位和重要作用

胡主席 2005 年来我校视察时，亲切勉励我们要在新的起点上谋划和推进学校的改革和建设，认真推进军事理论创新，提高人才培养和科研成果的质量，努力为履行新使命提供智力支持和人才保证。我们贯彻胡主席的重要指示，更好地担负起学校的职能使命，要做好多方面的工作，其中十分重要的，就是要深刻认识科研工作在我校的特殊地位和重要作用，努力提高科研水平。

＊ 本文是作者在国防大学科研工作座谈会上的讲话（2006 年 10 月 20 日），原载于《国防大学学报》2007 年第 1 期。

　　第一,科研是推动教学创新、提高教学质量的基础和先导。大家知道,科学研究是所有研究型大学最基本的职能。真正意义上的大学自创办以来,就是科学研究的重要场所。19世纪初洪堡创办柏林大学时,就把科学研究作为它的基本职能之一。世界上的著名大学无不以科研为主导。美国斯坦福大学名誉校长卡斯帕尔教授说:"一所仅仅是'教学大学'的大学就像是高中的延伸或者是一个培训场所,不是我所认为的真正意义上的大学。"①我党我军领导人一向重视大学在科研创新方面的作用。早在1977年,邓小平同志就指出:"要抓一批重点大学。重点大学既是教育的中心,又是办科研的中心。"②国防大学是我国最高军事学府,中心任务是培养人才,中心工作是教学科研。从本质上讲,教学科研是融为一体的。提高教学质量靠什么? 很重要的一条就是靠科研。没有科研,教学就必然失去活力;科研先行,教学才有源头活水。正如德国大教育家卡尔·雅斯贝尔斯所说:"只有从事研究的人,才有新东西教给学生,一般的教书匠只能传授僵硬的东西。"③国防大学的性质、宗旨和任务,决定了我们的教学特点主要不是传授已有知识,而是创新研究新知识;不是要求学员对原有知识的把握,而是对未知领域的探索。尤其是,我们处在进行社会变革、中国特色军事变革的大时代,全军面临的是建设信息化军队、打赢信息化战争,打得赢、不变质这样的时代课题,需要深入研究解决的新情况、新问题层出不穷。教学中如不能逐步引导学员回答这些新问题,是绝对不会受到学员欢迎的。可以断言:没有科研的高水平,就没有教学的高质量。科研工作对教学具有基础性、先导性的作用。

---

① 杰拉德·卡斯帕尔:《成功的研究密集型大学必备的四种特性》,转引自《国家高级教育行政学院学报》2002年第5期,第59页。

② 《邓小平年谱(1975—1997)》(上),中央文献出版社2004年版,第167页。

③ [德]雅斯贝尔斯:《什么是教育》,邹进译,三联书店1991年版,第145页。

第二,科研是创新发展军事理论的主要途径。创新是大学的重要职能,也是一流大学的重要标志。现在世人都说牛津大学、剑桥大学、哈佛大学是世界著名大学,根据是什么? 我想,它们除了能培养出国际公认的优秀人才,还有一个重要的原因,就是具有世界领先的学术成就。我认为,国防大学作为中国最高军事学府,不仅体现在编制等级高、培训规格高,更体现在学术水平高。我们一定要承担起推进中国军事理论创新的重要使命,做理论创新的先行者、开拓者,创造中国特色军事指导理论、战略理论和作战理论。完成这一任务的根本途径,就是基于部队实践的军事科研,就是要努力加强科研工作、加大创新力度。未来学家托夫勒指出:人类以往以力量取得的战争胜利,将被以知识、技术、信息取胜的战争代替。在信息时代,军事理论创新的任务不是总结以往的战争经验,而是基于世界新军事变革、中国特色军事变革的崭新形势和发展趋势,创造新的战争理论。从世界军事竞争的情况看,军事理论的引领作用越来越突出,军事理论的竞争也越来越激烈,创新发展军事理论的压力越来越大。国防大学要想在军队建设整体转型过程中占据应有的一席之地,就必须在军事理论创新上有更大的作为。

第三,科研是为军委、总部提供决策咨询的根本方法。国防大学组建时的国务院、中央军委有关文件和2004年中央军委有关文件,都规定为军委、总部提供决策咨询是我校的基本职能。多年来,我们主要依靠科研,取得了一批高质量的研究成果,有不少进入军委、总部战略决策,发挥了很好的作用。但是,我们也应该看到,随着军队现代化建设的发展,决策咨询涉及的重大战略问题和现实问题越来越深刻、复杂,针对性、实用性越来越强,难度越来越大。不仅要有理论、有思想,还要有对策研究和设计。当前,党和国家十分重视推进领导决策科学化、民主化建设,为我校履行决策咨询职能提供了更大的发挥作用的空间,关键是我们能否提出真正具有战略性、前瞻性和重要现实指导意义的高质量的决策咨询建议。履行决策咨询职能,对我校科研工作提出了新的更高要求。只有高度重视科研工作,准确把握决策咨询的特点和规律,努力提高科研能力,才能不断提高决策咨询的质量和水平,真正把国防大学建成军委、总部的"思想库"和"智囊团"。

第四,科研是培育和提高人才创新能力的重要形式。科研作为高智能劳动,是对人的认识能力、思辨能力和创造能力的挑战。毛主席讲的三大实践,就包括科学研究。科研不仅能出理论成果,还能出人才。美国著名教育学家伯顿·克拉克认为,科研既是一种力量很强的教育形式,也是一种效果很好的教学形式,大学最好的范式就是建立"科研——教学——学习——育人的互动联结体"。许多中外现代教育学家都认为:学生通过密切参与大学的研究活动,能够发展起对于科学基本问题的认识和理解,培养其开放的心智和浓厚的兴趣。这会使他们将最新的知识转化为创新活动。国内外著名大学,都很重视让学生参与科研,通过教研互动培养人才。MBA 教育为什么那么受欢迎? 一个重要的原因,就是他们开展研究式教学,通过研究培育人才。我们国防大学是培养高层次人才的,对科研育人的功能要有新的认识。不要以为科研就是科研,与育人没有关系,只有教学才是育人。教学当然是育人的主渠道,但科研在育人方面有重要的独特作用。这是一个新视角,要打开这个新视角,更好地提高人才培养质量。要以科研牵引教学,赋予学员科研任务,让学员参与现实问题研究。这样不仅可以深化教学,更重要的是可以提高学员的创造能力。我们培养的高中级指挥员来自各部队,开展科研式学习,在教学中贯穿科研,让学员站在书本之上读书、听课,有利于他们摆脱本本的束缚,掌握科学研究方法,培养创新思维习惯,提高创新能力,这应是科研育人的题中应有之义。

二、积极运筹科研资源,不断壮大科研力量

人才是科研活动的第一要素。胡主席指出,当今世界,国家的核心竞争力越来越表现为对智力资源和智慧成果的培育、配置、调控能力,越来越表现为对知识产权的拥有和运用能力。胡主席的重要指示,深刻阐明了现代科研的特点和规律。我感到,科研管理的实质,就是运筹智力资源,生产智慧成果。人们说国防大学"藏龙卧虎",我想这主要是指国防大学专家荟萃、高中级干部学员云集、区域资源丰富。这是我们的独特优势。开展科研创新,必须把这些资源培育好、配置好、使用好。

首先,把教研资源整合好。我校体制编制调整后,在组织形式上实现了教研合一,为整合教研资源奠定了组织基础。从两年多来的运行情况看,教学与科研的融合取得了很大进展,教学、科研都得到了加强。但差距也不小,教学科研工作的组织实施也面临一些新的问题。有的人认为,教研室的任务就是教学,研究所的任务就是研究;有的人认为,不管是教研室还是研究所,都要集中搞教学。这些认识被反映到工作指导上,容易造成教学科研的脱节。把教研室和研究所(中心)统编在教研部下,是体制上的教研合一,二者统一于人才培养。无论是教研室,还是研究所(中心),都不能单打一。教研室的主要职能是教学,研究所(中心)的主要职能是科研。只不过对教研部来说,最重要的是建立教学科研良性互动机制:教学为科研提出需求,科研成果及时进入教学、促进教学、升华教学。无论是教员,还是研究员,都要提高科研能力。只会搞"拿来主义"、没有自主研究能力的教员,还算不上国防大学的一流教员。教员上课、组织教学,既要善于吸纳和运用校内外一切研究成果,也必须有自己研究的成果作统领。如果自己没有新的见解,也难以识别和运用别人的创新成果。所以,我们提倡每个教员都成为科研高手,每个

研究员都能登台讲课或组织教学，起到 1 加 1 大于 2 的作用。

其次，把学员资源开发好。 我校学员大都是高中级干部，其中不少人是某一领域的专家。他们实践经验丰富，了解部队需求，专业特长突出，岗位优势互补，探索欲望很强，是国防大学得天独厚的科研优势。学员开展科研，既可以提高自身素质，增强解决问题的能力，也可以出科研成果。2006 年上半年，我与学员座谈时，强调学员要自主学习、创新学习。实际上，科研是自主学习、创新学习的最好形式。学员用四分之一时间上课，用四分之三时间自学，科研创新有很大空间。只要积极引导，善于组织，把学员这个资源充分开发出来，学校的科研力量就会得到极大的增强。对战略研究班学员来说，主要是紧密结合国家安全的重大战略问题开展研讨式学习，提高决策咨询报告的质量；对指挥员班学员来说，要紧密结合国防和军队建设重大现实问题开展自主学习，培养科学的思维方式，提高解决实际问题的能力；对研究生学员来说，就是要把科研活动作为研究生学习的重要方式，特别是要把博士学位论文的选题纳入学校的科研体系；对外军学员来说，就是要通过中外学员的交流互动，及时收集外军学员的思想观点和意见建议。学员是一座有待进一步开发的富矿，是我校科研工作的生力军，要把他们好好地组织起来，充分发挥他们在科研方面的作用。

最后，把外部资源利用好。 国防大学地处首都、紧邻总部机关、面向全军部队，科研资源丰富。如何把这些优势利用好，值得好好研究。我想，我们可以利用学校已有的各种学术组织，通过各学术团体和研究中心，广泛开展学术交流，把外部的智力资源吸纳进来；从领导岗位上退下来的研究人才和专家，经验丰富，视野宽阔，理论造诣很深，是不可多得的人才，可以通过建立特聘研究员制度把他们聘请进来；要积极参加国家举办的各种高层次研讨活动，同部队各大单位联合组织专题研讨，拓宽视野，把握趋势；还要利用先进的信息技术，把国内外、军内外的智慧成果汇集起来。海纳百川,有容乃大。只要我们有胸襟、有办法,学校的智力资源和智慧成果就会像雪球一样越滚越大。

三、国防大学的科研工作要始终站在学术前沿

科研的生命在创新,创新的本质是超越。站在学术前沿搞科研,既是对科研创新的一般要求,更是对国防大学的特殊要求。立足前沿,开拓进取,在军事理论创新中发挥引领作用,是国防大学科研工作的责任所在、使命所系。

要强化全局意识,树立世界眼光、历史眼光和战略眼光。眼光影响思路,思路决定出路,搞科研,视野要宽阔,眼光要放长远。开创国防大学科研工作新局面,必须要有世界眼光、历史眼光和战略眼光。近年来,地方一些高级教学研究机构,立足国家现代化建设全局,提出的一些新的战略性思想和对策,对党和国家的一些重大决策起到了很好的作用。我们应当好好地学习。这些年,我校也有不少成功的经验,需要认真地总结,以提高我们科研工作的立足点和着力点。校内外的经验都告诉我们,做好新形势下的科研工作,必须眼观六路、耳听八方,紧紧抓住事关全局,影响深远,具有战略性、基础性、前瞻性的重大课题下气力、做文章。只有扭住大问题,舍得下大功夫,才能有大的成果。不要眼光短浅,不要低水平循环。要想在理论创新方面有所超越、有所建树,必须坚持高起点,谋求高质量。

要强化问题意识,关注实践、关注前沿、关注难点。科研是对未知世界的探索,提出问题是探索的起点。早在两千多年前,孔子就要求自己的学生"每事问",认为疑是"思之始、学之端"。爱因斯坦说得更加明

确："提出一个问题往往比解决一个问题更重要。"①从这个意义上说，抓住了问题就成功了一半。善于抓问题，起码要注意三点：一是要关注实践。要密切关注世界新军事变革的最新动态，密切关注军委、总部的决策需求，密切关注部队建设和军事斗争准备的实践，抓住制约军队建设和军事斗争准备的突出问题，务求突破。二是要关注前沿。前沿问题是牵引学科发展的前瞻性、方向性问题。有人说，一等的理论长于预见，二等的理论长于质疑，三等的理论长于阐述。这很有道理。要创造一等的理论，就要有高度的敏感性和预见性，密切关注前沿问题。三是要关注难点。难点问题是长期制约国防和军队建设的深层次问题。现实研究中，有些同志不敢碰难点问题，遇到难题绕道走，"哪里软就在哪里开辟作业面"，为的是快出成果、多出成果。其实，成果的价值往往跟问题的难度成正比。1978 年 3 月，叶剑英元帅为首届全国科学大会题写的《攻关》诗说："攻城不怕坚，攻书莫畏难。科学有险阻，苦战能过关。"我们也要发扬这种精神，敢于"硬碰硬"。

要强化跟踪意识，坚持研有专攻、持之以恒、持续创新。科学研究是一个极其复杂的过程，不可能一蹴而就。没有持之以恒的心态，没有锲而不舍的精神，将很难取得成功。美国兰德公司搞科研的一条重要经验，就是盯住一个重大问题长期跟踪研究。这些年来，我校率先提出了一些具有创新性的重大问题，产生了一批创新成果。但是，有些课题由于没有一抓到底、持续积累，未能最终推出系统性、突破性的理论成果，也确实失去了一些推出有重大影响力、被公认出自我校的科研成果的机会。今后要通过方方面面的努力，鼓励教研人员学有专攻，紧紧盯住重大问题跟踪研究，力求产生有分量、有品位、有影响的重大成果。此外，在各个重点学科、各个重点地区和方向，要相应指定一些教研人员长期

---

① 王通讯、朱彤：《科学家名言》，河北人民出版社 1980 年版，第 34 页。

跟踪,长期研究,长期积累,成为在这个学科、这个地区、这个方向上的专家和权威。

四、培育创新文化,营造创新氛围

党的十六届六中全会,提出了构建社会主义和谐社会的重大战略思想。建设和谐社会必须建设和谐文化。创新文化是社会主义和谐文化的重要组成部分。把创新提升到文化建设的层面,我们的国家、民族将大有希望。国防大学要使科研创新成为每个人的内在需求和自觉行动,必须高度重视培育创新文化。

一是敢为人先、创新光荣。鼓励创新是校党委的一贯方针。我们总是千方百计地树立和培育有思想、有见地的人才,许志功、金一南等一批名师和优秀中青年教研人才,就是在这种环境下成长起来的。这么多年来,我校从没有哪一个人,因为在科研工作中说错了话、做错了事,而受到影响和处理。恰恰相反,我们面临的突出问题仍然是一些同志的创新勇气不够、冒尖能力不足、敢闯敢干的精神不强。要实现创新,不仅要有创新的智慧,还要有敢为人先的勇气。要在全校营造有利于创新的舆论氛围,创建有利于鼓励创新的人才和成果评价机制,造就一批站在世界军事科学前沿的学术尖子。每一位同志都要勇立潮头,敢想敢干,敢于拼搏,知难而进,迎难而上,积极投身于理论创新之中。

二是质疑问难、百家争鸣。敢于质疑是重要的学术品格。古人云:"学贵知疑,小疑则小进,大疑则大进。"[1]一部科学发展史表明,几乎所有的科学发现都是从怀疑开始的。科研工作者只有借助于"求异思

---

[1]　清·金缨:《格言联璧·学问》,转引自秦牧主编《实用名言大辞典》,广西人民出版社、广西教育出版社1990年版,第1268页。

维"，才能催生出新奇、多彩的新思想、新见解、新发现。没有对"地心说"的质疑，哥白尼不会创立"日心说"。不挣脱牛顿经典力学的束缚，爱因斯坦也不会创立狭义相对论。求异思维的逻辑内核是"敏于生疑、敢于存疑、勇于质疑"。没有质疑问难的勇气和智慧，在科研上将一事无成。现在学术研究中有一种现象，就是人云亦云，"炒冷饭"。对某个问题的研讨，几乎听不见不同的声音。实际上，大家对同一问题的看法不可能完全一样，只是不便说、不敢说。这是对创新的扼杀。所以，要大力营造百家争鸣的氛围。年轻同志要珍惜思维敏锐活跃、进取锐气鼎盛的自我发展期，不唯书、不唯上、只唯实，勇于发表独到见解；领导和机关要大力倡导学术民主、百家争鸣，调动好、引导好、保护好科研人员的创新积极性。

三是允许失误、宽容挫折。大量的科研实践表明，创新既可能成功，也可能失败；既可能得到承认，也可能得不到承认。创新的火花出自于超凡脱俗、标新立异的勇气和锲而不舍的执著。在创新的道路上，失误和失败不可避免。我们要宽容失败，对"有棱角"的同志，不能求全责备，也不能吹毛求疵。要保护好他们的创造性和积极性，营造独立思考、自由探索的文化氛围，保护自由探索、自由讨论，鼓励同志们忘我地追求真理。

四是潜心治学、厚积薄发。实事求是地讲，近年来社会上存在一些浮躁现象，"学术泡沫"严重，造假丑闻时有发生。这种现象在军事科学研究领域也不同程度地存在。一些同志急于求成，追名逐利，粗制滥造，东拼西凑，出一些层次不高的庸品，既影响了个人形象，也损害了学校声誉。科研是一种慢工夫，要出高质量成果，就必须坐得住板凳，守得住清贫，耐得住寂寞，以十年磨一剑的精神，精心打造能够代表国防大学水平的精品力作。

五是团队合作、共同创新。在信息时代，许多重大科研项目不再是手工作坊式的个体研究,而是一个复杂的系统工程,需要团队集体创新。托夫勒称这种趋势为"科学大会师"。他说:"现代科学家们正在组成跨国科学团队,让智慧、方法和工具跨越时区会聚起来,参与的科学家越多,产生的成果越大。"美国人的"曼哈顿工程",我们的"两弹一星"工程、载人航天工程以及中央马克思主义理论研究和建设工程,都是团队合作的典范。军事理论是一门综合性很强的应用学科,更需要组成跨领域、跨学科、跨专业的创新团队。当前,在我校现有体制编制的框架内搞科研,基本的方式就是以课题为牵引组织临时团队。团队的战斗力,既取决于个体素质,更取决于团队精神。因此,培育团队合作精神是培育创新文化的重要方面。

六是提携后学、甘为人梯。一部大学的历史,就是一部知识生产、传承和积淀的历史。续写这部历史,需要一代又一代人为之付出不懈的努力。国防大学能有今天这样的局面,是刘伯承、罗荣桓、萧克、张震等老一辈无产阶级革命家带领一代又一代人艰苦奋斗、薪火相传的结果。为了国防大学的建设与发展,许多老同志甘为人梯,无私奉献。我们在新的形势下,开创科研工作新局面,要倍加珍惜这笔宝贵的精神财富。老同志要胸怀宽广、扶持后生,鼓励年轻同志超越自己;将年轻新秀扶上马、送一程,既做"经师",又做"人师",用良好的思想和道德风范影响和培育新一代国防大学科研人才。

五、切实加强对全校科研工作的组织领导

科研工作涉及学校建设的方方面面,各级党委和领导要高度重视科研、关注科研、支持科研。机关要各负其责、相互支持、密切配合,共同加强对科研工作的组织领导。

一是创新科研管理机制。科学的管理是科研工作创新发展的重要

保证。开创科研工作新局面，不仅需要教研人员扎实干，还需要机关职能部门科学管。科研部是校党委、校首长领导下，负责全校科研工作的职能部门，承担着全校科研工作计划、组织、管理的职能。各教研部、系院及其他机关的科研这块工作，都要接受科研部的领导，归口科研部统一管理。在科研管理方面，这些年学校出台了一系列规定、制度和政策，但还不够完善和健全。要注重解决深层次矛盾和问题，改进科研组织方式，健全规章制度，摒弃"查资料、写文章、发表完事"的科研模式。要敏锐地把握形势，准确地提出科研需求，及时地了解党、国家和军队的大政方针和理论动态，建立需求调研论证机制，善于引领科研创新的主攻方向。要创造新的组织模式，围绕重大科研课题，组建灵活、柔性的创新团队。要建立科学的质量监督机制，加强科研课题的全程质量管理；完善成果评价机制，建立一套较为科学的成果认定和评价规范，严把科研成果鉴定关，使创新成果能够得到科学的评估和认定。

二是采用先进的管理方法。管理方法是实现管理目标的途径和手段。科研是一个特殊领域，在管理上不能完全照搬其他领域的做法。适应信息时代要求，着眼科研创新特点，科研管理要着力实现"六个转变"，即由封闭管理向开放管理转变，由过程管理向目标管理转变，由定性管理向定量管理转变，由刚性管理向柔性管理转变，由重个体管理向重团队管理转变，由运用传统手段管理向运用信息化手段管理转变。一句话，就是由经验式管理向科学式管理转变，通过管理方法创新，开创科研工作新局面。

三是切实加强情报手段建设。创新离不开厚实的科研积累。这个科研积累，包括几代人的科研成果和对世界最新学术前沿的长期跟踪。我们多次讲，国防大学需要两个支撑，一是科技支撑，二是情报支撑。因为情报很重要，现在是信息时代，各方面的形势变化很快，信息竞争非常激烈。信息不等于情报，情报是有价值的信息。搞科研创新，必须掌握准确、实时、可靠的情报。这就需要我们加强情报收集和分析研究工作，及时掌握世界军事前沿和主要竞争对手的最新动态。做好这项工作，是国防大学在信息时代获得竞争优势的关键举措。在这里，我郑重建议：要尽快成立国防大学科研情报中心，将其纳入综合实验室建设规划，以此促进情报研究分析工作。这项工作很重要，耽误不得，在综合实验室建设尚未启动和短期内不能建成的情况下，可以先找个地方干起来。

四是加强科研经费筹措和统管。经费是开展科研创新的基本保障。一项重大科研成果的诞生，离不开大量的信息收集整理、大量的调查研究和大量的分析、综合、实验。这几年，国内外著名高校的科研经费都在迅速增加。这些经费既有政府拨款，也有社会捐赠。而我校正常渠道的科研经费，远远满足不了科研创新的需求。因此，机关要积极想办法，主动沟通、反映情况，争取军委、总部给予更多的经费支持。特别是要在政策、纪律允许的范围内，鼓励各单位通过科研合作扩大经费来源。据我了解，这几年各单位争取的经费也不少，但科研经费究竟应该怎么管才能起到激励作用？确实需要好好地研究。今后，各单位从不同渠道争取来的科研经费，原则上谁争取来的谁使用，但是必须由科研部集中归口管理，财务部要积极配合，把有限的经费用在刀刃上，用出最佳效益来。

科研创新是我们的立校之基、兴校之本、强校之源。国防大学的中心工作就是教学科研，干部的主体是教研人员。因此，各级党组织和各级领导，要十分重视做好科研中的思想政治工作。前面我讲，建设创新文化是科研中思想政治工作的重要方面。同时，要坚持不懈地用党的创新理论武装科研人员头脑。要加强对科研骨干的政策扶持，加大培养力度；要关心、尊重、爱护科研人员，对有重要创新成果的同志，要及时发现，大力宣传，树立科研先进典型；要主动搞好科研保障工作，千方百计解决科研人员的实际困难，让他们全身心地投入科研工作。

谈谈"问题"和"问题意识"*

　　抓住问题做文章,在不断探索和破解问题过程中前进,这是我们多年来办学治校的一条重要经验,也是推进教学科研创新发展的重要工作指导方法。

　　什么是问题和问题意识? 认知心理学认为,所谓问题,是指给定的信息和目标之间有某些障碍需要加以克服的情境。《教育大辞典》上说:"问题亦称'难题',泛指机体不能利用现成反应予以应答的刺激情境。狭义指人不能利用现成的知识(包括概念、规则和方法)达到既定目标的刺激情境。"而所谓问题意识,是指人们在认识活动中,对一些难以解决或感到疑惑的实践问题及理论问题产生一种怀疑、困惑、焦虑、探索的心理状态,驱使人们积极思维并不断提出问题、研究问题和解决问题。可见,问题更多地具有客观性,是客观存在见之于主观认识的东西;而问题意识更多地具有主观性,是主观感受加之于客观存在的东西。

　　哲学上讲,矛盾是问题的源头。毛主席就曾经说过:"问题就是事物的矛盾。哪里有没有解决的矛盾,哪里就有问题。"①这一论断,深刻地揭示了问题的本质,对我们确立关于问题的正确认识和正确态度,具有重要的指导意义。首先,问题是客观存在的,而且无处不在、无时不有,矛盾的广泛性决定了问题的广泛性。那种无视问题的存在、回避问题甚

至掩盖问题的做法是不正确的,是缺乏辩证思维和客观态度的表现。其次,发现问题、解决问题是我们一切工作的本质特征,人类只能在不断发现和解决问题过程中获得进步。正确的工作方式应该是主动地揭露问题、发现问题、研究问题和解决问题。再次,具有问题意识应该成为军事教育工作者和全体学员的一项基本素养,因为只有确立了问题意识,才能够有效和主动地发现问题、研究问题和解决问题。马克思曾经形象地指出:对于不辨音律的耳朵说来,最美的音乐也毫无意义,音乐对它说来不是对象。我们只有让自己的头脑成为对问题敏锐的头脑,问题才能够被纳入我们的视野,成为我们思考和研究的对象,才能够实现它应有的价值。

我理解,正是由于问题像矛盾一样具有客观性、普遍性和深刻性,正是由于发现和解决问题是人类一切活动的根本特征,所以马克思于1842年5月在《集权问题》一文中深刻地指出:世界史本身,除了用新问题来回答和解决老问题之外,没有别的方法。接着他又说:问题是时代的格言,是表现时代自己内心状态的最实际的呼声。

问题和问题意识的意义与价值何在?爱因斯坦在《物理学的进化》中有一句名言:提出一个问题往往比解决一个问题更重要,因为解决问题也许仅是一个数学上的或实验上的技能而已。而提出新的问题,新的可能性,从新的角度去看旧的问题,却需要有创造性的想象力,而且标志着科学的真正进步。我想,可以从以下三个方面来理解:

第一,问题具有奠基新说和开拓新知的价值,它是科学知识进步与发展的新起点。因为提出新的问题就等于揭示了新的矛盾或从新的角度诠释了原有的矛盾,这就等于打开了人们的视野和思路,因此往往引发出一系列前所未有的进步与发展,甚至开创全新的领域。所以,问题是学习的起点,是研究的起点,是智慧的起点,也是人类科学知识的生长点和精神文明的附着点。没有问题的提出,这些进步与发展几乎无从谈起。正如英国科学哲学家波普尔所说:"科学和知识的增长永远始于问题,终于问题——越来越深化的问题,越来越能启发新问题的问题。"

第二,问题具有推动创造和牵引发展的价值,它能够为人类的进步与发展提供不竭的动力。问题是无处不在、无时不有的,尽管有时人们可能忽视它甚至无视它,但问题不会自动跑掉,而总是顽固地向人们展示它的存在。这就是挑战,这就是机遇,这就是改革与创新的契机。所以,客观存在的问题与主观生成的问题意识相互结合,就构成了推进人类探索活动和进步发展的重要机制。问题意识是思维的动力、创新精神的基石,它不仅体现了个体思维品质的活跃性和深刻性,也反映了思维的独立性和创造性。强烈的问题意识,作为思维的动力,能促使人们去发现问题、解决问题,直至进行新的发现和创新;也只有在这一过程中,人类才能获得真正的进步。有无数人看到水烧开时壶盖会跳,但没有一个人能像瓦特那样专注地提问:"壶盖为什么会跳?"正是瓦特发现了这个问题并由此发明了蒸汽机,从而直接推动了人类社会进入工业文明时代。有无数人看到成熟的苹果从树上掉下来,但没有一个人能像牛顿那样令人深思地发问:"苹果为什么会掉下来?"正是牛顿提出了这个问题并由此发现了万有引力,从而导致了经典物理学的产生。这样的事例不胜枚举。

第三,问题具有激发想象和启发智慧的价值,直接作用于人的全面发展与进步,特别是增进人们的智慧和力量。早在两千多年前,孔子就要求自己的学生"每事问",他认为疑是"思之始,学之端","学而不思则罔,思而不学则殆"。宋代著名学者陆九渊说:"为学患无疑,疑则有进,小疑则小进,大疑则大进。"这些都是对问题和问题意识作用的充分肯定。我们知道,哲学是智慧之学,是教人们爱智慧和获得智慧的学问。那么,哲学为什么能够做到这些呢? 因为哲学的基本工作方法是反思与追问,也就是不断地提出问题。人的智慧正是在这一过程中产生的。哲学把人们习以为常、不予追究的现象作为"问题"去追究，把人们视为不言而喻、不言自明的结论作为"问题"进行反思，这样"打破沙锅问到底"，就会逐渐从熟知到达真知，从知识进入智慧，从常识进入真理，人的智慧自然会提高上去。从这个意义上可以说，没有问题和问题意识就不会有哲学，就不会有智慧，也就不会有伟大的创新精神存在。所以，古今中外的教育家和名师，大都主张采用问题式教学。两千五百多年前的中国教育家孔子是这样，几乎与他同一时代的古希腊哲学家苏格拉底也是这样。我校名师金一南同志的课为什么那样受欢迎？近来在中央电视台"百家讲坛"上讲历史的厦门大学易中天教授，为什么有那么多人喜欢他？他们讲课的一个共同点，就是以问题为牵引，以提出问题、分析问题、解决问题为主线，使讲课不仅是知识的灌输，而且充满着智慧的力量、思想的力量和精神的力量。

我们的一些科研成果和学术论文为什么没有生命力，写出来不久就变成了一堆废纸，搁在书架上长期无人问津？我们的一些课堂教学为什么引不起大家的兴趣，经不起长久的咀嚼，不能够给人以深远的回味？其中的原因固然是多方面的，但不容忽视的一个共同缺陷就是缺乏问题意识，没有激发起大家的问题意识，没有恰当地提出问题、分析问题和解决问题。

可见，一切工作都是围绕问题展开，为解决问题而落实的。问题意识不仅是改进学员学习和教员教学工作的得力抓手，也同样是推进科研工作的有效杠杆，是我们推进学校全面建设和改进各项工作的方法论要诀，是提高学习质量、教学质量、研究质量、人才培养质量的关键所在。我们不仅要把问题意识当做推进教研创新和人才培养质量的工作思路来运用，也要把它当做推进学校全面建设创新发展的方法论原则来运用。我看这一点不会错。它符合辩证唯物主义的精神，符合我们党关于实事求是、与时俱进、求真务实的一贯主张，也是我校多年来工作实践和理论探索的宝贵经验。

问题从何而来? 矛盾的客观性和普遍性决定了问题寓于社会实践之中,实践出真知。关注现实实践问题,是马克思主义实践观点的体现,是我党实事求是思想路线的体现,也是我党倡导求真务实工作作风的必然要求。

邓小平同志讲,什么是理论研究? 理论研究就是从问题堆里找长远的、根本解决问题的东西。邓小平同志还指出,深入研究现实问题,并且得出有重大指导意义的答案,这"是要费尽革命思想家心血的创造性的科学工作"。他把关注点放在中国的改革开放和现代化建设这个伟大实践上,创造性地提出了建设中国特色社会主义理论。江泽民同志始终强调以我们正在做的事情为中心,强调理论发展、理论创新要着眼于马克思主义理论的运用,着眼于对实际问题的理论思考,着眼于新的实践和新的发展,着眼于研究回答重大现实问题。他还说:"坚持马克思主义,要在解决实际问题的进程中来落实,要用实践的效果来检验。"胡锦涛同志发扬了马克思主义的优良传统,深入研究和考察当代中国和当代世界的社会实践和重大现实问题,创造性地提出了科学发展观等一系列创新理论,将马克思主义中国化进程推进到了历史新阶段。

可见,以实际问题为中心、始终关注当下的社会实践,这是马克思主义理论联系实际这一学风的根本点,也是院校教学科研必须遵循的根本原则。德国伟大诗人歌德有一句名言:"理论是灰色的,而生活之树常青。"只要我们带着强烈的问题意识,投身到以培养联合作战指挥人才为核心的火热的教学科研实践中去,关注国防和军队建设、军事斗争准备实践,就能够发现鲜活和有价值的现实问题,形成我们各项工作创新发展的新起点。

任何工作都有重点,抓问题也要抓主要问题。那么,如何提高对问题的鉴别力? 我认为,可以从这样几个方面来提高能力素质。

第一，提高哲学修养，使自己掌握马克思主义哲学的思维方式。哲学是智慧之学，而获得智慧的途径没有别的，不过是反思与追问而已。只要你善于打破沙锅问到底，也就接近于哲学的思维方式了。有了哲学的思维方式，你就似乎能够从没有问题的地方发现问题，从平淡处发现新奇的问题，从别人习以为常的现象中提炼出有价值的重大问题。恩格斯在为《资本论》德文版作序时指出，马克思在前人已有答案的地方，他却认为只是问题所在。可见，革命导师具有无所不在的问题意识，具有大无畏的、革命的怀疑精神和批判精神，这是我们应该学习的。思路决定出路，创新思维决定创新能力。在教学科研实践中，要学会养成辩证思维的习惯。要变封闭思维为开放思维，做到既不割断历史，又不墨守成规；变经验思维为理性思维，做到源于实践，又能科学预测；变单向思维为多向思维，做到既有思路招法，又有择优方案；变同向思维为逆向思维，做到既敢于怀疑否定，又勇于坚持己见。只有学会用哲学的思维方式，智慧的源泉才能竞相涌流。

第二，深入开展调查研究，使问题成为自己认识、观察和思考的对象。也许有人会说，我每天都在教学科研第一线，难道对教学科研还不了解吗？再搞调查研究不是多余的吗？但是要知道，熟知并不等于真知，对问题司空见惯、视而不见的情况是常见的。只有在调查研究中，问题才能够成为我们认识、观察和思考的对象，问题才会产生意义和价值。在这方面，毛主席为我们作出了光辉的榜样。他曾深刻地指出："要想知道梨子的滋味，就要亲口尝一尝。"这里是要你将梨子当成自己的研究对象来看待，而不是你身边见惯不惊的平常事物。这就是调查研究与生活体验的根本区别所在。我们想一下，在土地革命战争时期，许多人都了解或自认为了解中国社会的阶级状况，但是只有在毛主席提出了"谁是我们的敌人，谁是我们的朋友"这个最主要问题，并对中国最复杂的阶级问题和社会构成问题进行了深入的调查研究之后，大家才真正对中国社会各阶段的状况从熟知达到了真知,进而为我们党制定正确的路线方针政策提供了科学的依据。所以,调查研究永远是必要的,这是我们提高对问题鉴别力的重要途径。

第三,怀着强军报国的使命感、责任感去发现和提出问题。诺贝尔奖获得者杨振宁先生就曾把自己的成功归结为对物理学上的原始问题的关注,正是因为具有改造世界和创造新世界的理想和勇气,他才敢于去碰那些原始问题,才能够从那些原始问题中发现创新的契机。就我们军事院校教育来说,当前推进中国特色军事变革和做好军事斗争准备,是军队各项工作的聚焦点,也应当成为我们理论创新的着力点。我们必须落实胡主席关于"加强对重大现实问题研究"的指示要求,善于发现和提出问题,勇于研究和回答问题。少搞那些阐述式、推理式、考证式的研究,多搞一些具有开拓性、原创性、实用性、有效性的研究,尤其要抓住治军作战的重点、难点问题,做到军委、总部关注什么,部队建设和军事斗争准备需要什么,世界新军事变革给我们带来的新挑战是什么,我们就积极研究、探索什么。这样,我们对问题的鉴别力一定会有大的提高。

第四,善于观察和总结,提高对问题的感悟力和洞察力。问题既然是矛盾,而矛盾运动蕴涵着规律,那么从一定意义上说,发现了问题的本质就接近了规律。据说,我国历史上各朝各代记录哈雷彗星出现过31次,两千余年从未间断,这可以被称做"世界的唯一"。但是,记录是记了,却没有人对它进行深入思索和研究,没有人从中总结出规律,因而不知道这出现了31次的彗星竟然是同一个。到了公元1875年,英国天文学家哈雷在没有掌握这份天文记录的情况下,从思考和研究这颗彗星依照何种规律运动这一问题入手,依照牛顿的万有引力定律,计算出了彗星的轨道,预测出它出现的周期——每隔76年回归到太阳身边一次。可见,尽管信息时代里信息和知识很重要,但是运用信息和知识提出问题和解决问题的智慧,比知识本身更为重要。我想,牛顿从苹果落地发现万有引力,阿基米德从澡盆中发现浮力定律,也都得益于此。

　　总之,问题意识决定创新思维,创新思维决定创新能力。强化问题意识,以问题意识为抓手推进教学科研创新发展,既是一个十分重要的工作指导原则,也应该成为我们重要的思想方法、学习方法和工作方法。

第七部分

教研队伍建设

中青年教研骨干如何
提高自身素质 *

目前,我校建设面临的主要矛盾,就是培养"三高"军事人才与我们自身干部队伍素质不相适应的矛盾。解决好这个矛盾,学校建设与发展就能上一个台阶,就能以崭新的面貌进入新世纪,收好20世纪的尾,开好21世纪的头。就这个问题,我和一些同志进行了交谈,开了一些座谈会,外出见学中又作了些调研,形成了五点看法,前面四点是从主观努力方面讲的,后面一点是从客观条件方面讲的,主要是针对中青年教研骨干谈点感受。

一、提高自身素质要有危机感

中青年教研人员提高自身素质,必须对面临的形势和任务有清醒的认识,对自己的素质状况有清醒的认识,从而产生一种危机感和紧迫感。提高素质,慢慢腾腾地提高,还是抓紧提高,这是大不一样的,现在的问题是要尽快提高。从大的方面讲,当今世界综合国力的竞争,说到底是人才的竞争。从经济层面上说,知识经济的竞争说到底是人才的竞争;

---

* 本文是作者在国防大学第二期以中青年教研干部为对象的理论轮训班结业时的即席讲话(1998年6月13日)。

在军事层面上说，高科技在军事领域的广泛应用所引起的军事变革，这方面的挑战也是人才的竞争。从我们学校来讲，对人才素质要求的强烈感受就更具体了。我来国防大学后一边工作、一边学习，深切感受到要当好一名教员（包括研究员）是很不容易的。一是教员不管你是什么职级，是营职、团职，还是师职，都要求有很高层次的素质和能力，就是我们常讲的，是有"政治家、军事教育家风范"的学者。虽然你的职级不很高，但往讲台上一站，就要高人一筹，就要具备很高层次的素质和能力。这是一难。第二难，我们国防大学主要是跟踪学科前沿的，当一个合格教员必须站在学科前沿，而这个学科前沿又是动态的、不断发展的，要始终站在这个前沿确实是很难的。所以，需要不断自我否定，在自我否定中创新前进。第三，教研工作没有现成的饭可吃。地方高校本科教学尽管要求也很高，但有的教材、有些基础知识还是有现成的东西可讲。而我们学校正如中央军委首长所指出的，国防大学没有现成的饭可吃，必须讲自己的新东西。这也是很难的。第四，在许多学科领域里，我们同部队、同学员是处在同一起跑线上，并不是事先有多少研究和大量知识储备。比如对邓小平理论的学习，党的十五大一召开，中央有许多新思想、新观念，有许多重大的理论发展，我们赶紧去学习研究。这时，部队、学员也在学习研究，大家基本上同在一个起点上。而我们很快就要办班，就要上台讲，要讲就要使人有收获，这就比较难了。再如，对于打赢高科技条件下的局部战争，我们在研究，部队也在研究，基本上是海湾战争以后大家都关注这个问题，起点都差不多。我在同学校的老专家和中青年同志接触中，有一个强烈感受，就是他们当中越是素质高的、越是有成就的、越是有思想的同志，就越感到自己的不足，越感到自己差距大，越感到自己压力大。大家感觉难在哪里？难在我校教学指导思想中"高、新、宽、深"这四个字，真正是字字千钧，完全体现出来难度是很大的。我们去北大方正集团参观，他们的经验是"顶天立地"："顶天"是科学决策,是高科技;"立地"是市场经济。借用这句话,我们国防大学"顶天",就是教学内容要着眼军队建设的全局和未来,眼观世界风云,思考和把握国家和军队建设的大局;"立地",就是教学内容和方法要贴近部队建设和军事斗争准备的实际。我说这些,就是希望同志们都要看到我们的能力素质与岗位需求之间的差距。就是说要看到当好国防大学的教研人员和各级领导是很不容易的,是一个需要用尽全部心血的"苦差事";要看到我们现在的差距,产生紧迫意识,要有"一万年太久,只争朝夕"的精神。

二、提高自身素质必须更新知识结构

提高自身素质的过程,是一个不断完善知识结构、不断更新知识的过程,也是伴随终身的任务,不是突击一下就行了,而是要活到老、学到老,不断地学习、学习、再学习,不断地充实、调整、完善。在国防大学当好一名教研人员,根据自己的岗位需要建立合理的知识结构,必须具备深厚的理论修养、良好的道德素质、扎实的专业功底、广博的相关学科知识,这些,同志们都不同程度地具备,但还需要站在更高层次上优化和充实知识结构。当前应注意处理好以下几个关系:

一是"红"与"专"的关系。这是个老话,但还是有现实意义的,对比较年轻的同志更是如此。"红"就是讲政治,有很强的政治意识、政治坚定性,在重大政治原则是非上头脑清醒、界限分明。无论是搞哪个专业、哪个学科的,都要认真学习掌握马列主义、毛泽东思想,特别是邓小平理论和江泽民同志的一系列重要论述。这是最根本的政治素质。要学好马克思主义哲学,真正掌握解放思想、实事求是这个精髓,树立科学的世界观和方法论。现在,我们不能急于在某个专业马上冒出来,而忽视最基础、最根本的素质。有一种现象:搞政治理论教学的,对军事方面的兴趣不够;搞军事理论教学的,对政治方面的兴趣不够。当然,这是就部分同志而言的,不是每个同志都这样。这个问题应引起我们的重视,无论搞什么专业、学科,都要重视学习马克思主义,特别是对邓小平理论的学习研究。搞政治理论教学的同志,不能只把马克思主义当做一门学问来研究,应该当做我们的科学世界观和方法论、当做人生理想来追求、来实践。当然,"红"必须"专","红"不是空的,"专"不等于"红",必须做到"红"与"专"的统一。

二是"专"与"博"的关系。这是我们国防大学培养通才、复合型人才的需要。"专"与"博"是相辅相成的,一般地说,"专"建立在"博"的基础上。用金字塔来比喻的话,"博"好比金字塔的塔座,"专"应该是塔尖。没有厚实、渊博的知识,"专"是没有基础的,那"尖"顶是不牢固的,也"尖"不上去。我们讲博览群书,扩大知识面,是为了"专",不是说泛泛地扩展知识面,而是有目的地建立自己比较合理的知识结构。这里侧重强调一下"博"。最近我听国家教育部领导同志讲,地方大学改革,提高教学质量,进行素质教育,特别强调拓展知识面,打牢基础。他讲要办综合性大学,现在大部分的大学是单科的,工科的、理科的、文科的或多科的,真正的综合性大学很少。当今凡是跻身世界一流的名牌大学,没有一个不是文、理、工、农、医多学科综合的。我们多年来的单科教育,造成学生的思维定式比较单一,思路不开阔,特别是影响了创造性思维。学工科的,比较务实,注重操作性;学理科的,比较注意讲道理,注重论证问题;学文科的,喜欢古今中外,注重遣词造句。当然这只是一般而言,个别人的情况千差万别。在综合性大学,各种学科都有,选修课大家可以互相听,各种学科交叉,造成思想更加活跃、更具创造性。综合素质、思想素质是根本,文化素质是基础。所以,自身提高素质要注意"博",拓展知识面。我们的张震老校长、李德生老政委那一代是有远见的,办的几期师资班,注意从理工科大学选调学员来学军事学。我跟一些同志谈到,为什么毛主席用兵真如神？这同他老人家将革命家的伟大气魄、政治家的高瞻远瞩、哲学家的智慧、军事家的谋略、历史学家的渊博、诗人的丰富想象力集于一身很有关系。否则,用兵真如神就很难做到。这次到青岛海军部队现地见学感受很深:当一个舰长、艇长很不容易,指挥一艘军舰也是多学科的,特别是当一个导弹核潜艇的艇长、当一个驱逐舰的舰长,知识面是要很宽的。不久的将来,我校学员就会处在这一层次,有些硕士生要成为指挥员班的学员。如果我们的知识很单一,那就很难适应了。有些同志说,我校现在研究的问题都是战略层次的。当然这很必要,但对技术、战术,知道得很少,与人家讨论问题就有距离了。因此,还是要在强调"博"的基础上"专",不然"专"就成"单"了。我听过两次解放军艺术学院周荫昌教授讲音乐课,他从文化层面上解释了许多问题,给人以深刻启示。这说明各个学科在高层次上都是相通的,会使学员得到多方面的启示。

三是理论知识与实践能力的关系。这对于教研人员和各级领导干部都是非常重要的问题。对此,学校已经想了很多办法,安排到部队代职、任职,请有实践经验的同志传、帮、带,等等。作为个人来说,要强调自学,注意多读"无字之书",多向来自基层的、有丰富经验的学员学习,多接触社会实践,多关注实际情况,都是非常必要的。

四是短时间突击与长时间积累的关系。中青年教研人员在某个课题上集中力量突击,既出了成果,也提高了素质。这是完全可行的。但提高素质更重要的是靠长期积累,要咬定一个目标,长期积累,锲而不舍,这样就有可能成为某个领域的专家,成为有影响的权威。这既是一些老教授的经验,一些中青年教员也有这方面的经验,像霍小勇[①]教授

---

① 霍小勇,时任国防大学军兵种教研室副主任,教授,博士生导师。现为国防大学科研部部长,少将军衔。

长期侧重于研究海军战略问题,张伊宁①教授长期侧重于研究毛泽东军事思想、邓小平新时期军队建设思想,徐焰②教授注重对第二次世界大战后局部战争的研究,高化民③教授长期研究中共党史中的合作化史,他们在这些方面就很有成绩。因此,我们既要有紧迫感,又不能浮躁、急躁,要长期积累,厚积而薄发,这样才能有所作为。

三、提高自身素质要培养创新意识和创新能力

我们讲提高素质,一个核心问题,是看创新意识、创新能力强不强。一个教研干部是不是素质高,恐怕要看是不是有创新能力,能不能在学术前沿上拿出新东西来。这是很关键的问题。我们到地方上参观,看到一流的企业,海尔也好,北大方正也好,都有一批非常出色的人才,不断有新点子,不断有新产品、新发明、新设计,始终在市场经济大潮中立于不败之地,领风气之先。北大方正集团搞科研的王选教授是两院院士,也是非常优秀的人才。他给下面的人讲,高科技产业的产品 90% 在 5 年内就会被淘汰,因此就要鼓励创新,没有创新就不能生存。市场竞争无情,逼着你创新。海尔集团一天半一个新产品,拼命追赶新潮流,没有新东西怎么能让顾客掏腰包? 同样,战场上是生死存亡的较量,我们更应该有国家安危、民族兴衰的责任感,自己逼迫自己去创新。应当说,战场上的较量比市场上的较量还要残酷,要么胜利,要么死亡,只有冠军,没有亚军。我们一定要自加压力,负重起飞,有勇于创新的精神,提高自己的创新能力。

创新当然需要客观环境,这里我想就主观方面应具备什么样的素质

① 张伊宁,时任国防大学战略教研室教授,博士生导师。现为国防大学战略教研部副主任,少将军衔。
② 徐焰,现为国防大学战略教研部教授,博士生导师,少将军衔。
③ 高化民,国防大学原军队政治工作教研室教授。

或要素,谈这么几点看法:一要有雄厚的知识作基础。没有雄厚的知识,就谈不上创造,更谈不上连续的创造。二要有创造性的思维能力、科学的思想方法。在与大家的交谈中,同志们都觉得这一点非常重要。要有求异思维的能力、逆向思维的方法,不要人云亦云,即使是对的也要问个为什么,不要形成思维定式。三要坚持解放思想,有一种敢为人先的精神。有的同志也许有创新能力,但没有敢为人先的精神,可能到了那个即将突破的边沿上,最终还是迈不过那个坎。要消除思想顾虑。勇于解放思想、实事求是,这是邓小平理论的精髓,只有这样,才是真正意义上的同党中央保持一致。不能认为上面说了什么或者领导说了什么就是什么,一句话也不能多说,才是保持一致。遵守政治纪律固然重要,但同讲创新、有自己的新见解、在学术上有新成果并不矛盾,两者是完全一致的。解放思想不要怕学术"权威"。如果你确实有新见解,在"权威"面前也要敢发表,不要怕提出来人家笑话,也不要怕人微言轻,而要有初生牛犊不怕虎的劲头。这就是说,真理在手就要敢于发言,当然也要深思熟虑,不是毛毛糙糙。四要始终关注重大的现实问题和理论问题,关注学术前沿上的问题。创新不是猎奇,不能离开部队建设上、作战上大家都非常关注的重大现实问题。如果把这个问题突破了,就有创新,就有前进,就有贡献。要善于捕捉学科前沿上的问题,捕捉影响全局的重大现实问题,这样的东西搞出来才有意义、有价值。因此,需要有及时地最大限度地获取信息的能力。我与许多同志交谈过,凡是比较成功的同志,都是能够"八面来风",再聪明的大脑如果没有原料、没有信息加工能力,就无法去突破。这是唯物论。搞创新,我们确实受到一定的局限。学校要创造条件,我们自己也要创造条件,及时地、最大限度地获取信息。五要有一种锲而不舍的执著。创新并不是靠那种耍小聪明的一时灵感,必须要有不突破不罢休的韧劲和痴迷,没有这种劲头也是不行的。

四、提高自身素质要有敬业精神和昂扬斗志

这本身也是教研人员重要的素质之一,同时又是提高素质的重要条件。没有这种条件,别的素质就不能提高。因为提高素质很不容易,我们国防大学各级干部特别是教研人员已经处在一个很高或比较高的起点上,每再继续前进一步都是非常艰苦的;没有献身精神和敬业精神,也是很难做到的。应当看到,我们不是生活在真空里,而是处在社会主义市场经济条件下,物质生活比较清贫,社会上又有种种诱惑,多少会有些心理不平衡。因此,有的同志全身心地投入不够,有些比较年轻的同志还想看一看有什么更好地实现自己人生价值的路可走。"你要下海,我要上山"。我们国防大学同山结下了不解之缘,清凉山、紫金山、百望山,"上山"的精神很形象。我想,顶得住诱惑、下得定决心,有必要弄清以下几个问题:

一是怎样认识我们国防大学的地位和作用。我们国防大学的地位是很重要的,决不能自己看轻自己。为什么这次同志们到部队去,人家那么欢迎、那么尊重我们? 就是因为我们代表国防大学。毛主席曾经说过:没有抗大,就没有中国革命的胜利。抗大在当时的中国革命中就有这样的地位。我们是抗大的传人,能不能像抗大那样培养大批优秀人才出来? 若干年后,历史上可不可以这样记载:没有国防大学,就没有一支高素质的现代化军事人才队伍? 应当这样来认识我们国防大学的地位,并自觉献身于国防教育事业,这是很有价值、很有意义的事业。

二是怎样认识作为国防大学的一员特别是教研人员的价值。这要搞得非常清楚。我们教员团职、师职的级别,在部队工作可能带几千人、上万人的队伍,可能觉得干好了很有成就,然而在国防大学,只是普

通一员,没那么显赫,似乎没那么有价值。但如果认真思考一下,我们教好了高中级干部学员,他们的素质提高了,回到部队就会带好若干个团、师、军的单位。这个作用十分巨大。像谭恩晋[①]等老专家,到部队为什么那么受欢迎? 并不是因为他们有多么高的职位、多么高的军衔,而是因为他们的知识渊博。我对此感受很深,当一名优秀教员是价值很高的。

三是怎样认识我们国防大学的干部尤其是教研人员的清苦。这次外出见学,我们感触颇深。北海舰队的领导给我们介绍,培养一个驱逐舰舰长,需要 18 年时间,中间还不包括进校学习,就是说到了四十岁左右才能当上舰长。同我们相比,提升得并不快,待遇并不高。有的潜艇部队出海一次两个多月,最多八九十天连续在水下航行。每人穿的背心、裤衩要带一大包回来洗。那天我问这个艇长,他已 39 岁,当了 10 年的团职干部。我们学校 39 岁正团职的干部多得是,应该跟人家比责任、比贡献、比艰苦。再举一个例子:我跟张伊宁教授交谈过,他讲 1997 年他到美国讲学,当年读研究生时的同学聚在一起,交谈之中,大家最羡慕的就是张伊宁。为什么? 他们说,第一,你是国防大学的教授,现在学校又派你到美国来讲学,说明你有很高的地位。第二,你的生活还是比较稳定的;第三,你在我们这些人里年纪最大,却显得最年轻、最快活。他们感到,在美国求生存压力很大。我觉得,我们的年轻同志不要羡慕什么人,国防大学有许多别人不可比的地方,我们有的东西他们根本没有。这样一想,就能够非常热爱教学岗位,做到敬业报国、追求卓越,就能够成就一番事业。如果没有这个精神就谈不上。要经得起诱惑,排除一些干扰,全身心地投入到国防教育事业中来。

---

① 谭恩晋,国防大学原副教育长,教授,博士生导师,少将军衔。

五、领导和机关要为提高干部素质创造更好的条件

中青年教研骨干提高自身素质,除了主观努力之外,确实需要有一个好的环境条件。对此,校党委已经为大家想了很多,机关也想了很多,办了很多实事。在现有的财力、物力基础上和现有的政策范围内,应该说想了很多办法,做了很多工作。我觉得,像我们国防大学这样尊重知识、尊重人才,积极为干部成才创造条件,还不是很多的。刚才同志们说的"身在福中要知福",也应当包括这方面的情况。但是,为更好地、尽快地提高中青年教研骨干的素质,还需要各级领导和机关从以下几个方面加以改进。

一是关于有更充裕的时间进行学习研究的问题。对这个问题,大家还是有些意见。我问了几个同志,他们说现在用于做学问包括备课、讲课在内大概有 1/2 的时间,其他时间都让各级的会议、活动占去了。大家要求,应有 5/6 的时间用于教学和科研。为此,要进一步落实学校里提出的"约法十章",下决心减少会议、减少上层活动、减少无效劳动,机关不要向教研室要材料。从教研室来讲,比如上面的重要文件和会议精神,那还是要及时传达的,一般性的可以综合讲一讲,不要一事一传、频繁开会。要尽量开短会、讲短话,讲管用的话。

二是关于信息资料保障的问题。大家讲了一些很好的意见,我觉得都是合理的,是能做到的。比如,说到图书馆,大家反映《教学参考资料》办得比较好,但是藏书的针对性不强,有些书借不到。怎么把图书馆的信息充分提供给大家,确实有很大的潜力可挖。再如,部分军事刊物,有些不需要的,大家人手一本;大家需要的,又没有。怎么根据需要调整一下? 还如,我们学校有出国讲学、访问的机会,应该一人出国、大家受益,回来后跟大家讲一讲出国感受,是完全可以做到的。外军来访、演讲

的时候,也可多安排教研干部听一听。同总部机关的联系、同部队的联系,学校是要积极创造一点条件,教员也可通过学员来建立联系,了解情况、获取信息。

　　三是关于创造宽松的学术氛围、学术环境的问题。领导把关特别是政治把关是完全必要的,但不要因为把关,就把一些很有意义的新思想、新见解给压住了。对学术问题,内部研究要解放思想,对外宣传要慎重,上讲台时也要慎重。学术见解和政治纪律的界限是很清楚的,不是一回事。在坚持党的基本路线的前提下,研究学术问题要进一步解放思想,激发大家的创造性思维。

　　四是关于中青年教研人员学术成果的价值实现的问题。我们学校的中青年教研人员是很有学术思想、很有见解的,思想很活跃。不能认为他们年轻就不重视其学术成果,包括科研部都要重视年轻同志的学术成果,善于发掘他们的学术成果,要为他们提供舞台,确有新东西就让他发表,是谁的知识产权、是谁的成果就归谁的成果。包括出版社、杂志社,要多给他们发表成果的阵地,提携年轻同志成才。有一些好的学术成果如何才能被反映到决策层,进入上级决策视野,也需要很好研究。

教研单位要高度重视
思想作风建设 *

　　江泽民同志一再强调,要把思想政治建设摆在各项工作的首位。这是对全军提出来的,是新时期军队建设的一个重大原则问题。我们搞政治理论教学的单位,坚持这个原则更不能例外,一定要增强搞好思想政治建设的自觉性,提高这方面的工作标准。一方面,要抓好领导班子自身的思想作风建设,把班子建设得更坚强、更全面。这次"三讲"教育中,大家自我剖析的问题、集体剖析的问题,以及分析出的原因和教训,都要很好地记取;制定的整改措施,都要很好地落实。另一方面,要坚持不懈地抓好教员队伍的思想作风建设,有很强的带队伍的意识。要把你们经常倡导的用科学理论武装人与武装自己真正统一起来,教育和引导教员树立正确的世界观、人生观、价值观。

　　首先,要增强改造主观世界的自觉性。要看到,我们教员队伍中不少同志的经历比较单一,有的同志从地方高等院校毕业,又读了研究生,没有经过部队生活的摔打磨炼,就直接到我们学校来工作。这些同志有许多长处,他们的知识面比较宽,创新能力比较强,思想敏锐,但是要成为一个名师,要想在国防大学的教员岗位上有所作为,没有很高的思想

---

　　* 本文摘自作者在马克思主义教研室、世界经济政治教研室党支部民主生活会上的讲话(1999 年 7 月)。

境界,没有政治上的坚定和成熟,也是很难达到的。一个人要想成就一番事业,要想在社会上有所建树,光有很高的学历、丰富的知识,还是很不够的;没有很高的思想境界,就会有缺陷,就难以有大的作为。特别是一些年轻的同志,在某些方面还不很成熟,容易受到社会上一些不良思潮的影响。因此,教研室特别要重视对大家的思想教育和世界观的改造,不仅要鼓励他们在业务上冒尖,还要在思想政治上严格要求,使他们能够更好更快地全面成长、全面提高。党支部一班人应当引导大家认识这个问题,光是领导同志自己认识这个问题不行,还要谈体会,引导广大教员自觉地认识到这一点。要使我们的教员清醒地认识到,尽管我们的职务到了副团、正团,甚至更高一点,但是总体上是自己管自己,没有带好身后千军万马的压力,也缺少部队干部那种在领导班子中工作、生活的碰撞与磨合,立身做人的素质还需进一步加强。只要大家真正认识到这个问题的重要性,就会自己约束自己,自己提高自己。

其次,要大力加强理论学习。理论学习是做人、做事的根本。在政治理论教研单位,往往有这样一种现象,那就是"以干代学",认为本职岗位就是政治理论教学科研,平常工作就是学习。不能说这话不对,但只能说对了一半。有的同志学习马克思主义理论,只是为了应付日常工作,只能应付一时,但应付不了长远;只能起到对工作上的实用作用,但难以起到对人的主观世界的改造作用。因此,要更正工作就是学习的观念,把理论学习作为改造自己主观世界的自觉行动,什么时候都不要放松。

再次,要充分发挥党支部的作用和骨干的作用。特别是要充分发挥党管干部、党管党员的作用。任何问题,一被放到党的小组会上、放到党的生活上,原则性就立起来了。没有原则性,正气就上不来。每个人都要经常地想到自己是一个共产党员,要有很强的党员意识,这样,好多问题就会自我化解。抓好教研室思想政治建设,除了党支部要重视做好工作以外,还要注意依靠和发动群众,造成一种很浓厚的加强思想政治建设的环境和氛围,人人都做思想政治工作,人人都树正气。特别是教学组长、党小组长,这些同志既是教学骨干,也是思想政治工作骨干,要对他们明确提出要求。

　　第四,要注意解决好教员队伍中经常出现的问题。对这些问题,要反复解决,抓住不放。具体讲有以下几点:一是防止和反对极端个人主义思想,正确对待名利。要引导大家认识到,教员的成功在于教学科研上取得突出成绩,在于培养出高素质的合格人才,当一个名师,他的价值同样是很大的,从而自觉摒弃"只有当官才有价值"这样一种陈腐的观念。要反复向教员灌输这一思想。二是防止和反对自由主义,克服文人相轻的倾向。要提倡把竞争与团结、友谊高度统一起来,提倡在工作和科研成绩方面去竞争,不能搞自由主义、文人相轻那一套。三是防止和克服思想方法上的主观性、片面性,全面地、辩证地看待同志、看待自己。人看自己总是看得比较好,即使是很自觉的人,自己对自己的认识也还是要比客观上高一点。为什么说人贵有自知之明?就是认识自己特别是认识自己的缺点很不容易。所以,要反复宣讲这一条,使大家全面、客观地看待自己和看待别人,多看自己的弱点,多看别人的长处。四是增强组织纪律观念和大局意识,澄清某些不正确的认识。有的同志认为,我们教研室的领导和教员之间,不像部队的师长、团长、营长和部属之间的关系,我们主要是靠自己做好,靠模范作用,不能靠指挥、命令。这是对的,但不全面。我们教研室也姓军,是军队一个很重要的组织,有我们自身的特点。当领导的固然要靠模范作用带领大家,但不能因此不要领导的权威,铁的纪律和服从命令那是不能含糊的。具备组织纪律观念、服从意识、大局意识,对教员也是一种基本素质要求。应当讲,越是有才华的、越是有能力的、越是年轻的同志,越是应当按照领导型的学者、学者型的领导这样的要求来培养他们、塑造他们,这样才真正称得上是国防大学的教员,而不是纯"教书匠"。五是始终保持一种良好的精神状态。我们教研室的日常任务很重,要保持学科优势,就要始终保持良好的精神状态,不断地创新,不断地进取。有的同志随着年龄的增长、职务的提高、任职时间的拉长,如果不注意,锐气就减退了。如何做到一如既往地严格要求、勤奋努力,是我们思想政治建设面临的一个经常性课题。

第五,要像爱护自己的眼睛一样,维护目前的团结局面。这样说,并不是你们在团结上有什么突出问题,而是强调要在团结的时候抓团结,这样团结的局面就能不断保持和发扬下去。现在教研室主任、副主任之间,党支部一班人之间的团结协作总的是好的,但是如果不注意,时间长了,也可能会因性格、风格上的不同导致思想和工作上的分歧。希望平时遇事多商量、多沟通,相互适应,互相磨合,同心同德。我相信,你们都是一门心思干事业的人,都有把教研室建设好的强烈愿望,有这样良好的思想基础,加之教研室本来就有团结协作的优良传统,一定能够紧密团结在一起。

弘扬"用忠诚托起使命"的精神[*]

　　这些年来,校党委十分重视运用先进典型推动学校全面建设,特别是思想政治建设,先后宣传了一批先进典型,在全校产生了很好的影响。在这个基础上,1999 年以来,我们又集中宣传了许志功同志的先进事迹。对这个典型的宣传,经历了一个从校内到校外、从军内到全国的发展过程。

　　许志功同志的先进事迹被公开报道后,迅速在军内外引起了热烈反响,赢得了社会各界的广泛赞誉。从中央到地方、从军内到军外、从领导到群众,人们用各种方式表达对许志功同志的称赞,表示向他学习。这表明,许志功同志的事迹具有鲜明的时代特征和现实意义,突出宣传这一典型,体现了党中央、中央军委对思想政治工作的高度重视,反映了广大干部、群众要求加强思想政治建设的共同愿望。许志功同志的事迹在全军全国反响这么热烈,许多人迫切要求向他学习;而许志功同志就出在我们国防大学,就在我们身边,我们在感到光荣的同时,理所当然地要在向许志功同志学习上自觉性更高、标准更高、成效更好。全校同志一定要站在全党全军加强思想政治建设、加强理论武装工作这个大局上,深刻认识学习许志功同志的重大意义,增强学习的自觉性。

　　许志功同志先进事迹的内容十分丰富,都值得我们好好学习。大家

---

　　* 本文是作者在国防大学学习许志功同志先进事迹动员大会上的讲话(2000 年 2 月 23 日)。

在学习过程中,要紧密结合本单位和个人的思想、工作实际,抓住精神实质来学。概括起来,我觉得要重点把握好以下五点:

一是要像他那样树立坚定的理想信念。许志功同志之所以在学习、研究、宣传邓小平理论方面作出了突出贡献,原因是多方面的,但最根本的是他对马克思主义深学、坚信、真用,是把宣传马克思主义作为自己的人生追求,所以才产生了不竭的动力。我们每一个同志要想在各自岗位上作出贡献,就必须进一步树立坚定的理想信念。这样才能经受住各种复杂情况的考验,才能有所作为。

二是要像他那样具有强烈的使命意识。许志功同志非常可贵的一点,就是把自己从事的马克思主义教学,同党和国家的前途命运、同社会主义事业的兴衰成败、同培养忠诚于马克思主义的党的干部紧密联系起来,由此产生了呕心沥血、殚精竭虑的奉献精神。这是许志功同志成功的一个重要原因。我们每个同志,都要把自己从事的具体工作同党、国家、军队建设的大局联系起来,认清肩负的责任,时刻想到做不好工作就有愧于党。许志功同志用忠诚托起使命,不仅我们教政治理论的同志要这样做,从事其他工作的同志也都要这样做。培养政治合格、能打赢现代条件下局部战争的指挥人才,是党中央、中央军委赋予我们的神圣使命,我们全校同志都必须像许志功同志那样用忠诚托起这个使命。

三是要像他那样关注重大现实问题,努力改革创新。许志功同志之所以在理论武装工作方面富有成效,使政治理论教学富有吸引力和说服力,很重要的就在于他不回避社会的现实矛盾,不回避学员的热点、难点问题,而是迎难而上,努力运用邓小平理论加以解答,并不断探索、努力改革创新。我们所有同志,特别是教研单位的同志,都应该向他学习,悉心研究我们面临的学科领域的难点、热点问题,使自己始终站在学术前沿,多出具有创新意义的精品,提高教学科研的质量。

四是要像他那样言行一致、学用一致。教研人员都是为人师表的,不仅要靠讲的知识培育学员，还要靠行动影响学员，这样，你讲的道理才能被人接受。我们学习许志功同志，就是要有他那样的人品和境界，躬身实践、表里如一，把真理的力量、知识的力量和自己人格的力量、榜样的力量统一起来，努力提高培养人才的质量。

五是要像他那样树立勤奋刻苦的精神。 江泽民同志说，人间万事出艰辛，艰苦孕育着成功和发展。从许志功同志的事迹中，我们更加真切地体会到这一思想是千真万确的真理。不下大功夫、苦功夫，仅凭脑子聪明，要想占领学术前沿，要想在理论上有所突破，要想在教学科研上有大的作为是不可能的。我们面临的任务很艰巨，必须像许志功同志那样，长期不懈地勤学苦思，殚精竭虑、呕心沥血地学习和工作。

总之，许志功同志是"用忠诚托起使命"的楷模，他的身上体现了新时期党的理论工作者的优秀品质。我们要通过学习许志功同志的先进事迹，进一步增强学习、宣传邓小平理论的自觉性，增强对建设中国特色社会主义事业的信心。特别是通过学习许志功同志深学、坚信、真用马列主义的崇高精神，在工作中和世界观、人生观、价值观改造上取得更大成效。

增强干部队伍活力，
造就顶尖人才群体*

办好学校，关键靠人才。目前，我校干部队伍的整体素质虽然有了明显提高，但教研人员中在军内外闻名的顶尖人才还不够多，影响提高干部队伍素质的深层问题还有待于进一步解决。我们必须紧紧扭住学校建设的主要矛盾不放，把提高干部队伍素质、增强干部队伍活力作为第一要务，进一步解放思想、深化改革，拿出切实可行的新举措，使其一年一步地向前推进。

对于如何增强干部队伍活力这个问题，校党委和机关高度重视，想了不少办法。但由于种种原因，我校干部队伍仍存在超常稳定现象，"引不进、留不住、出不去"，尤其是出口不畅。解决这个问题是一个较长的过程，既需要我们自身的努力，又需要军委、总部的关心支持。要继续加大工作力度，力争2002年有一个实质性的进展。总的来说，就是要在政策、制度上勇于探索，进一步把进出的渠道和晋升的办法搞畅通、把校内校外特别是校外交流的路子走开、把培养锻炼的渠道拓宽、把激励和约束的机制健全起来。在学校的职权范围内，要把现有政策用足、用好，认真解决干部尤其是教研干部职级晋升"走不动"的问题。2002年教官队伍建设将迈出新步伐，要真正把部队的优秀军官选来任教，并以此为契

---

* 本文是作者在国防大学党委三届五次全体会议上的讲话摘要（2001年12月28日）。

机,加大我校与部队干部的交流力度。尽快研究出一套推进干部交流的现实可行的措施,形成能进能出、激发活力、改善结构、提高素质的良性循环。代职锻炼的方式要在总结经验的基础上不断改进,可在基层代一段,再到机关代一段,包括到高层机关、到军兵种部队代职,多方面增长才干。国防大学应当是能人施展才华、庸人难以待下去的地方。现在有这样一种现象,就是各单位都感到很忙,但重大任务一来,能领军干事的总是那么一些人,这些同志在职级晋升、生活待遇上与其他人又没什么差别,这反映出激励和约束机制还缺乏力度。长此以往,就会挫伤人的积极性。对此,政治部要会同有关部门,按照校党委《关于加强教研队伍建设的意见》,通过调查论证,拿出管用的有力举措。对作出突出贡献的同志,就是要在政治荣誉、晋职晋级、生活福利等方面给予鼓励,不能搞平均摊派、轮流坐庄。同时,对学校自身难以解决的问题,要积极主动、实事求是地向总部机关汇报和反映,加强相互沟通,争取政策上的理解和支持。

要努力造就一个以名专家、名教授为主体的顶尖人才群体。当一任领导特别是教研单位领导,必须有很强的人才观念。有意识地发现和下功夫造就顶尖人才,这是一个成熟领导的重要标志,也是衡量政绩的一个重要方面。我在上次党委全会上提到,应注意研究国内外教育界培养名师名家的特点和规律。比如,对名师名家的培养要有长远的通盘规划、合理的目标定位、明确的研究方向、科学的使用机制、综合的管理体系、必备的物质条件等。各级领导要立足我校实际,用心发现和培养顶尖人才。对现已称得上是名师名家或较有名气的同志,应给他们加把火、垫块砖,使之上一个新台阶,让尖子人才更"尖"起来,在更高层次上、更大范围内扩大影响;对崭露头角、有发展潜力的中青年教研骨干,应早发现、选好苗,有意识地给课题、压担子,用课题和任务牵引他们成才。2002年举办的师资班,要着眼提高培训质量,改进办班模式,创新教学内容和方法。现在不少同志说没时间"充电",对此学校要认真研究解决,各级都要统筹安排,突出重点,有所为、有所不为,尽可能减轻教研骨干的负担。越是那些年轻的、有发展潜力的教研骨干,越应舍得送他们去学习,舍得给他们时间搞调研、参加军内外的各种学术交流。那些一心干工作、做学问的人,待人处事上往往不大周全,我们一定要看主流,不求全责备,同时注意引导他们努力完善自己。顶尖人才光靠自己培养是不够的,要打开思路,多想办法,千方百计地吸纳人才。实践证明,凡是名师名家都具有科学合理的知识结构;注重学术储备和沉淀,厚积薄发;关注和研究重大现实问题,能拿出创新性的学术成果;有丰富的实践经验和工作经历。达到这个标准,最根本的还是勤奋刻苦、全身心投入,这是人才成长的基本规律。我校无论老一辈知名专家教授,还是现在挑大梁的教学骨干,他们的成才经历虽然各有特点,但共同点就是立足本职岗位,一边工作一边学习,一边思考一边积累,孜孜不倦,呕心沥血。不经过艰苦奋斗和反复磨炼,轻轻松松是不可能成为名师的。我们要引导教研人员珍惜在国防大学任教的机会,自加压力,苦练内功,把工作实践的过程变成不断提高自身素质的过程。

年轻教员要立志当国防
大学的名师名家[*]

今天,是同志们进国防大学的第一课,也是将来成为国防大学教员的第一课。这个时刻,大家也许会终生铭记,我也想借这个机会给大家讲一讲,应当怎样认识当好一个国防大学教员的作用、责任、使命。我校开办这个班的目的,就是要造就高素质的、能够担当起培养高素质新型军事人才重任的名师名家。尽管不是每个人都能达到这个目标,但每个人都要立志成为国防大学的名师名家,而且我也相信,相当一部分人有希望成为名师名家。这里,我就根据军内外名师成长的一些基本经验,谈一点自己的看法,和大家交流。

一、充分认清形势和使命,树立当好
国防大学优秀教员的强烈责任感

从 1986 年起到现在,我校先后开办了 5 期师资班。前 4 期参加培训的大多数人留校工作后,在教学科研岗位上作出了显著成绩。第 1 期师资班的同志现在大都在三十七八岁左右,有一些同志已成为骨干,有

---

* 本文是作者在国防大学第 5 期师资培训班开学动员会上的即席讲话(2002 年 4 月 17 日)。

的同志已崭露头角,他们是我校教研队伍的生力军,是希望所在。现在看来,当年老校长张震、老政委李德生同志决定连续举办几期师资班,是非常有远见的。我们这期师资班,虽然是前几期师资班的继续,但它又是在新世纪、新情况下举办的。大家知道,新世纪伊始,世界发生了许多新变化:一是世界新军事变革的势头更加迅猛,步伐大大加快;二是我军现代化建设发展的步伐大大加快;三是我校改革和建设正在全面实施,尤其是实施"名师工程"的各项工作正逐步展开,而我们这个班本身就是"名师工程"中的一个重要举措。这个班就是在这个大背景下、在这个新形势下举办的。对办好这个班的意义,一定要站在更高的层面上来加以认识。

　　要把办好这个班,放在当今世界新军事变革的大背景下来认识。随着世界新军事变革的蓬勃发展,高技术战争已成为战争的主要形态,知识成为军队战斗力的主导因素。未来高技术战争的较量,关键是科技和知识的较量,归根到底是人才的较量。当前我军建设存在的突出薄弱环节,就是江泽民同志指出的"两个不够",能够胜任高技术战争的军事指挥人才和专业技术人才比较缺乏,尤其是各级领导干部在科技知识和联合作战指挥能力等方面存在较大差距。为此,中央军委确定要把院校教育摆在优先发展的战略地位。院校是培养人才的基地,是知识创新、传播的基地。而发挥好院校在培养人才中的基础性、先导性和综合性的作用,关键是要有一大批高素质、高水平的教研骨干。有一句话说得好:大学不是因为有大楼,而是因为有大师。只有高水平的教研队伍,才能培养出高素质的新型军事人才,才能为军队现代化建设跨越式发展和军事斗争准备,提供强有力的人才和智力支持。我们就是要从这个高度来看所担负的历史使命和办好这个班的意义。

　　要把办好这个班,放在解决学校建设主要矛盾的高度来认识。办好一所学校,有三个基本要素:坚强的领导班子、高素质的教研队伍、良好的校风。当前和今后一个时期,我校建设与发展的主要矛盾,是干部队伍素质和办学水平与培养高素质新型高级军事人才的要求不相适应。干部队伍包括领导干部队伍,但其中最主要的是教研干部队伍。因此,解决学校主要矛盾、推进学校改革和发展,其着力点应当放在提高教研队伍整体素质上。只有教研队伍整体素质大踏步提高,才有可能出一批在全军、全国有重大影响的名师和大师级专家教授。培养这样的名师名家,是创建名校的基本条件,同时也是名校的标志。经过历届班子的多年努力,我校教研队伍的整体素质有了很大改善,但是,与时代发展和形势要求相比,我校教研队伍在整体素质上、在名师数量上还显得很不够,还存在一些亟待解决的问题,教研人员的年龄、学历、阅历也存在一些不尽如人意的地方。特别是目前,教研队伍正处于新老交替的关键时期,近三五年,一批政治上强、学术造诣深、作风好的老同志,将要陆续退出教学科研第一线,迫切需要一批年轻的、高素质的教员来补充。因此,大力加强教研队伍建设,从根本上解决学校建设的主要矛盾,已成为学校在新世纪建设和发展的"第一要务"。必须下大力造就一个以名专家、名教授为主体的顶尖人才群体,以适应学校建设和发展的需要。在这样的时刻,大家跨入国防大学后备师资队伍的行列,确实肩负着承上启下、继往开来的重要使命。参加这期师资班学习的同志,全部是研究生,而且平均年龄只有 31 岁。可以这样说,你们是国防大学教研队伍的新生代、生力军,也是国防大学的未来和希望。

要把办好这个班,放在继承发扬国防大学优良传统、履行好学校职能使命上来认识。重视教员队伍建设,重视发挥教员在学校建设中的作用,这是国防大学从红大、抗大以来的一个优良传统。从办红军教导队起,党就是抽调部队的优秀人才去当教员,毛主席还对一些主要教员亲自过问、亲自选任。抗大期间,党中央、毛主席高瞻远瞩、运筹帷幄,在战事频繁的情况下,下决心从机关和部队抽调一部分军政素质高、能胜任教学工作的同志到抗大当教员,保证了各项教学工作的顺利进行,为抗日前线培养了大批德才兼备的军政干部。刘帅在战争年代是叱咤风云的人物,被喻为当代"兵圣"。新中国刚刚成立,大西南的战事还没有结束,他就主动向毛主席请缨去办军事院校,并从部队抽调了大批优秀指挥员当教员,后来又从优秀学员中留任教员。当时曾有这样的话,就是"五分的留下当教员、三分的回部队当领导",这充分说明了教员岗位的重要和使命的崇高。我们国防大学作为中国最高军事学府,担负着为军队现代化建设和军事斗争准备培养高级指挥人才、高级参谋人才和高级理论研究人才的重任。目前,研究生教育也正在从以培养研究型人才为主向培养应用型人才为主转变,很多毕业学员都进入高级领率机关,许多硕士生、博士生已走上了作战部队高中级领导岗位。这些都说明了国防大学的三尺讲台是很神圣的,不是什么人都可以上的,也不是什么人都能胜任这个讲台的。培养目标的要求很高,对培养人的人必然要求更高。国防大学主要的不是传承原有知识,而是研究和创造新知识,研究和解决新问题。国防大学是军事理论创新的重要基地,必须站在前沿,研究新情况、回答新问题,能够提出新的见解、新的对策,这是很不容易的。现在在座的同志,都是校官、尉官,将来走上讲台时都是校官,但坐在台下的,是一片将军或大校军官。你们的岗位是值得自豪的,但是责任重大啊!有的同志也许觉得当个普通教员没有在部队当师长、团长的价值大,确实,当个师长、团长,带出一支强师劲旅,当然很有价值;而当一名国防大学的优秀教员,培养的却是一大批师长、团长和高级干部,不是同样很有价值吗?教员的岗位虽然在三尺讲台,培养的却是带领千军万马的将才。教员不仅是一个光荣的称号,也是一个沉甸甸的责任,更是一个能够作出特殊贡献的岗位。

　　当好国防大学的教员,必须从现在起就牢固树立献身国防教育事业的志向。我们这期师资培训班的同志,都是所在部队和院校的佼佼者,正当青春有为、风华正茂之时,都希望能在国防和军队现代化建设中大显身手、建功立业。这是难能可贵的,也是大家的优势所在。在这种情况下,大家就要有这样一种思想准备和高尚追求,就是要立志干大事,在国防教育的岗位上成就一番事业。大家不要和部队的同志去比当官,带兵是轰轰烈烈的,当教员则要甘于寂寞,默默无闻地奉献。只有这样,才能有所建树、有所作为。我校教员干部队伍的模式是三位一体:一是教授型;二是教官型,就是从部队师以上指挥干部中选拔优秀人才,调到国防大学任教一段时间,然后再回部队任职;三是外聘型,就是发挥我校的区位优势,聘请中央机关和政府各部委的一些领导,首都一些高等院校、研究机构的第一流的人才做兼职教授。对在座同志们的培养目标是教授型,这是我校教研干部队伍的主体,但今后的发展趋势也是需要与作战部队交流的,不是说当教授一干就干到退休,将来也有可能去部队带兵打仗。但大家首先要有一个思想准备,要立足长期在教员岗位上任职,要耐得住寂寞,抗得住诱惑,守得住清贫,坐得住"冷板凳",潜下心来做学问。抗大期间,有的教员不安心教学工作,想到前线真刀真枪同日本鬼子干。毛主席就耐心地做这些同志的思想工作,对大家说,办学校是组织和增大抗日力量的有效办法,要下决心在抗大做教学工作,不要妄自菲薄,不要看不起自己这个教员。其实教员是最无私的,一不谋官,二不谋利,把自己的一切都献给了人民,乐得桃李满天下,乐得青出于蓝而胜于蓝,这是我们当教员的光荣。我校的许多老专家、老教授,都是几十年如一日,把自己的一生都献给了国防教育事业,作出了重要业绩。当前,大力培养高素质新型军事人才,努力推进军事理论创新,为我们每位教研人员充分施展自己的才华,提供了比以往任何时候都更难得的机遇和更广阔的舞台。就是说,你们这一代的年轻人,走上国防大学讲台之时,比前辈们有更广阔的舞台,因为时势强于人啊!这个大的形势,特别要求、特别重视培养高素质的人才。同志们一定要继承红大、抗大以来我校教员队伍好的思想品质,立志在国防大学的教员岗位上贡献自己的聪明才智,创造出无愧于前人的业绩。

二、按照争当国防大学名师的要求,
下苦功全面提高自身素质

举办这期师资培训班,就是要使它成为名师的摇篮。当然,教员不可能人人都成为名师,但如果根本没有想当名师的强烈愿望,也很难成为一个合格的教员。希望大家从现在开始,就要立志当名师,按照名师的要求全面提高自身素质,尤其要注重打牢以下四个方面的素质基础。

一是,要有很高的政治理论素质。这既是办学治校的首要问题,也是对每个教研人员的根本要求。江泽民同志指出,思想政治素质是干部素质的灵魂和基础。国防大学作为中国最高军事学府,培养的都是我军建设与发展的栋梁之才,他们的思想政治素质如何,是直接关系到枪杆子掌握在什么人手里的重大问题。因此,我校培养的人才,第一位的就是思想政治上必须过硬。这就对我们这些培养人才的人,在思想政治素质方面提出了更高的要求。我们这个班的学员都是党员,87%的同志还立过功、受过奖或被评为先进,应当说思想政治基础是好的。但也要看到,第一,大家还年轻,经受的考验和经历的政治风浪很少;第二,绝大多数人是搞军事专业、科技专业、外语专业出身的,虽然在本科和研究生学习期间都学过基本的政治理论,但根底还很不厚实,还没有很好地结合实践,不能说就够了。要做到国防大学校训里第一句话"坚定正确的政治方向"这一要求,就要下苦功深入学习马列主义、毛泽东思想、邓小平理论,深入学习"三个代表"重要思想,用中国化的马克思主义武装头脑,跟上党的理论创新步伐,自觉做到高举旗帜、听党指挥,始终与党中央、中央军委保持高度一致。应当说,这是最基本的政治要求。这既是大家在复杂多变的形势下,在充满诸多诱惑的市场经济条件下,能够始终保持坚定政治立场的需要,也是我们做好教学工作、全面提高素质的需要。国防大学的教学是战略、战役层次的教学,如果政治思维、战略思维能力不强,是很难担负起使命的。我们现在有的教员,自身业务素质并不差,占有的专业方面的材料并不少,但出不了有重大价值的成果,一个重要原因就在于思想政治素养不高,思维层次上不去。我有个看法:古往今来的军事理论家,都是思想家、政治家。像《孙子兵法》讲"兵者国之大事也",克劳塞维茨的《战争论》讲"战争是政治的继续",都是从政治上和战略上看问题,并且充满了辩证法思想。在当今,如果没有很高的政治素养、理论素养,不掌握马克思主义的伟大认识工具,就很难在世界新军事变革日新月异的情况下进行理论创新。今天我们研究高技术战争,如果没有科学方法论的指导,不能站在政治上、战略上看问题,也是很难有大的作为的。因此,不管过去学习什么专业的同志,首先都必须学好政治理论,掌握科学的世界观和方法论。

二是,要有深厚广博的知识底蕴。军事科学是一门综合性很强的科学,对知识的广度和深度要求都很高。同时,来国防大学深造的大都是军队和地方的高中级干部,他们不仅具有丰富的实践经验,也有很高的知识和理论水平。尤其是随着时间的推移,学员的知识层次和学历水平一年比一年高。所以,作为国防大学的教研人员,如果没有广博的知识积累,没有深厚的理论功底,是不可能胜任其职责要求的。我们这期师资培训班的同志,学历层次大都比较高,应该说是有一定知识储备的。但是仅有原有的知识,那是远远不够的。对大家来说,尽快适应国防大学教学科研的要求,跟上当今时代知识更新的步伐,还必须下很大的功夫,进行不间断的学习,不断积淀深厚广博的知识底蕴。在这方面,一个是要精深,对某一学科、某一专业或专业方向,要有很深的研究,能够始终站在学术前沿,要在"专"字上狠下功夫;另一个是要广博,有很宽阔的知识面,不仅要掌握马克思主义基本理论和军事知识,而且要多懂得一些历史、经济、科技、法律、人文、宗教等方面的知识。江泽民同志反复强调,领导干部要有宽广的世界眼光和深邃的历史眼光。纵观历史,才能看清世界发展大势、时代发展大势,才能有规律性的认识,才能跳出具体环境、具体事物的局限。没有历史知识的人,就很难有宽广的胸怀,理论上、学术上也不可能成大器。因此,大家在学习上,一定要有一种时不我待的紧迫感,有一种"十年磨一剑"的执著追求,有一种"衣带渐宽终不悔"的精神境界。人生有限,知识无涯,大家应当充分利用在校学习的有利时机,虚心学习,勤奋钻研,循序渐进,不断积累,力争学得更深一些、掌握得更广博一些,为适应教学科研工作打下一个坚实的基础。就是走上教研岗位后,也还需要遵照毛主席当年在延安时的教导,上好"无期大学",读好"无字之书"。对这一点,我要特别强调一下:在座的同志,过去的经历主要是上学,实践的经历,有的同志有,但也很有限。在校学习的主要是书本知识,但是学习书本知识的时候,要特别注意关注正在发生的世界的大事、中国的大事、军队的大事,特别注意关注和研究军队建设、军事斗争准备中各种各样的重大现实问题和理论问题;不仅要学知识,更要学习掌握知识的方法,特别是理论联系实际的方法。

三是,要有锐意创新的胆识和能力。国防大学的教学,本质上是创新性教学。创新是提高教学质量的命脉。在国防大学的教学中,学员所需要的,往往在课本里找不到现成答案;教员讲授的,也很少是现成的知识,很多是前沿性的或别人没有回答的问题。这就告诉我们,培养创新型的人才,必须有创新型的教员。因此,要求我们的教员,必须与时俱进,不断地创新知识、创新理论、创新认识问题的路径和方法。这应当成为国防大学教员的必备素质,也是成为名师名家的规律性要求。可以这样说,当好国防大学的教员,没有创新能力、不能走在学科前沿、拿不出独到的见解和成果,是肯定不会有出息的,高中级领导干部学员也是不会买你账的。各位同志必须从现在起,就强化创新意识,砥砺创新品格,提高创新能力。创新是开拓性、艰苦性的劳动,凡是在创新上有一番作为的,都是敢闯敢试的结果;凡是创新型的名师名家,也都是闯出来、苦出来、拼出来的。从客观规律上讲,在三四十岁这个年龄段,是人的智慧的兴奋期,古往今来的大发明家、大学问家,大都是在这个年龄段有所作为的,因为他们不但非常刻苦勤奋,而且敢于说别人没有说过的话、敢于做别人没有做过的事。这给我们一个重要启示,就是同志们都是年轻人,应当有初生牛犊的锐气、敢为人先的勇气、渴求创新的志气,弘扬奋发有为的创新精神,不唯书、不唯上,敢想敢疑,敢于闯学术上的"空区"、"盲区",甚至是"禁区",敢于向有重大价值的理论成果,特别是向原创性成果的目标冲击。

　　四是,要有为人师表的良好形象。学高为师,德高为范。作为一名教员,不光是要用知识教育人,而且要以良好的形象影响人。许多名师名家之所以为世人所称道,不仅在于他们在学术上有很高的造诣,还在于他们的品行德操也堪称典范。像我校的侯树栋①、许志功等名专家名教授,就是不仅有很高的学问,而且有崇高的人格精神。究其从事教学科研的轨迹,我们可以看到,做学问首先要做人,好的人品是做好学问的基础。一个人即使有些学识、有点本事,如果思想境界不高、品行德操不好,整天计较个人的名利得失,甚至为了一点蝇头小利诋毁他人,或是为了出名挂号搞"学术泡沫",甚至弄虚作假、沽名钓誉,这样的人不会被大家所认可、被人们所接受,而且早晚是要栽跟头的。崇尚知识、追求真理,谦虚厚道、宽以待人,是一种学者风范,更是师德的要义所在。崇尚知识、追求真理,就是要有一种心无旁骛、全神贯注的良好心态,不为名

---

① 侯树栋,国防大学原副校长,教授,中将军衔,中央马克思主义研究和建设工程咨询委员会委员,中国社会科学院马克思主义研究院顾问,我党、我军著名马克思主义理论家。

利而心浮气躁，不为得失而分心走神，严谨求实，潜心治学，厚积薄发。谦虚厚道、宽以待人，就是要多看别人的优点，多看别人的长处，海纳百川，博采众长。古人讲"厚德载物"，德之愈厚，载之愈丰，也只有高尚的人格，才能承担重大的使命，成就大的学问。良好师德还有一个很重要的方面，就是体现在团结协作上。国防大学的教学科研，突出和鲜明的特点是合力攻关，许多教学科研成果都是集体智慧的结晶。前些年，我校承担的一些重大科研项目，参加研究的教研人员，夜以继日、团结奋斗、顽强拼搏，不仅取得具有国际先进水平的成果，还形成了体现我校优良传统和校风的"攻关创新精神"。这种团队作风和协作精神，是我们宝贵的精神财富，大家应当很好地学习，进一步发扬光大。

三、坚持高标准严要求，树立以严著称的良好形象

校党委明确提出，要把从严治校落实到学校建设的各个方面、各项工作中，塑造以严著称的良好形象。对表现差的或不适合做教学工作的人，要进行淘汰，回原单位或调换工作岗位。这就是从严要求、从严管理的一项措施。这里再强调三点：

一要加强党性锻炼。我曾经说过，一个人如果思想上放松要求，甚至经常不参加政治理论学习和党的组织生活，长此下去，就会同大家没有共同语言，是非标准也不清，这样的人就很难管住自己，就有可能出问题。有些人总觉得自己是个什么"官"，淡忘了自己首先是个共产党员。特别是在中国最高军事学府担当教书育人重任的党员，必须把加强党性锻炼作为必修课。大家一定要自觉按照党章规定的党员标准严格要求自己，积极参加组织生活和政治理论学习，严格执行政治纪律、组织纪律、宣传纪律、保密纪律，抵制各种错误思潮，抵制各种政治谣言，防止编造和传播不健康的"顺口溜"，保持高尚的思想情操和坚定的党性原则。

二要做到"三个普通"。国防大学历来要求学员,要当好普通一兵、普通干部、普通党员。这"三个普通",看似简单,但真正做好并不容易。我们这些年轻同志,虽然学历很高,知识方面有优长,但缺少的恰恰是部队严格生活的锻炼,在服从管理、尊重领导、遵规守纪、处理内部关系等方面,还需要多在实践中锻炼提高。特别是作为年轻学员,你们都是从全军范围内优中选优挑来的,又是将来为人师表的教员,不能有任何的优越感和特殊化。要求其他学员做到的,你们首先应该做到,而且要努力做得更好。

三要培养过硬作风。现在的社会环境很复杂,各种诱惑很多。对此,大家一定要有高度的警觉,自觉按照自重、自省、自警、自励来要求自己、警示自己,严格执行条令条例和学校各项规章制度,严格落实一日生活制度、节假日管理制度和请、销假制度,做到令行禁止、一丝不苟。不仅要管好八小时以内,还要管好八小时以外,管好自己的社交圈,管住生活作风。要自觉做到不涉足不健康的娱乐场所,不购买和观看不健康的书籍和音像制品,不与社会上不知底细的人交往,坚决抵制"酒绿灯红"和各种腐朽思想文化的侵蚀。

国防大学要努力成为人才
辈出、名师荟萃之地*

江泽民同志指出,推进中国特色军事变革,必须下大力抓好人才战略工程。对于我校来说,最重要的,就是造就一支与中国特色军事变革要求相适应,能够担当起培养高素质新型军事人才、创新军事理论历史重任的名师队伍。这是时代对军事教育的呼唤,也是历史的经验。纵观国内外名牌大学,一个显著特点,就是它们都拥有一大批名师、大师。这是办学治校的一条共同规律。从我校的历史来看,每一个重要的发展时期,都涌现过堪称名师的杰出人才;改革开放以来的新时期,我校广大教研干部呕心沥血、无私奉献,为我军高级军事人才的培养作出了重要贡献,涌现出像侯树栋、王厚卿①、谭恩晋、许志功、霍小勇、徐焰、乔松楼②、金一南等一批享誉军内外的名师名家。正因为有了他们这样一批名师名家作为顶梁柱,我校的教学科研质量才得以不断提高,学校的作用才得到进一步发挥。从我校的现状来看,我们干部队伍的自身素质和办学能力,同培养高素质新型军事人才和创新军事理论的需要还不相适应,是学校当前和今后相当长时期内的主要矛盾。造就一大批素质过硬的

---

* 本文是作者在国防大学公布表彰首届"杰出教授"和学科学术带头人大会上的讲话(2003年3月28日)。

① 王厚卿,国防大学原副校长,教授,博士生导师,中将军衔。

② 乔松楼,国防大学军事后勤与军事科技装备教研部教授。

名师,以他们的榜样示范作用,带动整个干部队伍特别是教研干部队伍素质的提高,是解决这一主要矛盾的重要措施。从新世纪新阶段我校肩负的使命和面临的挑战来看,推进中国特色军事变革是一项前无古人的伟大事业,我校要走在前列,为打赢信息化战争和建设信息化军队培养人才、创新军事理论,造就一支与使命要求相适应、能够担当重任的名师队伍,比以往任何时候都显得更为重要、更为迫切。实践证明,搞平均主义、吃大锅饭,不让冒尖、不许成名,是出不了优秀人才的。我们实施"名师工程",大张旗鼓地对名师进行表彰,决不只是为了表扬而表扬、为了奖励而奖励,也决不是"面子工程",而是要通过这样一种方式、一种机制,在全校上下造成强烈的舆论导向、典型导向和政策导向,进一步激发广大干部特别是教研干部的积极性、创造性,鼓励大家争先创优、成名成家,倡导大家为国防和军事教育事业发奋拼搏,促使更多的同志进入名师名家行列。

国防大学经过多年的建设与发展,一批名师名家的客观存在,是不争的事实。这次评选和公布表彰的"杰出教授"、学科学术带头人,就是通过一定的形式,认可和明确他们在我校教学科研中的应有地位。从本质上讲,名师不是评出来的,而是在长期教学科研实践中干出来的。评选只是体现群众公认、组织上确认的一种形式。世界上最著名的"诺贝尔奖"、我国两院院士的产生,都是基于他们对社会进步与发展的贡献,采取评选这种形式产生的。我们这次评选活动是非常严肃认真的,经过了较长时间的酝酿,广泛听取了群众意见,特别是"杰出教授"的评选,经过了全体教研干部和系队干部的两次公开投票,这些同志都是得到大多数群众公认的,也是大家所信服的。他们是我校教研干部的优秀代表,是学校的宝贵财富。他们为国防大学作出的贡献、赢得的荣誉,是有目共睹的,理所当然应该受到鼓励和褒奖。全校同志都要以他们为榜样,真心实意地尊重名师、爱护名师、学习名师、宣传名师,努力争当名师。校党委决定,要把"名师工程"作为一项必须长期坚持的战略任务,不断完善配套措施,持之以恒地抓下去。

分析我们这些"杰出教授"、学科学术带头人的成长轨迹,借鉴国内外名师大师的成功经验,我感到,我们国防大学的教研干部要真正有所作为、成为名师名家,既要靠各级党组织的精心培育,靠完善的政策机制,但最根本的,还是要靠每个教研干部的自身努力。我想就这个问题再强调几点:

首先,一定要有坚定的政治信念和崇高的奉献精神。坚定的信念是人生的精神支柱,也是成就事业的动力所在。教师这个职业,自古以来就体现着"红烛"精神,就是一种充满艰辛和奉献的职业。国防大学的教授必须具有坚定的政治信念和崇高的奉献精神,这是我们在教学岗位上建功立业的根本思想基础,也是成为名师名家的必备素质。许志功教授就曾说过,教员是个没有星期天的职业,仅有八小时之内的工作是当不了一个好教员的。他用"心"来讲马列,用"忠诚托起使命"。乔松楼教授已经六十多岁了,几十年来,在平凡的岗位上呕心沥血、殚精竭虑、教书育人。他们对自己从事的职业执著追求、无比热爱的赤子情怀,是感人至深、令人起敬的,这是他们能成为名师的根本原因。

第二,一定要刻苦学习、善于学习,不断更新知识,改善知识结构。博学和多思,是名师名家的又一个共同特点。徐焰教授能够有今天的学术成就,就是他长期坚持学习、深入思考、不断进行学术积累的结果。金一南教授正像他刚才讲的,在部队工作时就刻苦自学,在图书馆工作十多年,他默默无闻、勤奋钻研,有了丰厚的知识储备、丰厚的学术积累,所以,当组织上给了他一个讲坛,他就能较快地脱颖而出。这就告诉我们一个道理:一定要老老实实地潜心治学,厚积薄发,正确处理博与专的关系、基础知识与应用知识的关系、长期积累与一朝突破的关系;一定要耐得住寂寞,克服浮躁心态。同时,必须善于学习,特别要把学习与思考结合起来,着眼于对我们正在做的事情,着眼于对实际问题的理论思考,深入研究部队建设和军事斗争的热点、难点问题,在实践中更好地提高创造性学习的能力。当前,面对推进中国特色军事变革,军队要转型,我校对人才培养的模式也要转型,这就必然要求我们教研干部的知识结构、能力素质必须率先转型。我们必须以强烈的危机意识,重新学习,尽快掌握新理论、新知识、新技术。各单位要制定干部的学习规划,每个同志要有个人的学习计划。通过系统和卓有成效的学习,努力构建与中国特色军事变革要求相适应的知识体系和新的思维模式,为成为名师积淀丰厚的知识底蕴。

第三,一定要有强烈的创新意识、很强的理论创新能力、丰硕的理论创新成果。当今时代,一个教研干部的创新能力是其核心能力。没有创新能力,就不可能与时俱进,就谈不上先进性。国防大学的教学,没有现成饭好吃,许多东西是课本上找不到的,主要是解决最前沿的问题,是对未知领域的探索,这决定了创新是国防大学名师的本质要求和显著特征。大家知道,许志功、霍小勇等同志讲课之所以受到学员的欢迎,很重要的,就是他们讲课不回避现实难点问题,而是着力回答和解决这些问题,能够提出创新性观点和独到的见解。但也必须承认,现在我们在这方面还做得很不够,特别是原创性的成果少。每个教研干部都要增强创新的紧迫感和使命感,自觉以创新军事理论为己任,站在军事变革的最前沿,以宽阔的眼界和敏锐的思维,找准创新点,把握聚焦点,深入研究世界新军事变革和中国特色军事变革的特点规律,在一些重大问题上力争有突破性进展。当前,要及时跟踪研究正在发生的伊拉克战争,特别是要深入研究这场战争作战思想、作战样式的变化以及由此对我军未来作战的影响,拿出有分量的重要成果。

第四,一定要努力营造激励先进、见贤思齐的良好氛围。人才有着群体生长的规律。一个优秀群体,往往会人才辈出。相反,如果单位的风气不好,不仅出不了人才,有了人才也容易被扭曲。一个好汉三个帮,红花要靠绿叶扶。名师都是在集体中成长的,这里既有他们个人的努力,也有领导的培养、大家的帮衬。因此,我们培养和造就更多的名师,必须在全校进一步倡导"四个尊重"特别是尊重创造的风气。要在国防大学形成这样一种共识,就是谁当名师谁光荣,谁为学校作出贡献谁就受到尊重。我还要特别强调,对名人、名师要客观正确地看待,多看他们的学术成就和对学校的贡献,不能求全责备。名人也是常人,对他们存在的某些弱点和不足,要多一些宽容,少一点挑剔,要从爱护的角度给予帮助。要营造一个民主讨论、争鸣的学术氛围,鼓励创新,鼓励冒尖,鼓励在学术上标新立异,鼓励教研干部有自己的个性风格,让大家的聪明才智得以尽情涌流和发挥。要进一步健全科学、有效的激励机制,下决心建立淘汰机制,切实让优秀人才脱颖而出,让个别混日子的人再也混不下去。各级领导干部,要以高度的政治责任感和求贤若渴的精神,满腔热情地扶持人才,为优秀人才成长创造更好的条件。全校上下要以这次公布表彰"杰出教授"和学科学术带头人为契机,抓住机遇、开拓创新,培养和造就更多的名师名家,使我们校园成为名师名家名人荟萃之地。

中国最高军事学府呼唤名师大家 *

　　今天是我国第十九个教师节,很高兴和大家一起,以"谈使命、话责任"畅谈会的形式,共同度过一个有意义的节日。刚才,听了8位中青年教研骨干的发言,我觉得很受鼓舞。这8位同志的发言都很好,表现出了很高的思想境界,也表现出了相当高的学术水平和学术成就。我觉得,他们同各教研部、教研室主任一道,既支撑着国防大学的现在,更代表了国防大学的未来,是充满希望的一代。当然,还有更年轻的,一代又一代优秀教研干部,有了他们,我们国防大学才会兴旺发达,大有希望。

　　8位同志的体会发言,集中到一点,就是要推进我们学校已经启动的、正在加紧实施的"名师工程",造就一支能够担当起培养高级新型军事人才历史重任的教师队伍,特别是造就大批名师。名师有很多的条件,不仅表现为立身、立德,还表现在创新上,即"立言"上,也就是要为推进中国特色军事变革的伟大实践提供理论支持,为高素质新型军事人才培养积淀丰厚的学术功力。这就需要有一批堪称名师、大家的教授,合力培育通才,合力培育名将。当然,培育名将不全是我们国防大学能全部担承的责任,还要靠长期实践直至实战的锤炼,但是,我们国防大学的培养是很重要的方面、很重要的渠道。国防大学呼唤名师,呼唤人才,这是时代的需要、军队建设的需要。我们一定要站在国家改革与发展的

---

*　本文是作者在国防大学中青年教研干部"谈使命、话责任"畅谈会上的即席讲话(2003年9月10日)。

全局上,站在迎接世界新军事变革挑战、推进中国特色军事变革的大局上,来看待我们学校的建设,看待"名师工程"的建设。这不是个人的行为,不是个人的成败得失,而是党和人民赋予全校同志的共同责任。

一、要充分认识培养造就名师名家的有利条件

当今,国家在改革开放中崛起,军队在改革开放中强大。时代需要名师大家,同时也为成就名师大家创造了非常好的条件。一是我们处在非常好的历史机遇期。我们生在有为之时,又处在有为之位。专家们认为,在几千年的人类历史中,能称得上军事革命、军事变革的就那么几次。现在,我们就处在这样一个由机械化半机械化军队向信息化军队转变的军事变革的伟大时代。从军事上讲,著名的军事家,都是在军事变革的时代,在战争实践中产生的。军事变革的实质是军队转型,在我军完成机械化和信息化建设双重历史任务过程中,军队信息化建设的实践迫切需要理论指导,这是非常有利的条件。二是社会的舆论环境、学术氛围好。从党中央、中央军委到全国全军上下,大家都在大声疾呼改革,都在呼唤创新、支持创新、鼓励创新。尊重人才,很重要的就是尊重创新。我们的时代是呼唤创新、鼓励创新、尊重创新的时代,创新的大环境从来没有这样好。三是国防大学有着特殊的地位和区位优势。国防大学是中国最高军事学府,直接接触、直接研究的,是军委、总部关注的问题,是关乎军队建设全局的问题。只要我们自己努力,站在中国特色军事变革的高度来思考问题、研究问题,就能够搞出有分量的成果,这是许多军队院校所难以相比的。四是出名师的学术理论基础很好。这些年来,我们对世界新军事变革的探索从海湾战争那时就开始了。现在这方面已经有不少的学术成果、学术储备。名师、大家,或者说军事理论家,是要在已有的思想群、学术群基础上集大成,在这个基础上作进一步升

华。我看,现在我校已经初步具备了这样的实践基础和理论储备基础。当然,这要有一个较长的过程,总会是最有准备的头脑,才能善于利用既有的全部积淀,率先实现理论突破。另外,我们国防大学的具体环境非常有利,各级党委和领导逢会必讲创新、逢会必讲出名师,期盼理论创新,期盼名师、大师,愿望非常强烈。大家一定要看到有利条件,增强信心。

二、探索名师、名人成长的特点和规律

把握有利条件,按照规律去努力实践,就能取得成效。我们有最先进的中国化马克思主义理论作指导,这是我们无产阶级、中国军队最大的政治优势。我们要掌握这个科学的世界观和方法论去研究军事问题,去成就一番事业。

名师大家成长的特点和规律有很多,纵观中外和我军历史,我感到最基本的是否有这么几条:一是热爱国防和军队建设事业、热爱军事科学,并愿意为之献身。克劳塞维茨说:热情可以弥补才能,但才华不能弥补热情。思考钻研问题,一定要十分投入,要有"衣带渐宽终不悔"的境界。二是具有战略思维和全局意识。纵观历史上的军事名人、大师,大都有研究、谋划或亲身驾驭军事斗争全局的经历,长于战略思维。因此,要注意把握军事斗争的全局,注重从战略层次上分析研究问题,关注大势,积极参与各种重要的军事实践活动,还要突破专业门类或学科领域的局限,不要有门户之见。三是善于总结军事斗争、战争实践的经验,是当时分散的、不系统的军事学术成果的集大成者。如果脱离当代的学术思想、学术成果,孤军奋战,闭门苦思,要想成为军事名家是不可能的,必须站在这些成果之上,进行再创造和加以集成。克劳塞维茨、约米尼的军事名著,就是在总结拿破仑战争实践的基础上完成的。四是要有跨学

科的研究经历。要兼容并蓄,博中取约,眼界要开阔,知识面要宽广。五是重视和关注解决军队建设和军事斗争的重大问题。名师名家是在解决军队建设、军事斗争和战争实践中问题的过程中成就的,不能离开这个大道,靠走"冷门"是成就不了名家、大家的。六是敢于创新,立德立言。立言者,原创也。要有自己原创性的学术成果。立言,就是要有原始性创新,解释不叫立言,汇编也不叫立言。中国自古以来就讲究立德、立言、立行、立功。作为理论家,立言非常重要;立德,是为立言提供思想基础和精神支柱;名师的作用主要表现在立言上。七是注重传播媒体的作用,把自己的研究成果通过媒体传播出去。古代没有电台、电视台,成果的传播受到影响。后来有了出版、印刷,大大促进了思想成果的传播,便于大家对成果的认同。成果再好,思想水平再高,如果不出版、发表,是难以广泛传播的。现在我们有了这个条件,我们要充分利用。有些重要成果涉密很深,是不能出版、发表的,可在一定范围内讲授。八是勤奋进取,呕心沥血。这是成就名师最基本的条件,出成果要靠自己的努力,别人是代替不了的。我想,有了这么几条,成为名师名家就比较有可能。

三、要把爱党爱国之心和报国兴军之志,转变 为争当名师、培育将才的实际行动

在座的同志,以及今天没有来的同志,都要把爱国爱军之心和报国兴军之志,转变为争当名师、培育名将的实际行动,每一名同志都要有这样的雄心壮志。

国防大学在军事理论创新上具有十分重要的位置,应该在军队现代化建设,国家安全战略,军事斗争准备,信息化条件下联合作战、联合训练,思想政治建设,军事思想,军事历史,外军研究等各个重要方面,都有在全军具有一定权威性的成果和有影响的知名专家。这不是狂妄,而是

我们学校的职责、使命的要求。应当有这样的志向。现在有的同志已经小有名气,有了一定的影响,但尚未达到如此高度,应该进一步树立雄心壮志。在这方面主要靠大家自己努力,各级党组织、各级领导,要给大家烧把火、添块砖。邓小平同志说过,"领导就是服务",愿意给大家当"后勤部长"。这是很深刻的。在座的各级领导都要有这样的工作姿态,教研干部在创新上需要什么条件,就尽量给大家提供、创造什么条件。对当"后勤部长"的理解要宽一点,不光是衣食住行,只要是我们能想到的,是教学科研创新所需要的,各级领导机关要共同努力,创造良好的条件。总的看,学校在这方面环境很好,各级领导和机关做得是不错的,什么时候也没有揪过大家的"辫子"。大家回想一下,学术上有没有什么重大创新被扼杀,甚至被扣"帽子",有这样的事吗?如果有,你们可以直接反映。应当说,校领导的思想还是比较解放的,是唯恐大家创新不够。在各个领域中,有什么因素妨碍大家创新,都要想办法解决和排除。总之,要积极为创新创造条件,为出成果、出人才服务。要进一步拓宽培养名师队伍的途径,已有的途径还不够,还比较传统,创新力度不大。在培养名师方面一定要有创新的思路,让名师成长得更快。

在科研创新方面,领导要善于给大家出题目,也靠教研干部自己去"抓问题"。要引导大家在主攻方向上出成果,研究军队建设、军事斗争的重大现实问题,不要搞什么"旁门左道",搞什么"取巧"。研究固然有科学方法,但不是取巧。要克服那种追求轰动效应的不良心理。有个别的教研干部,把力量用偏了,起码不是用在主要方向上,这样往往会事倍功半,甚至会出偏差。机关要搞好创新的顶层设计,形成合力;要完善创新体系。现在,我们的创新成果还缺乏一个确认机制,要不断完善这个机制。建议每年编一个《国防大学年鉴》,把大家的创新成果都编进去,这是"版权所有"的标志,要尊重教研干部的知识产权。我们的成果既要舍得给别人,为全军服务、为全军做贡献,但也要注意尊重教研干部的知识产权,对创造性劳动的成果一定要认定、要尊重。现在有一个不良现象:有的人、有的单位,把别人的研究成果改头换面变成自己的,连一句感谢的话都没有。各方面都要为科研创新积极创造条件。比如,主动提供大家需要的材料、大家看不到的材料。这两年,我们做了一些这方面的工作。比如,有些材料教研室领导看不到,就在保密规定内批给他们看,使他们从中了解情况、了解前沿,以利提高研究的起点。我觉得这是很有好处的。

要运用宣传工具宣传大家的创新成果。要把这种积极宣传与"出名挂号"、与形式主义划清界限。宣传我们的教研干部,宣传我们的理论研究成果,对全校同志是一种鼓舞,对中心工作是一个推动。伊拉克战争期间,我们学校的专家教授在中央媒体点评,赢得了社会的赞誉,扩大了国防大学的影响。当然,我们研究的许多问题、许多研究成果涉及机密,是不能公开宣传的,还要提倡默默奉献,当无名英雄。对于重要的研究成果,学校内部要给予重奖。

正确认识和把握人才成长规律*

　　这次开展"刻苦学习、发奋成才"教育活动,把正确认识和把握人才成长规律作为一项重要内容,发动大家深入进行讨论,目的就是总结优秀人才成长的道路,从中找出规律,并自觉遵循这些规律,提高学习成才的效益,提高造就优秀人才的成功率。我感到,带规律性的东西大致有以下几条:

　　一是坚定信念,牢记使命。坚定的政治信念、强烈的事业心和责任感,是发奋成才的动力源泉。历来成大才者,都有一个不可移易的信念作为精神支柱,都把自己的志向、责任与国家、民族和军队的事业紧紧联系在一起。可以设想,一个没有信念、缺乏责任感的人,是不可能成为优秀人才的。我们国防大学担负着培养高级军事人才和创新军事理论的重任,我们的职能和使命事关军队打得赢、不变质的大局,在一定意义上,也关系着党和国家的前途命运。对国防大学的同志尤其是教研干部来说,提高素质、发奋成才,不仅关系个人的成败得失,更是一种神圣使命,关乎军队现代化建设大业的成败得失。现在确有一些同志,不是把培养高素质新型军事人才当做毕生的事业来追求,认识不到自身工作的价值,甚至看不起自己的岗位,这样就不可能有发奋成才的强烈愿望和动力。当前,我们国家和军队正处在一个大变革、大发展时期,人才培养

---

　　* 本文是作者在国防大学"刻苦学习、发奋成才"教育活动动员时的讲话摘录(2004年4月20日)。

的任务很重,理论创新的任务也很重,这为每个同志锻造成才、施展才华提供了一个广阔的舞台。我一直认为,现在的中青年干部,也包括年龄稍大、处在盛年时期的干部,是生在有为之时、身处有为之位,是可以大有作为的一代。我们正处在社会大变革、军事大变革的时代,这是一个千载难逢的大时代。时代呼唤人才,时势造就人才。机遇对大家是平等的。我们是不是真正认识到、感觉到了这一点呢?

二是世界眼光,战略思维。国防大学教学科研要解决的主要是事关战略性、全局性的问题。这就决定了我们必须时刻关注世界大势、国家大势和军队变革大势,把握军队建设和军事斗争的全局,练就宽广的世界眼光和深邃的历史眼光,学会从战略层次上分析研究问题。近几年,我校之所以能在学习贯彻"三个代表"重要思想、军事斗争准备教学科研、跟踪研究近几场高技术局部战争等重大工作中,涌现出一批很有影响的人才,出了一批很有影响的成果,这其中具有世界眼光和战略眼光是很重要的一条。但从现实情况看,我们不少同志,还缺乏这样的眼光,缺乏战略头脑,往往容易陷到具体业务里面,把自己封闭在那一小块领域里。在这方面,学校要为大家了解全局、开阔视野创造更多的条件,包括重要会议精神要及时进行传达,重要文件资料尽可能要让教研单位领导和骨干传看阅读;学校还打算搞一个专门的文件阅览室,让专家教授们能够看到密级较高的文件。但关键是我们每个同志,尤其是各级领导和教研干部要有很强的时代意识,胸怀全局,因应大势,密切关注世界风云的变幻、密切关注国家发展的大局、密切关注新军事变革的走向、密切关注部队建设和军事斗争准备的实际,敏锐地抓住军队建设和军事斗争准备中的重大现实课题,在回答和解决这些课题的过程中提高本领、增长才干。我认为,如果远离现实斗争的大道去编写几本、十几本册子,也算不上一个优秀人才,更不能称"大家";而如果拨动了现实斗争一根敏感的神经,解出了一个亟待解决的重大课题,就很可能使一个本不知名的人物脱颖而出。

三是面向部队,扎根实践。实践出真知,实践是成才的必备条件。尤其我们的军事理论和军事教学,具有非常强的实践性,我们的成才不仅要建立在广博的书本知识上,更要建立在对部队实际的深刻把握上,建立在对实践经验的不断积累和升华上。现在需要引起我们高度关注的一个问题是:不少同志到学校工作以后,好几年甚至十多年都没有深入部队蹲点、调研,也缺乏与部队的密切联系与沟通,只能是凭借第二手、第三手的材料搞研究,这就难免人云亦云,缺乏底气,难有创见。这种情况,既有个人方面的原因,也有学校的问题。2004 年,校党委下决心要改变这个状况。首先从校党委常委开始,有计划地到部队蹲点调研,了解掌握第一手情况。要适当加大干部到部队代职、任职的数量,改进代职方法,可以搞一些半年制代职。要多到军兵种部队代职,多组织一些带着课题的蹲点调研,到主要作战方向去实际感受一番。为了给大家创造条件,学校准备从专项经费中拿出一部分钱来,解决同志们到部队调研的经费问题。还要多请部队和总部机关的同志来校介绍情况,特别是海、空军和二炮部队的情况。同时还要看到,我们虽然在学校,但天天都在与部队同志打交道,每位学员都是我们了解部队情况的好老师。我们一定要充分利用好这个资源优势,做了解部队的有心人。

四是超越前人,超越自我。成才要以创新为目标。创新既是人才的重要标准,更是成才的重要途径。创新既要敢于超越前人,也要不断超越自我。这种自我超越不是一件容易事。在我们这样的学校,中年以上干部占的比重较大,人到了这个年龄,思想观念、思维方式、知识结构趋于稳定;往往习惯于守成,不愿意否定自己,更缺少超越前人的锐气。因此,要进步,要成大才,就必须突破已有的思维模式和心理定式,这必然是一个很艰苦的过程。要勇于扬弃旧义、探求新知,加强对新理论、新知识的学习,不断更新和完善知识结构。要大胆突破传统思维,努力从大陆军观念和传统陆战观念中解放出来,树立与建设信息化军队、打赢信息化战争相适应的一系列新观念,探索新的规律,积累新的经验。要敢于质疑权威、质疑人云亦云的某些定论、打破常规、标新立异,不断磨利思想锋芒。同时,我们学校各级领导要鼓励教研干部有自己的学术风格,尊重创新人才的个性特点,大力宣扬创新方面的先进典型。还要多举办一些前沿性学术交流活动,多搞一些学术争鸣,让大家进行思想碰撞,尤其要为那些思想活跃的中青年教研干部提供展示自己才华和学术成果的平台。

五是矢志不移,执著追求。滴水穿石,学贵有恒。当今社会各种诱惑因素很多,我们能不能成就事业、锻造成才,有一个很重要的条件就是能否自觉排除各种干扰,把主要精力集中于认定的奋斗目标上,做到心定志坚。金一南同志说:"我不比别人聪明,我只是比别人执著。"他在图书馆工作时就对国际战略问题产生了浓厚兴趣,并立志在这个领域有所成就。当他涉足国际战略领域前沿问题时,外语成为最大的障碍。他立志攻克外语关,年近四十八岁开始学外语,历时五年多,最终做到了在国外军事学术讲坛上用英语发表演讲。如今,他已成为国内外知名的专家学者,成为全校公认的杰出教授。金教授的成功给我们的启示是多方面的,但咬定青山不放松的执著精神应是重要的一条。我们每个同志都要校正人生价值取向,敢于舍弃常人难以舍弃的东西,不为名利所累,咬定成才不放松,脚踏实地,锲而不舍,一步一个脚印地朝着成为顶尖人才的目标攀登。

六是头雁领飞,群体成才。人才成长的过程中,有一种现象值得研究:就是一个单位往往要么较长一段时间内出不了像样的人才,要么一段时间内人才群体性涌现。这种现象背后蕴藏着一个规律:就是通过发挥好"领头雁"的作用,营造相互激励竞争、共同团结奋进、彼此取长补短的环境,实现群体成才,这也就是"雁阵理论"揭示的规律。全面推进国防大学的改革与发展,迫切需要形成人才竞相涌现的良好局面。我们各级领导尤其是教研单位的领导,首先要努力成为这样的"领头雁",同时注重培养一批"领头雁"。他们应该德才兼备、学术水平高、创新能力强,是大家的学习榜样和追赶目标,通过领头雁的示范、引路、指导、帮教,带动整个队伍。要建立并完善教研活动中相互学习交流的制度,通过共同承担重大课题、小范围研讨、举办小型学术讲座等办法,不断提高人才队伍的整体水平。要营造比学赶帮、良性竞争的浓厚氛围,开展各种形式的学习竞赛,形成你追我赶、相互激励、在共享事业成功中团结奋进的局面。

必须努力改善教员队伍的
军种比例和知识结构 *

　　人无远虑，必有近忧。鲁迅先生讲："不满是向上的车轮。"抓住机遇、迎接挑战，固然要看到我们的优势，但更要勇于正视困难和不足，从解决实际问题入手，推动工作的创新发展。我们在人才培养方面已经取得了很大成绩，但昨日的辉煌已成历史，更不能说明未来必然会辉煌。前进的最大敌人是自己的满足。一味抱残守缺，只会贻误机遇，最终危及事业的发展。有一句古语说得好："常将有日思无日，莫等无时思有时。"只有以强烈的危机意识和时不我待的精神，正视不足，科学谋划发展，才能在不断破解矛盾和问题的过程中前进。

　　我们学校建设的目标是：符合时代要求、具有我军特色的综合性联合指挥大学。这是新世纪新阶段学校的科学定位，它揭示了我校的本质特征，其中最突出的是"联合指挥大学"。围绕实现这一办学目标，有许多工作要做，其中最重要的又是教员队伍建设。应该承认，我们的教员队伍整体素质是好的，但与培养联合指挥人才的任务需求相比还有很大差距。其中一个很重要的方面，就是教员队伍结构不够合理，表现在：直接从院校到院校的多，有部队实践经历的少；来自陆军的多，来自海、空军和二炮的少；没有岗位任职经历的多，有岗位任职经历的少；知识结构

---

　　* 本文是作者与国防大学政治部、干部部领导同志的谈话（2004 年 10 月）。

不够广博,对新知识、新技能的研究和掌握不足;年龄结构不尽合理,梯队有所脱节等。这些结构性问题不进一步得到解决,不仅会直接影响联合作战指挥人才的培养质量,而且会制约学校的转型发展和长远建设。

现代系统科学理论告诉我们:结构决定功能,系统的问题必须用系统的方法去解决。为了适应联合作战指挥人才培养需要,必须改善我校的教员队伍结构。当前,尤其要突出抓好教员队伍的人员结构改善和知识结构更新工作。

一是要积极引进军兵种优秀指挥人才,打造教员队伍的"联合方阵"。联合人才,必须要靠教员的联合群体去培养。未来联合作战中,海、空军和第二炮兵的作用日益突出。如果我们的教员不了解军兵种武器装备及其作战运用和作战指挥,就不可能胜任培养联合作战指挥人才的工作。目前,我校干部包括教研干部绝大多数是陆军出身,形象地说,是"陆军方阵"。应制定专门的政策,明确目的、标准、条件和相关配套措施,从军兵种部队积极引进担任过海军驱逐舰舰长、潜艇艇长、空军飞行员、二炮导弹旅旅长,以及具有军以上机关作战和训练部门经历的优秀师、团级指挥员,充实到教员队伍中去。今后几年,教研人员缺编的教研部,主要引进海、空军和二炮部队的人才,调进陆军干部必须严格控制。这不是一个应急性措施,而是一个长远的战略举措。目的就是适应培养联合作战指挥人才的需要,把我们的教员队伍打造成为真正的"联合方阵"。

二是要继续完善"三位一体"的教员队伍结构。培养联合作战指挥人才,不仅对教员的知识和能力构成提出了很高的标准,而且对人才培养中理论与实践的结合也提出了很高的要求。为此,必须有一支既了解部队现状,又长于院校教学;既有较好的实践基础,深谙部队所急所需,又有良好理论素养的新型教员队伍。要积极探索和完善专职教授、教官,特聘高级教官和兼职教授"三位一体"的教员队伍结构。"海纳百川,有容乃大。"要坚持不求所有、但为所用,进一步拓宽选人、用人的视野和范围,选调具有总部、军兵种机关、作战部队丰富工作经历的军、师级指挥军官到学校担任教官。还可以考虑聘请具有组织指挥联合作战演习、训练经历的高级军事指挥员,以及具有国际政治、经济、军事斗争丰富经验的外交官、武官担任兼职教授。这项举措经过两轮实践,证明是有成效的,只是由于这些教官回原部队后工作安置不大好,暂时搁浅了。但是我想,从长远看,还是要实行这一举措的。此外,我军每年都有一大批高级军官退出领导岗位,他们中有许多杰出的人才。我们可以找上门同他们商量,请他们"出山",担任我校的特聘高级教官,争取2004年试行。这些同志大都具有强烈的事业心、责任感,我看可以把他们请出来。要不断总结这方面的经验,稳步推进工作的落实,探索建立具有我校特色的长效机制,发挥好联合育才的整体优势。

三是要激发活力,促进教员知识结构的更新。随着时代的发展,知识更新的速度明显加快。为了培养联合作战指挥人才,教员的知识结构必须广博、复合。既要通晓战略、战役、战术,又要涉猎政治、经济、外交、军事等各个领域的知识;既要掌握联合作战指挥的程序、内容和方法、手段,又要熟悉政治、后勤、装备工作;既要学习作战理论,又要学习高新技术和信息化武器装备运用知识,形成纵横交织、军事与技术融合、理论与实际运用结合的知识体系。要达到这样的目标,必须加大教员知识结构的更新力度。一方面,要采取集中培训、教研岗位轮换、交叉授课、送学培养、学术交流等多种方式,提高教员在联合作战方面的知识水平和素养。另一方面,要采取必要的政策措施,激励教员立足岗位自学成才,完善自身的知识结构。事业催发动力,知识提升能力,成就决定进步。要以"名师工程"为牵引,鼓励教员以名师为榜样,以岗位任职能力为标准,切实改变学不学一个样、干多干少一个样的慵懒思想状况,形成拒绝平庸、追求卓越、见贤思齐、奋发有为的舆论氛围和万马奔腾、百舸争流的生动局面。

四是要为教员实践能力的提高创造条件。能力为本,是世界各国军队院校培养联合作战指挥人才共同的基本价值取向。从某种程度上来说,教员是否具有丰富的部队实践经历,已经成为影响自身素质改善和学员实际能力提高的决定性因素。为解决这一问题,一些发达国家的军队较早就开始重视院校与部队人才的双向交流,把优秀的部队人才调往院校教学、把优秀的院校人才充实到部队,并形成了有法规政策作保证的稳定机制。比较而言,我军院校的教员许多是从院校到院校,缺乏部队岗位实践的历练,教员与部队人才的岗位轮换交流机制也尚未形成。因而,从我军实际出发,更加迫切需要提高教员的实践能力。主要应采取教员到军兵种部队交叉代职锻炼、到部队调研、参与部队演习和训练等方式,使教员在部队的实践工作中丰富阅历、增长才干。在教员到部队代职和参与部队演习、训练工作中,应把工作重点由过去的争取"走出去"转变到"求实效"。尤其要注意充分利用部队组织演习和进行重大军事活动的机会,主动加强与部队的沟通、协调,争取赋予代职教员适当的组织指挥职责,切实改变代职教员浮在表面、难以担当部队实际工作角色的状况,使教员代职活动能够真正取得更大实效。

多管齐下，提高教研队伍水平*

这几年，学校抓干部队伍建设的力度是比较大的，干部队伍特别是教研队伍建设的形势，总体上一年比一年好。但从干部素质状况看，在各单位特别是各教研单位发展很不平衡，有些单位缺乏尖子人才，不少同志缺乏部队实际经历，缺乏对实际问题的深切把握。前一段，我们作过统计，在全校教研干部中，有相当一部分同志的经历是从院校到院校，从部队调入的干部五年以上未到部队代职、任职的也占相当比例。尽管这些同志中大都注意通过各种途径了解、熟悉部队的情况，但毕竟缺乏亲身实践。如果没有对部队情况的深切感受，讲起课来就难免心里发虚。对这个问题，不能小看，要提到发扬理论联系实际的学风上来认识。对此，我们已经采取了多管齐下的措施加以改善，但还需要在现有基础上，进一步提出和采取得力措施。

一是下功夫把"三位一体"的教研队伍建设好。 要继续抓好教官队伍建设，充分发挥他们的作用。同时，下决心改善现有教研干部队伍的构成，采取超常措施引进人才。对于这次从军兵种部队选调的一批干部，大家感到比较满意。现在部队师团职干部中，实践经验丰富、学历高、研究问题能力强的干部越来越多，要抓住机遇引进优秀人才。今后除特殊人才外，不再搞从院校到院校地引进，更不要搞"近亲繁殖"。这

---

* 本文是作者在国防大学党委常委民主生活会上的发言（2005 年 1 月 31 日）。

是学校人才队伍建设的一个带方向性的问题。现有的干部,要千方百计改善知识结构,针对"短板"进行补课,尤其要抓好高科技知识学习,加大到部队蹲点调研的力度。要加大选派有潜力的中青年教研人员到西方发达国家军校学习深造的力度。要开拓一些使教研干部了解部队、了解全局的新途径。

二是加强人才库建设。力争建立一个能包含军内外,适合我校职能、特点的顶尖级人才库,采取多种可行的办法,请他们来校讲学,不求所有,但为所用。

三是下决心建立激励与淘汰相结合的竞争机制。在充分论证的基础上,淘汰机制要出台,要很好地统一思想,造成强有力的舆论,让少数不干事、干不了事,甚至无事生非的人,坐不住、混不下去。

四是建立更加科学、合理的评估机制。现在评价教研干部的指标和机制不尽合理,机关职能部门要组织专题研究,拿出方案。不能只把讲大课作为唯一的评价指标,还要看在提高教学质量、提高学员能力的各个教学环节上做得怎么样。比如,组织学员小组研讨,如果引导得好,既可以充分调动大家的创造性思维,又能搞好归纳、小结。又如,选择和组织典型案例教学。这些都很重要。

树立正确的人才观[*]

近年来,学校实施人才兴校战略,出台不少新的举措,成效是明显的。下一步还需要继续加大力度,逐步解决好深层次方面的问题,推进干部工作的创新发展。

首先,要更新人才观念,让陈旧的人才观念没有市场。要进一步解放思想,在教员、学员中开展关于人才观、成才观的学习讨论,让教研干部对自己如何成才,各级党委对怎样识才、用才好好讨论一下。现在,论资排辈的观念在部分同志中仍然根深蒂固,有的干部认为引进一个人才就占了自己的位置,这是什么道理? 那个位置怎么一定就是你的? 还有,能力与学历的关系。高学历的干部就一定是人才吗? 这些年我们搞学历升级是对的,但人才是不是只用学历去评价? 一年编四五本没什么学术价值的书是不是人才? 这些都是值得研究、讨论的问题。我看,教员讲好每一课,善于组织学员进行研讨式学习,抓住新问题,回答新问题,使学员普遍受益,对全军影响很大,这就是人才;能经常提出真知灼见,哪怕只是一篇论文、一份建议,对军队建设和军事斗争准备有指导意义,这就是人才。我们对有些人才,要用新观念来看,要看主流、看本质,在要求上要全面,使用时却不能求全责备。地方大学的一些奇才,人家用得不是很好吗? 对于我们来讲,这些人也要用好,做到用当其位、用当

* 本文是作者同国防大学政治部领导谈话的部分内容(2005 年 4 月 22 日)。

其时。有的干部,他有一些缺点,但不属于政治上、品质上的问题,他又确实有能力、有本事,对于这样的干部要敢于使用。

其次,要注重在实践中锻炼和培养干部。军事学是实践性很强的学科,是要靠战争实践来检验的,不像物理学,做实验就是实践。所以,人才培养不能脱离部队建设和军事斗争准备的实际和实践。过去,我们多数教员是从部队被直接选调来的,有着比较丰富的实践经验,主要是理论和学术储备不够。而现在教研队伍总体结构上发生了变化,许多年轻教员从院校到院校,应该说理论功底比较厚实,但对部队的情况不太了解。有的人在师资班毕业时到连队代过职,但一直到师团职干部了,才再到部队代职,时间跨度太大。有的同志如不注意,就有可能发生脱离实际的倾向。就是那些过去从部队来的同志,有的人已经几年甚至十几年没有到部队去,快成了"桃花源中人"了。十几年部队变化有多大?教官的课之所以很受学员欢迎,就在于他们对部队实践有很深的感受,在于他们能够把军事理论与部队实际紧密结合起来。有的干部去读博士,从副营职读到副团职甚至正团职,书读得太多了,在实践中锻炼的时间少了。如果是搞基础理论学科研究的,则另当别论,但战略学、战役学、政治工作学,讲道理千千万万,仅是"纸上谈兵"恐怕不行。毛泽东同志早就说过,光有书本知识不是完整的知识。因此,干部培养要从实际出发,缺什么补什么,关键是联系部队建设的实际,增强现实针对性。对于这一点要统一思想,加紧采取有效措施。我过去上学的机会较少,我的"大学"主要是调查研究,参加各级工作组,一边工作,一边学习,促进了理论与实践的结合。所以我一直提倡进行蹲点调研,这能够从中学到很多东西。当然,我的情况不足为训,上学的时间较少,理论知识系统性不够,是我的遗憾。这是另一种偏向,就是领导用顺手了,不送到学校去培训。干部增强实践经验的方式很多,除现在的代职、任职,进行蹲点调研外,你们也要开动脑筋,多向总部请示、商量,争取我校的教研干部能够参加军委、总部派往各大单位的工作组,参加大单位的民主生活会等活动,这样可以在较短时间内了解部队的新形势、新情况、新经验。也可以请示派我校教研干部到总部机关代职,如果不行,就去帮助工作,搞两三个月,收获也是很大的。总之要进一步拓宽渠道,在培养干部上多想办法。同时,我们的教研干部也要多向学员学习,我们的学员来自全军各部队,各层次、各岗位的都有,要通过交流谈心的方式,掌握部队发展的最新情况和新鲜经验,不要天南海北地"侃大山",要多跟学员交朋友,保持长期联系,我们有些干部在这方面做得比较好。

再次,教研干部、机关干部的选调,也要着手进行改革。今后学校选调教员,要注重从具有丰富部队实践经验,当过旅团主官或机关主要部门领导特别是在军兵种部队任过旅团主官的干部中选调,连职以下干部一般就不要再选了。连职干部到国防大学任教,就会使他们过早地脱离部队实际,缺乏实践经验积累,不利于他们的成长成才。现在我们的机关干部干到师团职,出路就是当学员队的队长、政委,发展渠道太窄。以后在机关干部选调上卡得要严一些,甚至比教研干部还要严。要确保质量,从一开始就要具有与教研干部进行交流的资格,拓宽以后的发展渠道。在积极引进高层次人才的同时,也要把我们的机关干部和教研干部向总部机关相应业务部门多推荐、多输送一些。我过去多次讲过,有些年轻的、有发展潜力的师团职教研干部,要敢于交流到部队去任职,哪怕是平职交流出去。国防大学的干部到部队去是有优势的,只要进入了情况,有厚实的理论根底,是能够转化为实际工作能力的,在部队是会很有作为的。这方面的人和事有很多,对扩大国防大学的影响起了很大作用。有些同志担心在部队万一发展不起来,家又在北京,以后怎么办?我在2004年的一次会议上就讲过,如果这些干部自己干得很好,只是因为部队领导职务位置少,万一提升不了,有了在部队积累的实际经验,愿意回来的还可以再调回来任教,学校给他保底。

把教学科研岗位实践作为培养
提高干部的主渠道*

首先,各级党委对教员队伍发展趋势要有一个客观的分析和把握。对人才培养,要着眼于缺什么就补什么,以提高能力为出发点和归宿点,突出个性化培养。现在,我们有些年轻干部比较看重学历,有的人连续上学,上了本科上硕士,上了硕士又上博士,上了这个学科的硕士又上那个学科的硕士。实践证明,这样做效果未必就好,我看这样做很难出真正的创新性人才。我很赞同许多同志讲的,就是要提倡立足岗位,在实践中学习和成才。如果我们的教研人员越来越多地离开岗位去追求高学历,那就不仅会影响人才培养的质量,也会影响教研任务的完成。这里面,有一个更新人才观念的问题。我们对教研人员的培养,是不是就是为了提高其学历层次,获得更高的文凭呢?文凭与水平是有联系的,一般来讲学历高能力水平也高,但决不是画等号。要具体人具体分析,对那些上学比较多、实践经验比较少的同志,首先应当考虑的不是去读博,而是让他们到部队去代职。而对那些有长期部队实际工作经验、而学历层次不高的干部,则要舍得让他们去上学深造。这才叫真正关心爱护干部,才叫从实际出发培养提高干部。

我一直在思考一个问题,就是如何把教学科研岗位实践,作为我校

---

* 本文是作者在国防大学教学科研工作会议上的讲话摘录(2005 年 12 月 16 日)。

培养提高干部的主渠道。我们现在正处在一个变革的时期,在教学科研中要研究的重大问题很多,而且这些问题都是军委、总部直接关注的问题,是中国特色军事变革和军事斗争准备最现实的问题。真正的学问、切实管用的学问,不就在这里吗? 我们研究这些问题,把理论知识和实际经验结合起来,努力创造新的知识,回答实际问题,不是最好的学习吗? 在教学中,教员每讲好一个高层次的大课,教学准备往往要几经反复,每研究一次,不就是一个小型的研讨会吗? 参加这样的教学实践,是实在、管用的学习。从我们学校干部的成长实践来看,对杰出人才的培养基本上有两种途径:一种是读了本科——硕士——博士,并经历长期的与实践相结合。还有一种是学历并不很高,但注重长期不懈地坚持在本职岗位学习锻炼,在实践中发展提高。我们要深入研究教研人才成长的不同特点,切实改变人才培养中的某些片面认识和做法。因人施教、培养人才也是同一道理,要因人而异,方可事半功倍。

总之,不读书不行,脱离实际读死书也不行。我们放眼看看,古今中外、军内军外,真正有作为的、真正有远见卓识的人物,都是在实践中长期坚持读书、学习的人们。

在新起点上推进干部
工作的创新发展*

　　这些年,校党委和各级党组织对干部队伍建设始终抓得很紧很实,方向是正确的,举措是有力的,成效也是明显的。我们大力实施人才兴校战略,把提高干部队伍素质作为刻不容缓的重大任务,以学校全面建设的快速发展引领干部队伍建设,以干部队伍能力素质的提升推动学校全面建设,在完成以人才培养为中心任务的各项工作中,干部队伍整体素质得到进一步提高,结构得到一定程度的改善,生机活力得到进一步增强,干部选拔调配和培养工作更加科学、民主。干部队伍建设采取的许多改革举措,得到了上级和群众的充分肯定,在学员和部队中产生了良好反响。这是我们前进和发展的良好基础,为在更高起点上推进干部工作新的创新发展,创造了有利条件。

　　同时,我们也要充分认识到,由于形势和任务发展很快,军队建设在加速转型,军事教育训练也在加速转型,我们院校建设的转型必须走在部队的前列,我校干部队伍的转型更要先行一步。按照转型要求来审视我们的干部队伍,危机感、紧迫感就会油然而生,差距与矛盾就显而易见,主要表现是:干部队伍存在明显的结构性缺陷,教研干部中具有海、空军和二炮部队经历的,精通信息化作战指挥的人才相当缺乏;脱离部

---

　　* 本文是作者在国防大学干部工作座谈会上的讲话(2006 年 9 月 27 日)。

队时间长的问题比较突出；优秀人才发展明显不平衡，拔尖人才阵容还不是很强大，人才观念还不是很先进，进出渠道还不是很通畅，竞争激励机制还不是很健全；等等。这些问题是前进中的问题，是发展中的问题。解决这些问题，必须以科学发展观为指导，坚持正确的发展方向；必须着眼学校建设实际，理清发展思路，抓住重点问题，逐一破解难题。概括起来，当前和今后一段时期，我校干部工作和干部队伍建设就是要按照"提高素质、优化结构、丰富经历、激发活力、广纳人才、造就名师"的思路来科学筹划工作，勇于开拓创新，狠抓贯彻落实。

一、关于提高素质

我感到：学校整体转型，人才是关键；干部队伍转型，素质是核心。提高素质是一个永恒的课题，在推进学校整体转型的现阶段更是一个十分紧迫的大课题。当前我们必须紧紧扭住提高素质这个关键性问题，下苦功夫、硬功夫，力争取得大的成效。

提高干部队伍素质首要的是增强干部的事业心、责任感。这既是干部素质的重要内容，也是提高干部综合素质能力的思想基础和根本动力。一个干部，如果不珍惜事业舞台，就不会有沉甸甸的责任感，就不会充满工作激情，也就不会有持久的动力源。全校每一位干部，特别是各级领导干部和教研干部，都应当进一步认清国防大学作为国家最高军事学府所肩负的重大使命和重要地位。我们党三代中央领导人的论述和我校的全部历史都充分说明了这个问题。毛主席在抗大开学典礼大会上说：增强抗战力量的方法有很多，然而其中最好、最有效的方法是办好学校。小平同志在"文化大革命"结束后，很快恢复被严重破坏了的军队院校，并强调要保障军校这个战略重点。他说："宁肯少几个兵，少几个机关人员,也要把学校办好,让多一点人进学校"①,并赋予院校集体干部部的责任。江泽民同志多次强调:"军队院校教育,对军队现代化建设,具有基础性、全局性和先导性的重要作用。""没有高质量的院校教育作为基础,不断提供强有力的人才和智力支持,我军的现代化建设就难以推进。"②胡主席在2005年视察学校并作了重要指示,对培养联合作战指挥人才、创新发展军事理论等问题提出了明确要求。身经百战的老校长刘帅曾说:军官的培养,是最重要、最艰巨的战争准备。我之所以大量引用上述论述,是为了从历史进程中说明军校工作的战略地位。尤其是我们国防大学的根本任务是培养高中级领导干部,培养可托付国家安全使命的人。我们不要小看自己的岗位,不能把千斤重担看轻了。最近,我看到元朝大将伯颜的一首诗:"一节高兮一节低,几回敲镫月中归。虽然三尺无锋刃,百万雄师属指挥。"他讲的当然是他的马鞭,我联想到我校教授们手中的教鞭,把这首诗的意蕴用在我们教授身上是挺恰当的。总之,我们所从事的事业,是事关军队强盛、事关国家安全的崇高事业。这个事业是值得我们骄傲的,值得我们挚爱的,值得我们为之献身的! 我们都应因此激发出强烈的事业心、责任感和使命感,始终充满激情地去学习、研究和工作。

至于怎样提高干部队伍素质,那是一篇大文章。针对当前的实际,我想应注意以下几点:一是不同岗位、不同专业的干部,都应建立一个合理的素质模型;二是每个同志都要对自己作一个客观分析,看到优势,找到"短板",有针对性地固强补弱;三是认真总结学校近些年来干部成长的经验教训,加强和改进培训工作;四是把普遍性培养与个性化培养结合起来。我翻阅了美国陆军军官手册,发现他们在军官的培养上很

---

① 《邓小平文选》第二卷,人民出版社1994年版,第289页。
② 江泽民:《论国防和军队建设》,解放军出版社2003年版,第376页。

有个性、很有针对性，上一级军官的重要职责就是逐一制定其部属的培养方案，并进行一对一的培养。这种做法值得我们借鉴。

二、关于优化结构

结构影响形态，结构决定功能，结构甚至体现本质。优化干部队伍结构是我校建设综合性联合指挥大学面临的一项重大课题，是推进学校建设整体转型的重要内容，也是衡量学校干部队伍建设水平的重要指标。从前面对学校干部队伍的情况分析中可以清楚地看出，我校干部队伍各军兵种人才的结构比例明显不合理，与实现办学目标明显不相称。我们要敢于面对这个现实，下大决心逐步进行调整优化。

综合性联合指挥大学必须要有综合性的干部队伍结构，培养联合作战指挥人才必须要有"联合"的教员队伍。美国国防大学的军事教员中，各军兵种的比例是基本接近的，其他西方发达国家最高军事学府也十分注重编制内或聘请的军事教官的各军兵种比例。我校海、空、二炮部队的干部较少，这是历史形成的。这些年，我们注意到了这个问题，下决心集中调入了一些海、空、二炮部队的干部，使军兵种比例有较大提升，但这显然还是偏少。在这个问题上必须提高认识，统一思想，决不可有门户之见，更不能用某些似是而非的说法来轻视这项改革。政治机关和各用人单位，必须明确：在一个时期内，调入干部主要应从海、空、二炮部队中选调。经过严格认真的考核了解，加快调入一些军政理论基础较为扎实、经历较为丰富的上述军兵种人才，不断地优化干部队伍结构，加快学校整体转型的步伐。在这个问题上，既要有紧迫感，又不要操之过急，既要快选多选，又要优选精选，宁缺毋滥。从实践看，2005 年学校调进的海、空、二炮部队干部，总体表现是不错的，对促进教学科研更加贴近部队实际，对培养联合作战指挥和参谋人才发挥了一定作用。随着时间的推移和这类干部数量的增加,他们的优势和作用会进一步凸显。对他们,应多一分关心、多一些扶持。这次会议提出的选调海、空、二炮部队干部的数量等,是经过认真测算的。如果以后每年引进一批军兵种干部,那么经过5年左右的努力,我校教研干部中的军兵种干部比例就能达到比较合理的程度。到那时,我们这个联合指挥大学至少在干部队伍构成上就名至实归了,就会有一个新的形象了。

需要特别指出的是,优化队伍结构,是一个循序渐进的正常交替过程。在这个过程中,现有干部仍然是学校干部队伍的主体,不能使来自陆军部队的干部有失落感,我们必须一如既往地重视培养使用好现有干部,这是我们的基础和宝贵财富;选调海、空、二炮部队人才要区分不同的单位、不同的学科岗位,不搞一刀切;优化结构不仅有一个人员结构改善的问题,也有一个知识结构和素质结构改善的问题。各级组织和领导要积极出主意、想办法,积极安排干部到其他军兵种部队代职、任职,到其他军兵种院校交叉培训;所有干部包括海、空军和二炮部队干部都要主动适应转型、主动学习其他军兵种知识,做到融会贯通、一专多能,增强联合作战指挥的知识和能力。

三、关于丰富经历

我校干部队伍特别是教研干部队伍经历单一问题,是一个十分突出的大问题,已经引起胡主席和中央军委首长的高度重视。我们一定要认真解决好这个问题,把它作为实现学校整体转型、培养联合作战指挥人才的大事,下大力抓好贯彻落实。

从认识论上讲,经历阅历问题本质上是一个实践问题,也是一个理论联系实际的问题。一般地说,经历阅历越丰富,眼界思路就越开阔,能力素质就越全面。长期囿于一个岗位,钻在故纸堆里,两耳不闻窗外事,对正在发生的实际变化毫无兴趣,长此以往,就有可能出现毛主席曾经尖锐批评的那样,从书本里讨生活,从理论到理论。毛主席把这个问题讲到了极致,他说理论如果不和中国革命实践相结合,就会成为空洞的教条,教条主义害死人。我请学校政治部对目前我校教研干部中,在部队的任职经历和离开作战部队的时间作了一个统计分析,大家都看到了。这组数字确实能说明经历单一的问题是一个严峻的现实。造成这个问题的原因很多,主要原因在学校。这些同志本人是很好的,是没有责任的,而且主动采取各种办法弥补经历的不足;对于学校组织的各项实践活动,大家的积极性也很高。

学校在这些年来,通过代职、任职和交流、轮岗等办法丰富干部经历,效果是好的。今后,要进一步统一思想,拓宽思路,改进工作。要对代职、任职作一些改进,从锻炼吃苦耐劳、提高思想境界为主,向注重理论联系实际和提高能力并重转变,从到基层代职、任职为主向机关和基层分段代职、任职转变,从到陆军为主向到海、空、二炮部队为主转变。在干部交流上,要更新观念,作出硬性规定,坚定不移地予以推动。有的干部从校门到校门,进入国防大学以后,在一个单位、一个部门,一干就是十几年,甚至二三十年,这样的经历确实是有些单一了,确实不利于优秀人才的成长。比如一个山里农民长期在那么几亩地几分田里转悠,不去闯荡市场,不去看看外面的精彩世界,他就觉得生活原本就是如此,日出而作、日落而息,今年这样、明年也如此。而当他到城里做几年民工,到沿海发达地区去闯一闯市场,眼界和观念、能力都发生深刻变化。事情就这么简单,但我们现在有些同志让他挪挪窝很难;或者领导用得顺手了,也不肯放,校内交流都走不开步子。至于交流到部队任职,那顾虑就更多了。应当说,大家对目前的超常稳定状况,也是不太满意的,因此要有规矩。下一步,要进一步加大干部交流的力度。从校内交流来看,要走开机关、系院队、教研干部之间的交流路子,基本方向是机关综合部门和系院队领导都要有教研经历;有些同志还应走开学科之间的交流路子,根本目的是丰富经历阅历,提高"联合"素质。从校外交流来看,要积极争取政策支持,使我们的优秀干部能够走得出去,部队的优秀干部能够被及时调进来。对此,各级党组织和领导干部要积极支持,干部本人要坚决服从,真正转变思想观念,克服门户之见,使交流的路子越走越宽、越走越好。

四、关于激发活力

活力代表了生命力,代表着向上的发展力。只有富有生机和活力的队伍,才能把蕴藏的能量最大限度地释放出来,就像核武器是因为激活了内部的原子、质子和中子才能释放出最大能量一样。如果死水一潭,再优秀的干部也会被淹没,再有潜能的干部也会因惰性而归于平庸。当前,学校整体转型既给学校全面建设与发展提供了挑战与机遇,也为增强干部队伍的生机和活力提供了新的要求与机会。

这些年来,我们想了很多办法,采取了实施"名师工程"、宣扬典型、发放教研干部岗位补贴、进行多种奖项的评审等措施,对于激励先进、鼓励开拓创新起到了重要作用,干部队伍中昂扬进取成为主流意识。但与形势和任务相比,干部队伍仍然存在着生机和活力不足的问题。论资排辈,轮流坐庄,干好干坏、干多干少一个样的现象还在一定程度上、一定范围内存在着;有的单位干部青黄不接,后备力量不足。我们必须多想办法、多采取措施,在奖惩机制和选拔培养优秀年轻干部等方面进一步加大工作力度,为干部队伍注入多元动力。

从建立和完善奖惩机制来看,现在我们的奖项已经不少了,奖励力度也比较大了,应该说学校是尽了力了。下一步的努力方向,一个是要进一步规范奖项及其条件,奖给应奖的人,防止论资排辈、轮流坐庄;奖给应奖之人,把干劲奖出来,把活力奖出来。另一个是要更加注重精神奖励,加大典型宣传力度,对那些默默奉献、崭露头角的同志要加大宣扬力度,为他们成名成家、逐步扩大在军内外的影响创造条件。第三是要健全和完善惩戒机制。在这方面,或者是有效举措和办法较少,或者是建立了有效的措施和办法,但由于"好人主义"和姑息情绪,落实得比较差。比如,有的领导平时说,某个干部这也不行、那也不行,可是一到调职调级、评功评奖的时候,他们又说他这也行、那也行了,出现有些干部工作平庸实绩少,晋职晋级少不了。我们到西方发达国家,包括一些新兴的发展中国家访问、考察时了解到,他们都十分注重惩戒问题,甚至惩戒的力度大于奖励的力度;他们的眼睛时时盯着后进者,处处鞭策后进者,使人人有一种不进则退的危机感。美国西点军校的学员毕业淘汰率不低于20%,许多西方国家军校的教员淘汰率不低于学员的淘汰率。我们有自己的传统和特色,不能完全照搬照抄西方国家的做法。我们坚持以表扬、激励先进为主,这是对的,但从实效出发,建立合理、有效的惩戒机制也是十分必要的、非常重要的。批评教育、诫勉谈话等,一直是我们行之有效的做法,但有些领导同志生怕得罪人,明明有看法,当面说好话。也有的干部批评不得,一批就跳、就闹,这样的干部是很难有大的进步的。淘汰、惩戒机制是对优秀人才的保护,也是对后进者的爱护。总之,奖与惩既是对立的、又是统一的,我们要把这两个方面的措施都运用好,把两个机制都建立完善好、贯彻落实好。

从优秀年轻干部的选拔培养来看,也是一项紧迫任务。党中央、中央军委对于培养选拔优秀年轻干部,并把他们放在重要领导岗位上,有过一系列重要论述和指示。我们一定要在充分肯定和褒奖老同志重要作用的同时,以政治意识、大局意识来认识选拔培养优秀年轻干部的重要性,大胆地提升一批年轻优秀、成绩突出的干部到军、师职主要领导岗位上来,形成合理的干部年龄梯次结构。各级领导应有宽阔的胸襟,欢迎和扶持后来者居上。我们要看到,全军部队都在强调年轻化,都在强调交流；如果我们的干部总是年龄偏大，你就只有接受交流进来的义务，而没有交流出去的资格和权利。总之，我们要以对事业高度负责的精神重视年轻人的选拔，要有宽广的胸怀和识才的慧眼抓好接班人的培养，要有甘当人梯的精神为优秀年轻干部健康有序成长铺路搭桥，真正做到为官一任，工作上有一番政绩，育才上带出一批新秀，使我们的事业后继有人，充满生机和活力。

五、关于广纳人才

人才资源是院校生存和发展的根本资源。信息时代，任何一所院校的人才都是相对有限的，都不可能完全以自有人才满足日新月异的教学科研需要。为此，院校人才培养的优势不只取决于自身已有的人才，也取决于敢于和善于面向社会、面向全军广泛吸纳并利用人才。目前，我校办学规模扩大、培训任务增加、各项职能进一步拓展与师资相对不足、教学力量短缺的矛盾日益突出，对推进学校整体转型和大规模培养联合作战指挥人才是一个明显的制约因素。为此，我们需要更加明确树立挑尖子、纳贤才的思想和不求所有、但求所用的理念。

所谓挑尖子、纳贤才，就是要抬高选调干部的门槛，变"选苗子"为主为"挑尖子"为主，下大力引进一些优秀的顶尖级人才。这主要基于三点考虑：一是"选苗子"培养周期太长，不能及时满足快速发展的形势和教学科研任务的需要；二是"选苗子"培养成本高，有时也选不准，还容易造成起点低、经历单一等问题；三是我们国防大学自己不生长干部，调进干部的质量对我校干部队伍具有基础性作用，必须优中选优、好中选好、宁缺毋滥；四是我们的编制员额很紧，缺乏培养"苗子"十几年的空余编制员额。这些年，我们在干部选调中总体把关是好的，但有的发挥主观能动性不够，受视野限制，调进了少数一般化的干部；有的搞"近亲繁殖"，在自己熟悉的人际圈子里选来选去；或者碍于情面，调进了个别"关系干部"，这种状况在我校并不严重，但也必须坚决改变。应该说我们在挑尖子上是有条件和政策支持的，我们应拓宽视野，放眼全军选人才，有些特殊人才，还可以在社会上挑选。规矩要有，但也不能绝对化，真正是杰出人才，就不能死抠那些框框，还要有优惠政策。

就不求所有、但求所用来讲，近年来，我们把吸纳和利用全军和社会优秀人才为教学科研服务，作为办学治校的一个重要举措，采取试行教官制、举办周五学术讲座和先进文化讲堂、聘请兼职教授等办法，"搭台唱戏"，取得了较好效果和有益经验。我们既有地处北京的区位优势，又有国防大学的良好声望，在吸纳和利用人才资源方面还有很大的潜力和广阔的空间，关键是要发挥主观能动性和创造性。这次讨论的《关于试行特聘高级教官制度的意见》《关于返聘退休教研干部工作的意见》，就是很好的举措和尝试。国防大学是全军的国防大学，应该充分利用三军的智力资源，把全军人才队伍作为我们的人才库，应该有这个眼光；国防大学是全国最高军事学府，不仅培养军队高中级领导干部，还担负对地方高中级领导干部进行国防教育的任务，完全应该也能够聘请地方名家名流来校开辟讲堂，应该有这个视野；国防大学是开放的国防大学，我们要进一步走开放办学的路子，积极为一切思想深邃、关心国防教育事业的名师大家提供讲坛，为我所用，应该有这个胸怀。今后要更加积极主动地做工作，充分利用全军甚至全国教育资源不断壮大教学科研力量，形成有效利用各种人才资源和智力资源办国防大学的生动局面。

六、关于造就名师

名师是一所大学的立校之本，决定着一所学校的地位、作用和影响。我们曾经说过"校因师而名、师以校而尊"，这比较准确地概括了名师与名校的关系。依靠名师、名将办校治学,培养建军治军的栋梁、指挥打赢的战将,是一个合乎逻辑的做法,也是我校鲜明的实践传统。作为中国最高军事学府,就是要有一批始终站在军事变革前沿、能够引领军事理论创新潮流、在全军具有深远影响的名师名家,这是推进学校整体转型、履行职能使命的迫切要求。经过这些年的努力,我们有了一些名师名家,这是全校的财富和光荣。但我们的名师名家数量还不够充足,同形势与任务要求和国防大学的地位与作用还不相适应,必须不遗余力地培养名师、成就名家。

什么人堪称名师呢? 我想,这既是在一定范围内教师群体中相比较而言的概念,也有可以衡量和界定的客观标准;不同学科的名师既有共性,也有其特殊性。就国防大学而言,是不是有这么几条,提出来供大家研究。第一,必须高举旗帜、听党指挥,政治信仰坚定。第二,学识渊博,专业精深,学贯中西,融汇古今,在某一学科、某一领域长期处于领先地位,甚至是公认的权威学者。第三,创新能力强,科研成果丰硕,有名课、名篇、名著,对指导当前实践有重要影响,有的还应传之久远,真正是以言立名。第四,具有独创性或鲜明特色的教学方法、教学风格,对提高教学质量有明显功效。第五,师德高尚,学风优良,为人师表。由于我们的教学科研有的涉及国家机密,所以,我们的名师既有声名远播的,也有默默无闻的。名师不能只看在外界知名度的高低,更主要的要看实际作用的发挥和贡献的大小。

培养和造就名师,既要靠组织的培养,更需要个人的不懈追求和刻苦历练。各级领导要遵循名师的成长发展规律,不要拔苗助长,有心栽花花不开;同时,对具有潜力的同志要倍加关心爱护,要扶持培养,要有识才的慧眼、用才的气魄、爱才的感情、聚才的方法。应该说,这些年我们做得是不错的,我们对人才没有求全责备;对有的同志,我们在严肃批评教育的同时,宽容了他们的一些缺点、弱点甚至工作中的失误。这对一些同志的健康成长起到了很好的作用。就组织培养和个人努力相结合、造就一批名师大家,我也谈几点看法:一是,无论从事什么学科专业,都要用中国化的马克思主义武装头脑,打牢政治理论根基,特别是掌握辩证唯物主义、历史唯物主义的世界观和方法论。二是,把握全局,拓展视野,练就宽广的世界眼光和深邃的历史眼光。三是,咬定青山,矢志不渝,执著追求,不要心浮气躁,做到厚积薄发。四是,面向战场,面向部队,面向实践,面向未来,有很强的"问题意识",以回答和解决重大现实问题为中心,警惕脱离实际的倾向。五是,主动丰富经历、拓展阅历、多岗位锻炼实践,既善于及时获取大量新的信息,又善于博中取约,具备提取和运用有用信息的能力。六是,具有团队精神,依靠集体攻关,团结共进。七是,见贤思齐,取人之长,补己之短,没有文人相轻的习气。八是,与时俱进,有很强的创新精神和创新能力,这对于造就名师大家的极端重要性是不言而喻的。上面讲的几条,应当说主要应体现和落实到创新上来,没有创新就没有大的作为,就不大可能成为真正的名师大家。总之,贯穿这几条最基本的东西一个是学习,一个是创新。学习,包括向书本学习、向实践学习;读有字之书,读无字之书。古今中外,凡在学术上有大成就者,无一不是刻苦学习的典范。我们提倡把教学科研岗位作为最好的学习平台,任何一个名师,都不是凭空产生的,都是以岗位任务牵引学习,都是在完成重大教学科研任务中磨砺出来的。我们的优秀教研干部特别是名师们,无一不是把任务当机会,在勇挑重担中一点一点累积、一步一步成长起来的。创新是名师大家必备的能力和品格。这些年,我们几乎逢会必讲,急切地呼唤创新。针对当前的实际,应当进一步提倡和鼓励:要敢于超越模仿性思维,不迷信本本,不迷信学术权威,标新立异,敢为人先;要敢于超越定式思维,树立多视角、全方位思维,学会逆向思维;要敢于超越有限性思维,培育丰富的想象力,善于联想,敢于幻想。列宁说过:人们认为只有诗人才需要幻想,这是没有理由的,这是愚昧的偏见！甚至在数学上也是需要幻想的，没有它就不可能发明微积分。我们由此可见，想象力是创新的重要思维方式，是创新的"催化剂"；要敢于超越自我，有一股永不满足的劲头，如古人所说："为伊消得人憔悴，衣带渐宽终不悔"，努力达到"语不惊人死不休"的境界。

我感到，今天讲的 6 个问题、24 个字，既是干部工作和干部队伍建设努力的方向，也是大家在工作中必须把握的关键问题，既是相对独立的，又是彼此关联、相辅相成的有机整体，必须进一步统一思想，理清工作思路，用创新精神，下大气力抓好贯彻落实。我们就是要坚持科学发展观、科学人才观，高度重视干部队伍建设；就是要使主要领导树立第一责任人的意识，亲自主抓干部队伍建设，做到工作成绩和人才成果一起出；就是要做到各单位、各部门和各级领导的相互配合、相互支持，形成抓干部队伍建设的合力，不断破解影响和制约干部队伍建设的难题，不断推进我校干部工作的创新发展和干部队伍建设整体水平的提高，不断适应学校整体转型和培养联合作战指挥人才的需要。

认真做好特聘高级教官
这项开创性工作 *

    今天是 2007 年 1 月 30 日,这是个值得记住的好日子,是国防大学办学治校史上的一个好日子,也是军队院校教育史上的一个好日子。因为今天,我们在做一项开创性工作,就是聘请免职或退休的部队高级领导干部担任国防大学的特聘高级教官,参与学校的教学科研。这个做法,在军队指挥院校是第一次,可以说是开了一个好头。

    实行特聘高级教官制度,主要的想法,就是聘请全军理论水平高和经历经验丰富的退休或免职的大军区级,军、师级领导干部和高级专门人才、驻外武官等,担任我校的特聘高级教官。这件事,我们向军委、总部进行了专题汇报,得到了军委、总部的认可,中央军委首长认为这个事很好。我们这次特聘的 7 名同志,主要是军兵种战略战役学科领域、军兵种作战学科领域和训练领域、军兵种装备和电子战领域、军队政治工作学科领域的著名专家,大多也是我们的老朋友、老同学、老战友。我相信特聘高级教官制度具有很大的发展潜力。因为这种形式,能够把你们丰富的实践经验、长期的学习积累、对问题的真知灼见和善于创新的智慧,通过国防大学提供的这个平台很好地发挥出来。这与当全国人大代表、全国政协委员参政议政还不一样,它可以把大家在军事方面的宝贵

* 本文是作者在国防大学特聘高级教官座谈会上的即席讲话(2007 年 1 月 30 日)。

智慧、丰富经验、深刻见解充分展现出来。从这个角度来讲，特聘高级教官制度是一种很好的实现形式。

应当说，特聘高级教官这项工作才刚刚起步，如何使这个制度更好地发展下去，更好地为提高教学科研质量服务，更好地为培养联合作战指挥人才服务，需要我们和大家一起努力。但重要的一点，或者说，能够使特聘高级教官制度得以继续的一个重要动力，是大家努力地做好工作，充分发挥你们的优势。只有这方面做好了、成功了，才能进一步增加数量、扩大规模。相信经过我们的共同努力，特聘高级教官制度一定能够被写入国防大学的发展史，我觉得这是非常神圣和光荣的。所以说，今天是一个好日子。

现在，国防大学进入了发展的新阶段，站在了发展的新起点上，有了新的发展机遇，但同时面临着新的矛盾——前进和发展中的矛盾。刚才机关的同志介绍情况时，也提到了一些。我认为，目前国防大学面临的主要矛盾，是领导干部和教研队伍的素质和办学能力还不能适应培养新型高级军事人才的高要求、学校全面建设创新发展的高要求。因此，大家要从解决这个主要矛盾上发挥你们的优势和作用。发挥优势和作用的实现形式多种多样。讲课是一种实现形式，但这还不够，不能只限于这种形式。比如，学校各个班次的教学设计和教学大纲的制定，课程怎样设计，培养联合作战指挥人才学什么、不学什么，教什么、不教什么，这是个更重要的问题。如果长时间从国防大学走出去的人，不是真正的联合作战指挥人才，不能很好地担负起组织指挥联合作战的重任，将来我们都要负责的。在这方面，大家可以充分发挥作用，从你们曾经用人的视角、领导的视角、部队建设需求的视角，提出意见和建议。在这一点上，你们最有发言权。我们的教员考虑课程设计的角度，往往受到经历、阅历的限制，会带有一定的片面性。还有，在重大课题研究攻关中发挥作用。军委、总部每年都给国防大学许多重大课题和攻关任务，要求很高,这也是近年来学校任务很重的又一个重要方面。你们在这方面发挥作用,就是重大课题研究可以由你们牵头,给你们配备年轻教员、博士生、硕士生担任助手,把课题完成好。另外,大家可以听听课,参加各种演练,看看问题在哪儿?课讲得怎么样?用你们的视角,也就是用"第三只眼"看一看、评判评判。总之,就是用好大家的智慧和经验,发挥更大的作用。我对大家是充满敬意、充满信心、充满期待的。我也相信,经过我们大家的共同努力,特聘高级教官制度这条路子会越走越宽、越走越好。

"中青班"学员要认清
使命，不负重托*

刚才大家的发言很好，反映了这期中青年领导干部培训班的学习成果、收获体会和意见、建议，说明大家没有辜负军委、总部的殷切期望。下一步要继续发扬已经取得的成绩，争取更大进步，以优异成绩完成好学业。

一、进一步增强使命意识

举办中青年领导干部培训班的基本考虑，是着眼我军担负起的维护国家发展重要战略机遇期、实现中华民族和平发展和伟大复兴的使命。要维护好这一重要战略机遇期，需要建设一支强大的现代化军队作保障，而"中青班"学员生逢其时，必将在军队建设各个重要岗位上发挥重大作用。目前，军事斗争准备任务紧迫，推进中国特色军事变革的历史使命都急需高素质复合型人才。现在，人才匮乏特别是联合作战指挥人才匮乏，已成为制约军事斗争准备和军事训练转型的一个突出问题。军委、总部决定在国防大学举办"中青班"，就是采取超常措施、解决这个

---

* 本文是作者在国防大学基本系中青年领导干部培训班学员座谈会上的即席讲话（2004年6月7日）。

问题的一项重要举措。我经常想到抗大校歌,歌中唱道:"黄河之滨,集合着一群中华民族优秀的子孙。民族解放、救国的责任,全靠我们自己来担承⋯⋯"现在我们国防大学的所有学员,包括"中青班"学员,都是中华民族的优秀子孙。大家聚集在北京红山口,一定要有强烈的责任感和紧迫感,牢记重托,不辱使命;要志存高远,为促进中华民族的崛起、为推进中国特色军事变革、为打赢未来战争,而发奋学习、刻苦钻研。希望同志们一门心思用在学习、成才上,用在钻打赢、谋打赢上,而不必太在意考试成绩如何、拿不拿学位,也不必太在意毕业后是否马上会得到提升。国家需要人才,军队需要人才,这是大势所趋。真正是优秀人才,真正是政治强、业务精、作风正、实绩突出的人才,难道会被长期埋没吗?现在各级党委爱人才、用人才,已经到了求才若渴的程度。目前还是一般化的干部多,真正优秀的人才少。要立志成大才、做大事,而不是做官。眼睛总是盯着一官半职,那是难以真正成为栋梁之才的。总之,要立志为国家的崛起和强大而学习,为履行好新一代革命军人的神圣使命而学习。要经常想一想:我们这茬人能不能担当得起历史赋予的使命? 这样就会产生出强烈的使命感和责任感,就不会为个人的进退得失而计较。

二、发挥学习的内在动力

搞好"中青班"的教学,从学校的角度来讲,要加大教学科研改革创新的力度,提高教学质量;从学员的角度来讲,要切实由教的对象变为学的主体,学会学习,学会自主地学习、创造性地学习。在新的形势下,学会学习往往比学到现成的知识更有用、更重要。时代在飞速发展,知识在快速更新,在校学习的知识回部队后不可能都用得上,也不可能解决部队建设和发展中的所有问题。所以不能死啃书本,照搬照抄。要树立新的学习理念,掌握正确的立场、观点和方法,学会获取新知识的有效方法,培养浓厚的学习兴趣和良好的学习习惯,不断提高思维层次。这将是终身受益的。我们多年来一个带倾向性、习惯性的问题是:学员在学习过程中自主创新性学习不足,质疑思考不够。希望"中青班"开一个新风气,在研究式、创新性学习上迈出一大步,不断地超越自我、超越老师。

三、确立真打实备的思想

学习是为了打仗、为了打赢;如果有当"和平官"的思想,那是学不好的。一定要把准备打仗的思想要求,自觉地贯彻到我们在校学习的各个方面、各项要求中。要深入研究和探讨如何立足现有装备打得赢的问题,特别要把着眼点放在军事斗争准备的关节点和具体要求上,把怎么带兵、怎么打仗、怎么打赢等问题,研究实、研究透。每个学员同志都要立足在自己任职期间带兵打仗,用真打实备的要求来牵引学习,决不能以不打仗的心态去研究打仗的问题、去作打仗的准备,那样就会学不深、学不实,学的东西也没有用。

四、自觉维护集体荣誉

"中青班"的学员都是通过严格选拔送学的,要通过自己的努力,取得优异成绩,向军委、总部和全军部队交一份合格的答卷。要精心培育团队精神,珍惜集体荣誉,增进母校情结,树立良好形象。每个同志都要自觉加强党性锻炼,严格组织纪律,注重品德修养,决不能做出格的事,更不能自己贬损自己,贬损集体实际上也是贬损集体中的成员。抗大学员后来无论当多大官,终身以抗大学员为荣,我们也要有这种母校情结、集体观念。

增强学员开学动员教育的针对性*

2005 年的开学与往年相比有很大不同,是在全党深入开展保持共产党员先进性教育活动和全军进行"强化战斗精神、提高打赢能力"主题教育的情况下进行的。这两个教育在本质上是一致的。保持共产党员先进性,对我们军队来说,既有全党的共性,也有军队的个性。军队党员保持共产党员先进性,最集中的体现就是听党指挥、打赢战争。我们的开学动员教育要把这个问题讲清楚了、讲到位了,讲到让学员都接受了,就是开发了学习动力的思想基础。要使每个学员牢牢确立在校学习的总主题,即保持共产党员先进性,想打赢、谋打赢、钻打赢。我们的整个教学和人才培养工作,都要围绕这个总主题进行,让学员充分认识到:学到打赢新知识、增长打赢真本领,就是共产党员先进性的具体体现和根本落脚点。开学动员教育一定要让学员明白这个总主题。

我们的开学动员教育要讲好,就要注重增强针对性,在增强针对性上求深刻,要给学员打上深深的烙印。不能道理一大篇,没有针对性。我感到,要把这样几个问题多讲一下。

---

* 本文是作者在国防大学学员开学动员教育现场观摩会上的即席讲话(2005 年 2 月 25 日)。

一、是带着升官、"镀金"的目的，还是带着强烈的使命感来学习

这二者实际上差别很大。后者的思想境界高，学习的动力大、也持久。抗大时期，"黄河之滨，集合着一群中华民族优秀的子孙"，他们就是为了抗日救亡来学习的。我们要像抗大学员那样，具有强烈的先进意识、使命意识，牢固树立为国家和平发展而学习的思想。要讲大道理，看到大背景。从世界发展历史来看，任何一个大国的崛起，不可能受到所有人的欢迎。中国的崛起，尽管走的是一条和平发展之路，也同样要受到一些国家阻挠的。"台独"势力是阻止中国崛起的非常关键、非常危险的因素。要引导学员认清来校学习不能为了升官，而要为了更好地履行新世纪新阶段我军的历史使命；要教育学员确立勇于和能够承担历史大任的意识，努力成为忠于党、忠于国家、忠于人民、英勇善战的将才，成为民族优秀的子孙和军队坚强的脊梁。

二、是以当"和平官"的心态，还是以带兵打仗、打胜仗的紧迫感来学习

这两种心态的学习结果大不一样。不少人是本着当"和平官"的心态来学习的，这是不能学好的，需要我们的系院队干部着重搞好教育引导。这几年，各级领导反复强调，要树立带兵打仗、在自己任期内打仗的思想，培养部队的战斗精神，按照真打实备的要求扎实做好军事斗争准备。我们要引导学员充分意识到带兵打仗是一名军官最崇高、最神圣的使命，坚决克服当"和平官"的心态，切实增强学习掌握打仗真本领的紧迫感和积极性。

三、是带着学习学习、轻松轻松、休息休息的
思想来上学,还是准备寒窗苦读

一些同志认为,这些年在部队主官岗位或机关重要部门很累,到学校来就是学习学习、轻松轻松、休息休息,这种想法是不对的。要告诉学员,来校学习决不是轻松的,只是工作关注点的转移。我对"中青班"讲过,完成学习任务就要准备脱层皮。有的人对外语学习叫苦连天,这能解决问题吗?为什么也有人能学好?国防大学不能给大家放松和休息的感受。我们的校训是"团结、紧张、严肃、活泼",紧张就是指要紧张、有序地学习。学习是艰苦的脑力劳动,要想学有所成,是需要费尽心血的。中国自古以来,就强调寒窗苦读,要使学员一入学就树立这种意识。

四、是被动式学习,还是主动式学习

要教育学员转变学习理念,不能只是想单纯地从教员那里获得现成结论,对教学问题只做评判员,而要当好学习场上的"运动员"。要增强学员的主体意识,使他们认识到:提高教学质量,需要教与学两方面作出努力。学校可以提供一个研究前沿问题很好的条件、很好的平台,但任何学校、任何教员,不可能把所有解决问题的新答案、新结论都给你。许多学问要靠自己去钻研。学员要把学习主体的思想好好树立起来,把自己摆进教学中去,主动分析教员的讲课,要勇于质疑,要有求异思维,要积极探索新知。这是一个很辛苦的过程,不能把听课当做是练气养神的好时机。

这次活动,把学员开学动员教育观摩与"保持先进性、一心谋打赢"主题实践活动紧紧扣上,既是开学动员,也是主题实践活动的开始,注重结合,富有创意,起到了促进交流、取长补短、褒扬先进、调动积极性的目的。

强化自主学习意识，
提高自主学习能力[*]

这些年来，校党委围绕着提高人才培养质量，在推进教学改革上确实下了很大功夫，特别是在抓"教"的方面采取了不少措施，做的文章比较多。比如，在教员中实行大课评比和优质大课的奖励制度，促进了大课授课质量的提高；通过教学改革立项，推出了案例式教学、小班研讨式教学、问题前导式教学等一些新的教学方法；充分利用学校地处北京的区位优势，广泛运筹各种教育资源，扩大开放办学；等等。这些都是为了解决教学能力、教学方法、教学资源不够的问题。在这方面不能说完全做好了，但总的看，抓了以后成效还是明显的。从学校教学实践来看，教学水平和人才培养质量的提高，仅仅抓"教"的方面是不够的，在"学"的方面过去抓得少了些，现在需要突出地强调这一方面的问题。

大家都可能看过，20世纪80年代有一本书叫《第三次浪潮》，书中讲道："明天的文盲不是目不识丁的人，而是不会学习的人。"它告诉我们，在信息时代，只有学会学习，才能跟上时代的步伐、适应社会的发展。所以，这两年学校在学员培养方面有个理念，叫做"教为主导，学为主体"，提倡学员作为学习的主体，进行自主性学习、创新性学习，这是提高

* 本文是作者在与国防大学"中青班"学员骨干座谈时的谈话（2006年4月20日），原载于《国防大学学报》2006年第5期。

人才培养质量、增强学习效果非常重要的方面。为此,2006 年学校在保持"教"的方面继续深化改革的同时,要重点抓一下"学"的问题,充分发挥学员学习的主体作用。

一、如何认识学员在学习中的主体地位

我们传统的教育,基本上是一种传授性、灌输式的教育,这种教育模式主要是"老师讲、学生听",学生围着老师转,学生在学习中很少有自主权和创造性。对于这种教育模式中存在的问题,很早就有人认识到并进行过批评。1938 年,陶行知先生到武汉大学作演讲。他从皮包里抓出一只大公鸡,又从口袋里掏出一把米放在桌上,然后用手按住鸡头,逼它吃米,鸡只叫不吃;他又掰开鸡的嘴,把米硬塞进去,鸡挣扎着仍不吃。当陶先生松开手,把鸡放在桌上,大公鸡就吃米了。陶先生用这个生动的事例批评了那种"先生强迫学生去学习"的现象。他指出,学习同公鸡吃米一样,是自觉的行为。老师按住头,把知识硬灌给学生、硬喂给学生,是学不成的;并强调"学"字的意义,是要自己去学,不是"坐而受教"。这些年来,为改变传统的教育方式,国家大力倡导素质教育,提出要尊重学生的主体地位,把学习的主动权交给学生,让学生成为学习的主人。但什么是学生的主体地位? 这种主体地位的表现在哪里? 现在说法很多,而且地方院校教育改革的一些做法,并不完全适用于军队院校。我们是成人教育,并且以任职教育为主;作为国防大学来说,情况就更为特殊一些,来学校学习的同志大多是中高级干部,大家不但有丰富的部队工作经验,而且有较强的思维能力和分析研究问题能力。所以我感到:我们国防大学学员的主体地位,主要是讲,在"教"与"学"这对矛盾中,教员的教虽然很重要,但主要的矛盾方面是学员。学员在校期间,学什么、不学什么、怎么样学习、学得好不好,既取决于教员的引导,更主

要取决于学员,学员具有学习的主动权、自主权。学员主体地位的实质是:学员是学习的主人,是学习的主宰者、创造者。这种主体地位主要表现在以下三个方面:

一是能够自主地、有针对性地学习。不是老师叫我学我才学、叫我学什么就学什么,被老师牵着走,而是根据提高任职的素质能力需要,积极主动地学。比如,我们指挥员班的学员,他们在学习中的主体作用,不仅表现在有很强的积极主动的学习意识,还表现在能够根据信息化战争、军队现代化建设对指挥员提出的知识结构要求,分析自己的知识结构和能力情况,找到个人欠缺的是什么、需要补充些什么,然后根据教学大纲、个人对知识的需求,主动地去思考和设计学习,有计划地扩大知识面、改善知识结构。

二是能够研究性、创造性地学习。不是教员教给什么就是什么,满足于从教员那里得到一些现成的知识,而是能够积极主动地思考问题、研究问题,通过思考研究,形成自己的认识和见解。我国古代的大教育家孔子是很重视"学"的。他说:"吾尝终日不食,终夜不寝,以思,无益,不如学也。"(《卫灵公》)同时,他又主张学习时要开动脑筋,多思考。"君子有九思,视思明,听思聪,色思温,貌思恭,言思忠,事思敬,疑思问,忿思难,见得思义。"(《季氏》)他用"学而不思则罔,思而不学则殆"来说明学与思二者必须结合,只强调一面而忽视另外一个方面,是不能取得好的学习效果的。大家到国防大学来学习,也应当是学与思的结合。要看到,无论是军事斗争准备,还是军队建设,我们面临的现实问题很多,这些现实问题都要教员给你一个现成的答案,是不现实的。国防大学的教学,给你的不可能是现成的、完整的答案。在教学中,教员只是提供一些材料、一些方法、一些观点,这些只是研究问题的基础,而且不是研究问题的全部基础,只是一部分基础;仅仅以此为基础,也是远远不够的。所以,你们还要通过别的渠道去获得更多的信息、占有更多的材料,进行深入分析思考,得出自己的结论。这样去学习,就变成自己的知识了,才体现了你在学习中的主体地位。

三是能够质疑教员、超越教员,有自己的新发现、新见解。孔子说:"不曰'如之何,如之何'者,吾未如之何也已矣。"意思是讲,对于一个从不问"怎么办"的人,我也不知怎么去教他。很显然,他是不赞成唯师是从的。我国古代思想家韩愈在《进学解》中也讲到"行成于思,毁于随",反对不加思考、鉴别,盲目从众追随。国防大学的学员更应当有自己的主见,不能认为教员讲什么就是什么,教员讲的都是对的,我只要听了、记住了就行;而是要有自己的分析和认识,甚至是完全不同的见解,哪怕这些见解不见得都是正确的,只要能提供另外一种研究问题的思路、能启发新的思考就很好。古今中外那些最有出息的人,从来都不是老师怎么说、我就怎么听的。毛主席当年学习就从来不是那样,包括他自己学马列,都是站在马列之上来思考研究中国问题的。

二、怎样发挥好学员在学习中的主体作用

学员要发挥好学习的主体作用,我感到,最主要的是打破在传统教育思想影响下形成的"你讲我听"的学习模式,由被动接受式学习向自主性学习转变。

被动接受式的学习往往把学员置于从属、服从的地位,学员很少从积极主动、创造性方面去考虑自己的学习。在这种模式下,学员最终学到的知识,主要是从教员那里照搬过来的。自主性学习则是根据学员自己对知识的需求主动设计自己的学习,是发挥主动性和创造性的学习。最终学到的知识,不完全是从教员那里传授的,而是一种经过吸收、改造、加工、补充和创造而形成的,适应学员自己需要并由自己构建起来的知识体系和能力体系。学会自主性学习、提高自主性学习能力,必须要

有与之相应的学习方法，方法不科学也不能达到目的。宋代学者朱熹讲："事必有法然后可能。师舍是，则无以教；弟子舍是，则无以学。"①意思是说，无论老师和学生都必须讲究方法。法国生物学家贝尔纳也说过：良好的方法能使我们更好地发挥运用天赋的才能，而拙劣的方法则可能阻碍才能的发挥。适应自主性学习的特点，在学习方法上，需要强化以下五个意识：

一是强化目标意识。自主性学习是一种有目的的学习，是在目标管理下有选择、有计划的学习。强调自主性学习的目标意识，是因为目标决定着学习的方向、影响着学习的动机、制约着学习的动力。这个目标表现为大目标和具体目标。这里的大目标就是学习的总目标，也可以理解为学员的培养目标。具体目标就是学习的阶段性目标、个性化目标。对于我们来说，大目标是一致的、明确的，就是成为政治合格的、具有战略头脑的联合作战指挥员，一般地说就是成为高素质新型高级军事人才。在这方面学校有一个素质模型，并体现在我们的教学大纲和教学计划中。具体目标则不是那么明确的，是要靠每个学员自己去确定的。我国古代思想家老子曰："知人者智，自知者明。"学贵有自知之明。确定自己学习目标的关键，是要从大处着眼、小处入手，也就是着眼培养目标的要求，切实搞清楚个人素质能力存在的问题和差距，制定出符合自己实际的目标。只有把目标搞清楚了，才能使学习有的放矢，增强学习的自觉性、主动性。希望大家在了解学校教学大纲和教学计划的基础上，根据个人实际，制定好学习目标和学习计划。

二是强化问题意识。自主性学习是一种以问题为牵引的研究性学习，是在不断发现问题、研究问题、解决问题过程中提高能力的学习。古

---

① 宋·朱熹：《四书集注·孟子集注》，转引自秦牧主编《实用名言大辞典》，广西人民出版社、广西教育出版社1990年版，第1218页。

人云:学生于思,思源于疑。现代心理学认为,疑是思维的火花,思维总是从发现问题开始,以解决问题告终。在学习中,如果没有问题意识,就不可能提高自己,更不会有创造性。马克思讲,问题是时代的格言。任何伟大的发现,往往是从发现问题开始的。爱因斯坦在上中学时,就提出两个深奥的问题:一个是,如果人跟着光的速度跑,会出现什么现象?还有一个是,如果人坐在电梯里,以自由落体的速度下降,会出现什么现象?正是这两个问题的提出,为他创立狭义相对论和广义相对论开启了大门。我国语言文字学家黎锦熙教授,在回忆录中也讲了这样一个故事。当年他在湖南办报,有三位青年学生通过帮他抄写文稿来学习。第一位是不问文稿内容是什么,一律抄录,决不走样,连稿子中的技术错误也照抄不误;第二位是见到文稿中的问题,能主动给老师提出来,主动加以润色修饰;第三位是看到与自己观点不同的文稿,就干脆不抄,更不在枝节上纠缠。后来,这三位青年的前程可谓天壤之别。第一位,终生不过是一个默默无闻的职员;第二位是著名作家、戏剧家,创作了国歌《义勇军进行曲》的田汉同志;第三位便是毛泽东同志。可见,青年时代的毛泽东同志在学习中很有主见,决不苟同,哪怕是自己的前辈和老师。这正是他成就一生伟业的可贵品质。

强化问题意识,最主要的是在学习中要打破思维定式,学会求异思维、逆向思维、发散思维,掌握多种思维方式,从而最大限度地扩展思维张力的空间。有人曾经谈过自主性学习的感受:表现为茅塞顿开、豁然开朗、悠然心会,表现为怦然心动、浮想联翩、妙不可言,表现为心灵的共鸣和思维的共振,表现为内心的澄明与视界的敞亮。要体会到这些,提升到这样的境界,不论学习什么课程、学习什么内容,都要多问几个为什么。比如,听课时,教员讲得头头是道,逻辑也很严密,但是这个道理讲得对不对?在实践中能不能管用?还有无更好的办法?他这个观念是不是陈旧?方法有没有片面性?总之,就是要带着质疑的眼光来听课,用求异的思维来思考。否则,能力素质就不会有实质性的提高。所以,这几年,我们反复强调学员来国防大学学习要"三带来",其中就有带着问题来学。只有带着问题学习,才会有自己的深刻感悟,不会盲从;才能增强学习的探索性和研究性,超越自己、超越前人。

三是强化创新意识。学习的本质在于创造,这是学习的生机和活力所在。哲学家叔本华说过:读书总是为创造,失去了创造力,犹如戈壁滩的沙漠一样,吸收了知识却不能汇成清泉,那才是读书人的悲哀。因此,学习一定要不拘泥于书本,不迷信于权威,不因循于常规,而是以已有的知识为基础,结合当前的实践,独立思考、反复求索、大胆探索,敢于标新立异、别出心裁。这里的"新",不仅指新发现,也指新发展,因为不可能每个人都能揭示新的原理、发现新的方法,只要把他人已经发现的原理和方法用于解决问题、提出新的见解,就是一种创新学习。

要使学习具有创新性,就必须牢固树立强烈的使命意识,这是创新意识的根基。只有在强烈的使命意识引导下,才能产生强烈的创新动机,树立创新目标,释放创新激情,充分发挥创新潜力和聪明才智,从而形成以创新为荣的观念和推崇创新、追求创新的动力。创新教育着力培养学员的独立意识、对现实问题的批判意识、对学术权威的怀疑意识、对传统体系的突破意识,追求思想观点的求异性、思维结构的灵活性、思想表达的新颖性、思维过程的飞跃性,等等。学校要注重培养大家的创新意识,学员也要注重培养自己的创新意识。

要使学习具有创新性,还要养成创造性思维的习惯。科学发展史表明,科学家和发明家之所以取得重大创新成果,其主要原因之一,在于他们独特的、创造性的思维方式。1998 年,美国《未来学家》杂志总结了那些有重大创造成就的天才人物与众不同的八种思维方式:一是他们总是能够从多角度考虑问题,二是他们总能使自己的思维形象化,三是他们总是对事物持有疑问,四是他们总能进行独创性的组合,五是他们总是能在各种事物之间建立联系,六是他们总是能从相互对立的角度思考问题,七是他们经常在平淡中发现神奇,八是他们永远对新事物兴趣盎然。除此之外,我认为还需要补充两点:一个是这些人总能立足全局,观察思考局部问题;再一个是善于由博而约,适应信息时代知识爆炸的特点,能够从纷繁复杂的海量信息中跳出来,把握事物联系的主线和关节,也就是大道至简。因此,我们在学习中,要有强烈的好奇心和丰富的想象力,不随大流、不轻信结论;要敢于探索、发现和否定;要善于概括、归纳和总结,始终带着创新意识去学习。这样,才会增强学习的深刻性和思想性,提高学习的效果。

四是强化开放意识。自主性学习,又是一种开放的、个人学习与合作学习相结合的学习,也有人把它叫做交互式学习。智慧的启迪,离不开思维的碰撞,离不开对各种学习资源和条件的合理利用。特别是在信息时代,每个人的知识和能力总是有限的,仅凭一己之力,是很难应对知识爆炸时代的信息冲击和各种纷繁复杂的现实问题的,必须注重学习的开放性与合作性。孔子讲:"三人行必有我师焉。"用现在的话说,就是学习要重视各种信息的交流和吸收。首先是胸怀开阔、眼界放宽。其次是广开信息渠道,尤其要利用听课、研讨交流等时机和现代教育技术提供的信息平台资源,提高对信息的占有率。再次是提高对信息的鉴别力、选择力。还要善于读无字之书。从一定意义上讲,我们的高中级干部学员,阅历大多比较丰富,又各有优长,每个人都是一本书,大家要相互交流、相互吸收。只有这样,才能使学习方法符合时代的要求,才能增强学习的开拓性和建设性。

五是强化自控意识。自主性学习是一种自我筹划、自我定向和自我调节的自控式学习活动,个人是学习目的的体现者、学习活动的操控者、学习过程的探索者、学习结果的反思者。因此,在自主性学习中,需要采取各种措施,尽量协调好学习系统中各种因素的作用,使之发挥出最佳效果，从而使学习达到最优化。一般说来，学员自控力越强，学习过程就越优化，学习效果也就越好。强化自控意识，就是强调有计划地学习并按照计划进行控制，通过听课、自学、讨论、作业、小结、考试等活动，在自我反馈和总结中，有意识地调整自己的学习态度、策略、方法和内容，以提高学习效率；要排除或减少各种学习干扰，静下心来刻苦学习，深钻细研。自主性学习一般来说自由支配的时间多，活动空间大，加之大家的交往范围广等，如果自控意识不强，很容易使自主变成"自流"。学习需要坚韧的毅力，需要付出艰辛的努力。要少一些应酬，少一些无用的闲聊，多看一些有新意的东西，多进行一些思想上、深层次上的交流与探讨。要抗得住诱惑，耐得住寂寞，没有自省、自律，就很难学到真本领。只有强化自控意识，才能养成自主学习的良好习惯。

以上是根据对自主性学习的理解和我自己的感悟，在方法上提出的一般要求，不是给大家的具体的方法。法国思想家和教育家卢梭指出："形成一种独立的学习方法，要比获得知识更为重要。"我们还要根据自己的特点和对学习的需要，探索和总结具体的方法，只有适合自己的方法才是真正管用的方法。

三、发挥主体作用要处理好的几个关系

在学习中发挥好主体作用，除了认识到自己的主体地位，改变学习方式和掌握自主性学习方法，还要打破传统的束缚，处理好一些关系。

一是处理好课内学习和课外学习的关系。过去，受时代和科技条件的限制，学习主要靠课堂，老师是知识的主要传播者。现在我们处在一个高科技迅猛发展的时代，信息和知识传播的媒介和渠道非常多、非常快。我们学校的校园网和数字化图书馆目前是相当先进的，每个学员的宿舍都有电脑，还开设有网络课堂，为获取知识和信息提供了很好的平台。这几年,学校还采取措施,通过减少大课的数量、举办学术讲座等,把更多的时间留给学员。作为国防大学的学员,要打破那种依赖课堂、依赖教员学习的习惯,学会在课堂以外学习,学会利用课外时间学习,养成自主学习的习惯。我军有一位高级将领在前不久告诉我,他曾经在国防大学学习3年,那时他星期六、节假日基本都在图书馆,看了很多书,这对他后来帮助很大,感到终身受益。我们学校每天集体上大课的时间通常不超过一个半小时,按八小时学习计算,一天还有六个多小时可以自己支配,如果把星期六、节假日的时间也用上一些,那么时间是很多的,把这么多时间利用得好,可以学习和研究很多东西。我有一个看法,我们的中青年干部就其天赋来讲都是好的,差别不大,造成后来素质能力差距的原因很多,但有一条很重要,那就是每个人在业余时间利用上很不一样。所以,我希望同志们在注重课堂学习的同时,必须充分利用好课外学习的各种条件,不断丰富自己、完善自己。

二是处理好自主学习与教员引导的关系。我们提倡学员发挥主体作用,进行自主性学习,并不是否定教员的作用,更不是不要教员教。如果把自主性学习理解成不要教员,认为教员讲的都没用,什么都不信,那就偏执了。你质疑教员,最后证明你质疑得不对,你就要服从真理。在自主性学习中,学员与教员不是对立的关系,而是一种双向互动的关系。卢梭认为:"不好的教师是奉送真理,好的教师是教学生去发现真理。"苏格拉底也说过,教师的任务并不是要臆造和传播真理,而是要做一个新思想的"助产婆",激发学生的思维,使之主动寻求问题的答案,既获得新知识,又学到如何获得知识的本领。在这种关系下,作为学员,一方面,必须要和教员交流,让教员知道你的学习需求,知道你的难点和疑问,这样才能使教员对你的学习起到更好的帮助、点拨、引导作用。另一方面,你必须在学习中提出新的、深刻的、有见地的问题,尽可能超越教员,这样也才能影响、促进教员的研究和思考,不断提高教学水平,实现双向互动。如果你不和教员交流，只是自己想、自己在那里泛泛地看书，提不出问题，或者提出的问题没有思想性、不够深刻，也不可能实现教学互动。

三是处理好学习与考试的关系。说到考试，不少人都反对。说实话，我也不满意。但从小学、中学到大学包括我们军队院校，为什么考试取消不掉？就是因为考试作为一种检验和促进学习的方法，还是有其合理性的，对这个问题不加分析，采取全盘否定的态度是不对的。我看现在的关键不在于考不考，而是怎么考、考什么和怎么对待考的问题。怎么考、考什么，主要是学校和教员研究的问题，是为了使考试更加科学、合理。为此，学校将其作为 2006 年教学改革的重点，已经作了部署，也希望大家积极参与，提出好的意见和建议。怎么对待考试，主要是我们学员的问题。现在有两种情况：一个是对考试看得很重，学习跟着考试跑，非常计较考试成绩；一个是对考试心态比较平和，不为考试去学习，不把考试成绩看得那么重。如果你真想学到真本事，你就会根据自己的需要去学，就不会跟着考试转，会学得很活，更不会惧怕考试、计较考试成绩。我赞成后一种态度，不要为考试而学习，更不要去死记硬背，要在真正学懂、学活上用功夫。对我们高中级指挥员来讲，学会学习和研究问题的方法，比什么都重要，因为那是具有普遍意义的、长期管用的东西。有了这样的认识，你就会对考试持正常的心态，学习的效果会更好。

四是处理好在校学习和回部队任职的关系。大家来学习是经过组织挑选和推荐的，对于你们学完之后回部队的使用，各级也是有所考虑的。从客观情况来看，这些年经过国防大学学习的学员，大多数得到了提升使用，在我军现役的将军中，没有经过国防大学学习的很少。但近两年，由于部队体制编制调整和其他原因，也有的同志没有得到提升，有的人回去后在工作安排上也不够及时。对这个问题，有的学员想法很多,直接影响了学习。我认为有些想法是正常的,但因此而影响学习就不好了。不是有那么两句话:"是金子总会发光","成功的机遇总是青睐有准备的头脑"。所以,要坚信你学到了知识、有了真本事,可能你暂时没有得到提升,但终究会有用武之地,会有展示才华的舞台。还要看到,我们到学校来学习,主要是为了充实和提高自己,更好地担负起历史的责任。战争年代,一个干部从连长干到师长,打了上百次仗,有好多经验可以值得总结。现在当一个将军,有那么多机会让你去打仗并总结实战经验吗?没有。现代战争中,你当个将军,一旦打败了,这一辈子可能就是一个败将,没那么多机会给你去总结提高,再去打几个胜仗。这是很大的时代特点。我们必须首先在部队和院校进行很好的理论准备,并且按打仗那样去训练,按训练那样去指挥打仗。所以,必须用准备打仗、打胜仗的精神状态来对待学习,学习的最终目的是为打赢。

我深信,今天在座的四十岁左右的同志,最终解决台湾问题、实现祖国的完全统一,必然经由你们这一茬人之手来实现。志当存高远。要怀着这样的志向来学习,成就辉煌事业,成就辉煌人生,报效党和国家。这值得我们用全部热情、全部心血来追求。

积极投身到强身健体活动中来 *

　　为把科学发展观的要求贯彻于学员培养全过程,校第四次党代会明确提出,在一年制以上班次学员中开展强身健体和体重达标活动。这是贯彻以人为本、促进人的全面发展、全面提升高中级干部学员综合素质的内在要求,也体现了学校对广大学员的关心和爱护。希望全体学员和教研人员都积极行动起来,踊跃参加到强身健体的各项文体活动中来。

　　我校学员是军队建设的各级领导骨干,平时肩负推进中国特色军事变革、做好军事斗争准备中的各项重任,工作十分繁忙;战时将带兵打仗,运筹帷幄,夜以继日,斗智斗勇。因此,必须具有强健的体格和充沛的精力。古今中外,无论是治军还是打仗,无不重视军事指挥将领的身心健康。现代战争交战双方情况之复杂,变化之迅猛,对抗之激烈,都将是空前的。它对军人尤其是对高中级指挥员的健康素质提出了更高的要求。现在,世界上的发达国家包括许多发展中国家,都对军官的体能、体重等作出明确的要求。比如有的国家军官的晋升标准中,对身高、体重都有明确的规定。测试超重则警告,警告无效则免职。一些国家建立了完善的军官体质体能训练、测评和考核体系,将体质和体型标准作为考评军官全面素质的一项"硬"指标,并与军官本人的晋升挂钩。有的国家军队指挥院校还把学员的体能训练作为必修课,对考核检测成绩不

---

　　* 本文是作者致国防大学全体学员的一封信(2006 年 4 月 12 日)。

合格的学员不发毕业证。这些都是基于军官职能使命所作出的合理要求,值得我们借鉴。

长期以来,我军除培训生长军官的初级院校外,对军官的体能训练普遍重视不够,平时一些同志更是只干工作、缺少锻炼,相当一部分军官的健康状况和体重、体型都不能令人乐观。据解放军保健办统计,高血压、冠心病、糖尿病和肥胖症等疾病正严重威胁着我军干部的健康。由于工作劳累、压力过大、精神紧张、缺少锻炼,目前全军有不少军官患有慢性疲劳综合征,不少军官处于亚健康状态。前不久,我校对 2006 年新入校学员的身体进行了检查,其中血糖偏高、血脂偏高、血压偏高的现象都在少部分同志身上存在,还有一些同志是偏于肥胖、超重,有脂肪肝。这不能不引起我们的高度重视。这说明,开展学员强身健体活动势在必行,刻不容缓。我校全体学员和教研人员、各级各类干部,都要积极行动起来,参加各种健康有益的体育锻炼。其中,一年制以上班次的学员,要开展体重达标活动。首先走出这一步,将来逐步开展体育锻炼全面达标活动。这是一项开风气之先的、有重要积极意义的活动。为此,我们要求大家:

一要充分认识开展这项活动的重大意义。切实认清"健康的身体是知识、能力和成就一切事业的载体,是履行职能使命的根本条件"、"生命在于运动"等道理,从更好地肩负起党和人民赋予的历史使命的高度,正确认识和处理好学习与锻炼的关系,把强身健体作为在校学习的一项重要任务和必修课。

二要克服惰性,每日锻炼,持之以恒,养成强身健体的良好习惯。每个学员都要根据自身情况,选择合适的运动项目。身体有某些慢性疾病的同志,要征求医生的意见,做到科学锻炼。

三要提倡文明、健康的生活方式。要合理膳食,戒烟限酒,坚决反对吃喝之风,保持乐观向上、积极进取的精神状态,保持平和稳定的心态,做到校训校风中所要求的"团结、紧张、严肃、活泼"。

四要把开展健康达标活动与文体娱乐活动结合起来。做到寓锻炼于娱乐之中,使身心素质得到全面提高。

五要加强对强身健体活动的组织指导。学校卫生部门要加强对体育卫生工作的具体指导,系院队要认真组织实施。其他有关部门要加大体育运动场所的建设,为学员强身健体创造良好的条件。

同志们,春天已经到来,万木吐绿,百花争艳,好一派生机盎然!让我们在紧张学习之余,投身于大自然之中,施展拳脚,满怀热情地拥抱春天、拥抱健康,使生命更加充满活力!衷心祝愿大家在中国最高军事学府不仅学有所获,而且身心素质得到全面提高!

学员系院队要努力实现由行政
管理型向教育管理型转变 [*]

　　近年来,学校坚持以科学发展观为指导,围绕贯彻胡主席关于我校建设的一系列重要指示和中央军委的要求,着眼培养高素质新型军事人才和创新发展军事理论,在教学科研改革创新上下了很大的功夫。就教学改革来讲,我们在"教"的方面,突出抓了教学理念转变和教学内容、教学方法改革,强化了研究性教学、实践性教学;在"学"的方面,突出抓了更新学习理念,开展自主性学习、创新性学习。这些工作取得了明显成效,但是,为了适应人才培养转型的新要求,尤其是进一步提升联合作战指挥人才培养的质量,还必须调动各个方面的力量,真正形成全方位合力育人的新局面。当前,我们在继续抓好"教"与"学"两方面工作的同时,需要用较大的精力,下功夫抓一抓学员系院队这个教与学的中间环节,进一步明确系院队在人才培养中的角色定位,推进系院队工作由行政管理型向教育管理型转变,充分发挥在人才培养中重要方面军的作用。

---

　　*　本文是作者在国防大学系院队工作座谈会上的讲话(2006 年 10 月 27 日),原载于《国防大学学报》2007 年第 1 期。

一、找准系院队干部在学校人才培养全局中的角色定位，把握"全程教员"育人工作的特点

全军第十五次院校会议指出："院校以人才培养为中心任务，教学科研是经常性的中心工作。"落实到我们国防大学，主要就是培养高素质的新型联合作战指挥人才。完成好这个中心任务，必须发挥教、学、研、管各方面的作用，形成育人的合力。"教"，就是发挥好教研单位教书育人的主渠道作用；"学"，就是调动学员学习的内在积极性，发挥好学习的主体作用；"研"，就是利用科研这个平台，强化科研育人的功能，培养创新思维，提高创新能力；这里讲的"管"，对系院队来说，是一种集思想教育、教学科研活动、学员自主学习和服务保障四位一体的教育管理，而不是单纯的行政管理，而且主要是管思想、管学习、管作风。当然，学校机关和各个教研部在"管"的方面都负有责任，都要发挥作用，但学员系院队负有更直接、更集中的职能作用。教、学、研、管紧密结合、协调发展，从本质上讲，就是综合性、全方位的育人，是科学发展观在人才培养工作中的一个体现，这应该成为我们国防大学的一个重要理念。学员系院队只有紧紧抓住育人这个根本职能开展工作，才能找准自身在学校人才培养全局中的角色定位，更好地发挥作用。

对系院队干部的角色定位，我赞成"全程教员"这个概括，或者叫"综合教员"也可以。学员在国防大学学习，有四分之三的时间是在学员队度过。不仅一日生活要在系院队度过，而且自学、讨论、作业和思想教育等也大都在队里完成，学员接触机会最多、时间最长、程度最深的是系院队干部。如果说教研干部是学校人才培养的主力军，系院队干部就是重要的方面军。系院队干部不仅要做好学员的经常性思想工作和管理保障工作，还要参与教学组织和学习活动，沟通教与学、协调研与学、

激励自主学、全程引导学。这种独特优势和不可替代的作用,决定了系院队干部应当是、也必须是能够担当起全时空、全方位教育管理职能的"全程教员"。近年来,我们到一些外国的军校访问,人家那里的教官有的实际上就相当于我们系院队的领导,既抓管理又管教学,单纯的管理型干部很少。比如美国西点军校,学员队领导叫连战术教官,直接负责组织教学,指导学员设计学习计划,讲评和考核学员。在俄罗斯总参谋部军事学院,那里的系院队领导也不是行政管理型的,而是教育管理型的,参加授课、组织研讨、考评学员都是他们的分内之事。从我们学校的情况来看,系院队干部在人才培养中做了大量工作,但也确实有些同志的思想观念和工作重点还停留在行政管理、服务保障上,教育管理的职能还没有很好地体现出来,与全程教员的角色定位还有不小的差距,需要进一步实现由行政管理型向教育管理型转变。

实现这一转变,一个很重要的问题,就是需要深入研究和把握系院队育人工作的特点,这是我们理解全程教员这个定位、搞好这个转型、当好全程教员这个角色的前提。从我校的实际出发,我认为,与学校其他单位和部门相比较,系院队的育人工作可以概括为这样几个特点:

一是教育方式的多样性。教员对学员的教育主要是以课堂为主的各种教学活动,与之相比,系院队干部对学员教育的方式更为灵活多样。既有课前引导,又有课后辅导和研讨;既有正课时间的教育,也有业余时间的交流探讨;既有共同的集中教育,也有个别的思想工作。

二是教育内容的广泛性。教员主要是从各学科专业领域的角度,教给学员知识和方法,帮助他们提高分析问题和解决问题的能力。系院队干部不仅要协助教员搞好教学,在教学中起到辅导、辅助作用,还要在教学活动以外的思想品德教育、作风纪律养成、党性锻炼修养等方面发挥主导作用。

三是教育活动的全程性。教研单位对学员的教育是通过具体教学过程体现的,有明显的时限性和阶段性。而系院队的教育贯穿于学员从入学到毕业的全过程,渗透到学员每天学习和生活的方方面面。

四是教育影响的长效性。学员在校学习期间,系院队干部与他们朝夕相处,接触时间最长、了解交流最多,在许多方面学员是通过系院队干部来了解学校、认识学校的。一个优秀的系院队干部,他的综合素养、能力水平、人格形象、言传身教,在学员心目中留下的印记是深刻和长远的。这方面的作用,许多是一个教员难以做到的。

五是教育侧重点的非智力性。教研人员对学员的影响主要体现在智力因素方面,是通过传授知识、启迪智慧、教授方法、训练思维等进行的。系院队干部的育人较多地侧重和体现在非智力因素方面,包括培养学员的人生态度、价值观念、思想情感、品德修养、战斗精神、作风意志等等。大量的实践表明,就军事指挥人才而言,在战争实践中,非智力因素与智力因素对指挥人员处置战争中各种难题都具有极为重要的作用,在某些特定情况下,非智力因素甚至起着决定性的作用。而这方面的教育培养,系院队起着主要的作用。我们把这些特点研究好了,可以更好地把握系院队的角色和工作特点,更加自觉地实现由行政管理型向教育管理型转变。

二、立足学校转型新的实际,充分发挥系院队 干部在人才培养全局中的特殊作用

适应学校转型和培养联合作战指挥人才的新要求,推动系院队工作向教育管理型转型,系院队干部要当好全程教员,必须在以下六个方面更好地发挥作用:

一是思想上的引导激励作用。思想政治工作是我军的特有优势,也是系院队工作的重要内容。发挥好系院队在学员中的思想引导激励作

用,必须在确保听党指挥、铸造忠诚,确保"不变质"的基础上,针对学员面临的一些新的现实情况,解决好他们学习的动机和动力问题,使学员树立正确的学习目的,增强学习的使命感和责任感,不断激发奋发学习的内在动力。比如,这几年随着部队体制编制的调整、领导岗位的职数减少,学员毕业后的职务提升和使用出现了困难,而一些学员对提升职务看得过重、期望值过高,在一定程度上影响了学习的积极性,这就要求我们的思想工作要及时跟上。要教育并引导大家认识清楚,到国防大学来学习,不能只是为一官半职,而是为了提高素质能力、更好地履行我们的使命。我们的抗大校歌有这样一句歌词:"黄河之滨,集合着一群中华民族优秀的子孙。民族解放、救国的责任,全靠我们自己来担承。"现在可以说,我们集合在北京红山脚下的是新世纪、新一代中华民族的优秀子孙,承担着新的历史使命,更应当把个人的学习和国家的兴衰、民族的复兴、军队的发展紧密联系起来。我们的思想工作就是要使学员认识到这一点,把学习的使命感、责任感激发出来,自觉地带着使命来学习、带着激情来学习。有了强烈的使命感、责任感,就会产生持久不衰的、强有力的学习动力。这些道理,我们不仅在开学动员时要认真地讲,在整个学习的过程中都要反复讲、经常讲。又比如,由于入学时的基础不同,学员在学习中有的可能"吃不饱",有的却感到"吃不了",从而产生松懈情绪或者畏难情绪。这就要求我们善于把握学员的学习心理,有针对性地解决各种思想问题,营造一个刻苦学习、积极向上的学习氛围。

二是教学上的协调配合作用。学员学习有第一课堂和第二课堂,不论是第一课堂还是第二课堂,系院队干部都要积极靠前,主动作为。在第一课堂,要搞好教学的引导、协调和保障。比如,课前要督促学员预习教材、阅读资料、思考问题,做到带着问题、预有准备地去听课;课中要维护好教学秩序,鼓励和引导学员边听边思考,积极地参加课堂讨论;课后要组织好班讨论,注意收集、整理学员的意见,及时向教研单位和机关反馈。如果能够用心地总结一个学期、一个班次培训具体的得失所在,向学校提出有事实、有分析、有对策、有说服力的教学改革建议,系院队发挥的作用就更大了。在第二课堂,要围绕开阔眼界、拓展知识、提高综合素质,把大量的课余时间充分地利用好,引导大家把读有字之书和无字之书紧密地结合起来。要充分挖掘和运用好各种教育资源,创造性地开展好形式多样、方法灵活、效果显著的学习活动。高中级干部学员都有比较丰富的阅历,各有优长,每个人都是一本"书"。要引导大家互相学习,交流工作、学习、做人的经验教训。可以请学有专长和有独特实践经历的学员,开展学术讲座或专题报告;可以组织学员跟踪热点和重大现实问题,适时地开展研讨活动;还可以利用我们地处北京这样一个有利的区位优势,利用好京津地区周围单位特有的教育资源,组织好小型参观见学。这些活动组织好了,同样能够带来很好的学习效果。

三是作风上的督促养成作用。哲学家培根有句名言:"知识就是力量。"在我们看来,作风也是力量。中外军队的办学经验和战争实践告诉我们,学员在校期间多掌握一些知识、努力提高能力固然十分重要,这是学校的主要职能,但培育好的作风也很重要。我们党的老一辈无产阶级革命家、军事家在办学治校实践中,就非常重视对学员作风的培养。毛主席为抗大制定的教育方针,其中就有"艰苦朴素的工作作风"。小平同志也曾指出:要调那些有能力、作风好的同志去办院校,学校要培养好的作风。2006年是红军长征胜利70周年,总结长征胜利的经验可以有很多条,但是过硬的作风肯定是非常重要的一条。这里明确一下,我们的校训就是毛主席讲的"三句话、八个字"。江泽民同志在视察国防大学的时候就曾经指出:把毛主席的"三句话、八个字"作为国防大学的校训很好。要对我们的校训加强宣传,并结合时代的发展,不断赋予它新的内容,使它更丰富、更有时代感。我们的系院队干部更要多做宣传、教育工作,让学员清楚我们的校训,要使学员引以为荣、引以为豪。毛主席的这"三句话、八个字",从大的概念上讲都是作风。好的作风是无形的力量。作风好,就有利于团结,减少甚至消除内耗,所以说"团结就是力量"。好的作风,就能产生很强的凝聚力、感召力;好的作风,就能使力量得到更充分的展示和运用;好的作风,就能使各项工作得到更好的落实;好的作风,在战争中就会转化为巨大的战斗力。学校决不允许有自由主义风气滋生,决不允许跑关系、找门子的不良风气滋长,决不允许松松垮垮、不守纪律等坏的作风蔓延。好的作风涉及的内容很多,作为我们国防大学来讲,针对中高级干部学员的特点,主要是培养和铸造信念坚定、对党忠诚、顾全大局、勇担重任,言行一致、为人真诚,治学严谨、求真务实,勤于思考、勇于创新,艰苦朴素、严于律己这样一些品格和作风。培养学员良好的作风必须从细节入手,在提倡自觉养成的基础上强化严格管理,把从严治校、依法治校的要求和各项规章制度落到实处。从学校实际情况来看,严格管理的关键是要解决敢不敢管的问题。比如,学校要求学员实行"三普通",但有的学员还放不下官架子,你敢不敢管? 有的学员上课打瞌睡、听课坐姿不端,你敢不敢管? 有的学员下午到了正课时间还不起床,甚至个别学员找人代笔写论文,你敢不敢管? 特别是有的学员热衷于拉关系、跑门子,经常吃吃喝喝,你敢不敢管? 在这里我们统一一下思想,在管理上不要提"宽严适度",就是要讲严格管理,依据规章制度管理,依法管理,不存在可以宽和松的问题。不能迁就照顾,要坚持原则,敢于较真儿。要从有利于军队建设发展、有利于维护国防大学荣誉、有利于维护高中级干部形象的高度来认识和搞好管理。通过严格的管理,真正使学员在作风养成上得到锤炼,在全军树立起国防大学以严著称的形象。

四是情感上的交流纽带作用。我们曾经提出:学校的一切工作都是为了学员,学校工作的价值在于学员,学校以学员的成就为成就、以学员的荣誉为荣誉。这样讲是否恰当,大家可以研究,但是可以肯定地说,我们在学校工作的同志把自己对党的全部忠诚、对党的事业的全部激情，都倾注在了提高学员的素质能力上，倾注在了引导他们成才和成就事业上。这是事实，我们应该这样做的。同时，一所学校要不断地发展，离不开好的环境和资源，我们最大的资源就是学员，这是国防大学一笔最珍贵的财富。所以，在许多场合校领导都反复讲过，要注重培养学员对学校的母校情结，使我们的学员不仅在校学习期间热爱国防大学，把到国防大学学习看成是一种荣誉和一生的光荣，而且能够在毕业后继续关心和支持学校的建设，在工作实践中能够继续保持同学校的联系，获得学校对他的智力支持。培养学员的母校情结需要全校上下的努力，但系院队更要在这方面多发挥作用，因为你们与学员生活在一起，在感情上和学员贴得最近，也最容易在学员中播下深爱母校的种子。要把培养学员的母校情结作为系院队工作的重要内容，利用各种方式和机会加深学员对学校的感情。要让学员知道，我们国防大学的办学条件不是很充分，学校能有今天的发展是来之不易的，是全校上下运筹各方面资源、积极做好工作的结果；我们的理论创新，对于支持全军的建设和军事斗争准备发挥了重要的作用；我们培养的学员许多已经走上重要的领导岗位，成为建军、治军的栋梁之才。要通过这些工作，增强学员来校学习的光荣感、自豪感，增强他们主动为国防大学做贡献的责任感。为做好这方面的工作，我们还要切实做好学员在校学习期间各种资料的搜集和保管工作，建立学员档案。对他们在工作岗位上作出突出贡献的，要及时地索取材料和资料，不断完善学员档案。机关要给学员队提供必要的条件，协助学员队把学员在校学习的文字资料、影视资料搜集得很完备，这本身就是对学员的一种尊重，也是增强学员母校情结的具体举措。有了深厚的母校情结，学员在校学习期间会更加勤奋自觉，毕业以后也会继续关心和支持学校的建设。

　　五是人格上的示范影响作用。系院队领导要做好育人工作，在学员中产生很好的影响,个人的人格魅力和示范作用是很重要的。学员在学校学习不仅读书,也在读人。我们的系院队干部最经常、最直接地面对学员,如果我们品德高尚、学识渊博、能力很强、不计名利、有甘为人梯的精神,学员不仅会敬重你,还会以你为榜样。过去我当副政委期间,在连续多年分工考查基本系和战略班的学员时就发现,学员对那些自身素质很高、自我要求很严、品德高尚的系院队干部是非常敬重的,认为从他们身上学到了很多在课堂上学不到的东西、在部队学不到的东西,受到的教育是很深远的。比如,有的学员对我讲,他们当参谋来校学习期间的队长、政委,到他们当了师长、政委再到基本系来学习时还在当队长、政委,而且是一如既往、兢兢业业地工作,对此他们由衷地产生一种敬意。有的系院队领导在退休前给学员作一个告别讲话,讲得语重心长、非常有感情,学员很受感动。对于这样的做法我们应当推广。我们每个学员系院队的干部,在离开领导岗位特别是退休的时候,都要认真地给学员作一个这样的告别讲话。每个知名的教授,在退休离开教学岗位时,也可以到学员队给学员作一次这样的告别讲话。我刚到学校工作的时候就听说,一位老教授在临退休之前的最后一次讲课时说,他多年来把自己在教学岗位上的辛劳当做是一种幸福,今天是他当教员讲的最后一课,并对学员提出了许多殷切的希望,讲得热泪纵横。这就是最好的教育,是对事业的忠诚,是榜样作用和人格力量的很好发挥。对这样的同志,学员会记他一辈子,这样的人生是很崇高、很有价值的,令人难以忘怀。这就是我们国防大学系院队干部应有的形象,也就是师者的形象、人梯的形象。大家都要朝这个方向努力,在品格、学识、作风等方面当好学员的楷模。

六是使用上的考核推荐作用。早在 1977 年 8 月,小平同志在中央军委一次重要会议上就明确指出:军队院校要训练干部、选拔干部、推荐干部,起到集体干部部的作用。① 学校发挥"集体干部部"的作用,这个作用的基础就在系院队。你们最了解学员,在考核推荐上最有发言权。要以对党和军队的事业高度负责、对学员未来发展高度负责的精神,做好考核推荐的各项具体工作。要按照高素质新型军事人才的标准,切实把每一个学员的素质情况,包括他们的品德、学识、才干、身心健康情况,都搞清楚。要根据每个学员的实际,客观公正、实事求是地写好毕业鉴定,不能千篇一律,更不能带有个人的某种偏见。既要反映共性内容,更要反映个性特点;既要反映现实表现,又要反映发展潜力和存在的不足,力求作出全面、客观、准确的推荐结论。尤其要善于发现和积极举荐那些有特别优长的俊才、英才,为军委、总部使用干部提供真实、可靠的依据。同时,对个别思想品质确有毛病、作风明显不好的学员,也要如实地反映,不能使这样的人得到重用。

三、领导和机关要重视对系院队干部的培养, 帮助他们提高履行职责的素质能力

系院队干部要发挥好教育管理的职能作用,提高当好全程教员的素质能力,主要靠自身努力,但领导和机关也负有重要责任。就当前和今后一个时期来说,领导和机关要把加强系院队干部培养、发挥他们的职能作用作为工作重点突出出来,做好以下四个方面的工作:

一是教育全校人员正确认识新形势下系院队的地位和作用,关心和支持系院队干部的工作。领导和机关要带头更新观念,用新的视角、新的定位、新的标准来看待系院队的工作、系院队的干部,切实加强对学员系院队工作的指导。全校人员要从学校人才培养的全局出发,充分认识

————————

① 参见《邓小平文选》第二卷,人民出版社1993年版,第62页。

系院队工作在人才培养中的特殊地位和作用,尊重系院队干部在人才培养中付出的劳动和作出的贡献,更加关心、支持系院队的工作。对系院队好的经验和先进典型,要注意发现,善于总结,在校内外大力宣扬。

二是加强对系院队干部的培养,积极为他们提高素质能力创造条件。根据新的角色定位,机关要制订好系院队干部培训计划。要多搞一些专题性的培训,组织他们重点研究系院队育人工作的特点和规律,总结交流建设教育管理型系院队方面的经验,尽快提高他们当好全程教员的素质能力。以后,学校每年、各个系院每半年都要组织一次学员队干部在职集训,通过专题研讨、经验交流、传帮带等形式,不断提高他们的岗位任职能力。学校要从多方面完善相关政策、措施,明确系院队干部的任职资格,建立健全对拟调整到系院队工作的干部的岗前培训机制,完善进修学习、代职锻炼、岗位交流、出国考察等制度。

三是在系院队干部中大力倡导学习风气,引导他们在工作实践中提高素质能力。毛主席在1939年就曾经指出:"我们队伍里边有一种恐慌,不是经济恐慌,也不是政治恐慌,而是本领恐慌。"①他讲的"本领恐慌",就是素质能力不够的问题,这一警示直到今天对我们依然有震撼力。我们所有干部都要以"知识恐慌"的心态来加强学习。对于系院队干部来说,同样迫切需要大力提倡学习的风气。领导和机关要具体帮助每一位系院队干部分析自身的素质能力状况,鼓励他们有计划地进行学习。要使系院队干部看到在工作实践中提高素质能力的优势,利用好这些优势。比如,可以通过跟班听课、跟班讨论、跟班做想定作业,学习各种新理论、新知识,提高引导学员学习的能力;可以通过认真学习现代教育理论,研究系院队育人工作的规律,提高教育管理水平;可以通过参加各种讲座,学习哲学、历史、文学艺术、心理学等等,提高培养学员非智力

---

① 《毛泽东文集》第二卷,人民出版社1993年版,第178页。

素质的能力；还可以向学员学习，吸收学员的优长，增强自身的综合素质。

四是加强系院队干部的交流使用，增强适应多种岗位任职需要的能力。学校要把系院队干部纳入全校干部选拔使用和交流的总体方案，通盘考虑，一视同仁。坚持把校内交流与校外交流、提升交流与平职交流、定期交流与培养性交流结合起来，进一步走开系院队干部交流的路子，努力实现素质优良、结构合理、进出有序、充满活力的系院队干部队伍建设目标。系院队干部要自觉认清，交流使用是学校建设、发展的需要，对自己的成长进步也是有利的，正确对待岗位变动，通过自身的努力提高素质，增强多种岗位任职的竞争力。

孟子说过："得天下英才而教育之，一乐也。"全军这么多优秀的人才聚集在国防大学，通过我们的教育为他们的发展奠定坚实基础，是我们莫大的光荣和幸福。希望大家对系院队工作有一个全新的认识，进一步增强使命感和责任感，加快推进系院队工作由行政管理型向教育管理型转变，更好地发挥好全校合力育人的作用，为在新的起点上推进学校的建设与改革、履行好职能使命作出更大贡献。

第九部分

从严治校

加强对高中级干部的教育管理*

　　江泽民同志在"七一"重要讲话中,把努力建设高素质的干部队伍作为刻不容缓的战略任务提到全党面前。他还多次指出,对领导干部要严格教育,严格要求,严格管理,严格监督。1996年年初,中央军委批转了总政治部关于加强高中级干部教育管理的意见。江泽民同志和中央军委这样重视高中级干部队伍的教育管理,确实是高瞻远瞩,抓住了关键。因为我军的高中级干部,大都是各级党委班子的成员,如何把讲政治的要求落实到高中级干部教育管理上来,提高我军高中级干部的思想政治素质,就成为军队党的建设的一个重大课题。国防大学是我军高中级干部的集中之地,抓好这个问题有着更加重要的意义和现实针对性。

　　充分认识加强军队高中级干部教育管理的战略意义和紧迫性、长期性。江泽民同志和中央军委之所以高度重视高中级干部的教育管理,一是因为高中级干部的地位重要、责任重大。高中级干部队伍思想政治建设、作风纪律建设的状况,直接关系到枪杆子是否掌握在忠诚于马克思主义的人手里,关系到党和国家的前途命运。二是在新的历史时期,高中级干部面临的考验比以往任何时候都更为严峻,比一般干部、群众面临的考验也更为严峻。三是从现实状况看,我军大多数高中级干部经受住了考验,也有少数人经受不住考验,在"酒绿灯红"和腐朽思想文化攻

---

　　* 本文是作者发表于《国防大学学报》1997年第4期的一篇体会文章。

击面前打了败仗。可见,加强高中级干部教育管理,既是一项紧迫的战略性任务,又是一项长期、复杂的重大课题,不是靠一两次集中教育整顿就可一劳永逸的,不能搞一阵风,必须持之以恒,常抓不懈,使之经常化、制度化、规范化。

紧紧围绕正确对待手中权力这个核心问题,努力改造世界观。高中级干部都掌握着一定的权力。"为谁当官、怎样用权"是高中级干部世界观、人生观、价值观的集中体现。可以这样说,权力既能够成就一个人,也可以毁掉一个人,既能用来为党和人民事业作贡献,也可以用来为个人和少数人谋私利,问题的关键在于,掌权人的世界观如何。为此,必须搞清权力是谁给的、权力意味着什么、掌权为什么、用权干什么,高度警惕权力的腐败。每一个党员领导干部都应十分明白:你要当共产党的官,就不应当想发大财;你要想当富翁,就不要当共产党的官。这是由党的干部是人民公仆这一本质决定的。必须先天下之忧而忧,后天下之乐而乐。现在个别领导干部,既想得到当公仆的荣耀,又想过上像大款一样的豪华生活,看见有人先富起来就眼热发烧,这种人是不可能甘当人民公仆的。高中级干部必须牢记:权力是人民给的,只能用来为人民服务;权力意味着责任、意味着奉献,决不意味特殊的享受;要时刻警惕权力的腐败,善于管住自己,甘于清苦,耐得住寂寞,以为人民谋利益为人生的最大幸福。

教育管理贵在一个"严"字。当前,少数高中级干部出问题,往往出在管理上失之于松、失之于宽。因此,加强高中级干部教育管理,一定要按照江泽民同志关于要严格教育、严格管理、严格要求、严格监督的指示,真正体现一个"严"字。军队是执行特殊政治任务的武装集团,对军队高中级干部的教育管理,标准应该更高,要求应该更严。各级党组织要负起责来,切实把自己单位的干部管住、管好;要了解他们在做什么、想什么,有针对性地做好思想工作。过去人们对军队的思想政治工作有种误解,以为那主要是对广大战士和基层干部的,其实,高中级干部同样需要思想政治工作。要切实提高民主生活会的质量,严格党内监督,加强群众监督,严格党的纪律,决不能搞"特殊"、搞"下不为例"。严格高中级干部的教育管理,关键在于正、副书记。正、副书记政治责任心强,有廉洁自律的良好形象,才能够敢管、严管,才能够带动下边敢管、严管;正、副书记责任心不强,自身不硬,就挺不起腰杆,也必然会把下边的风气带坏。因此,正、副书记要强化负总责、作表率的意识,在高中级干部教育管理中切实负起历史的重任。

思想政治工作要切实增强原则性[*]

思想政治建设要抓落实,一刻也不能离开原则性、战斗性。这些年来,江泽民同志多次批评有些党组织原则性、战斗性不强的问题,指出这是造成思想政治工作软弱无力的重要原因。我们学校在这方面总的是好的,但不能说原则性不强的问题已经完全解决。比如有的单位不敢扶正祛邪,造成本单位风气不正;有的单位回避矛盾,诸如安排干部转业,职称、职务没解决,都不愿意去做工作,评功评奖搞轮流坐庄;有的单位对一些消极和落后的东西不敢开展批评,致使问题长期得不到解决;有的单位做思想工作只讲小道理,不讲大道理。原则性、战斗性不强,已经成为思想政治建设不落实的一个重要原因,必须着重加以解决。

原则性、战斗性不强,根子在我们有些领导同志有思想顾虑。一是"社会影响论"。认为现在原则性不强是个社会现象,我们无力解决,因而对"讲人情不讲党性、讲关系不讲原则"的庸俗风气抵制不力。二是"学校特殊论"。认为我们学校高中级干部多、知识分子多,要靠自己教育自己,开展批评难上难;特别是学校干部超常稳定,大多数干部十几年就在这个院子里,有的人甚至几十年在一个单位相处,低头不见抬头见,怕开展批评伤了和气,关系不好处,结了疙瘩解不开。思想政治建设要

---

* 本文是作者在国防大学师以上单位党委、支部书记轮训班上的讲话摘录(1999 年 11 月 13 日)。

抓落实,必须清除这些思想顾虑。实践证明,这些顾虑是不必要的、没有理由的。许多单位的事实都说明,有了对党的事业负责的精神,就能破除思想顾虑,再难的矛盾也敢解决。事实上,敢于和善于解决矛盾,不但不会伤和气,反而会增进团结和友谊。反倒是那种表面一团和气不是真正的和气。

　　增强思想政治工作的原则性,当前要着重体现在敢于扶正祛邪上。 扶正就是敢于支持先进的、正确的东西,祛邪就是敢于批评错误的、落后的东西。如果一个单位,先进的同志、作出了贡献的同志得不到鼓励褒奖,而消极落后的东西受不到批评抵制,这个单位的思想政治工作必然是软弱涣散的,思想政治建设的各项工作就难以落实。这几年,校党委大力扶植正气,先后树立了许志功同志等一批先进典型,改变了不愿和不敢当典型的状况,初步形成了一种学典型、当先进的良好风尚。但是,扶植正气还要做很多工作。对先进典型要看主流、看本质,不能求全责备,不能刻意挑剔。对典型的不足之处,不是不能批评,而是要从爱护出发,善意地给予帮助。关于解决"批评难"的问题,学校也是年年讲,许多单位都有进步,但是还要继续努力。"三讲"教育中,大多数单位认真地开展了批评与自我批评,效果很好,大家应当把我们党的这个好作风很好地坚持下去。

　　增强原则性、战斗性,还要讲究方法。 我们的工作对象是高中级干部、知识分子,更要注意方法。1998年年底,有位老教员对自己评职称的问题有意见,讲了一些过头的话。当时校领导感到,对这种有成绩的老知识分子,既要教育批评,又要充分尊重、沟通思想。1999年春节前夕,学校领导专门到他家里看望,与他促膝谈心。这位老同志很受感动,当即作了自我批评。这说明,坚持原则与讲究方式方法是统一的。提倡开展批评,并不是说可以不讲方法,可以粗暴,可以不尊重人;相反,一定要从尊重知识、尊重人才出发。讲究方法也不能是非不分,提倡什么、反对什么,必须旗帜鲜明。对高中级干部、知识分子,批评要注意那些大的方面,对于性格方面的细枝末节问题,不要过于计较,不要搞得人人谨小慎微。对他们的缺点、弱点,要多采取个别交谈、启发引导的方法,积极地帮助他们克服,使他们感到批评是真正的爱护。

努力塑造以严著称的形象 *

从严治校,是学校各项工作创新和发展的保证。治校不严,就不能落实江泽民同志关于我校要做"三化"楷模的要求,也就难以担负起培养高素质新型高级军事人才的使命。这些年我们在从严治校上采取了不少措施,但问题仍然比较突出。有些规章制度没有得到严格落实,有的方面还存有隐患,切不可忽视。必须把从严治校要求落实到学校建设的各个方面、各项工作中,在"严"字上形成我们国防大学的特色。

对从严治校的认识要到位。认识不到位,严的态度就不会端正,措施就不会有力,效果也就不会好。在这方面,有些同志还存在着一些模糊观念,如有的人认为学校是搞教学科研的,不要像部队搞得那么严;认为学校是干部集团,要靠大家的自觉;认为教研人员是做学问的,在各方面应宽松一些;等等。这些认识似是而非,是片面的。应当看到,当前我们面对的社会环境很复杂,各种诱惑确实很多,长期的和平环境又容易使人思想松懈。而我校的人员自由活动空间大,许多同志社会交往关系多,这既可以从中受益,也容易受到不良影响。对此,我们必须有高度的警觉,千万不能麻痹大意。还要看到,我校所处的地位十分重要,我们研究的许多问题看似平常,但往往涉及国家和军队的重要机密。当前,随着军事斗争准备的不断深入,境内外敌特分子加紧对我军的情报窃密活

---

* 本文是作者在国防大学党委三届五次全体会议上的讲话摘录(2001 年 12 月 28 日)。

动,他们肯定会盯住国防大学这个地方的。如果我们不严或严不到位,一旦出事就可能是大事。尤其是,我校培养的学员大都是部队的领导骨干,对他们严格,就是对部队建设的高度负责,对打赢未来战争的高度负责。我们一定要把"严"放在当前复杂的社会条件下和我校肩负的历史使命中来认识,消除模糊观念,自觉地严起来。这样才能履行好教书育人的政治责任,为全军部队当好楷模。

从严治校首先是思想上要严。一个人如果在思想上放松要求,甚至经常不参加理论学习和思想政治教育,经常不参加党的组织生活,长此下去就会连与大家的共同语言都没有,就会是非标准不清,党和军队的规矩也不会遵守,这样的人就很难管得住。所以,抓工作首先要抓思想,准确掌握干部的思想脉搏,越是任务重、越是骨干、越是名人,越要在思想上严格要求。二是组织上要严。就是切实增强领导工作的思想性、原则性,严格党管干部、党管党员。积极开展批评与自我批评,克服好人主义和庸俗风气,旗帜鲜明地用大道理管小道理,对不良倾向要敢抓敢管,不能哄着捂着,不能把矛盾上交,更不能迁就、迁就消极的东西。坚决杜绝当面不说、背后乱讲,当面奉承、背后贬人的不良现象。三是治学上要严。要严教风、严学风、严考风,克服浮躁情绪,不搞"学术泡沫"。有的学员回部队后就讲过这样的话:"还是学校严格要求的时候,我们才能真正学点东西。"这就启发我们,对学员一定要严,敢于严格要求,严格考试制度,加大学习研究的内容含量,让学员感到有压力,促使他们苦学、苦研,真正学有所获。否则,轻轻松松、舒舒服服,是成不了高素质新型高级军事人才的。四是管理上要严。必须从具体事情抓起,从点滴养成抓起,严格学习、工作和生活秩序,不仅管好八小时以内,还要管好八小时以外,管好干部的生活圈、社交圈,严禁干部从事违规经商活动。在这方面,各单位都要看好自己的门、管好自己的人。对重点单位、重点部位、重点人员一定要严格管住,坚决防止失控。

　　坚持从领导和机关自身严起。领导干部的人格力量和机关的表率作用,是实施从严治校的重要条件和保证。要求全校做到的,校党委和机关要首先做到;要求群众做到的,各级领导干部要首先做到。对违纪行为和严重不良倾向,一定要严肃对待、严格处理,不能遮掩迁就。各级领导和机关要认真落实校党委即将修订下发的《关于加强和改进学校党的作风建设的措施》,进一步严格思想作风、学风、工作作风、领导作风和干部生活作风,以改进作风的实际行动和良好形象,带动从严治校要求的全面落实。

安全稳定工作必须做到
"八个慎之又慎"*

现在学校建设形势很好,在好的形势下,需要提醒大家的是:必须一手抓提高教学科研质量,抓出成果,特别是出标志性成果,抓出人才,总之要出成绩;另一手要抓防范,各方面都不能出问题。在当前国际形势比较复杂,我国加入世界贸易组织、开放进一步加大、改革处于关键时期的形势下,安全稳定是一个重大的政治问题。我校的地位和作用要求我们必须确保安全稳定,只能出成绩,不能出问题。而我们现在还有一些不安全因素,有一些不良的现象和苗头,值得引起高度注意。大家在忙工作、出成绩的时候,要千万注意安全稳定这根弦不能松,只有不出问题、保持稳定,我们才能更好地出成绩、出成果。在和平时期,我们的工作主要是出成绩,出成绩是应该的,但出问题就不应该,尤其是不能出大的问题。所以,我再次强调,在好的形势下,在大家劲头很足的时候,我们的领导同志和骨干一定要保持清醒头脑,切实做好安全稳定工作,切不可掉以轻心。

在这方面,根据我校的实际情况,总结过去的经验、做法,我概括了"八个慎之又慎",请大家在工作中注意把握:一是在大力推进理论创新的时候,对于涉及党的基本理论、基本观点和一些新的重大提法,要严密

---

* 本文是作者在国防大学教研领导骨干集训结束时的讲话摘录(2002 年 1 月 11 日)。

准确,慎之又慎。二是在涉外活动中,对外事纪律,对事关大国关系、重大敏感国际问题的发言表态,要严守规矩,慎之又慎。三是内部研究问题,要努力拓宽信息来源,尽可能地了解新情况、新信息,这就不可避免地涉及重要的军事机密,甚至核心机密。对于各种文件、资料、记录以及多媒体课件等涉密载体,一定要严格保管,在保密问题上慎之又慎。四是新闻出版工作要努力繁荣,但是在新闻宣传、书籍刊物出版中,涉及重大的选题或敏感的政治、理论、历史问题,一定要严格把关,慎之又慎。五是对军委、总部的报告、请示,要叙事准确,文字提法表述准确,办事办文一定要慎之又慎。六是对社会上不知底细的人、与境外人员的接触,一定要心中有数,保持应有警惕,在交往中要慎之又慎。这不是毫无针对性的。我校地处首都,我们进行学术交流要拓宽各方面的信息来源,要接触各方面的人,但是和他们交往决不可以无话不谈,要格外小心,严守纪律。七是对于涉及广大在职干部和老干部的切身利益问题,一定要广泛、反复地征求意见,把好事办好,决策一定要慎之又慎。八是在基层要防止官兵关系激化,在关系到学校安全稳定的关键问题上,以及重大活动的安全保卫工作,要万无一失,慎之又慎。以上这八个问题是针对我校安全稳定的实际情况提出的,需要各单位的领导同志高度重视,把工作做深、做细,切不可大而化之,切不可在这些方面出问题。

第十部分

领导能力

教研单位的领导要做学者型领导[*]

我们教研室的领导,大都是从教员和机关干部中成长起来的,具有深厚的理论功底、很强的业务能力,思想敏锐,没有官气,模范作用好。但也要看到,有些同志毕竟当领导的时间还不长,管人的经验还不是很丰富,组织协调、统筹全局的能力还有点欠缺。由学者向学者型领导转变,还需要一个不断积累经验、提高领导艺术的过程,需要在实践中不断摸索,尽快完成角色的转变。要自觉地认识到这个问题,针对自身特点,注意改进工作方法,不断提高领导能力。

我觉得,从学者到学者型领导转变,首先是个认识问题。要看到这个问题的重要性,不能认为做学问难,当领导就很容易,实际上要当好一个称职的领导是不大容易的,这里面学问很多。但只要重视了,用心去实践、体悟和总结,也是不难做好的。我看基本的一条,就是要发挥你们的优势,在如何把马克思主义的理论水平转化为做好实际工作的思想方法和领导方法上下功夫;就是要注意从一个高层次教学单位、高级知识分子群体的实际出发,探索教研室领导工作的特点和规律。就目前情况看,是不是要注意这样几点:

一是认真地学习和把握好民主集中制的原则。民主集中制是我们党的根本领导制度,它对于协调党内关系、规范党内行为、解决党内矛

---

* 本文选自作者在国防大学马克思主义教研室、世界经济政治教研室党支部民主生活会上的发言(1999 年 7 月 11 日、15 日)。

盾、保持党的活力等,都具有其他建设不可替代的作用,我们要很好地学习并运用好这项根本制度。作为领导,把握好这一点,是非常重要的。我们教研单位的领导,对民主集中制的内容可能比较熟悉,但实际工作中的磨炼和体验还比较少。一定要认真地学习,不断总结和积累经验,包括一些基本的知识、程序,包括民主与集中的关系、书记与委员的关系、行政职务与党内职务的关系、主官与副职的关系等,都需要从道理上弄清楚,在实践上把握好。民主集中制是一项很好的制度,是党的历史经验的总结,如何把握好,要好好地学习和研究。这里我提个建议,是否请党史政工教研室研究这个问题的同志同你们座谈一下,总结交流一下实际工作中的经验教训。只要我们认真按照民主集中制的要求去做,就一定能协调好关系,解决好矛盾,增强凝聚力。

二是善于统筹全局,既要关注重点、关注中心,又要关照协调方方面面。毛主席关于领导艺术的一个重要思想,就是要学会"弹钢琴"。我感到,大家都能认识到这一点,关键是在实际工作中怎么注意到这一点,不仅是主要领导要这么做,所有班子成员都应该这样做。要站在全局上来思考工作、统筹谋划,既要关注重点、突出重点,但又不是单打一,要学会"弹钢琴";使各项工作协调发展、全面进步。

三是重视和善于做好思想政治工作。这是提高领导艺术的一个很重要的问题,不重视做思想工作、不会做思想工作的领导,不是一个优秀的、合格的领导。领导工作中哪一项都离不开思想政治工作,每个同志都要把会做思想工作作为领导素质的一个重要内容,用心进行探索和掌握。要注意经常了解所属人员的思想情况,善于沟通思想感情、化解矛盾。要有原则性,又有灵活性,扶植正气,敢于批评不良风气。这些东西都是领导素质的具体内容。

四是坚持群众路线,遇事多和群众商量,调动大家的积极性和创造性。当领导,我看另一个重要的问题,是如何采取有效办法把大家紧紧凝聚在一起,把大家的积极性都调动起来,把上级的政策规定、党委的决策和意图转化为大家的实际行动。怎样做好这一点,在我们这个知识分子群体中比一般单位重要得多。知识分子一般都有主见,有思想,有较强的民主意识和参与意识。针对这一特点,要善于因势利导,通过研讨式学习,集思广益,建言献策,达到统一思想,调动积极性、创造性的目的。教研单位领导,走不走群众路线是不一样的,你走了群众路线,把正确主张变成了大家的认识,贯彻起来就很顺畅。否则,你即使决策是正确的,也往往众说纷纭。当然,并不是所有的小事都这样做,但重要的事情,特别是涉及大家利益的事情一定要走群众路线。

五是心胸开阔,严于律己,宽以待人,经得起委屈,依靠自己的人格力量来影响和带动大家。为什么把领导叫做"公仆"?我理解,当领导就是为人民服务,为群众服务,就是要做一些牺牲和奉献,包括要受一些委屈。有些事情,要容人、容事,要大度、豁达,尤其在涉及自身名利的问题上,更不能斤斤计较。

总之,在我们学校,在教研单位,做领导与做学问并不矛盾,只要处理好,两个方面都能出成果。做学问是对党做贡献,做领导工作也是为党做贡献,而且做好了贡献更大。从实际情况来看,我们学校教研单位的领导许多都是专家型的,他们不仅自己在教学科研上成绩突出,而且把教研室领导得非常好,值得大家学习和借鉴。希望我们教研单位的领导同志,在做好业务工作的同时,多向那些领导经验丰富的同志学习,学会做管理工作,学会做人的工作,在实践中不断摸索规律,尽快提高领导的能力。

注意探索院校教研单位领导
工作的特点和规律*

　　教研单位是知识分子集中、知识密集的群体,做好教研室的领导工作,必须尊重这个群体的特点和规律。"三讲"教育时,我曾讲过这么一个观点,就是作为教研室领导,尤其是从教员走上领导岗位的同志,既要注重提高抓教学科研的能力,也要注重提高领导教研室全面建设的能力,包括做好思想工作、管理工作的能力。有的同志觉得抓教学科研是一门学问,学术性很强,比较重视,对思想工作和管理工作则研究不够。事实说明,思想工作和管理工作对于促进教学科研有着非常重要的作用,搞好教学科研离不开过细的思想工作和管理工作。当一名教研单位的领导,光懂得教学科研是不够的,还要把做好思想工作和管理工作当做一门学问,认真学习和研究,并在实践中不断总结提高。我觉得,有几点特别值得关注和研究探索。

　　一是高度重视教研人员的思想政治建设。当前,国际形势复杂多变,西方敌对势力加紧推行西化、分化战略,国内的改革也遇到了许多新的矛盾和困难。在这种情况下,我们搞政治理论、国际关系教学研究包括其他领域教学研究的同志,必须始终保持清醒的头脑,在任何时候、任何情况

---

* 本文选自作者在国防大学政治理论教研室、国际关系教研室通报考核班子情况时的讲话(2001年9月19日)。

下,都要坚定共产主义的理想信念,千万不能迷失方向。要把讲政治的要求贯彻到教学科研之中,切实把思想基础打牢,工作再忙也不能放松政治理论学习。搞政治理论教学的同志,尤其要讲政治。现在地方大学搞得比较活,与北大、清华这些名牌大学比,我们的教员生活待遇还比较清苦,职务、职称受编制比例的限制,有时走得不那么顺畅。这就需要思想政治工作去引导,使大家多看我们的地位和责任。国防大学培养的是军队高中级干部和地方省部级干部,站在这样的讲台上,本身就是极大的光荣,千万不要看轻了自己的岗位。要引导大家增强责任感和使命感,把培养军队高级人才当成自己最大的人生价值和人生追求。江泽民同志要求党的高级干部要有宽广的世界眼光和深邃的历史眼光,我们是培养高级干部的,本身也要有宽广的世界眼光和深邃的历史眼光,努力在自己的工作岗位上建功立业。教研单位的领导要注意做好这方面的教育引导工作,使每个教研人员在政治上都十分合格、十分过硬。

二是在教学科研上要坚持高标准、严要求。这些年,政治理论和国际关系两个教研室在教学科研上都取得了很大成绩,赢得了不少荣誉。怎么在新的起点上谋划今后的长远发展,找到新的创新点,争取有一个大的跃升,需要认真思考和研究。要进一步把思路理清楚,教学科研的创新点究竟在哪里、应当在哪些地方着力,要心中有数。要围绕新世纪新阶段党、国家和军队的任务,围绕军事斗争的需要,加强对重大理论问题和现实问题的研究。要围绕这个去寻找创新点,开创新思路。过去你们的课之所以受欢迎,就在于紧跟时代发展,联系实践中产生的新问题,切准学员的思想脉搏,运用党的最新理论成果回答他们的疑问。今后,仍然要继续关注部队官兵特别是高中级干部提出的思想认识问题,不断给他们以新的启示。要继续发扬精益求精的敬业精神、锐意改革的创新精神、争当名师的进取精神,努力创造有利于建设对党忠诚、业务精通的理论教育工作队伍的氛围和环境,争取出重大研究成果,出本学科领域内具有顶尖水平的名专家、名教授。

三是注意工作方法,更好地团结大家把教研室全面建设推向前进。做好领导工作,领导方法很重要。教研室有些同志是从地方大学来的,他们的理论基础比较好,知识面比较宽,上进心比较强,有成才的强烈愿望,但是由于没有长期部队生活锻炼,没有经过严格的组织纪律生活,在作风养成上欠缺一些,这是难免的。国防大学也是院校,但不是地方院校,而是姓"军"。江泽民同志要求国防大学要当全军"三化"楷模,我们按这个标准加强学校建设,就必须严格要求、严格管理。这个道理要给大家讲清楚。在政治上、思想上、作风上要严格要求、严格管理,该讲的问题要讲,提倡什么、反对什么,要很鲜明。但是,对知识分子,对广大教员,又要适合他们的特点,采取他们乐于接受的方式方法,多给他们以理解和尊重,增强他们自我教育、自我管理的积极性。特别是要多做谈心交心的工作。我们这两个集体都是很团结的,内部关系也很顺畅。但也有同志提出,在个别同志之间、个别领导与骨干之间也有某些隔阂,需要多谈心交心。我曾讲过,我们学校的特点是干部超常稳定,有的人十几年甚至几十年工作在一个单位,好处是相知甚深,感情也比较深,但是结了疙瘩也不易解开。针对这个特点,开展谈心交心活动就非常必要。尽管大家在一起工作,经常见面,但不谈谈心、不做思想感情上的交流,虽然人天天见面,思想长期不见面,就不利于相互理解和沟通,有时难免产生一些误会和看法,时间久了还容易形成成见。在这个问题上,领导要做明白人,要高姿态,胸怀大度,严于律己,宽以待人。严于律己不只是在廉政上,在团结上也要严于律己,善于对待不同意见,越是有不同意见的同志,越要主动找他们谈心,增强相互理解和信赖,增进团结和友谊,增强凝聚力。此外,还要关心教员的切身利益,如职务、职称、出国、进修、奖励等,都要设身处地为教员着想。遇事要多走群众路线,多与党支部一班人商量,依靠党支部集体的力量,把大家团结和凝聚起来。

努力提高党委班子办学
治校的能力和水平[*]

党的十六大,对于在新世纪新阶段推进党的建设新的伟大工程,对于推进国家现代化、推进军队现代化跨越式发展,从理论指导到方针原则、战略部署,都非常明确了。我们加强党委班子建设进而推动学校整体建设,任务就是要老老实实地学习,扎扎实实地去做。概括地说,就是要在不断学习中求提高,在紧密结合上做文章,在狠抓落实上见成效,把我们党委班子进一步建设成为体现"三个代表"根本要求,有很强的办学治校能力,能团结带领全校与时俱进、开拓奋进的坚强领导集体。

一、充分认清我们面临的新形势、新要求,切实增强
走在中国特色军事变革前列的使命感和责任感

江泽民同志和中央军委领导最近的重要讲话,把推进中国特色军事变革的重大任务郑重地提到了全军面前。推进这场军事变革,理论创新是先导,人才培养是支撑。江泽民同志提出要培养和造就的"五支队伍",其中培养和造就指挥军官队伍和参谋军官队伍,国防大学负有

---

[*] 本文是作者在国防大学党委常委民主生活会上的发言摘录(2003年2月22日)。

重大责任。这就决定了国防大学必须走在中国特色军事变革的前列，肩负起培养高级军事人才和创新发展军事理论的两大重任。完成这样的使命，是十分艰巨和光荣的。我们面临的这场军事变革，实质上是按照信息化要求对工业时代军队进行彻底改造，是军队的整体转型和作战方式的根本转变。而我们过去长期在机械化半机械化军队建设过程中形成的思想观念，包括教育理念方面的一些问题，很大程度上也是工业时代和机械化军队时代的产物，在中国特色军事变革中都面临着新的挑战。同时还要看到，推进中国特色军事变革，全军上下欢欣鼓舞、认识统一、干劲十足，我们要走在这场变革的前列，取得对全军有帮助的、让全军公认的成果，也是非常不易的。我们讲党的建设的一条根本经验，就是要紧紧围绕党的中心任务来进行。军队党的建设，就必须围绕完成军队的根本职能使命的实践来进行。党的先进性是历史的、具体的。当今讲党的先进性，必须体现在推进中国特色军事变革，体现在解决打得赢、不变质这两大历史性课题上。对我们学校来讲，就是要体现在培养高素质新型高级军事人才和理论创新上。我们必须看清这样一个新的形势，带头解放思想、更新观念，与时俱进、锐意创新，把提高教学科研水平和人才培养质量作为办学治校的第一要务，在更高的起点上谋划和推进学校的改革与发展，以更高的标准抓好党委班子自身建设。

二、注重学习、善于学习，努力提高党委
一班人办学治校的能力和水平

党的十六大在部署党的思想、组织、作风和制度建设的同时，鲜明地提出，要把加强党的执政能力建设摆在重要位置。这是党的建设的一个重大创新，是我们党对马克思主义建党学说的一个新发展，抓住了新形

势下我们党作为执政党建设的带全局性、根本性的重大问题。提高党的执政能力建设,落实到我们学校党委班子,就是集中体现为提高办学治校的能力。这种能力也是具体的。我感到,是不是可以概括为这样几条:一是高举旗帜、铸牢军魂,牢牢把握办学治校正确方向的能力;二是认清大势、把握全局,在更高起点上谋划学校建设的能力;三是更新观念、更新知识,与时俱进地推动军事教育创新的能力;四是调查研究、把握规律,善于进行正确决策的能力;五是创新求实、开拓进取,创造性地抓好工作落实的能力。提高这五种能力,需要在多方面下功夫,而其中最重要、最紧迫的是要加强学习。

回顾我们党的发展史,可以看到,每当革命、建设和改革的重大关头,党中央都非常强调学习,尤其强调高级干部要加强学习。毛主席在党的七大上就谈到:"选举中央委员会,就要选有学习精神的人,他不懂得这不要紧,我们选他,让他去学。"①他还说,我们"不是从个人求完全,而是从集体中求完全,从对现实的学习中求完全"。② 党的十一届三中全会以后,邓小平同志多次指出,实现四个现代化是一场深刻的革命,全党同志一定要善于学习,善于重新学习。江泽民同志对领导干部的学习问题,这 13 年来始终加以强调,一有机会就讲。前不久,江泽民同志在一次重要会议上再次深刻指出,当前国际国内形势的发展变化令人目不暇接,树立终身学习的意识,比以往任何时候都更重要、更紧迫;并强调要积极建设一个学习型的政党和学习型的社会。我们军队历来是个大学校,理所当然是个学习型的军队;我们国防大学本身就是一个学校,学习问题对我们来讲更加重要。我们领导同志都感到知识不足、能力不够,可以这样讲,面对建设信息化军队、打赢信息化战争的新要求,许多

---

① 《毛泽东文集》第三卷,人民出版社 1996 年版,第 366 页。
② 《毛泽东文集》第三卷,人民出版社 1996 年版,第 366—367 页。

同志都程度不同地存在着毛主席当年讲过的"知识恐慌"、"本领恐慌"的问题。

学校本身是传授和创造知识的地方,我们在国防大学工作,整天和知识分子打交道,面对的是全军高级干部学员,这就更需要知识的力量。加强学习、勤奋学习,是取得学校领导资格的第一需要。因此,我们必须带头勤奋学习新理论、新知识,抓紧提高自己的理论水平、知识本领和领导能力。当前最重要的是要深入学习党的十六大精神和"三个代表"重要思想,在前一段学习的基础上,抓住重点问题,有针对性地进行学习,跟上党中央的要求。在这个问题上,我们不能松懈,不能满足。还要以此为指导,加强对江泽民国防和军队建设思想的学习、现代军事教育理论的学习、高新科技知识的学习、军事战略和作战理论的学习和研究。我很赞成大家在发言中提出的,要改进我们的学习,特别是校党委常委的学习要很好地加以改进。对这个问题要进行很好的研究,在学习方面也要有改革创新精神。要根据2003年的实际情况和工作安排,列出几个急需解决的问题,一次学一个问题,请专家来讲课,讲完后现场提问题,现场回答和研究。要针对急需的知识、不懂的问题,真正找一流的专家,给校党委常委、部门以上领导和教研骨干举办讲座,讲完后就提问题,结合我校实际讨论、研究,以此来改进我们的学习。

三、着眼履行新的使命,进一步增强创新意识和创新能力

搞好学校的改革与发展,关键是校党委班子要有很强的创新意识和创新能力。从实际情况看,我们一班人的创新意识还是比较强的,但在创新上往往心有余而力不足,创新的能力确实需要有一个大的提

高。江泽民同志关于中国特色军事变革的重要论述,科学回答了新世纪新阶段应该建设一支什么样的军队、怎样建设军队,以及未来打什么仗、怎样打赢的根本问题,从而也就为我们学校培养什么样的人才、怎样培养人才,以及创新什么样的理论、怎样创新理论,从根本上指明了方向。这也对我们党委班子的创新能力提出了更高要求。现在的问题是,我们的思想观念、习惯做法等方面,还存在着障碍改革创新的框框,必须下决心加以克服。年初召开的校党委全会,对 2003 年学校各方面的创新都作了具体部署。我们的责任,就是要下功夫把这些创新举措付诸实践,并在实践中不断提高创新能力。2002 年,我们出台了国防大学创新体系的纲要,这是一个很好的文件,需要进一步抓好落实并不断完善。就 2003 年的工作重点看,高级指挥人才和高级参谋人才的素质模型要抓紧论证,下决心搞出来,这是我们教学体系和教学内容改革的基本依据。我们在理论创新、科研指导上,一方面要继续抓好应急研究、紧跟形势任务的研究,这是非常必需的,但同时又要抓好基础理论的研究,抓住一些根本性问题持续不断地研究。这个关系要处理好,既不能脱离实际特别是不能脱离军事斗争准备的迫切要求,去搞纯学术的研究,也不能搞那些炒作式的、泡沫式的研究。没有根基就没有后劲,我们过去多次强调过,要引导教研人员厚积薄发,克服浮躁情绪。我们学校在军事斗争、军队建设等各个方面,都应该有首屈一指的专家。说起那一方面,他很有权威、很有发言权。此外,学员考试的改革也是一个大问题,需要作为一个课题认真进行研究。还有大家提出的军事理论创新,要有更大的作为,就要把聚焦点放在作战理论的创新上。科研工作要加强组织领导,突出重点,在军事理论创新特别是作战思想的创新方面,国防大学一定要作出自己应有的贡献。政治工作、校务工作特别是干部工作,都要坚持与时俱进,体现改革创新的精神。"名师工程"、教研干部套改技术级等工作要完善配套措施,各种奖励要很好地规范。同时,要大胆探索,下决心把淘汰机制建立起来。对这些工作,大家应按照职责分工,下大力气展开抓落实的工作。

四、认真贯彻民主集中制原则,不断 提高班子的领导决策水平

当前,学校建设面临的任务很重,要改革创新的东西很多。在这种情况下,决策的正确与否非常重要。有时在时间比较紧的情况下,要防止由于酝酿讨论不充分而导致决策失误,但是又要抓住机遇,不能议而不决、拖而不决,这两方面都要防止。首先,要充分发扬民主,确保决策正确。对学校的重要工作、重大决策、干部使用,一定要广泛听取意见。重要决策不仅要听取校党委常委的意见,还要听取校党委全委的意见,征求专家学者的意见,甚至是校外专家学者的意见,在认真论证、权衡利弊的基础上实行科学决策。要坚持召开校党委常委务虚会的做法,每年开一到两次,大家敞开思想,对学校建设和发展的一些重大问题议深议透,一时议不透的,也可暂不作结论,继续研究。这样做的好处,就是能够真正集中大家的智慧,真正推动大家思考研究问题。其次,每个同志都要积极主动地参与集体领导。我们学校人员并不多,但工作头绪多,方方面面的工作要搞好,必须发挥班子全体同志的积极性,发挥大家的智慧,用好大家的智慧。班子每个成员都应站在学校建设全局上想问题、提建议,尤其是在机关部门工作的同志,更要如此。要认真思考问题,尤其是在一些事关学校建设大局的重要问题上,要能够拿出真知灼见,不要泛泛地议论、人云亦云。副职和部门的领导同志,应把问题想在前,把工作做在前,各司其职、各负其责,对自己职权范围内、有明确规定的事情,要敢于负责,大胆处理。书记、副书记一定要充分尊重、认真听

取大家的意见和建议,特别是欢迎不同的意见。我们有些想法,大家觉得不妥也可以否定,可以提出不同的建议。我们决不搞个人说了算,也决不会没有道理地固执己见。

五、坚持创新求实,埋头苦干,努力培育和形成良好的作风

中央军委首长强调指出,军队院校是为部队建设和军事斗争准备服务的,作风必须很实;学校党委、领导抓教学科研,要多考虑军队建设是否需要、未来打仗是否用得上,千万不要搞那些华而不实的东西。这些指示很有针对性,我们一定要认真地学习领会,并以此检查和改进工作。要进一步端正工作指导思想,下决心防止和克服形式主义包括教学科研工作中的形式主义。无论是教学内容、方法和手段的改革,还是提出其他的创新举措,都要着眼提高人才培养质量。人才培养质量是检验我们一切工作的根本尺度。理论创新首先要想到为教学服务、为中央军委决策服务,着力回答中国特色军事变革和部队建设急需解决的重点、难点问题,不搞无效劳动,不搞低水平的重复建设和重复研究,更不能急功近利、搞"出名挂号"的事。我们培养的人才和推出的理论创新成果,一定要经得起部队建设实践的检验,经得起未来实战的检验,经得起历史的检验。这要成为做工作的基本出发点和落脚点。要带头倡导苦干实干,办事讲求实效,不图虚名,多做少说或只做不说;要进一步探索适应学校特点和规律的领导方式和工作方法,坚持到教研一线发现和解决问题,坚持校党委常委成员听课制度,要努力做到:每堂新开大课都要有一名以上校党委常委参加听课,校党委常委听课要上周表。校党委常委同志常听听新课、大课是很有必要的,这有利于大家集体领导学校的教学科研,也是提高自己的需要。

每个校党委常委同志都要挤时间参加学员的讨论,以便更好地了解和掌握学员情况。

六、始终把思想建设摆在首位,进一步
提高讲政治的具体能力

我们提出要塑造与时代要求相适应的国防大学的五个鲜明特色,其中首要的就是以理论上特别清醒、政治上特别坚定著称的特色。这是由我校的地位和作用所决定的。我们要求全校同志这样做,校党委常委同志首先要做得更好。我们一定要自觉地用"三个代表"重要思想武装头脑,在任何时候、任何情况下,坚决同党中央、中央军委保持高度一致,尤其是在重大政治原则问题上、在重要关头一定要立场坚定、旗帜鲜明,决不能有丝毫的含糊和闪失,从而确保学校建设的正确方向。这里强调的是:我们班子的同志,要始终牢记毛主席关于"两个务必"的要求,大力弘扬艰苦奋斗的优良传统和作风。当年,党中央从西柏坡动身前往北平的时候,毛主席就充分估计到我们党面临的严峻挑战,他曾意味深长地说:"今天是进京的日子,进京赶考去。"①五十多年过去了,今天在新世纪新阶段,这场"考试"还在继续,远远没有结束。尤其面对当前复杂的社会环境,我们每个同志都应高度重视世界观的改造,提高自我教育、自我管理、自我约束的能力,用自身的良好形象影响和带动全校。我们不能因为学校清贫,就放松对自己的思想改造。同时,要加大对学校高中级干部教育管理的力度,既要在政治上对他们严格要求,也必须在生活作风和道德情操上从严约束,管住他们的社交圈、生活圈、娱乐圈。在这方面,也包括我们的退休老干部,大多数老同志做得是好的,但一些退休

---

① 《毛泽东年谱(1893—1949)》下卷,人民出版社、中央文献出版社 1993 年版,第 469 页。

老干部在社会上兼着第二职业，有些同志是满天飞，还要加强这方面的研究，探索这方面的规律，使他们都在组织之中、教育之中、管理之中。对高中级干部学员也要严格教育、严格管理，对不良倾向要敢于批评、纠正，问题突出的要写入鉴定，通过对他们的严格管理，促进人才培养质量的提高。

高标准地抓好机关建设 *

近年来,机关重视抓好自身建设,在完成以教学科研为中心的各项任务中,发挥较好的服务保障作用,为学校的改革与发展作出了贡献。但总的来看,机关建设与新形势、新任务的要求比,还有不小的差距,有的还较为突出。适应中国特色军事变革的新形势、高标准地抓好机关建设,是需要我们认真研究解决的课题。

一、认清新形势下机关肩负的重任,
增强履行职能的责任感

机关是为党委首长出谋划策的智囊,也是抓好工作落实的组织者、实施者。在这方面,国防大学机关又有自身的特点和要求。比如,我校担负着培养人才和创新发展军事理论的使命,这个责任是很重的,机关组织筹划的责任也很重;我校是教学科研单位,上级指示不可能很具体,如何搞好学校建设,还靠我们自己动脑筋、拿主意,靠机关创造性地工作;我校机关既要履行大军区的职能,又要像旅、团单位那样面对面指导,抓落实的责任也很重。特别是,目前我校正处在一个整体转型期,我们要建设走向信息时代的国防大学,面临着许多深层次的矛盾和问题需

---

* 本文是作者在国防大学机关思想政治工作座谈会上的讲话(2003 年 6 月 30 日)。

要解决,更要求机关必须充分履行出谋划策、组织协调、推进改革创新的职责。所有这些,要求机关必须认清肩负的职责,增强责任感和使命感,更好地发挥好自己的职能作用。

机关在发挥作用方面总的是好的,多数同志的工作是尽职尽责的。不足的方面,概括地说,有"三个不够":对学校的重大问题深入研究不够,忙于具体事务多,拿出有价值的创新建议少,参谋智囊作用没有充分发挥;对工作的精心筹划和协调不够,有些工作虽然抓了,但缺乏认真筹划,缺乏上下左右的有力协调,影响了质量和效果;抓落实的主动性不够,有些部门、有些同志,存在"多一事不如少一事"的现象。这些问题,与新形势、新任务对机关的要求是不相称的,必须加以改变。

要善于站在学校全局上研究大问题、出好大主意。建设走向信息时代的国防大学,完成好学校肩负的重任,有许多新情况、新问题现实地摆在我们面前,有不少重点、难点问题需要突破。解决这些问题,仅靠领导是不行的,要靠全校人员,尤其要靠机关的出谋划策。就当前看,我们推进人才培养模式转型、教学科研创新、人才队伍建设、基础设施建设等,要靠大家都来开动脑筋,发挥聪明才智,拿出创新的意见和建议。机关要多一些研究型、谋划型人才,多一些思考问题、能给领导出主意的人。现在机关最缺的也正是这种人。机关大部的领导要经常组织机关,多研究一些事关学校建设全局的大问题,发动大家想点子、出主意,每年能拿出一些有分量的创新性办法。

要善于把握党委首长的决策意图,精心搞好组织落实。这是机关的职责所在,也是履行职能作用的基本功。机关同志要非常关注党委的工作目标、工作思路和工作重点,非常关注和正确领会首长的决策意图,围绕这些去出主意、想办法、抓落实。对党委决定的、首长交代的事情,要善于把它们变成具体的工作步骤和措施,积极推动落实。有时候,首长的意见考虑得不够全面,或落实起来有难度,机关要善于结合实际,搞好补充完善,克服困难抓好落实,不能借口这个情况、那个问题,拖着不办。

　　要善于搞好组织协调,形成抓工作的整体效应。我校机关,对上,直接受军委、总部机关的领导;对下,直接管到教研单位和基层。机关的一个职责就是要善于上下沟通、左右协调。做得好,可以事半功倍;做得不好,就可能失掉机遇,有的想弥补都补不了。现在我们有的机关、有些部门仍然存在"老大思想",对上沟通不积极、不主动,给什么条件办什么事,学校搞成什么样算什么样,缺乏应有的责任感。我校的情况,特别是涉及学校建设的长远问题、重大问题,你不主动汇报,上面就不一定了解,就难以赢得支持和帮助。机关要有很强的主人翁意识,该反映的要积极反映,该争取的要努力争取。同时,对下要加强具体指导,部门之间要主动搞好协调,还要善于利用各种资源优势。凡是有利于学校改革与发展的事情,都要积极协调、为我所用,把各方面力量凝聚起来,使各项工作取得更大的成效。

二、以增强创新能力为重点,全面提高 机关干部队伍的整体素质

　　机关发挥职能作用,说到底要看机关干部的能力素质。作为国防大学的机关干部,对能力素质有着许多特殊的要求。首先,要把军委、总部的决策指示与学校实际结合,创造性地开展工作,本身就需要很高的能力素质。其次,机关服务的对象是高中级知识分子、高中级干部学员,指导的是高层次教学科研。在部队,团机关的股长、参谋、干事,一般要比营、连干部强;师机关的科长、参谋、干事,要比团机关和基层干部强。我们机关干部的素质也应该高于教研人员。这里不是讲专业方面一定要高,而是指机关干部要能够把握教学科研的规律,了解教学科研的前沿,有很强的组织指导能力。特别是,面对中国特色军事变革,面对全军实

施人才战略工程,我们既要为全军培养高素质新型高级军事人才,又要加快学校自身的人才队伍建设,这对机关干部的能力素质提出了更高的要求。

我校机关干部应有什么样的能力素质?我感到,是不是可以概括为这样六个方面:一是很强的讲政治具体能力,善于从政治上分析和处理问题,见微知著,及时发现和抓住带倾向性的问题;二是很强的能参善谋能力,善于通过调查研究,就学校建设的重大问题提出创新的建议;三是很强的领会意图能力,善于把握党委首长的决策意图,把它变为具体的工作思路和措施;四是很强的组织协调能力,善于上下沟通、调动各方,严谨细致、准确及时地做好各项工作;五是很强的文字表达能力,能够高质量地完成各种文字材料;六是很强的解决问题能力,善于化解矛盾,处理棘手问题。应当说,我们机关干部的能力素质还是有提高的,现在机关大部的领导都很强,有一批二级部领导的素质也很不错,参谋、干事、助理员中,有不少同志正逐步成为独当一面、比较优秀的人才。但就总体上看,机关干部能力素质与新的形势和任务要求不相适应的矛盾还比较突出。有的人观念比较落后、知识比较陈旧,尤其在适应中国特色军事变革、搞好人才培养和教学科研创新方面,知识和能力差距较大;有的人跑跑腿、办具体事可以,研究问题、出主意不行;有的人不能很好地领会首长意图,见事迟、反应慢、跟不上,有时首长出了主意,还领会不透;也有的人创新意识和创新能力不强,对涉及学校建设全局的大事,对谋划和指导教学科研,拿不出创新的建议,甚至连题目都提不出来。

提高机关干部的能力素质,是各级机关领导的当务之急,必须用心研究,切实抓紧抓好。一是严把机关干部入口关。要参照选教员的做法选机关干部,提高进国防大学机关的"门槛"。对选调干部要看学历、看经历、看能力,坚决杜绝照顾性、过渡性、关系性调入,不能什么样的人都可以到国防大学来工作。着眼改善机关干部的经历结构、知识结构和素质结构,下决心从部队、从学员中选调一些优秀干部,充实到机关干部队伍中去。要多从作战部队军以上机关、从艰苦地区选调干部,尤其要选那些既能干机关、又能当教研人员的干部。二是在机关干部中大兴学习之风。要按照建设学习型机关的要求,着眼提高干部的创新能力、创新素质,造就创新型的机关人才,在抓好政治理论学习的同时,抓好军事理论、教育理论和高科技知识的学习,提高外语水平,尽快改善知识结构。在这方面,机关的大部要有计划,具体抓好落实,不仅要只争朝夕地抓,而且要锲而不舍地抓下去。要大力倡导自学,引导干部看清自身的差距,自加压力,把学习作为在国防大学机关任职的第一需要。三是加大机关干部培训和交流的力度。在这方面我们过去做了一些工作,但力度还不够。对机关干部的培训,学校要通盘考虑,机关的大部也要有自己的计划,让更多的干部能够参加各种学习和代职锻炼。大部、二级部要经常搞一些形式多样、针对性强的培训,特别是结合工作,有意识地搞好传、帮、带。干一件大事、起草一份重要材料,就相当于办一次实际的培训班,就要带出那么几个人。今后,随着学校体制编制的调整,机关干部的出路主要就是教研单位。从现在开始,就要培养机关干部既懂业务、又懂教学科研的本领,下决心走开与教研单位交流的路子。否则,干部的进步会受到影响,甚至会耽误一批人。四是完善激励淘汰机制。不少同志反映,现在机关能干事的就那么一些人,越是水平高越干得多,也越辛苦。这种现象必须改变。一方面,对好的要表扬,要优先提拔使用,树立起机关干部的先进典型。现在我们还没有在这方面叫得响的典型。另一方面,对差的要下决心淘汰。学校在制定这方面的措施,出台后机关要带头实行。

实践证明,机关是锻炼人的地方,也是出人才的地方。我们现在部队的高中级干部,相当一部分在机关干过,有的人就是机关干部出身。我们在座的领导,一定要有强烈的人才意识,当一任领导,既要出政绩,更要出人才;既要培养拔尖人才,更要造就群体性人才。我看,这工作那工作,有了人才才能干好工作;这政绩那政绩,出了人才才是最重要的政绩。要教育机关的同志,不要患得患失,整天想着到任现职几年了,该提升了,要立大志、干大事、成大才,珍惜所处的环境和条件,努力在本职岗位上提高自己、造就自己,成为能够担当重任的栋梁之才。各大部要结合贯彻全军人才战略工程座谈会精神,对培养一批优秀机关干部问题,好好筹划一下,拿出切实可行的方案。力争通过三年左右的努力,使机关干部的整体素质上一个新的台阶。

三、抓住严格教育、严格管理不放松,
带头塑造以严著称的良好形象

严格教育、严格管理,是机关建设的内在要求。机关形象好了,工作指导才能奏效,说话才管用。从我校机关教育管理的特点看,干部交往面广,八小时以外的活动空间大,容易受复杂环境和各种诱惑的影响;机关干部职务晋升基本上是齐步走,有的人容易产生熬年头、混日子的思想,放松对自己的严格要求;不少干部手中握有一定的权力,搞不好就可能出问题;还有,长期在一个岗位、一个部门,人与人之间的工作关系、人情关系比较复杂,领导批评起来也碍于情面。这些情况,给机关的教育管理带来了一定难度,也提出了更高要求。

这两年,我们强调塑造以严著称的良好形象,机关落实这一要求是比较自觉的,总的情况是好的。广大机关干部政治上清醒坚定,没出任何问题;工作勤奋敬业,经常加班加点;不少同志淡泊名利,正确对待职务调整、家庭困难;多数同志严格遵守规定,机关的风气建设有明显进步。但也存在一些值得注意的问题。一是少数同志精神状态不佳,干工作不用心。二是一些人组织纪律性不强,执行规章制度不严。有的人胆

子比较大,重大问题不请示、不报告,擅自作主;公款吃请等问题也时有发生。三是自由主义现象还存在。学校出了一点问题,有的同志不是感到痛心,而是乱议论。机关这种不负责任的议论,危害很大。四是保密安全观念不牢。这个问题虽说反复强调,但现在看,漏洞较多,很难让人放心。存在这些问题,主要原因,还是我们有的部门教育管理失之于宽、失之于软。

治军不严,祸患无穷。必须把从严治军作为一项重大而紧迫的工作进一步提到全校面前。机关要在严格问题上带好头。思想教育要严。做机关业务工作,首先要做好人的工作,把人的思想管好。要坚持把思想政治建设摆在首位,抓好理论学习,有针对性地搞好思想教育,打牢干部的思想政治基础。领导要经常组织大家汇报思想,经常与部属谈心,该提醒的要及时提醒,不能只管工作、不管思想。落实制度要严。要充分发挥依靠制度管干部的功能,尤其是机关自己定的规矩,要带头遵守。特别是理论学习、思想汇报、上党课等制度,一定要认真落实,机关的大部要经常检查督促,对不落实的,就是要批评,要补课。要严格请示报告制度,严格按程序办事,不能没有规矩。切实加强对机关干部八小时以外的管理,不能出漏子,否则就没有资格在机关工作。开展批评要严。讲严格,最重要的就是敢于开展批评。现在有的人听不得批评,经不起批评;有的领导也过于客气,不敢批评人,好人主义严重。机关干部干好工作是自己的职责,干不好就应受到批评,这是基本的道理。干部经不起批评,就难以进步;领导该批评的不批评,就是对干部的不负责。希望机关多一些真诚的批评和提醒,少一些你好我好的客套,多看自己的问题和不足,少一点自我感觉良好,带头把批评的风气弘扬起来。在抓风气上要严。在机关干部中大力倡导团队精神、奉献精神,树立校兴我兴、校荣我荣的思想,让不良风气没有市场。在这些方面,大部的领导要有强烈的责任意识,积极主动地抓,从具体事、具体人抓起,尤其是善于抓住倾向性问题,有针对性地搞好教育整顿。通过抓好机关的风气,带动整个校风建设。

四、大力培育优良的机关作风,
下功夫提高抓落实的质量

有了好的作风,落实就有保证。这些年,机关在改进作风方面进步是明显的,不少举措受到下面的好评,但也有些问题解决得不是很好。比如,有的工作比较被动,往往等领导布置任务、交代办法,有的交代了也没有落实;有的把握规律不够,抓不住重点,忙乱问题还比较突出,对此教研单位还是有意见的;有的标准不高,办事粗疏、马虎应付;还有的缺乏负责精神,遇到问题不去主动想办法,而是回避矛盾,或者什么事都往上报,开什么会都让领导参加,干个什么事都想让领导知道。

针对学校的特点和机关的不足,培育优良的机关作风,我觉得有这么四条要特别强调:一是积极主动。要料事在先,把要做的工作想在前,把可能出的问题考虑在先,遇到矛盾主动去解决。党委和首长部署了的工作、明确了的事项,要雷厉风行,一抓到底,对重点工作要跟踪指导、跟踪检查、跟踪问效,直到抓出成效。对工作落实情况,干到什么程度、结果怎么样,要及时反馈。对职权范围内的事,要以我为主,敢于负责地去做。二是求实创新。谋划工作、部署任务,一定要注重实效,一定要围绕教学科研这个中心,服务这个中心,而不能干扰和妨碍这个中心。下决心减少会议、文件,不搞那些形式主义和无效劳动,防止给下面添乱。要创新工作思路,突出工作重点,创造性地抓好落实。三是严谨细致。想问题要周全细致,了解掌握情况要深入准确,办文办会不能出纰漏。现在,有的还存在粗枝大叶、大而化之的现象,有些小的方面不注意,大的方面就可能出问题。机关领导要严把工作质量关,做到过细再过细,要对党委和首长高度负责。四是敢于较真儿。学校建设要坚持两手抓,就是一手抓工作、出成果,一手抓防范、不出问题。国防大学出不得事,也出不起事。如果出了重大问题,就像打扑克被人家"抠底"一样,前面得分再多也是白搭。防止出问题,一个重要方面,就是机关抓工作、抓问题的处理,要敢于较真儿。有些问题,群众反映了,机关看到了,要主动去抓。对校党委常委定了、首长讲了要处理的问题,机关要认真负责地落实,不能推诿、回避,把问题长期拖着,甚至不了了之。处理问题,是非要清楚,责任要明确,态度要坚决,该检讨就要检讨,该处理就要处理,决不能护短、迁就。这不是谁和谁过意不去,而是对党的事业负责,对同志负责。在这方面,机关要更好地履行自己的职能作用。

抓好学校党组织能力
建设这个关键

　　贯彻落实党的十六届四中全会通过的《中共中央关于加强党的执政能力建设的决定》和中央军委指示精神,必须紧密结合学校实际,抓住了学校党组织能力建设,也就抓住了推进学校改革与发展的关键。把党的总体执政能力、领导干部的五种能力,把胡主席、江泽民同志提出的"四种本领"和"五点希望"落实到学校,就是要提高各级党组织和领导干部的办学治校能力。结合学校新的职能和任务,我们提出要提高各级党组织和领导干部的"六种能力",就是:始终坚持党对军队的绝对领导,把思想政治建设摆在各项建设首位,不断提高牢牢把握正确方向的能力;坚持科学谋划建设与发展,正确把握现代教育趋势和学校形势,不断提高推进本单位整体进步的能力;坚持以提高人才培养质量为核心,深入探索军事教育规律、人才成长规律和理论创新规律,不断提高教学科研和各项工作创新发展的能力;坚持依法从严治校,依据法规制度严格规范工作和秩序,不断提高正规化建设的能力;坚持营造同心同德、团结和谐的氛围,最大限度地调动全校同志的积极性、创造性,不断提高凝聚大家干事业、干成事业的能力;坚持清正廉洁、严于自律,严格党员干部和

---

　　* 本文是作者在国防大学师以上单位党委、支部书记轮训班上的讲话摘录(2004 年 9 月 30 日)。

学员教育管理,不断提高拒腐防变和抵御诱惑的能力。如何提高这"六种能力",各级都要认真思考,明确达到这些目标的方法途径,解决好"桥"和"船"的问题,真正把各级党组织建设成为体现"三个代表"重要思想的要求,始终站在学校改革发展前列,具有很强创造力、凝聚力、战斗力,团结带领大家出色完成各项任务的坚强领导核心,肩负起建设信息时代综合性联合指挥大学的历史重任。

一、坚持把加强学习、改善知识结构作为提高 能力的最紧迫任务,尽快提高运用新理论、 新知识履行使命的水平

执政党的执政能力和执政水平,很大程度上就是一个善不善于学习的问题。在我们党的历史上,如果没有延安整风那样一次普遍的马克思主义学习,党就不可能获得加速推进中国革命胜利进程的能力;如果没有新中国成立初期那样普遍深入的学习整风运动,党就不可能获得由农村转入城市领导经济建设的能力;党的十一届三中全会实现伟大历史转折以后,如果没有全党普遍的学习运动和思想解放运动,党就不可能那么快地掌握领导改革开放和现代化建设的能力。可以说,兴党兴国兴军,必先大兴学习之风。这些年,江泽民同志反复强调,学习是工作的第一需要,要建设学习型社会、学习型政党、学习型军队。国防大学作为中国最高军事学府,靠什么来获得最高的工作水平和教学质量? 第一位的就是靠学习,靠在学习上始终处于领先地位。我们经常讲,现在新情况、新问题层出不穷,而对这些新情况、新问题的研究,我们同部队基本上处在同一起跑线上。我们只有学得更早一些,抓得更紧一些,钻研得更深一些,才能获得当先生的资格。对我校来说,目前正在发生两个根本性变化:一个是建设符合时代要求、具有世界先进水平和我军特色的综合性联合指挥大

学,这是学校发展目标的变化;另一个是培养建设信息化军队、打赢信息化战争的新型军事人才,这是人才培养目标和学校职能任务的变化。这两个根本性变化,反映在每个干部身上,很重要的就是在学习上有一个新的飞跃。2003年,江泽民同志在听取校党委常委汇报时,语重心长地指出,一个人干什么就要学什么,要干一行、爱一行、学一行。他还要求我们要以一个小学生的态度对待学习。必须把学习作为最紧迫的任务,必须改进我们的学习,甚至要改造我们的学习。

要正确把握博与专的关系,在扩大知识面和专的程度上都应该下更大功夫。现在有的同志只埋头自己的专业,对其他方面的理论和知识不感兴趣,结果把自己的视野和知识面越搞越窄,这样,恰恰想专又难以专成,想专得很深却恰恰深不进去。现在学科发展的综合性、交叉性越来越强,专要靠博来支撑。我们国防大学搞的是战略战役层次教学,研究的是联合作战,如果搞战略的一点不懂战役、不懂政治,搞战役、搞政治理论的一点不懂战略和后勤装备保障,不懂得高新技术和武器,就不可能提出对部队建设和打赢未来战争的管用之策。历史上,凡是有建树的军事家、战略家,大都又是思想家、政治家、理论家。我们每个同志既要专,又要博,不能认为学其他东西占了学专业的时间,而要努力用新理论、新知识来丰富自己,特别要注重学好政治理论,掌握科学的世界观和方法论,使自己的视野更加开阔,站立点越来越高。

要正确把握向书本学与向实践学的关系,下决心解决对部队实践知之甚少、知之不深的问题。毛主席早就说过,光有书本知识是不完整的知识。过去,我们多数教员是从部队直接选调来的,有着比较丰富的实践经验,主要是理论和学术储备不够。而现在教研队伍总体上矛盾发生了转化,许多年轻教员从院校到院校,应该说理论功底比较厚实,但对部队的情况不太了解;就是那些过去从部队来的同志,时间一晃就是几年甚至十几年,这个期间没有到部队任过职、代过职,蹲点调研也没有搞过,这种情况不能不令人忧虑。这个问题已经成为影响能力的一个关键问题，也是个很突出的矛盾，必须正视和加以解决。如果像古人讲的，不知有汉，无论魏晋，对现实发生的变化根本不知道，那怎么去发表高见？值得注意的是，现在有的同志只是对理论感兴趣，总想一下就提出一鸣惊人的观点，而对部队实际问题兴趣不浓，甚至不感兴趣。我多次说过，干部缺乏对部队情况的感知，主要原因不在干部本身，而是我们领导过去没有及时注意到，也没有给他们创造这样的条件。2004 年暑期我们派了两个组到部队蹲点调研，才个把月时间，回来就有颇深的感受，至于代职、任职的同志感受就更深了。今后要多管齐下，来解决这个问题。要继续加大到部队代职锻炼、蹲点调研的力度，特别是到重点部队、到军事斗争准备一线部队去蹲点，既帮助部队做工作，也了解情况。我曾在校党委常委会上讲过，这里再造点舆论，就是有些年轻的、有发展潜力的师团职干部，要敢于交流到部队去任职，哪怕是平职去。国防大学的教员到部队去有优势，只要进入了实际情况，在部队是很有作为的。这方面的人和事在学校有的是。我们一些同志担心在部队万一发展不起来，家又在北京，以后怎么办？那么，学校将来是不是可以考虑，我们的干部到部队任职，如果发展得好，甚至成长为名将，那是我们国防大学的光荣；如果因为部队位子少，万一提不起来，有了在部队积累的那么多经验，还可以再回来任教，家也可以不搬，大本营不动。如果这样还不敢去，那就是懦夫了！男子汉要干点事业，就要敢走交流的路子，敢到火热的部队去锻炼。尤其是三四十岁的年轻同志，要有这样的心理准备，将来打起仗来很可能把你放到部队去当指挥员，担当大任、重任。因此，现在就要通过多种途径磨炼自己，努力丰富实践经验，这一点实在太重要了。

　　要正确把握知识结构的系统性要求和时代性要求的关系，尽快掌握履行职能使命急需的新理论、新知识。能力是具体的，学习也是具体的，每个时代有每个时代的要求。现在我们面临的最大要求，就是建设信息化军队、打赢信息化战争。因此,我们的学习必须有明确的指向性,使学习同履行职能紧密联系起来。现在的知识浩如烟海,各种信息眼花缭乱,在这种情况下,学会学习比学习本身更重要。我看就是要下功夫钻研信息化知识、联合作战理论等军事斗争急需的知识和理论。当前军队现代化建设和军事斗争准备的聚焦点,也理应成为我们提高能力的聚焦点,成为培养人才的聚焦点。每个人都要真正搞清楚自己究竟是干什么的、缺什么、最需要学的是什么,做到学得精,学得管用。各单位要加强对学习的指导,把任务明确到具体人,每个人都要有自己的学习规划,并认真抓好落实。

二、坚持把研究新情况、解决新问题作为提高能力的主要增长点,在理论和实践创新上拿出更多的实招、高招

创新能力是执政党的核心能力。改革开放以来,我们党的执政能力大幅提升,铸造了新的辉煌,最根本的,就是敢于和善于进行理论和实践创新。这些年来,江泽民同志对创新问题讲得最多,也最为深刻。随着军事斗争准备对人才的紧迫需求,需要我们以真打实备的紧迫感,以前瞻性眼光和务实精神,提高理论创新能力,拿出更多更有价值的成果。

研究新情况、解决新问题,首先要强化问题意识。脑子里不想问题、眼睛看不到问题,就研究不了新情况、解决不了新问题,也就谈不上创新。解决了问题才能创新,特别是解决了别人没有解决的问题,那就是原创。解决问题的过程就是提高能力的过程,而这种提高很重要的是坚持理论联系实际。搞理论的最大危险,就是脱离实际。理论不解决问题,只是本本来、本本去,那是最没用的。毛主席曾经非常生气地批评过教条主义,他说,理论不解决实际问题,连狗粪都不如。狗粪还可以肥田,教条主义除了害人,什么用处也没有。对我们来讲,目前最大、最紧迫的问题,就是

解决台湾问题。我们强调问题意识,这就是最大的现实问题。针对台湾问题的高危期,做好军事斗争准备,这中间到底有什么问题,可能会出现什么问题,在军事上、政治上、后勤装备保障上具体存在什么问题,我们都要很好地研究。坐在家里是想不出这些问题的,要和部队多接触,和高级干部学员多交谈,多参与他们的一些讨论。我们现在的研究虽然有成绩,在一些重要问题上也讲了一些新话,产生了一些好的作用,但往往是对要害的问题没有抓住,或者抓得不具体,拿不出管用之策。军事斗争准备现在已经到了要具体的时候了,有些原则要求,军委、总部领导已经讲得很清楚了,现在就是要具体化、量化。要把我们的思维习惯改一改,从原则的、推论式的思维方式往定量与定性相结合上转变,从研究问题上升到理论后再向理论指导实践上转变。这本来就是马克思主义的认识论,是科学的思维方式,但现在有的同志倒过来了,从原则出发去推导原则,这个问题要很好地解决。我校的有利条件,就是有这么多高中级干部学员,他们在讨论中提出的很多有价值的东西,我们要很好地梳理一下,找出那些最关键的问题,进行深入研究。要敢想敢闯,有什么问题就研究解决什么问题。改革开放二十多年,小平同志说我们是摸着石头过河,总设计师也不是一下子把什么问题都设计得很圆满、解决得很圆满。要从具体矛盾入手,尤其要从重点、难点问题入手进行具体研究,具体了才能深入、才能落实。比如"三战"问题,老讲原则行吗? 具体矛盾在哪里? 到底怎么解决? 从内容到手段,都应该有具体的办法。总之,要善于抓住部队中活生生的现实问题、亟待解决的突出问题、制约战斗力提高的重大问题,真正把它们研究透。

要勇于独立思考,敢于拿出独到见解。江泽民同志反复强调,军事领域作为竞争和对抗最为激烈的领域,是最具创新活力也是最需创新精神的领域。我们不能说没有创新的强烈愿望,但创新的能力不够,功夫下得也不够。我多次讲过,我们有的教研干部不是在一些重大问题上深钻细研,而是把大家有共同认识、社会上也有共同认识的东西,拿来编巴编巴,就出一本书,作为评职称的依据。这没多大意思,也没多少价值。当然,我不是完全否认这个,比如以通俗的、大家喜闻乐见的形式,把比较深的理论让广大群众去了解,如果总部交给我们这样的任务,我们就把它完成好。但东拼西凑的东西就不要再搞了,不要在这上面浪费自己的聪明才智和宝贵精力。作为一个学者,作为中国最高军事学府的教授,应该知道自己的价值在哪里,真正能提出原创性的东西,拿出对军队建设、对军事斗争准备有重大指导意义的东西。这样一篇东西,就可以奠定你的学术地位,就能标识你的自身价值。真正有创新价值的,不在于大部头有多重,有的人著作等身,也不见得对国家和民族有多大贡献。近代以来,许多在军事上提出重大见解和新理论观点的,往往不是高级将领,而是一些年轻人,年轻人不怕权威,敢破除迷信。第一次世界大战结束后,戴高乐还是一名上尉,就提出了下一次战争将是坦克战的观点,并为此写了《职业军队》和《未来的陆军》两本书,但当时不被法国高层所接受。而德国人用7个法郎买了戴高乐的书,创建了3个坦克师,并在第二次世界大战中用"闪击战"冲垮了法国人用数亿法郎苦心经营的马其诺防线。我们老同志要鼓励年轻人敢于冒尖,不要把他们"盖"住。年轻同志也不要以为人微言轻,就不敢冒出来,要不唯书、不唯上、只唯真,你确实抓住了真理,就要下决心、下功夫把这个真理发掘出来。

三、坚持把改进作风、狠抓落实作为提高能力的重要切入点,下功夫在解决问题、推动工作上见实效

作风既是形象问题,也是能力的内在体现。这些年,我们强调端正工作指导思想,坚持以正在做的事情为中心,推动教学科研更好地贴近

实际,比较好地解决了制约学校改革与发展的一些矛盾和问题。但实事求是地讲,学风不够端正、工作不够扎实、规章制度不够落实的问题,并没有完全解决好,有的问题还比较突出。所以,我们加强能力建设,一定要强调一个"实"字,实实在在地做工作,实实在在地取得成效,这本身就是能力的表现。

要把狠抓落实摆在更加突出的位置。这几年,我们在学校的顶层设计上下了很大功夫,对新世纪新阶段我校的办学目标、方针原则以及方方面面,都作了总体规划,提出了明确要求。现在的任务,就是要一项一项落到实处。可以说,抓落实问题、抓具体贯彻问题,已经成为事关学校改革发展的关键问题。我校有个特点,就是许多同志都能研究一点问题;但也有一种倾向,就是有些事情议论得多,扑下身子抓落实的比较少,或者不那么在意。教员讲完课后可以对学员说下课,但我们学校自己的事情就不能这样,要很好地落实。落实问题也要讲两面:一方面,对已经明确的工作就是要认真而具体地抓落实,越具体越好。另一方面,光有具体落实没有顶层设计也是不行的,还是要继续抓好顶层设计。比如,新年度各个班次教学内容改革的顶层设计、科研的顶层设计,怎样把落实的任务分解到各个单位、具体人头,从现在开始就应该思考研究。

要切实增强抓落实的主动性,扎扎实实地解决问题。目前我校总体上发展比较平稳,但存在的隐患也不少,甚至还有险情。对此,我们有的人不是没有看到,也不是不能解决,而是没有积极主动地去抓。这些方面的教训是很多的,前车之鉴,一定要往心里去,要印在头脑中,不能什么事都不在乎。尤其是严格政治纪律、宣传纪律、外事纪律、保密纪律和隐蔽战线斗争,这是学校的"保底工程",一点都马虎不得。各级在这些问题上都要看好自己的门、管好自己的人。这方面没什么新道道,就是要扎扎实实去抓、去管,去用心、去劳神,还要不怕得罪人。在事关政治方向、政治原则的问题上,如果出了重大问题,功不抵过,单位领导要主动请求辞职。还要完善抓落实的检查督促机制,健全督办制度、完善检查制度、建立问责制度。对校党委决定的、校首长交代的事情,有关部门和领导要及时跟踪问效,及时反馈。

四、坚持把树立正确的世界观、人生观、价值观作为根本问题,真正拿出为国防大学改革与发展干事业、干成事业的决心和行动

提高能力,既有改进领导方式和方法问题,但根本的是要解决为什么人的问题。对党员干部来说,坚持全心全意为人民服务的宗旨,是提高能力的根基所在,而且本身就是很重要的能力。我校大多数同志精神状态是好的,勤奋敬业,淡泊名利,有的人在个人进退方面表现出很高的思想境界。但也有极少数人与学校建设的好形势不那么合拍,有的人考虑个人利益过多,满足了自己要求就说领导好,否则就发牢骚;有的人不思进取,贪图安逸,长期拿不出像样的成果;有的人心浮气躁,坐不住冷板凳,不能潜心研究问题;有的人为自己的事可以去跑关系、找门子,但为了学校事业的发展、为了工作却不愿意主动去沟通和联系。这些问题都应该从世界观、人生观、价值观上找原因,去解决。否则,不仅能力素质难以提高,而且直接影响学校改革发展的大局。

要进一步增强责任感、使命感,强化抓住机遇、有所作为的自觉性。现在,军事理论创新发展正在进入一个繁荣期,也是一个大有作为的时期;我校也正处在一个蓬勃发展的新起点,这为每个同志展示聪明才智、实现价值追求提供了广阔舞台。我曾多次讲过,大家是生逢有为之时、身处有为之位,特别是在军事理论创新上应该有一番作为。我校许多同志有这方面的优势,也有这方面的能力和潜力,关键是要不受外界诱惑,真正潜下心来,苦心钻研,做到不出创新誓不休。要有这样一种追求,一

堂课,如果没有新东西就宁可不上,非要拿出新东西来,而且是真正解决问题的新东西。只要有这样一种劲头,长年积累,就能厚积薄发,就可能在重大问题上取得突破。搞教学科研的,是劳心者,教学质量的提高、创新成果的取得,那是用心血和汗水浇灌的。许志功同志说过,搞教研工作的人常常是要进行生命透支的。舒舒服服的天才是没有的,搞自然科学的人可能三十多岁就有可能有重大突破,有重要发明创造,但搞社会科学包括搞军事科学的,要想有所创造,往往需要更长时期付出心血。

要自觉培养高尚人格,努力营造积极向上、团结和谐的良好风气。风气正、人心聚、人才旺、事业兴,大家受益。国防大学的干部要为人师表,既要重知识、重水平,又要重品德、重人格。当前,要在全校进一步提倡"六要六反对"的风气:要正确对待名利得失,反对在个人问题上患得患失、斤斤计较;要自觉服从组织决定,反对向组织讨价还价;要潜心治学、求真求实,反对心浮气躁、急功近利;要真诚对人对事,反对当面一套、背后一套,双重人格、多重人格;要正确看待自己和别人,反对自我满足,贬损别人、抬高自己;要勇于开展批评和自我批评,反对好人主义和不负责的自由主义,真正把正气弘扬起来,使歪风邪气没有市场。

我们国防大学能有今天这样的局面,确实来之不易,可以说倾注了一代又一代人的心血,每个同志都应倍加珍惜。尤其是各级领导干部要保持良好的精神状态,带头勤奋学习、提高素质,带头与时俱进、开拓创新,带头求真务实、狠抓落实,带头倡导良好风气。各级党组织的书记、副书记,更要把主要精力和智慧用到提高教学科研和人才培养质量上,用到本单位建设与发展上,积极主动做工作、扎扎实实抓落实,在自己任期内,使本单位建设有一个大发展,出一些有影响的成果,出一批优秀人才,努力为国防大学的改革与发展作出应有贡献。

求真务实需要付出心血和艰苦努力 *

胡主席强调,求真务实是我们党的思想路线的核心内容,是党的活力所在,也是党和人民的事业兴旺发达的关键所在。作风是领导干部党性的具体体现,也是落实党的先进性的突出要求。应该说,我们这届领导班子工作指导思想是端正的。我们都很厌恶搞形式主义的东西,不愿意搞什么"虚假工程"、"政绩工程",不求"出名挂号"。在具体工作中,我们比较注意从实际出发,注重实际效果。我们提出一些想法、工作思路,都力求能够见到实效,力戒空谈。这些年来,大家是这样共同走过来的。我们的想法是:凡是有利于提高教学科研水平、有利于提高人才培养质量、有利于推动理论创新、有利于学校长远发展的事,就千方百计地去做,有些即使很难很难,也想尽办法争取办成办好。反之,我们就决不去做。

但是,从这些年的实践中,我们也深切地感受到,求真务实很不简单,要付出心血和艰辛的努力才能做到。比如,有的工作并不是说,你不想搞虚的,就能求了真、务了实;有的问题并不是你讲到位了、要求很明确了,就能解决了,有时没那么容易,你老是讲却老没有解决。这里的深层次原因,还是求真不够,抓落实的狠劲、韧劲不够,这与我们组织指导工作的力度不够,与提高各级干部的贯彻力、执行力不够有关。这几年,

---

* 本文是作者在国防大学党委常委专题民主生活会上的发言摘录(2005年4月28日)。

我们校党委常委注意了学校改革和发展宏观筹划、顶层设计,但在协调力量、推动落实上抓得还不是很到位,有的工作抓得不狠。学校工作,长期以来习惯于客客气气,该严格要求、严肃批评的事,有时也碍于情面,批评不到位。可以讲,是宽厚有余、严厉不够。我是很怀念在作战部队工作时,老领导那种作风的,领导敢拉下脸来批评,批得脸红心跳、坐不住了。如果都客客气气,大家的思想能受到触动吗?在这个方面,要从我们党委做起,要有决心在全校倡导一种好的风气。大家都要敢抓敢管、敢于较真儿,扶正祛邪,勇于开展批评与自我批评,真心实意地从政治上、思想上关心爱护干部。有的同志讲,院校有院校的特点,领导不要批评人,做好榜样就可以了。我不大同意这种观点。思想政治工作,从来是一靠做表率,二靠讲道理。批评就是针对问题讲道理,体现了思想工作的原则性。我们校党委常委同志要带头开展批评与自我批评,下面的同志也要提高承受批评的能力,要把领导和同志们的批评当做是一种爱护,在批评中成长。

抓落实,就要下决心、下功夫真正解决问题。这次开展保持共产党员先进性教育活动一开始,校党委常委就提出要解决7个方面的问题,并分工各部门研究。现在的关键,是要确保质量、务求实效,拿出切实可行、能解决问题的办法和措施。在这方面,校党委常委要一个一个过、一个一个把关,不行的,要重新进行调研,决不能做虚功、走过场。前天我们讨论了研究生教育改革的问题,希望分管这方面工作的同志,根据校党委常委讨论的意见,进一步抓好落实。对需要解决的问题,拿出措施后,还要列出时间表,责任到人,抓好落实。对各单位在教育活动中找出的问题,校党委常委同志要结合自己的联系点,进行具体指导帮助,问题不解决不能撒手。对学校的教学科研管理,存在什么问题就着手解决什么问题,部门解决不了的,要向学校提出建议。要有一系列具体的制度、措施跟上去,光空喊是没有用的。要安全发展,不能发生大的政治性问题和恶性事故、案件,发现苗头和隐患,坚决消除,采取防范措施,不能任其发展,甚至酿成大事。我们的先进性教育活动搞得再好,工作上出再多标志性成果,但是如果发生了影响大局的问题,那就功不抵过。实践证明,许多问题,并不是顽症,只要下决心就能解决好。有的问题之所以发生,就是因为没有想到,或者想到了也没有去认真对待,办法、措施没有落实。工作既要有很高的立足点,又要抓得很细,细了、具体了才能落实。如果不细、不具体,都是要求,都是理论形态的,那肯定不落实。对这次教育活动中整改和解决问题的情况,学校要组织进行验收。

目前,学校人才培养和改革发展的任务很重,各项工作头绪很多,尤其需要在求真务实上多下功夫,在狠抓落实上多想办法,对部署的工作、提出解决的问题,要一抓到底,抓不出成效不撒手。要注意探索适合我校特点的抓落实的有效机制,不断改进领导方式和工作方法,使各项工作抓得更有实效。总之,大家都要努力从自己做起,从本单位做起,守卫好自己的阵地,教育好自己的人,干好自己的事,一门心思把各级党组织一个一个搞坚强,把思想文化阵地一个一个守卫好,把各项工作一个一个抓到位,以实际行动让党中央、中央军委放心。